中国社会网络与社会资本研究报告 2008~2009

社会网络与产业复杂网络

杨建梅 ◎ 主编

图书在版编目(CIP)数据

中国社会网络与社会资本研究报告（2008~2009）/杨建梅主编.—北京：经济管理出版社，2009.10
ISBN 978-7-5096-0775-6

Ⅰ.中… Ⅱ.杨… Ⅲ.①企业管理—研究—中国—2008~2009②企业—社会资本—研究—中国—2008~2009 Ⅳ.F279.23

中国版本图书馆CIP数据核字（2009）第184687号

出版发行：经济管理出版社
北京市海淀区北蜂窝8号中雅大厦11层
电话：(010)51915602　　邮编：100038

印刷：徐水宏远印刷有限公司　　经销：新华书店

责任编辑：申桂萍　张永美
技术编辑：杨国强
责任校对：超　凡

880mm×1230mm/16　　19.25印张　　496千字
2009年10月第1版　　2009年10月第1次印刷
定价：128.00元
书号：ISBN 978-7-5096-0775-6

·版权所有　翻印必究·

凡购本社图书，如有印装错误，由本社读者服务部负责调换。联系地址：北京阜外月坛北小街2号
电话：(010)68022974　　邮编：100836

中国社会网络与社会资本研究报告（2008~2009）

——社会网络与产业复杂网络

主　编：杨建梅　庄东　朱桂龙

副主编：罗家德　翟学伟　张文宏　郭　毅　刘　军　赵延东
　　　　任　兵　周小虎　李博柏

序 言

近年来，作为两种互不包含却又有若干相似性的方法，社会网络分析与复杂网络方法在国内学术界掀起了研究的热潮（见本书代序）。2008年11月在华南理工大学召开的第四届社会网络及关系管理研讨会上，这两种方法同时成了研讨会上培训、主题报告和学术交流的主题，其中复杂网络方法的主要研究对象被设定为产业网络。除了社会网络、社会资本及关系管理等领域的诸多新成果之外，关于复杂网络尤其是产业复杂网络的研究也是一个重要的亮点。由于两种方法的哲学基础不同所引起的研究范式差异和研究结论表现形式的不同，激起了参会专家和学者的广泛兴趣。

本报告收录了本次研讨会的部分文章，从四个方面讨论了社会网络、复杂网络在社会学及管理学中的应用问题。

第一篇：社会网络

刘军的《结构洞：意义、测量及拓展》一文，相信很多读者已经从其他文献或专著中阅读过。这是一篇系统阐述结构洞理论的文章，从缘起、含义、成为社会资本的机制和理论贡献的角度，阐述了结构洞理论的含义，对结构洞的各种测量手段进行了归纳，并在此基础上从行动者、关系、结构、方法、演化及文化机制六个方面对结构洞理论进行了拓展，提出了结构洞理论未来研究的重点。文中提出的几个问题："第三者的角色"、"结构洞与创新"、"结构洞在什么情况下成为社会资本"、"如果人人追求结构洞，结果会如何？"都可以是学者们思考并努力的方向。

杜海峰、陈盈晖、任义科与靳小怡合作的文章《社会网络的社群结构与探测》系统地介绍了社群结构及其探测方法。社群结构是当前复杂网络最新的研究领域之一。文章比较了社群结构与社会网络中凝聚子群分析的异同，由 Newman 模块性指标（Modularity Q）的特点提出了归一化模块性指标，并在探讨社群结构探测方法的基础上总结了基本算法框架。不论在复杂网络领域，还是在社会网络领域，社群结构研究都有重大的意义（悦中山、杜海峰、李树茁和费尔德曼合作的《整体层次的结构融合：三种可能的测量方法》中，基于 G-N 算法的社群结构模块度是用来衡量结构融合度的一种指标），但仍然有若干重要问题有待探讨，例如在特定的情境下如何测量加权网、有向网的社群结构，哪些方法更优？其意义如何解释？

简兆权与伍卓深的《基于社会网络理论的研发服务供求关系分析》基于组织之间的合作关系，探讨了研发服务网络圈的层级位置、网络节点质量、密度和联系强度对研发服务供求关系的影响，分析了各种关系类型（供需双方的市场关系、中间关系以及伙伴关系）的主要特点，探讨了非正式人际关系网络对研发服务供求关系的影响。

陈云云与李博柏的"Who got the Offer? Feedback-Seeking Behavior and Network Centrality in Training-based Recruitment Programs"将反馈寻求行为研究从双值视角提升到社会网络的视角，研究了局部的建议网络结构内反馈寻求行为的意外

后果，通过某IT公司内三个基于培训的工作现场招聘计划（Workplace Training-based Recruitment Programs）中提取出的网络数据，发现反馈寻求行为与建议网络的中心性呈正相关关系，在此基础上又发现输入与输出中心性分别与培训绩效呈正、负的相关性，表明时常寻求建议的人能力较弱，而常被咨询的人则能力较强。

朱涛的"The Role of Frontline Employee Social Network in Customization Marketing Strategy"将社会网络方法应用于个性化营销策略中，引入个体网（Ego Centric）及关系人（Alter）网络的可达中心性作为关键结构因素来构造并验证一个模型，探讨一线服务员工的角色冲突、感情承诺、客户知识和服务导向与服务适应性之间的关系，以通过一线服务员工的社会网络属性预测其个性化服务的绩效，并提出了通过控制员工的社会网络来提升服务绩效的建议。该研究从社会网络视角弥补了已有研究中较少考虑个性化营销过程中的组织和情境的缺陷。

黄爱华、李敏和黄翠龙合作的《基于社会网络的HRM与一线管理者之间的信息沟通——中外化妆品公司的比较研究》研究了两个企业人力资源管理团队与一线管理团队之间的信息情况，以比较信息交流关系网络与信息获取行为之间的异同，提出了提升社会网络的密度能提升组织内信息的沟通和组织凝聚力的观点。

唐四慧的《虚拟专业论坛对知识传播效果影响的研究》分别构造了虚拟专业论坛的回复关系网络和科技期刊引文网络研究，研究了专业领域学者在虚拟论坛中发帖（回复）数量与该学者在学术期刊上发表论文被引用情况之间的关系，以验证基于论坛的知识传播行为是否会影响到引文网中作者的地位，发现两者的关系并不显著。论文引用关系和论文合著关系是社会网络和复杂网络常常关注的研究对象，在论文《师生共建型科研团队构建问题的研究》中，彭菡和刘文兴构造了九个师生科研团队，发现团队规模、网络密度及论文总量对团队人均论文的数量并没有直接的影响。

我们知道，只有当节点特征可以视为几乎无差别、关系属性为单一的情况下，单一的结构主义分析逻辑才具有实际意义。上述研究中，社会网络的连接属性都具有单一性，如建议关系、信息传递关系、知识传播关系等，特定的社会网络属性发挥了较好的解释作用。然而，在更多的研究领域内，当网络节点差异不能忽略、节点间的社会关系可能存在多重属性时，不同属性分别会产生怎样的社会资本，分别有怎样的作用机制，是需要我们进一步考虑的问题。例如，在生物（态）、社会、信息和经济领域，个体间的关系常常体现为竞争与合作共存，在不同的领域中竞合关系又有不同的表现形式（孟志青、蒋敏：《网络系统中竞争与合作共存问题的理论研究现状》）；再如，从生态学的视角，高技术企业的成长生态系统中，社会网络的环境依存机制、资源配置机制和创新支持机制共同发挥作用（薛伟贤、张娟：《高技术企业成长生态系统中社会网络的作用机制研究》）。在这种情况下，除了社会网络的结构，我们还需考虑社会网络的内容，即网络中流动的内容，以及具体的成员间关系、个体属性与连接对象的特征。而网络内容的引入将使得个体的异质性与能动性纳入考察视野，又考虑到个体与网络之间的相互作用将带来涌现与演化，这就要求我们在研究中加入时间刻度，考查网络与个体的协同演化问题（席酉民、张华：《从结构到内容——社会网络理论中主要研究问题的讨论》）。

第二篇：社会资本

社会资本可被定义为嵌入于一种社会结构中的可以在有目的的行动中涉取或动员的资源。本篇收录的第一篇文章《自然灾害中的社会资本研究》（赵延东）关注的是如何通过"社会资本"的概念和理论来研究灾害的自然现象表象背后复杂的社会属性。作者综述了近年来社会学家们进行的大量理论和经验研究，表明：微观层面上的社会资本（个人通过社会网络可获得的资源）可帮助受灾者获取有关灾害的信息，得到救援帮助、物质支持和精神鼓励等实质性资源；而表现为公众自愿组成的公民组织、人际信任以及合作与利他的社会规范的宏观社会资本则可以促使受灾社区及居民团结合作，更积极地参与灾后重建工作。

在管理学中，社会资本的一个重要应用领域是组织如何通过社会关系获取组织的社会资本。周小虎、王竹和李海舰合作的《组织社会资本、国际资源获取与中小企业国际化绩效——一个综合理论分析框架》研究了中小企业面临的国际化资源获取问题。在经济全球化的大背景下，如何克服国际化资源短缺"瓶颈"已经成为我国中小企业发展面临的一个重要课题。中小企业的国际化资源获取是其与外部环境的相互作用过程，在社会网络视角下，也就是中小企业通过其组织社会资本获取国际化资源的过程。基于这个思路，作者提出了一个研究框架，以期验证中小企业的组织社会资本（用横向关系资本、纵向关系资本和社会关系资本刻画）对其国际化经营资源（信息、知识和资金等）的获取，进而对其国际化绩效的影响。如果相关假设成立，则可以通过控制组织的社会资本来提升中小企业的国际化绩效。对于关注中小企业国际化绩效的研究者来说，这个框架很有参考价值。

刘兴国、沈志渔、周小虎的《社会资本对创业的影响研究》总结了1985年以来国内外关于社会资本对创业影响的主要文献，并在此基础上进一步探讨了社会资本对创业机会、创业融资、创业资源与创业营销等方面的影响。社会资本不仅有利于提高创业者发现创业机会的能力，而且有助于创业者评估与利用创业机会。社会资本决定了创业者更倾向于通过熟人网络进行创业融资，而且熟人网络可以有效缩短融资时间。与关系和网络资源缺乏的创业者相比，具有广泛社会关系网络的创业者，能够占有和利用更多的创业资源，而且他们在行业与战略选择上都存在显著差异。创业者的社会资本不仅可以帮助他推销自己的创业构想，而且能够在提高新创企业产品营销机会和顾客满意度方面起到积极的推动作用。

《基于社会资本视角的企业关系价值分析》则把组织社会资本引入到企业关系价值的研究中，认为组织通过其社会资本可以获取另一种重要的资源"关系价值"。关系价值（Relationship Value，区别于 Guanxi）是20世纪90年代中期西方关系营销领域立足于发展客户关系提出的一个概念，相关学者从战略视角把关系价值定义为提高关系双方竞争能力的合作关系的结果，而价值创造则是关系双方发展信任关系和发现互利结果的过程。考虑企业关系价值创造所涉及的三种不同互动主体：客户、商业伙伴和政府，以及 Nahapiet 和 Ghoshal 定义的组织社会资本的三个维度：结构维度、认知维度和基于前两者的关系维度，陈红和刘晶的研究提出了一个企业关系价值来源矩阵，分析了企业在面临不同的互动主体时，应通过什么媒介、采取什么行动来利用社会资本获得关系价值。

社会资本对于资源获取有重要的作用，而上市公司的实际控制权也是一种重要的资源。那么，这种资源的获取是否与社会资本有关呢？高闯与关鑫的《社会资本视角下上市公司终极股东控制权问题研究》认为，这种可能性不仅存在，而且基于社会资本的控制链分析框架能克服基于股权的控制链研究范式的局限，为上市公司终极股东控制权问题的研究开辟了一条崭新道路。

互联网和移动通信工具作为一种关系和嵌入

性资源，已经成为当代中国人工作和生活的一种重要形式。因此，社会资本领域的学者认为，互联网中的社会资本特征、构成模式及其与人际社会网络的互动，将是社会网络研究未来的重要研究议题：从理论和实证研究的角度，分析计算机网络是如何建立和分割社会资本、虚拟社会组织和团体的形成的参与机制、虚拟社会成员的社会人口特征、网上互动和资源交换的模式、虚拟网络的规模、密度和异质性、网络社会资本与现实社会资本的同质性和差异性等问题。有学者认为，网络群体社会资本是指以虚拟空间为依托，通过以网缘为互动纽带建立以信息符号为主要资源形式的，以网络群体为受益目标的资本形式。其中，网络群体是指在网络社会空间中的界域内通过以计算机为媒介的互动且有共同目标和具有某种联系的人群，它由网络空间、网络角色、网络群体目标构成（王琪、孙冬青：《网络群体的社会资本》）。近几年，以Facebook、Twitter、国内的开心网和人人网等为代表的Web2.0网站又在刷新人类通过互联网进行信息沟通的方式。Web2.0模式的社会网络与真实的社会网络如何重叠？如何构成社会资本？虚拟的社会网络对真实社会资本会有怎样的影响？这些问题的研究都将为我们带来新的挑战。

第三篇：产业网络

前面我们提到，个体间可能会存在多种属性的连接方式，对于组织或企业来说这一点更为显著。当我们关注以社会关系为纽带进行的连接形式时，我们可以研究组织的社会资本。但组织间的联系除了社会关系之外，还有更广泛的形式。Grandori（1987）把企业间的控股或合资、特许经营、转包、卡特尔联合体、董事互派、族系和社会关系等存在于独立法人之间的网络组织形态归结为网络组织，这是一种介于科层组织的特性和市场组织的特性之间的组织形式。如果我们考虑更为广义的联系，比如产业链上下游、地理接近性、合作、竞争或竞合，由这些联系所定义的网络组织的内涵则更为广泛，我们在这里将它称为产业网络。在忽略产业网络的连接内容，更关注整个网络拓扑特征及由此所涌现机制的研究中，社会网络方法和复杂网络方法被广泛地应用。本部分所收录的几篇文章，分别研究了产业集群的演化、基于竞争关系的产业复杂网络、中小企业网络组织与效率、基于社会网络的产业集群化和产业发展。

当特定产业内企业间不存在显著的上下游供应链关系或合作关系，且企业产品同质性较显著时，可以将企业间关系抽象为单一的竞争关系。李得荣、杨建梅与周恋合作的《中国汽车零部件产业的复杂网络建模与分析》采用真实数据，构建了中国汽车零部件产业的企业—产品二分网络，由两类节点度分布的广延指数特征分别说明了企业产品数量和产品生产厂商数量的异质性；并由企业单节点投影网络的全局指标说明了产业内大部分企业面临的竞争对手数量的同质性、高集聚性和小世界性。这些指标从拓扑的视角丰富了产业组织学产业集中度和产业竞争分析描述的工具，对于产业比较和产业演化特征的研究也有较大的理论价值。

除了复杂网络研究常用的三大指标（度分布、平均最短路长和集聚系数）之外，李守伟和彭本红认为，在产业复杂网络研究的情境中，还可以用其他的新指标来反映网络的结构特征。在《复杂产业网络的信息熵评价与实证分析》中，作者提出了对应于企业间流通时效性的不确定性（信息时效熵）和信息质量不确定性（信息质量熵）的指标，并以两者的线性组合形成网络信息熵指标，用以评价产业复杂网络的信息有序度。

沈运红、王核成与杨波的《基于结构视角的中小企业网络组织效率改进研究》认为，中小企业网络组织是中小企业广泛采用的一种避免自身竞争劣势的重要手段的概念，其具有资源互补性、边界模糊性、动态选择性、平等互利性和复杂演化性，并归纳出单中心结点型、无中心结点型、多中心结点型、链式和层级式五种类型的组织形式。在此基础上，运用社会网络（弱连接和结构洞）和复杂网络理论（WS 小世界模型和 BA 增长模型）从结构视角分析了中小企业网络组织结构与效率的关系以及由此带来的管理启示。

曹宏铎和李昊的《基于复杂网络演化模型的集群网络演化研究》应用复杂网络的仿真范式，探讨了产业集群的演化机制，以分析产业集群特征的形成机理。文章假设产业集群的初始形态为均匀的环状网络，分别采用小世界网络演化机制和基于个体选择价值函数模型的演化机制，研究产业集群演化过程中网络的密集性、连通性、中心性的变化特征。作者认为，小世界网络模型模拟的集群网络具有集群形成期网络整体密集性和连通性剧烈变化的特征，而个体选择价值函数模型可以解释集群网络的成长、成熟期的密集性和连通性趋于稳定的特征。而将两种演化规则相结合，则可以反映集群网络从形成期到成熟期的各生命周期特征。这个研究结论对于进一步研究集群网络的结构、功能和行为，以及理解产业集群发展阶段、促进产业集群的发展，具有一定的理论价值和政策启示。

与上述复杂网络研究范式不同，另外两篇文章将社会网络范式应用于产业群研究。康胜的《乡镇企业集群化与乡村共同体演化——基于社会资本与社会网络视角的分析》一文关注的是乡镇企业的集群化现象及其对乡村共同体的影响。作者认为，乡镇企业集群与乡村共同体的社会结构之间存在着内在的联系和相互作用，两者的融合促使传统乡村共同体向新型社区形态发生演化。龙镇辉的《政府社会网络与现代农业产业发展——以德庆县发展柑橘产业为例》则通过分析政府社会网络的作用，研究了德庆县通过农业产业化的"政府组织型"模式振兴柑橘产业的案例。

第四篇：其他

关系管理是社会网络与社会资本研究的一个重要应用领域，本部分收录了三篇与关系管理有关的论文。另外，博弈是近年来在社会网络与产业网络研究中亟待兴起的研究方法，论文集最后收录了两篇与博弈有关的论文，对于希望将博弈应用于网络研究的学者来说有一定的参考价值。

商业送礼是华人做生意过程中与客户或供应商进行互动关系管理的一种常见模式，那么送礼的具体过程是怎样的？送礼方与收礼方在牵涉利益、权力和关系不同时，会采用怎样的送礼行为模式呢？从这些问题出发，基于扎根理论，郑孟育的《华人商业送礼行为》通过五个商业送礼个案中行为程序的分析，发现在非完全竞争市场、非标准化产品、无客观衡量标准的产业属性下，贿赂行为特别容易发生。在送礼行为发生前，收、送礼双方都会对对方进行试探、观察等动作，但发生次数与时间较少；若有熟识收送双方的第三者居中牵线则能加速双方的信任累积，使送礼行为非常直接、大胆；当涉及商业利益很大时，常伴随多种送礼方式，反过来，送礼方式越多则共利结构稳定度越高、利益越大；而共利结构的稳定度除去送礼，还有赖于双方的情感关系强度；此外，送礼方通过送礼行为可能降低其与收礼者的权力差距。在此基础上，文章在利益、权力、关系三个层面上，分析了各种匹配的送礼行为模式。

刘文兴和彭菡的《试论 LMX 与成员关系互动机制》则关注的是组织内成员之间的关系。目前，组织内成员间关系的研究主要集中在两个方面，领导与成员的交换关系（Leader-Member Exchange，LMX)、成员（同事）之间的关系。文章的出发点在于不应将 LMX 与成员间关系割裂来看，两种关系内应存在某种互动的机制。根据社会交换理论领域的相关文献，作者提出两种关系互动的机制，领导与成员 A 间沟通质量的高低决定了成员 A 是属于"圈内人"还是"圈外人"，它决定了成员 A 对资源和机会的获取，再由此影响了其他成员 B 对 A 的同事关系取向（情感性和工具性）的评价。基于这种分析，文章提出了在领导成员关系和同事关系两个维度上的四种成员关系。当组织需要完成特定的活动（如知识共享）时，可以分析这四种成员关系的特征，从而选择出最合适的关系模式。

高闯、史宝康的《企业社区关系管理中的三方博弈分析》所关注的是中国企业社区的关系管理问题。当企业被理解为一种"社会存在"时，企业的管理边界和存在宗旨就从狭隘的股东利益拓展开来，企业社区作为企业存在的环境重要性得以凸显；同时，中国国情决定了中国的企业社区不同于西方的 NGO 形式，而是具有外化为政府组织的体制特征，社区组织与社区政府形成一种新型的代理合作关系。因此，有必要将企业、社区及政府三者的关系纳入一个框架下同时研究。文章分别就三者之间的两两关系构造了利益选择博弈模型，提出了政府提高惩罚力度是避免企业不履行社会责任的最优手段；通过审查成本、查到概率的分析，指出完善监管手段，提高监管效率以减少企业的最优不履行社会责任概率和社区的最优违规概率；而社区未发现企业不履行社会责任的概率越大，则其最优违规概率也就越大。

本书在最后收录了两篇同样采用博弈研究方法的文章。针对传统联盟博弈中未曾考虑博弈参与者之间的相互连接关系，扶元广的《基于社会网络的联盟博弈参与者影响力研究》提出了一个修正的、用以反映博弈参与者话语权的 Shapley 值。通过在传统的 Shapley 值计算中引入度中心性，可以更好地反映博弈参与者的实际影响力。张所地与刘小乔的《基于动态博弈理论的山西地域特色企业集群问题研究》通过复制动态和进化稳定策略理论对山西地域特色企业集群的形成做了分析，并对集群中出现的假冒现象进行了动态博弈研究，虽然文中对于集群企业的网络没有涉及，但对于亟须引入动态研究方法的企业复杂网络的研究来说，相关的方法具有较高的参考价值。

随着社会网络与复杂网络理论和方法的进一步发展，社会学和管理学领域的许多研究都可以提出新的框架，改写已有的研究结论甚至提出新的理论，对于广大研究者来说这既是挑战又是机遇。我们衷心希望读者能从本书的研究中受益，加入到社会网络和复杂网络的研究中来，共同推动相关领域的发展。

主　编
2009 年 10 月 10 日

社会网络与复杂网络研究方法论的比较

（代　序）

人类自古以来都是生活在各种关系形成的网络之中的，现代人类就更是如此。复杂网络与社会网络研究虽起源于国外，但目前都是我国学界非常热门的研究领域。

国内社会网络学界于 2005 年在上海召开了第一次年会，接着于 2006 年、2007 年与 2008 年分别在哈尔滨、南京及广州召开了第二到第四届年会。随着这几届年会的召开，国内的社会网络研究从社会学界波及到商学院等非社会学界，而且越来越热。

几乎是同步的，国内复杂网络学界于 2004 年、2005 年、2006 年、2007 年与 2008 年召开了多次年会及其他会议。随着这些会议的召开，国内的复杂网络研究由物理学界也波及到非物理学界，且更加热门。

但是，国内这两个火热的网络研究圈子之间却联系不多，人们对社会网络与复杂网络研究的关系也有诸多疑问。

复杂网络与社会网络研究的关系。经常浮现在网络研究者脑海中的问题是，复杂网络与社会网络的研究是个什么关系，是包含关系吗？若是，那么是前者包含后者还是后者包含前者？若不是，那么究竟是什么关系？

分别从复杂网络与社会网络研究的角度来看。网络是由顶点与连边构成的模型，如果顶点按完全确定的规则连边，所得到的网络就是规则网络；若顶点按完全随机的方式连边，得到的就是随机网络。20 世纪末，Watts 与 Strogatz 在 Nature 上发表的《小世界网络的集体动力学》论文、Barabasi 与 Albert 在 Science 发表的《随机网络上标度涌现》的论文，揭示了以小世界网络与无标度网络为代表的复杂网络的受随机性与确定性共同支配的生成机制。上述两篇经典论文的发表，掀起了用复杂网络模型探讨真实世界问题的热潮。在研究中人们发现，真实世界的网络大都是复杂网络。复杂网络根据其连边所表示的关系的属性，又可分成信息网、技术网、交通网、生物网与社会网等类型，因此从复杂网络的角度来看，社会网络应该属于复杂网络的研究领域。

但是从社会网络的角度来看，科学家合作与演员合作等网络虽都是复杂网络的著名成果，但它们研究的都是社会关系，本质上应属于社会网络的研究，因此从社会网络研究的角度，又可以得出社会网络的研究领域包含复杂网络的结论。由此可见，分别从社会网络与复杂网络的角度回答不了两种网络研究的关系问题。

从更高层次的网络角度来看。既然分别从两种网络的角度看不出二者的关系，那么我们不妨站高一个层次，从它们共同归属的"网络"的层面来观察。网络模型属于数学的一个分支"图论"的内容，而图论是数学家欧拉为解决"Konigsberg 七桥问题"于 1736 年创立的，1936 年 König 发表了图论的德文专著，但此后一直到20世纪中叶，在著名匈牙利数学家Erdös与Rényi等引入随机图理论以后，数学图论才迅速发展起来。在社会学方面，1922年人类学家Brown用网络隐喻社会关系，1957年人类学家Nadel给出社会网络分析的基本思想，1967年，社会学家Milgram发表了小世界实验的论文，1969年人类学家Mitchell提出了社会网络分析的系统框架。而20世纪末复杂网络模型才诞生。从以上网络层面观察的结论是：复杂网络与社会网络的研究都有图论的渊源，但后者要比前者早得多，但由此我们仍然得不出二者关系的结论。看来我们还需要寻找其他的理论视角来观察。

从发生学角度对复杂网络与社会网络研究方法论的比较。发生学作为一种认识论与方法论，本质上是追根溯源地对认知的一种事后探讨，它与起源学有联系但又有不同，起源学针对的是事件，而发生学针对的是知识结构。笛卡尔曾经说过，你不了解一个事物吗，那么你就去分解它，分解到能够了解时为止。仿此语句形式，我们可以说，你不了解一个事物吗，那么你就去看它的起源与历史吧；你不了解一个学科吗，你就用发生学去分析它吧。

从发生学看复杂网络。传统的物理学主要用线性模型来研究物理世界的简单现象以及近似处理物理世界的复杂现象的。随着人类认知能力的提高与计算技术的发展，人们已经能够初步用各种非线性模型来探讨物理世界的复杂现象了。小世界网络的作者Watts是在研究蟋蟀的同步鸣叫中转向网络研究的，无标度网络的作者Barabasi在大学时就发表了有关混沌的三篇论文，他的博士论文也是研究分形的，因此复杂网络与非线性物理学密切相关。物理学按研究对象又可分为经典力学及理论力学、电磁学及电动力学、热力学与统计物理学、相对论以及量子力学。Barabasi在文献中明确地指出了复杂网络与统计物理有直接联系，因此复杂网络的发展与统计物理学的关系也极其密切。综上所述，我们可以说，复杂网络是起源于物理学的。既然复杂网络起源于物理学，它就一定带有物理学遗传基因所决定的特点。物理学将有共同规律的现象，不管是自然现象还是社会现象，都看做同样客观存在的现象，并常常以这个共同的规律来命名这个现象。复杂就是物理学所声称的介于有序与混沌之间的、在自然与社会中都存在的一个客观现象。如果我们将规则比拟为有序，随机比拟为混沌，则介于规则网络与随机网络之间的网络就可称为复杂网络。另外，复杂网络的一些关系变量常常呈现近似的幂率分布，而Barabasi说幂率是复杂系统自组织的标志。以上两点揭示了复杂网络名称的自然实证主义的物理学内涵，以及复杂网络与复杂性密切相关的第一个特点。复杂网络通过复杂现象涉及各种类型的关系，包括社会、经济、技术、信息等方面的关系，这带来复杂网络研究各种关系的第二个特点。复杂网络的经典模型或者是在计算机上对规则网络进行断边与重连的仿真或者是采用增长与偏好的机制在计算机上生成的；复杂网络也是在对互联网和万维网等规模极大的网络的研究中发展的，所以它不仅诞生于物理学，而且是诞生于20世纪末计算机时代的物理学，因此复杂网络研究的第三个特点是网络模型的大规模性以及对计算机及仿真技术的高度依赖性。复杂网络模型的规模大、数据多，非常适合做统计分析；加上统计物理学家习惯于寻找统计规律，因此带来了复杂网络研究的第四个特点，即通过分析网络重要关系变量的统计分布等统计特征来判断网络的小世界性或者无标度性的特点。复杂网络模型的数据常常是从数据库或互联网上搜索到的客观数据，这是其第五个特点。复杂网络没有明确的整体网络与个体网络的划分，但有静态分析与动态分析的分类，这是其第六个特点。

从发生学看社会网络。 Scott 的"社会网络分析法"是权威的介绍社会网络的著作。按照 Scott 的说法社会网络有三个起源：一是由纳粹德国逃亡到美国的格式塔心理学家，从 20 世纪 30 年代开始的社会计量学与群体动力学的研究；二是哈佛大学人类学家从 20 世纪 30 年代开始的人际关系学研究；三是曼彻斯特大学社会人类学家有关冲突及社区结构的研究。由于哈佛大学与曼彻斯特大学社会网络的工作都深受人类学家 Brown 的影响，因此我们可以说，社会网络分析起源于社会心理学与人类学。社会心理学、人类学与物理学不同，它们研究人尤其是社会现象。有意向性的人成为研究对象后，对意义的诠释就极其重要。这就使得社会网络研究带有不同于复杂网络的诠释学的色彩，这是其第一个特点。社会网络只研究社会关系，并以这个研究对象命名，这是社会网络研究的第二个特点。传统社会网络模型的规模小、数据少，甚少做网络生成的仿真研究，因此对计算机的依赖性小于复杂网络，这是社会网络研究的第三个特点。传统社会网络的研究目的决定了其不需要分析关系变量的统计分布，不需要判断整体网络的小世界性或无标度特性，这是其第四个特点。另外，社会网络的属性、关系与观念数据采用问卷、访谈、观察或文献方法来搜集。观念数据是关于意义、动机、定义以及类型等数据，这类数据的分析需要用 Weber 的类型学，这是其第五个特点。社会网络有明确的整体网络与个体网络的分类，重视个体网络的静态分析；尽管最近出现了网络结构的演化研究，但是这类研究刚刚开始，这是其第六个特点。

从知识论域体系的角度对复杂网络与社会网络研究方法论的比较。 Warfield 提出了"基础—理论—方法论—应用"的科学论域体系。这里的"基础"不是指哲学，而是指科学的普遍前提在本科学具体化后形成的基本概念等要素，其作用是指导"理论"，而"理论"提供概念之间关系的定律等以指导"方法论"，"方法论"提供程序以指导"应用"，"应用"反过来影响"基础"。我们认为，哲学信仰决定了知识工作者构建何种类型的理论，应该作为一层引入；而方法论一词最初指一个人追踪另一个人的路径，后来演变为做事情的原则或程序，与具体的方法不同，所以应将方法从方法论中剥离、凸显为新的一层。另外，Warfield 的具体科学门类的基础可以合并进这个门类相应的理论层次，这样就可以得到我们所谓的知识论域体系：哲学信仰—理论—方法论—方法—应用。其之所以称为知识论域体系，是因为哲学不属于科学的范畴。这个体系各层之间的支配关系仍然与 Warfield 科学论域体系中的相同。作为例子，我们可以给出如下的系统工程方法论、Checkland 软系统方法论以及笔者提出的利益协调软系统方法论的知识论域体系：

系统工程方法论： 亚里士多德（Aristotle）的整体论哲学与柏拉图（Plato）的理性图—系统论、控制论与信息论等理论——系统工程方法论——优化方法——硬问题（工程等问题）中的应用

软系统方法论： 胡塞尔（Husserl）现象学—韦伯（Weber）社会学理论——切克兰德（Checkland）软系统方法论——比较讨论方法——软问题中的应用

利益协调软系统方法论： 胡塞尔（Husserl）现象学—韦伯与柯林斯（Weber, Collins）的社会冲突理论——利益协调软系统方法论——利益协调与博弈方法——利益冲突软问题中的应用

复杂网络的知识论域体系。 以下将复杂网络定位为方法论，并据此定位，"上下求索"复杂网络的知识论域体系。无标度网络的创始人 Barabasi

具有明确的系统论思想。他在链接一书中，开宗明义地批判了还原论，因此复杂网络知识论域体系的"哲学"可追溯到亚里士多德的整体论。另外，根据 Barabasi 的观点，可以推出复杂网络知识论域体系的"理论"之一是自组织理论。为了给思想留下空间，我们可以拓宽这个"理论"为来自非线性物理及统计物理学的复杂性理论。至于复杂网络知识论域体系的"方法"，首先由其图论背景，可以知道应用了图论的方法；其次由前面介绍的经典的复杂网络模型的特点，可以知道也包括计算机仿真以及统计方法；再次，由于复杂网络脱胎于统计物理等物理学科，所以这些学科的解析方法也被其采用。于是，可以得到以下的复杂网络的知识论域体系：

亚里士多德整体论——来自非线性物理学与统计物理学的复杂性理论——复杂网络方法论——图论方法+计算机仿真+来自非线性物理学等学科的解析方法+统计方法（真实数据）——真实世界各种背景复杂问题中的应用

社会网络的知识论域体系。Scott 认为，社会网络分析必定与结构理论密切相关，但它并不是一种具体的社会结构理论而是方法论，因此我们将社会网络与复杂网络一样也归为方法论层面来探讨社会网络的知识论域体系。前面已经指出，Brown 最早在隐喻意义下提出社会网络的概念。他认为，社会系统是个体间联系形成的自然系统，这个思想与法国 Durkheim 的结构社会学密切相关。Durkheim 将社会看做一个不能被还原为其组分的整体来研究，认为社会事实是客观存在的，赞成 Comte 的主张，用统计分析对社会结构的事实进行实证研究。这些思想都体现在社会网络方法论中，可见 Durkheim 社会结构理论是社会网络知识论域体系的"理论"之一。我们也已知道，

社会网络要用 Weber 的类型学来分析观念数据；因此社会网络的理论基础还应有 Weber 的理解社会学理论。Comte 是 19 世纪上半叶法国的实证主义哲学家，也是社会学的创始人。Comte 认为，社会是自然的一部分，社会学就是社会物理学，是自然科学的直接延续，因此要用与自然科学同样的实证方法来研究。Comte 的实证主义是 100 多年来西方社会学的主流，而 Durkheim 的社会结构理论就遵循了 Comte 的实证哲学。由此可见，Comte 的实证哲学应是社会网络知识论域体系的"哲学"之一。与实证哲学对立的是德国 Dilthey 的诠释哲学。Dilthey 认为，人文学科与自然科学存在着根本的区别，理解的方法才是人文学科的研究方法。Weber 的理解社会学则介于二者之间。他认为，社会学"是一门致力于解释性地理解社会行动，并因而对原因和结果做出因果说明的科学"。这个因果解释既要意向合理也要统计合理，从而具有客观性、价值中立性的实证含义。通过 Weber 的理解社会学，诠释学也应该是社会网络知识论域体系的"哲学"之一。至于社会网络知识论域体系采用的"方法"，首先应是图论的方法，值得指出的是，社会网络与复杂网络的来自图论的指标大都内涵相同，但常常以不同的名称出现，尤其是翻译后的中文名称的差别较大。另外，社会网络有较多的个体网络的指标，而复杂网络的此类指标较少。其次是统计方法，社会网络常常使用对关系变量的统计方法，如 QAP 方法、P* 模型等，这些方法在复杂网络中还较少用到；社会网络的统计数据大多是通过问卷、线人、深度访谈获得的主观数据，也常要进行信度与效度的分析。社会网络知识论域体系的"应用"仅限于社会关系领域。于是，我们可以得到以下社会网络的知识论域体系：

孔德（Comte）的实证哲学+诠释学（Dilthey）-迪尔凯姆（Durkheim）社会结构理论+韦伯（Weber）的理解社会学——社会网络方法论——图论方法+统计（问卷、量表、信度与效度分析；QAP、P*模型等）——社会问题的应用

复杂网络与社会网络研究关系的结论。发生学的角度是历史的，因而是时间的维度，而知识论域的角度是空间的维度。发生学与知识论域角度的结合，就提供了从宇宙两个最基本的时间与空间的维度、历史与全面地认识事物的可能。

从发生学角度对复杂网络与社会网络研究的比较，我们得出以下结论：首先，复杂网络与社会网络都具有图论的渊源，因此有方法方面的共性。但社会网络诞生于社会心理学与社会人类学，具有人文社会学决定的一系列特点；而复杂网络基于计算技术的发展，其网络规模要大得多，又直接诞生于非线性物理与统计物理，所以具有物理学决定的一系列特点。值得注意的是，这些特点没有好坏之分，都服务于各自的研究宗旨。其次，不同渊源不仅带来了不同路径依赖的特性，还决定了它们的名称。人文社会学渊源决定了社会网络重视研究对象，故以研究对象的社会关系而得名；物理学渊源决定了复杂网络重视普遍规律的寻求，故以其探讨的复杂性而得名。再次，由于互联网上虚拟社区的飞速发展，目前虚拟社会网络的数据也变得庞大，而且也易于从互联网上抓取到客观数据，研究时也可以分析网络的度分布等统计特性，因此与传统的社会网络研究比较，此类社会网络与复杂网络的研究范式更为接近。不过，互联网上的社会网络研究，若研究的目的是为了发现网络的普适特性，则应归入复杂网络的研究范畴；若研究目的是为了分析社会学问题，则应归入社会网络的研究范畴。

通过知识论域体系角度的比较，首先可知复杂网络与社会网络研究的哲学背景的差异在于后者有诠释学色彩。需要指出的是，我们没有在复杂网络的知识论域体系中列出实证哲学，这是因为复杂网络来自物理学，Comte的实证主义哲学就来自于物理学的启示，因此复杂网络以实证哲学为基础是不言而喻的。其次，复杂网络与社会网络研究的理论分别是复杂性理论与社会结构理论，由于哲学思想的不同，社会网络研究的理论除有实证主义的Durkheim的社会结构理论以外，还有诠释学的Weber的理解社会学理论。再次，理论的不同又带来复杂网络的研究方法更依赖于计算机以及虽然二者都使用于统计分析，但数据调查与采用的统计方法又不同。最后，社会网络分析仅仅用于社会关系的研究，而复杂网络分析应用于各种关系领域。

至此，我们可以回答本书开始提出的问题，答案是复杂网络与社会网络研究是互不包含的两种同时存在的网络研究范式。目前，这两种网络研究范式在计算机技术、数据搜集、分析方法方面的差异已经减小，但是由于研究宗旨、起源、研究传统以及哲学信仰与理论基础的不同，决定了它们会长期地共存下去。

以上仅是笔者对社会网络与复杂网络研究方法论的粗浅认识。由于作者水平所限，错误与遗漏之处恳请各位批评指正。

杨建梅
根据2008年11月大会发言稿修改

目 录

第一篇 社会网络 ·· 1

结构洞：意义、测量及拓展 ·· 3
社会网络的社群结构与探测 ·· 29
基于社会网络理论的研发服务供求关系分析 ·· 38
Who got the Offer? Feedback-Seeking Behavior and Network Centrality in Training-based
Recruitment Programs ·· 45
The Role of Frontline Employee Social Network in Customization Marketing Strategy ············ 60
整体层次的结构融合：三种可能的测量方法 ·· 76
基于社会网络的HRM与一线管理者之间的信息沟通——中外化妆品公司的比较研究 ··········· 82
虚拟专业论坛对知识传播效果影响的研究 ·· 90
从结构到内容——社会网络理论中主要研究问题的讨论 ································· 95
师生共建型科研团队构建问题的研究 ·· 103
高技术企业成长生态系统中社会网络的作用机制研究 ···································· 110
网络系统中竞争与合作共存问题的理论研究现状 ·· 119

第二篇 社会资本 ·· 127

自然灾害中的社会资本研究 ·· 129
组织社会资本、国际资源获取与中小企业国际化绩效——一个综合理论分析框架 ············ 140
社会资本对创业的影响研究 ·· 152
社会资本视角下上市公司终极股东控制权问题研究 ······································ 163
网络群体的社会资本 ·· 175
基于社会资本视角的企业关系价值分析 ··· 183

第三篇 产业网络 ·· 189

基于复杂网络演化模型的集群网络演化研究 ·· 191
中国汽车零部件产业的复杂网络建模与分析 ·· 205

复杂产业网络的信息熵评价与实证分析 ……………………………………………… 213
基于结构视角的中小企业网络组织效率改进研究 …………………………………… 220
乡镇企业集群化与乡村共同体演化——基于社会资本与社会网络视角的分析 …… 227
政府社会网络与现代农业产业发展——以德庆县发展柑橘产业为例 ……………… 234

第四篇 其他 243

华人商业送礼行为 ………………………………………………………………………… 245
试论LMX与成员关系互动机制 ………………………………………………………… 264
企业社区关系管理中的三方博弈分析 …………………………………………………… 271
基于社会网络的联盟博弈参与者影响力研究 …………………………………………… 280
基于动态博弈理论的山西地域特色企业集群问题研究 ………………………………… 284

后　记 ……………………………………………………………………………………… 290

第一篇 社会网络

结构洞：意义、测量及拓展[*]

[摘　要] 弱关系之所以"强"，因为它联络整个社会世界，"六度分割"理论因而成立。结构洞则表征了至少三个行动者之间关系的非冗余结构层面。结构洞之所以成为社会资本，因为它为中介者提供了另类视阈，使之具有信息优势和控制优势。结构洞理论所坚持的网络行动观可以规避微观—宏观之争，所探究的三方关系是整个社会世界得以建构的基石。本文从整体网和个体网意义上探讨了两类结构洞指标：伯特的结构洞指标的测量和解释；中间中心度及其推广形式。最后从行动者、关系、结构、方法、演化及文化机制六个方面对结构洞理论进行拓展。本文认为，相对于结构洞占据者的控制优势而言，结构洞的深层机制和演化机理更加重要。

[关键词] 桥；结构洞；社会网络

在社会生活中，什么样的人能够占据先机，取得优势？这固然与个人的素质（经济资本、人力资本）有关，与人们所处的网络位置（社会资本）更相关。社会网络分析学者主要关注网络的性质和结构。其中，关系的强弱和结构洞不可忽视。在日常生活中，"结构洞"的搭桥行为屡见不鲜，学术界对结构洞的研究却相对少见。国内的社会网络研究已经接近20年时间，社会学界已经对很多概念，如个体网、整体网、行动者、嵌入性、弱关系、网络同质性和异质性等都有所了解，但是对于结构洞的研究还有待加强。本文探讨了结构洞的含义及测量方法，讨论了从哪些方面对结构洞理论进行推广。

一、结构洞的含义

（一）结构洞理论的缘起

结构洞理论（Structural Holes Theory）是由美国社会学家、芝加哥大学商学院伯特（R. Burt）教授在三种经验研究的基础上提出来的。这三种经验研究是格兰诺维特关于找工作的研究、库克等关于网络交换论的研究以及伯特本人关于结构自主性和厂商边际效益的研究。

---

[*] 作者简介：刘军：博士，教授，博士生导师，哈尔滨工程大学人文学院社会学系主任。通讯地址：哈尔滨市南岗区南通大街145-1号；电子邮件：liujunry@163.com。
基金项目：黑龙江省2005年度留学回国人员择优项目基金。
感谢罗家德教授，他提供的文章促成了本文的写作。

格兰诺维特在其经典名篇（Granovetter, 1973）中提出了"弱关系的强度"假设。他认为，弱关系在寻找工作信息的时候具有重要意义。弱关系之所以"强"，原因在于它在群体、组织之间建立了纽带关系，传递着信息，而强关系常常处于群体内部，维系着组织内部的关系。推而广之，弱关系的重要性在于它把多个相对独立的群体联络在一起，从而使全球的各个社会具有结构上的凝聚性，在理论上使任何两个人之间仅仅通过大约五个人就可以建立联系，六度分割理论才得以成立（Watts, 1999）。人们保持的弱关系常常比强关系多，把一个大网络中的不同群体结合在一起的关系主要是弱关系。布劳（1991：126-127）也指出了这个观点的重要性：

"亲密的关系容易局限在亲近的社会圈子里，因此，它们会使社会发生分崩离析。各个群体在社会中的整合并不取决于人们之间的强有力的联系，而只取决于他们之间松散的联系，因为松散的社会联系会大大地超越亲密的社会圈子，从而使各群体建立起社会关系。""过量的内群体联系会危害社会整合，因为它易于导致社会的分裂"。（布劳，1991：128）

一般来讲，连接两个群体的关系是弱关系，如果其数量很少，该关系则可能是桥或局部桥。在一个关系网络中，如果去掉某两个行动者之间的关系，那么整个网络就分为两个独立的子网络，我们就称这个关系为"桥"（Bridge）。或者说，如果两个群体仅仅通过唯一关系连在一起，则称此关系为"桥"（Granovetter, 1973：1364）。而"局部桥"（Local Bridge）的定义稍有不同："如果 n 大于 2 并且是连接两点的（除了已存的连线之外）最短途径的长度，该现存关系就是度数为 n 的局部桥（Granovetter, 1973：1365）。可见，局部桥的度数至少为3。在图1中存在多个桥，如 AB、AC、AD、BE、BF、CG、DH、DI 都是桥。

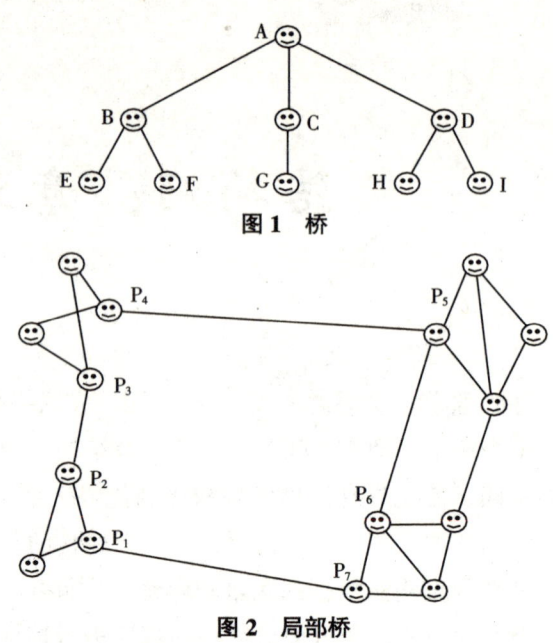

图1 桥

图2 局部桥

图2中不存在桥，却包含多个局部桥。但是，P_1-P_2不是局部桥，因为除了两点之间现存的直接关系之外，其余"路径"的最短长度为2，这不满足"局部桥"的定义。P_1-P_7则是度数为7的局部桥，因为根据"局部桥"的定义，如果不考虑P_1和P_7之间的直接关联而分析从P_1出发需要经过多少"途径"（Paths）才可以达到P_7，会发现至少要经过7个途径。假设P_1希望将某种信息传递给P_6，他可以通过两个途径，即$P_1 \rightarrow P_2 \rightarrow P_3 \rightarrow P_4 \rightarrow P_5 \rightarrow P_6$和$P_1 \rightarrow P_7 \rightarrow P_6$。途径中经过的中间人越多，成本越高，因此，他最希望将信息通过P_7传递给P_6。

总之，格兰诺维特（1973）用调查数据描述了包含较多弱关系的网络是如何占有职业优势的，研究表明白领工人可以通过弱关系较快地找到好工作。

在现实网络中，桥和局部桥往往是信息的通道，是资源交换的关键环节，所涉及的行动者能够控制资源的传递，因而具有重要意义。

与格兰诺维特的研究类似，在网络交换论领域，有学者用实验法描述资源是如何集中到中间人手中的（如Cook和Emerson, 1978；Markovsky等，

1988)，例如，库克和埃默森（Cook & Emerson, 1978）探讨了互斥交换伙伴的权力问题，这种研究涉及结构洞。伯特本人也用普查数据描述厂商边际利润是如何随着供应商和消费者之间交易关系的减少而增加的（Burt, 1982）。另外，伯特关于结构自主性（Structural Autonomy）的研究也涉及结构洞问题（转引自 Burt 等人，1998：64）。

对于伯特来说，"如何创造价值"始终是他关注的问题。无论研究的内容是什么，伯特坚持的行动观始终如下：行动者的行动是有目的的，有目的的行动者是在由社会的劳动分工带来的社会结构情境中获利的（Burt, 1982: p. ix）。伯特始终关注竞争市场的优势战略，在"作为社会资本的经纪人"方面进行了大量的研究。例如，竞争市场的获得、经理人的晋升率（Burt, 1992）、结构洞的个性关联因素（Burt 等人，1998）以及结构洞与好观念的获得之间的关系（Burt, 2004）等。在这种行动观以及上述经验研究的基础上，同时借鉴了其他学者如社会学家齐美尔（G. Simmel）、格兰诺维特，管理学家克拉克哈特（D. Krackhardt），经济学家哈耶克（F. Hayek）、熊彼特（J. Schumpeter）的研究（Oliver, Kalish and Yair, 2007：331），伯特进一步追问理性行动者如何在嵌入的社会结构中"创造价值"，进而提出了自己的结构洞理论。

（二）结构洞理论的含义

什么是结构洞（Structural Holes）？"我用结构洞来表示非冗余的联系，非冗余的联系人被结构洞所连接，一个结构洞是两个行动者之间的非冗余的联系"（Burt, 1992：18）。例如，在图3中，"自我"与A，B，C中的任意两者之间的关系结构就是一个结构洞。因为A和B都与"自我"有关系，但是二者之间却不存在关系，相当于有一个空洞（Hole）。"自我"如果希望把信息传递给A和B，需要分别通知；而在图4中，"自我'"仅把信息传递给A'即可，因为A'可以把信息传递给B'。也就是说，对于"自我"来讲，A与"自我"的关系和B与"自我"的关系是非冗余的；而对于"自我'"来讲，A'与"自我'"的关系和B'与"自我'"的关系则是冗余的。"自我"便是结构洞的中间人或者占据者。伯特认为，结构洞能够为其占据者获取"信息利益"和"控制利益"提供机会，从而比网络中其他位置上的成员更具有竞争优势。

仅仅从关系的缺失角度并不能完全说明结构洞。判断结构洞的标准有两个：凝聚性（Cohesion）和对等性（Equivalence）。前者的含义是，如果一个行动者的两个联络人之间存在直接的关系，凝聚力加大，冗余性也增强，例如，在派系中就不存在结构洞。后者的含义在于考虑到了"自我"与其网络成员之间的间接关系。如果两个行动者与网络中的同一群人之间共享同样的关系，我们便说这两个人（如图5中的A和B）之间是结构对等的。他们之间可能没有直接的联系，但是每个人的关系网可能一样，因此从"自我"的角度看，这两个人（如A，B）提供的信息是冗余的。从1992年以来，伯特就致力于结构洞理论的推广研究，在此方面发表了大量著述。

可见，格兰诺维特所说的"弱关系"指的是关系的"强弱"这种具体性质，不管如何界定关系的强弱。"桥"或者"局部桥"都是一种特殊的关系，尽管大多数情况下它们都是弱关系。而伯特所说的结构洞则代表由至少三个行动者之间关系构成的一种特殊结构，这种结构可能为中间人带来利益。因此，这种结构就会成为社会资本，其中间者扮演着经纪人（中介人、中间人）（Broker）的角色。

结构洞这种结构能够为中间人提供什么好处？这要看网络的性质，也要看网络中的行动者是什

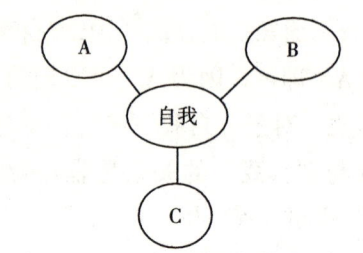

图3 信息流动网

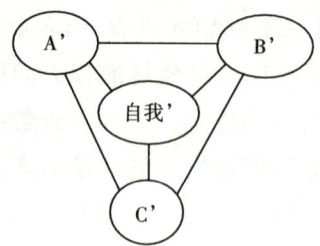

图4 信息流动网

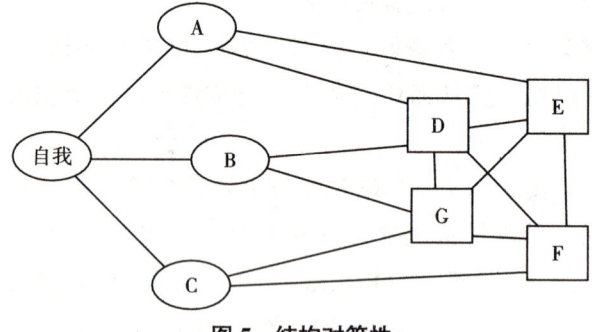

图5 结构对等性

么。如果行动者是个人,那么这种结构很可能为该人提供非冗余的信息,从而为自己带来职位的晋升、工资的增长或者声望的提高等(Burt,2004);如果行动者是社区,这种结构可能为社区的发展提供机遇;如果是高校,这种结构可以为学校声望的提高做出贡献。无论如何,结构洞会成为社会资本,对占据者来说有重大意义。

在现实生活中,类似于结构洞中的中介位置的职位极多,例如各省、市、自治区,各个大型企业设立在北京的"驻京办"主任,各个市、县设立在其他大城市的"办事处"主任等便是一例。小说《驻京办主任》一书的主人公丁能通先生之所以放弃区长不当,偏偏执意要当东州市驻京办主任,因为他认识到了这个位置极为重要。他的内心想法是:"要想在政治上有大发展,必须有重量级的大人物赏识,他可以利用驻京办这个平台,既可以因频繁接待省市领导而得到赏识,又可以广交京城权贵,为自己在政治上有更大的发展寻找机会。……利用好这些关系,何愁自己没有靓丽的前程。"[①] 其他人也认识到,区长级别的官员如果"不吃不占,比不上驻京办"。可见,驻京办主任就是一个结构洞的中间人位置,对于其占据者来说价值非凡。

尽管这只是小说中主人公内心的独白及其在现实生活中的关系运作实践,可能带有一定的虚构性,但是小说毕竟来源于现实,它确实在一定程度上反映了人们对待某些结构洞位置重要性的清醒认识,也确实反映了现实生活中的关系运作逻辑。

推而广之,在中国为什么直到目前仍然官本位极为严重?买官卖官现象为什么每每出现(不管是公开报道的,还是现实生活中隐藏的)?除了体制上的很多原因之外,在一定意义上是因为各级"官位"相当于结构洞的中间人职位,控制着重要资源,因而成为很多人追逐的目标。官员级别越大,控制的资源越丰富;对于清官来说,可以更好地调动资源进行社会建设;对于贪官来说,可以更好地为自己谋福利,在媒体上时常报道出来的一些案例说明了这一点。[②] 例如,高级干部控制着教育资源,其子女可以轻易选择上重点学校

---

① 王晓方:《驻京办主任》,作家出版社,2007年,第2页。

② 在《驻京办主任》这部小说中,驻京办主任和区长都居于结构洞的中间人位置,但是二者有所不同。对于想"多贪多占"的官员来说,"区长"的位置可能更加重要,因为该位置的下属职位很多,并且控制的资源也多;但是对于像丁能通这样的不想"多贪多占",而想在政治上有更大发展的官员来说,"驻京办主任"这个位置更加重要。当然这并不是说,"多贪多占"的官员不能在政治上有大发展,恰恰相反,这样的官员居然在政治上有大发展的案例在中国每每出现(但是,"多贪多占"的官员要付出代价,包括每日的提心吊胆),因为买官卖官现象每每出现,尽管实际报道出来的数量相对较少。

读书，得到良好的教育机会。而一般家庭的子女只能就近按照学区规定上学，往往得不到优质教育资源，一般情况下也考不上好的大学。如此反复，学校除了完成正常的知识传播和教化规训功能以外，还完成了社会阶层的生产和再生产这项任务，这不能不说与社会等级结构有关，在一定意义上与结构洞关系密切。

校长的位置也如此。在当代中国，很多学生择校学习，这为居于结构洞中间位置的各级校长创造一个良好的赚钱机会。中学校长一年得到多少礼金？这首先要看学校的档次如何。学校的级别越高，校长收到的礼金越多。其次要看礼金的名目。在日常生活中，中学校长得到的礼金主要包括几方面：下属的送礼、学生家长日常的礼金、借读生家长送的好处费等。以笔者熟悉的哈尔滨市一所区重点高中为例，该校的借读生（指学籍不在本校的学生）除了正常要向学校交借读费每年5500元（这笔钱变成学校的公款，即小金库；而学籍在本校的自费生只需要上缴给学校5500元即可，其中一大部分学校要上缴给市教育局）之外，还应该一次性单独上缴给学校校长一笔好处费（一般要有一个中间人，如教师、校长的亲属、朋友、上级领导等，至于这个中间人是否收费，则视关系是否"硬"而定），数额一般在3000元左右。笔者所熟悉的这所学校高一学年共有13个班级，每个班级的借读生大约有8人，共有接近100人。可以计算出来，该校校长每年得到中介费30万元。① 这可以解释为什么很多共产党员（但不是每个人）都觊觎这个职位了。可以逆推一下，既然校长这个职位如此"肥"，这个"差使"是个"肥缺"，上级领导不可能不知道。那么当初校长在竞争这个位置的时候，也一定给上级领导（比如区教育局局长）送礼，一般至少20万元；② 推而广之，局长在竞选的时候也要给更上级领导送重金了。如此看来，我们可以牵出一串送礼资金链。按照这种逻辑，就可以理解当年发生在黑龙江省的"韩桂芝案件"为什么牵涉一串贪官了，这也可以解释为什么在中国的某些地区人们争先恐后用金钱购买高层次职位。据笔者调查，在哈尔滨市松北区，由于近几年土地开发热，一个村长的位置含金量激增，需要用50万元（在竞选的时候给村民一部分，给上级领导一部分③）才能买下来，这50万元可以在很短时间内通过出卖土地等方式成功"回收"，随后将有更大的回报。

（三）结构洞成为社会资本的机制何在

为什么结构洞的这种经纪行为（Brokerage）会成为社会资本？其机制是什么？关键在于中间人在两个不同的群体之间建立关系。如伯特所言，这是因为"在群体内的观念和行为要比在群体之间的观念和行为更具有同质性，所以跨群体之人会更熟悉另类想法和行为，因而会给他们更多的观念选择的机会。……这种视野优势恰恰是经纪行为变成社会资本的机制"。（Burt，2004：349）

科学家的学术创新也类似，他们往往是通过圈外之人获得灵感的，这是因为通过圈外之人可

---

① 实际上，这笔钱只是"好处费"或者"中介费"，还没有计算在日常生活中校长的下属，即各位教师送的礼金，如果加上这笔钱，可能更多一些。当然，有关"好处费"的现实情况更加复杂。如果学生的"门子硬"（比如学生是教育局长的子女，或者是教育局安排下来就读的），则可能不用花一分好处费，门子不"硬"的学生当然要给校长"好处费"，还可能包括人情费。

② 需要说明的是，"20万元"数字显然是笔者"道听途说"得到的，显然不一定"真实"。但是笔者认为"数字是否真实"并不重要，重要的是"送礼"这个事实，只要该"事实"为"真"即可。至于这个"事实"是否"真"，显然也不能通过"访谈"当事人的方法进行验证，但是可以通过访谈相关"知情人"得到验证，尽管难度很大。即便不能得到验证，也不能说明这不是一个"事实"，因为这是一个"潜在"的"事实"，遵循的是"潜规则"，这或许更具有进行社会学研究的价值。

③ 并不是每个人的礼金领导都会接收的。收礼者要考虑收礼行为不被告发。这就可能考虑几个方面：首先，陌生人送礼绝对不能要，否则可能被告发；其次，来自极为熟悉之人的礼金一般也不要，只有来自关系不太熟悉之下属的礼金才可能收下，无论如何，判断自己不"犯事"是首要的。

以建立结构洞，结构洞对于获得新观念具有重要意义。学术研究也类似，通过博览群书（特别是其他学科的著述），接触各种相关学科的知识，与各个相关学科领域的学者的深入交流，"新思想"自然会不断产生。这在一定意义上可以解释为什么学术上的"近亲繁殖"会给学术创新带来毁灭性影响，却可以带来学术小派系的繁荣。

结构洞成为社会资本，并不意味着封闭结构（Network Closure）不能成为社会资本。伯特指出，二者都是社会资本，这不矛盾。这是因为，把结构洞和桥接在一起可以实现价值，这个过程需要信任，而信任恰恰是靠网络的封闭性保证的。他指出，当信任占据优势的时候，封闭性就成为社会资本。结构洞的社会资本依赖于信任来提供由经纪机会带来的价值。因此，在现实生活中，行为的"表现是群体之外的经纪行动和群体之内的封闭关系的产物。"（Oliver，Yuval Kalish 和 Gad Yair，2007：334）

（四）结构洞理论的贡献

结构洞理论的贡献在于它把散布在各种文献中的相关思想（如弱管理的强度、渔利者、局部桥思想、网络交换论等）整合成为一种一致的理论框架，指出了这种结构中的中介者具有信息优势和控制优势，因而有广泛的应用。除此之外，笔者认为该理论还有两个相互关联的贡献：该理论所倡导的网络行动观沟通了微观和宏观的连接（Burt，1992：第5章；Burt，1982），强调了三方关系结构的重要性，三方关系揭示了整个社会世界的核心架构。

1. 结构洞理论倡导网络行动观，成了沟通宏观与微观之间的桥梁

总体来说，宏观行动观导源于孔德所创立的实证主义传统，这种行动观有一些预设，如客观性假设、无"污染"假设、社会规律性假设和利用自然科学方法研究社会问题等。而微观行动观的代表人物很多。例如，加芬克尔发现了日常生活的实践活动的权宜性、局限性和索引性，这表明了社会世界具有不确定性，行动也不是由规则预先决定的，它是一个在局部场景中由行动者通过权宜性的努力、构成、创造的结果。而在现象学传统中，舒茨认为，社会学的任务是研究行动者是如何赋予行动以意义的，其研究主题已经不是"行动"而是"意义"。相比之下，"网络行动观"可以沟通宏观视角和微观视角之间的"鸿沟"，因为它既看到了行动中的个人的努力，也看到了规范结构的力量，也因为在网络数据中没有什么微观和宏观的分析，尽管数据可能是在微观系统的基础上收集到的。当然，这里的行动者可以是个人，也可以是非正式群体或者正式的企业等。所以，行动者既可以是微观水平的，也可以是宏观水平的。例如，科层体制下的雇员、社区精英、无形学院中的精英、社区中的大型企业甚至是处于世界体系中的国家。

2. 强调了三方关系结构的重要性

科尔曼认为，社会关系可以分为两类：简单关系（即二人关系）和复杂关系（即三人关系）。复杂关系的维持必须依赖于第三者。这种关系常常是正式组织得以生存的基础。复杂关系绝不是简单关系的进一步引申，它与二人关系有本质的区别，结构洞至少涉及三个行动者之间的关系。在《道德经》中有如下表述："道生一，一生二，二生三，三生万物。"只有在"三"的基础上，万物才得以生成。结构洞理论的贡献在于它超出两个行动者之间关系的"强弱"层面，关注到了至少三个行动者之间关系的结构层面，而"三方关系"深刻地揭示了整个世界的架构，恰恰是整个社会得以建构的基石，是社会团结的基础（刘军，2006a）。

二、结构洞的测量

结构洞的计算比较复杂，总的来说存在两类计算指标。第一类是伯特（1992）给出的结构洞指数；第二类是中间中心度指数。后一类还包括弗里曼（Freeman, 1979）给出的针对整体网的中间中心度指标及其推广形式（Brandes, 2008），以及艾弗雷特等学者（Everett & Borgatti, 2005）给出的针对个体网数据的个体中间度指标，下面分别加以探讨。

（一）伯特的结构洞指数

Burt 的结构洞指标要考虑四个方面：①有效规模（Effective Size）；②效率（Efficiency）；③限制度（Constraint）；④等级度（Hierarchy）。其中第三个指标最重要。

（1）一个行动者的有效规模是该个体网的规模减去网络的冗余度（Redundancy），即有效规模等于网络中的非冗余因素。行动者 i 的有效规模可用公式表示为：

$$\sum_{j}\left(1-\sum_{q} p_{iq}m_{jq}\right), q \neq i, j$$

其中，j 代表与自我点 i 相连的所有点，q 是除了 i 或 j 之外的每个第三者。括号内部的量 $p_{iq}m_{jq}$ 代表在自我点和特定点 j 之间的冗余度。其中，p_{iq} 代表行动者 i 投入到 q 的关系所占比例，m_{jq} 是 j 到 q 的关系的边际强度（Marginal Strength），它等于 j 到 q 的关系除以 j 到其他点关系中的最大值。当然，对于二值网络来说，最强值就是 1，因此 m_{jq} 总是 1 或者 0。乘积 $p_{iq}m_{jq}$ 的总和测量的是 i 与 j 的关系相对于 i 与其他关系人的关系的比例。图 6 代表一个 5 点图及其邻接矩阵，下面将结合该图进行分析。

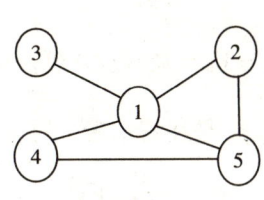

图 6 一个 5 点图及其邻接矩阵

实际上，上述计算比较麻烦，薄伽提（Borgatti, 1997）给出了简单的算法：i 的冗余度就等于该点所在个体网的平均度数（连接到中心点的线不计算在内）。例如，对于点 1 的冗余度来说，

点	2	3	4	5	均值
度数	1	0	1	2	4/4=1

所以，点 1 的冗余度是 1，有效规模是 4-1，等于 3。要想计算点 5 的有效规模，需要计算出该点的冗余度 1.33（如下所示），由于 5 的个体网络的规模是 3，所以，5 的有效规模是 3-1.33=1.67。

点	1	2	3	4	均值
度数	2	1	0	1	4/3=1.33

可见，一个点的冗余度就是该点所在个体网的平均度数值。因此，我们可以简化计算行动者 i 的冗余度为：2t/n，其中 t 是 i 的个体网络中的关系数（不包括与中心点相连的关系数），n 是 i 的个体网络规模（不包括自我点）。因此，i 的有效规模是 n - 2t/n（Borgatti, 1997: 37）。

（2）一个点的效率等于该点的有效规模与实际规模之比。例如，点 1 的效率为 3/4。

（3）限制度：一个人受到的"限制度"指的是此人在自己的网络中拥有运用结构洞的能力。按照伯特的说法,"你自己的机会受到的限制取决于:①你曾经投入了大量网络时间和精力的另外一个接触者 q,在多大程度上向②接触者 j 的关系投入大量的精力。"(Burt,1992:54)由此引出限制性的操作化定义:行动者 i 受到 j 的限制度为 $C_{ij}=\left(p_{ij}+\sum_q p_{iq}m_{qj}\right)^2$,可表述为 C_{ij} = 直接投入(P_{ij})+间接投入($\sum_q p_{iq}p_{qj}$)。其中,p_{iq} 是在行动者 i 的全部关系中,投入到 q 的关系占总关系的比例,其含义如图 7 所示。

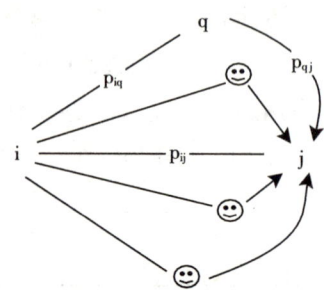

图 7　限制度计算例示

限制度的最小值为 p_{ij} 的平方(即 j 与其他点都不相连),最大值是 1(如果 j 是你的唯一联络人)。在这个公式中,取遍所有的联络人 j 得到的总和就测量了你在网络中的创业机会受到的总限制性(Burt,1992:55)。

以图 5 中的"1"为例。与之接触的"5"对 1 的控制最强,因为 5 与网络中其他者之间的联系最多。5 对 1 的要求因而将是 1 最难以回避的。3 对 1 的限制性最小,因为它与 1 的网络中的其他成员之间完全隔离。因此,他的要求具有最大的可协商性。

上述限制度是针对单个行动者来说的。如果在开始收集数据的时候就根据一定的先验标准把行动者进行了分组,那么我们就可以针对每一组计算出一个独断值(Oligopolistic Value)O_j,对该值的测量至少有三种(Burt,1992:63-65),其中一种是与组内结构洞的数量成反比(Degenne & Forse,1999:127-128)。如果一个子群体是派系,则该派系的独断值为 1,如果一个子群体的规模是 n_j,并且包含的点都是孤立点,则该派系的独断值达到最小值 $1/n_j$。由此引申出第二类结构洞。

在这种结构洞中,j 所在群体的结构洞数目越多,j 对其网络外的 i 的限制力越小。上文界定了 c_{ij},这个值乘以 O_j 便可得到一般意义上的 j 对 i 的限制值,即 $C_{Gij}=c_{ij}O_j$。群体之间的结构洞越少,c_{ij} 越大;群体内部的结构洞越少,O_j 越大。因此,C_{Gij} 会随着群体内部和群体之间的结构洞的减少而增加。在图 8 中,$C_{Gij}<C_{Giq}$(Degenne & Forse,1999:128)。有关这方面的例子请参见 Burt(1992:63-65,特别是图 2.5)。

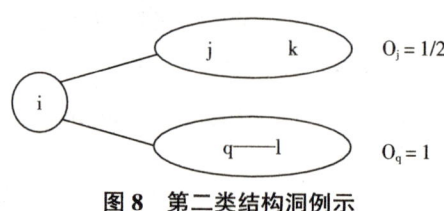

图 8　第二类结构洞例示

(4)等级度。在伯特看来,等级度指的是限制性在多大程度上集中在一个行动者身上。其计算公式为(该公式被称为科尔曼—泰尔失序指数,Coleman-Theil Disorder Index):

$$H=\frac{\sum_j\left(\frac{C_{ij}}{C/N}\right)\ln\left(\frac{C_{ij}}{C/N}\right)}{N\ln(N)}$$

其中,N 是在 i 的个体网络规模。C/N 是每个点的限制度的均值。分母代表最大可能的总和值。

当一个行动者的每个联络人的限制度都一样的时候,该测度达到最小值 0。反之,当所有的限制都集中于一个行动者的时候,该值就达到最大值 1。或者说,一个点的等级度越大,说明该点越受到限制;反之亦反。

需要指出的是,伯特所给出的结构洞指数测量的主要是个体在网络中的受限制度,他所依据的网络是个体网而不是整体网。类似的思路也可以在整体网络中实现，也就是说，我们也可以按照上述思路计算整体网络中的限制度指数等结构洞指标，这时候需要考虑到距离"核心点"长度超过2的途径，后文将有针对整体网数据的结构洞指标的计算。除此之外，还有一种思考问题的方式，也就是说，如果一个行动者在网络中居于很多人中间，即处于许多路径上，我们就可以说此人拥有较多的结构洞。因此，我们可以计算一类"中间度"指标，用它来测量结构洞。这个指数的计算可分别结合整体网和个体网来探讨。

（二）中间中心度指标

1. 整体网络中个体的中间中心度（Betweenness Centrality）

（1）弗里曼给出的中间中心度指标。鉴于结构洞的中间人往往占据重要地位，因此，我们可以用弗里曼（1979）给出的中间中心度指数作为结构洞指数，用它来测量行动者对资源的控制程度。中间中心度是最常见的一种中心度指数，是社会网络分析的一个核心概念。该指数的描述性含义和操作化公式如下：

在一个整体网中，如果一个点处于许多其他点对的捷径上，我们就说该点具有较高的中间中心度，它可能起到重要的"中介"作用，处于网络的中心，拥有较多的结构洞。中间中心度的描述性定义如下：一个点Y处于X和Z之间的中间度指该点处于此点对的捷径上的能力，具体用"中间性比例"来刻画，其定义为：经过点Y并且连接两点X和Z的捷径与这两点之间的全部捷径数之比，它测量了Y在多大程度上位于X和Z的"中间"。一个整体网络中有很多点对，一个点Y相对于网络中所有点对的"中间比例"的总和便是该点在整个网络中的"中间中心度"。这是对中间中心度的描述性说明，其公式化表征如下：

对于有向图$G=(V, E)$来说，我们界定V是点的集合，$E \subseteq V \times V$是有向边的集合。对于一个有向边$e=(u, v) \in E$来说，我们分别称u和v为该边的头和尾。从点s出发，到达点t的途径（Path）可能有多个，记作（s, t）-途径，其包含的线数叫做该途径的长度，其中最短者叫做该途径的距离，记作$dist(s, t)$。用$\sigma(s, t)$表示最短的（s, t）-途径数目，并且令$\sigma(s, t|v)$表示经过点v的最短（s, t）-途径的数目。如果$s=t$，则令$\sigma(s, t)=1$，并且如果$v \in (s, t)$，则令$\sigma(s, t|v)=0$。这样便可以用公式表示点$v \in V$的中间中心度$c_B(v)$（同时定义0/0=0）：

$$c_B(v) = \sum_{s,t \in V} \frac{\sigma(s, t|v)}{\sigma(s, t)}$$

这就是Freeman给出的中间中心度表达式，其具体计算实例参见Freeman（1979）、刘军（2004：122-125）。标准化的中间中心度的取值介于0和1之间，其值越大，越说明对应的点是中间人，结构洞越多，居于整个网络的核心；反之亦反。

（2）整体网中间中心度的推广。上述中间中心度指数是针对整体网来测量的，其前提假设很简单，没有考虑到关系的强度、方向以及关系的多元度等。可想而知，在很多复杂情况下，这种计算方法可能不恰当。考虑到这些问题，布兰迪斯（Brandes, 2008）探讨了中间中心度的各种推广形式。

第一种推广：在弗里曼的中间中心度指标的界定中，各个点对之间的关系不依赖于自身，却依赖于中间点，有时候这可能不太恰当，因此，第一个推广形式便是将起点和终点计算在内，这时候需要修改一些界定，即当$v \in (s, t)$的时候，将原先界定的$\sigma(s, t|v)=0$修改为$\sigma(s, t|v)=1$。这样的话，每个$v \in V$的中间中心度指标都会增加v可达的点数再加上可达到v的点数，这样可以得到第一种推广形式。

第二种推广考虑到了如下事实：在一对点之间的关系中，有时候我们有理由相信，只有关系的最初起点（或最终点）能够控制资源，据此对中间中心度进行推广。

第三种推广的思路如下：常规的中间中心度指标考虑的两点之间的最短捷径，不关注其长度是多少，由于对于某些关系（如朋友）来说，太长的关系链的意义不大，因此，薄伽提等（Borgatti 和 Everett，2006）界定了一个点的 k-中间度 (k-betweenness)：两点之间长度不超过 k 的捷径计算在内，超过者不计算，用公式表示为：

$$c_{B(k)}(v) = \sum_{s,t \in V; \, dist(s,t) \leq k} \frac{\sigma(s, t|v)}{\sigma(s, t)}$$

第四种推广：有时候我们有理由相信，途径越长，其控制的能力和价值越小，由此引申出另外一种推广方法，即将全部最短途径用其长度的倒数进行加权，表示为：

$$c_{B(dist)}(v) = \sum_{s \neq t \in v} \frac{1}{dist(s, t)} \cdot \frac{\sigma(s, t|v)}{\sigma(s, t)}$$

还有一些推广形式，如针对边中心度、群体中心度、2-模网络的中心度、多值网络和多元网络的中心度等。所有这些中间中心度指数都可以用计算机实现，其算法请参见布兰迪斯（2008）。

可见，中间中心度指数的这些推广形式的适用范围很广。由于伯特关注的网络多数仅仅是二值无向关系网，并且是个体网，没有考虑到其他条件（如途径的长度、距离、多值网、2-模网等），因此上述中间中心度指数在很大程度上推广了伯特的结构洞指数。

2. 个体网中"核心点"的中间中心度

伯特探讨的网络限制性指数等主要适用于测量个体网的结构洞，上述中间中心度的定义主要适用于整体网。实际上，针对个体网也可以测量核心点的中间中心度，这便是艾弗雷特等学者（Everett & Borgatti，2005）探讨的问题。

测量中心度的一个重要目的便是找出网络中的重要行动者。在整体网络中，可以考虑对行动者的中间中心度进行标准化处理，其目的是为了比较。但是在个体网中，一般不对个体网的一些指标进行标准化，因为这样可能产生一些问题，例如网络的规模各不相同，无法比较。可以认为，个体网规模越大，个体在自身的个体网之外越可能处于其他行动者的中间，结构洞也越多。

个体网络中核心点的中间度计算比较简单。首先，根据个体网的定义，我们只需要计算一个点（即核心点）的中间中心度。其次，网络中捷径的长度不超过2。每一对非邻接的点的捷径长度都是2，我们只需要考虑这样的非邻接点即可，因为长度为1的捷径对中间度没有贡献。如果 $A_{5 \times 5}$ 是图9的邻接矩阵，那么 $A^2_{i,j}$ 便包含连接 i,j 的长度为2的线路（Walk）数。当 $i \neq j$ 的时候，这个线路必然是途径。我们只需要计算非邻接的点对之间长度为2的途径数，因为这些才是捷径。既然 A 是邻接矩阵，$J_{5\times5}-A_{5\times5}$ 便是非邻接矩阵（其中 $J_{5\times5}$ 是一个其全部元素的取值都是1的矩阵）。因此，可以证明，矩阵 $A^2[J-A]_{i,j}$ 给出的恰恰是连接 i 和 j 的长度为2的捷径（Geodesic）数，那么该矩阵中各个非零元素（对角线除外）的倒数之和便是核心点的中间度测度。例如，假设有一个个体网络图及其邻接矩阵如下所示，我们现在展示该网络的核心点 "1" 的中间度如何计算。

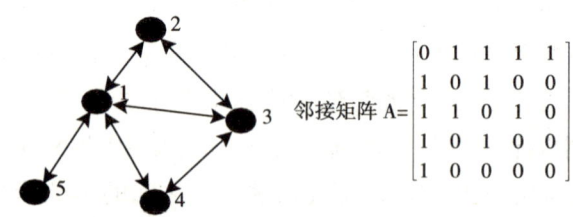

图9　一个5点图及其邻接矩阵

由于这是一个对称矩阵，我们只需要考虑主对角线上方的元素即可。在 UCINET 软件的矩阵算法（Matrix Algebra）中，首先计算矩阵 A 与自身之积（Production），即 AA = prod（A, A）；其次计算矩阵 AA 与矩阵 J-A 的对应元素之积（Multiplication），令其等于 C，即 C = mult [AA, (J-A)]；最后展示出来的计算结果如下所示：

$$A^2[J-A] = \begin{bmatrix} 4 & 0 & 0 & 0 & 0 \\ 0 & 2 & 0 & 2 & 1 \\ 0 & 0 & 3 & 0 & 1 \\ 0 & 2 & 0 & 2 & 1 \\ 0 & 1 & 1 & 1 & 1 \end{bmatrix}$$

因此，该个体网的中心点"1"的中间度就是该矩阵主对角线上方三个非零数字（2，1，1，1）倒数之和，即 3.5。要注意，这些计算过程都能在相关软件（如 UCINET，SPSS，SAS，STATA，R，MATLAB 等）中实现。

艾弗雷特等（Everett & Borgatti，2005：35-36）利用模拟法证明了，个体中间度和整体网络的中间度指标之间是高度相关的。其研究结论是，对于很多实际的数据来说，"个体的中间度是对中间度的一种很好的估计"。（Everett & Borgatti，2005：38）

（三）结构洞指标与中间中心度指标之间的关系

上文探讨了结构洞指标和中间中心度。在同一个网络中，应该运用哪种指标测量结构洞？这需要分析二者各自的适用范围，结合每种指标的特点并根据实际情况进行选择。不论分析个体网资料，还是整体网数据，都既可采用伯特的结构洞指标，特别是网络限制度，也可利用中间中心度指标。但是这两种指标的适用范围有所不同，中间中心度指标的适用范围更大一些，它适用于分次有向网、2-模网、多值网、多元网，还可以分析群体的中心度（Everett & Borgatti，1999）。而结构洞指标包含四个子指标，各有其具体的含义。二者在概念、含义和适用范围等方面不同。

表 1　中间中心度与结构洞指标之间的相关系数矩阵

SIMILARITIES

Measure:	CORRELATION							
Variables are:	COLUMNS							
Input dataset:	H:\My Papers\DataFiles\Joined whole							
Similarity matrix:	H:\My Papers\DataFiles\Joined whole-Sim							
	Betwee	nBetwe	Degree	EffSiz	Effici	Constr	Hierar	Ego Be
Betweenness	1.000	1.000	0.624	0.800	0.319	−0.867	−0.242	0.891
nBetweenness	1.000	1.000	0.624	0.800	0.319	−0.867	−0.242	0.891
Degree	0.624	0.624	1.000	0.928	−0.427	−0.783	−0.736	0.686
EffSize	0.800	0.800	0.928	1.000	0.279	−0.953	−0.292	0.836
Efficiency	0.319	0.319	−0.427	0.279	1.000	−0.200	0.778	0.256
Constraint	−0.867	−0.867	−0.783	−0.953	−0.200	1.000	0.283	−0.924
Hierarchy	−0.242	−0.242	−0.736	−0.292	0.778	0.283	1.000	−0.249
Ego Betweenness	0.891	0.891	0.686	0.836	0.256	−0.924	−0.249	1.000

针对同一组关系数据，如果分别利用中间中心度和网络限制度指数进行分析，会得到怎样的结果？这两种指数之间是什么关系？这一点可以利用下面的数据分析加以说明。在管理学中有一个经典实验——霍桑实验。在实验过程中收集到霍桑工厂的多方面数据，在 UCINET 中用"Wiring"代表。其中包含多个数据，对其中的一个数据，即友谊关系数据（RDPOS）进行中间中心度分析，得到的文件可命名为 FreemanBetweenness；再对该友谊关系数据进行结构洞分析，按照个体网模式分析得到的文件命名为 Holes；将得到的这两个文件合并（按照"列"进行合并），文件

命名为Joined；最后分析Joined文件各列的相似性（Similarities），得到相关系数矩阵如表1所示，从中就可以看出这两种结构洞指数之间的关系。

表1给出了八个指标之间的相关系数矩阵。从表2中可见，个体网中心度与度数之间正相关，相关系数为0.686，与有效规模之间的相关系数为0.836，与效率指数之间的相关系数为0.256，与网络限制度指数之间却是负相关，相关系数为-0.924，与等级度指数之间也是负相关，相关系数为-0.249。这些都是可以理解的，因为可以想象，一个点越是居于网络的核心，它的结构洞可能越多，所受到的网络限制度就越小，并且中间中心度越大，等级度越小。所以，中间中心度与网络限制度之间是负相关的，与等级度也是负相关的。

至于在具体分析的时候采用哪种指标，当然没有成型的规定。但是在笔者看来，由于伯特给出的结构洞指标包含四项内容，比中间中心度表达的指标更加丰富，因此个人比较倾向于使用伯特的指数。当然，这两种指标可以对照使用。

（四）伯特的结构洞指数测量例示

下面，我们以图6的数据为例展示伯特结构洞指数的计算过程。在社会网络分析软件UCINET中（Borgatti, Everett & Freeman, 2002），沿着Network→Ego-Networks→Structural Holes这条路径，在输入数据（Input Dataset）一项中选出在UCINET中事先构建好的图5数据矩阵。在方法（Method）一项中有两个选项。如果数据是整体网，则选择"Whole Network Model"；如果是个体网，则选择"Ego Network Model"。这里选择"Whole Network Model"，因为我们关注的是在整体网络中每个点的结构洞情况（当然，如果把图6看成是一个以"1"为核心的个体网，则选"Ego Network Model"，会出现表2右侧所示的计算结果，可以看出这两个表是不同的）。点击"OK"即可计算出该网络中每个点的结构洞指标，如表2所示。

对左侧表的结果解释如下：先看左上表，该表表示任何两个点之间的限制度。可以看出，点5对点1的限制度最大，达到0.25。而点3受到点1的限制度为1，这是限制度的最大值，说明点3受到点1百分之百的限制。对其他值的解释也类似。再看左下表，该表给出了每个点的有效规模、效率、在整体网络中的总限制度以及等级度。可以看出，点1的有效规模是3，受到的总限制度达到0.535（该值约等于第一个表的第一行值的总和）；而点3受到点1的限制度达到1，其等级度也达到最大值1，这说明点3处于最高的等级。

右侧的表给出的是根据个体网资料计算得到的结果。可以看出左右两表之间的差异。对于点1和点3来说，两个表的计算结果是一样的。但是对于其他3个点来说，计算的结果不同。原因在于无论把图5看成是整体网还是个体网，点1和点3的个体网成员都是一样的，计算结果当然也相同。但是对于其他三个点来说，情况有变，因此结算结果稍有差异。研究人员应该结合自己研究的网络的性质决定选择采用整体网还是个体网进行计算。

实际上，如果拥有很多个体网资料，也不用上述步骤一个一个地进行计算，因为这样太麻烦。可以采用两种办法：一是先制作一个大的数据矩阵，即将多个个体网数据构建成一个大的数据矩阵，这是一个多元数据矩阵，然后利用上述思路进行计算；二是利用专门分析个体网资料的程序E-net（可从http://www.analytictech.com/网站上免费下载）。该程序由肯塔基大学（University of Kentucky）Steve Borgatti教授编写，[①] 所分析的数据

---

① 感谢英国Westminster大学Martin Everett教授向笔者分享该信息。

表2　把图6分别看成是整体网（左图）和个体网（右图）进行结构洞分析的结果对比

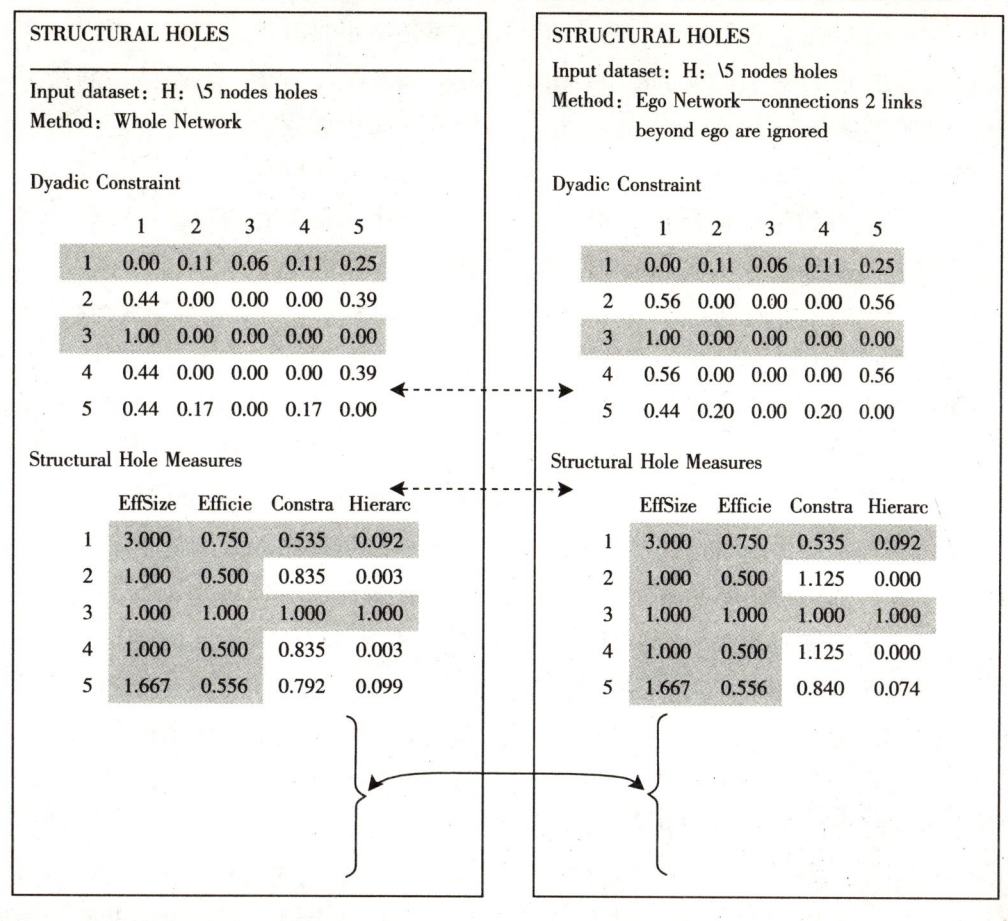

既可以包括属性资料（如性别、年龄、职业等），当然也接受关系资料（包括自我与他人的关系以及他人与他人之间的关系）。该程序的优势在于，它可以分析个体网数据的很多性质，如个体网的构成（如成员中包含多少女性）、同质性和异质性，同时也计算出每个个体的结构洞指标。其具体计算步骤及过程展示这里从略。

三、相关讨论及理论扩展

（一）相关问题讨论

还有一些与结构洞有关的问题值得进一步讨论。

1. 第三者的角色

在齐美尔看来，第三者的作用有很多，如调停者、渔利者、分而治之者、催化作用等。作为第三者的调停者可以具体分为搭桥者和不偏不倚者（Non-partisan）。"渔利者"有两种形式：第一种形式是，第三者可采取主动措施，控制二方关系，这相当于"螳螂捕蝉，黄雀在后"；第二种形式是，第三者虽然不主动，但是相互冲突的二方关系中的一个却带给"第三者"一定的优势。第三者也可能有意造成冲突和矛盾，以便使自己占据支配地位，最后达到"分而治之"（Divide Et

Impera, Divide and Rule）的目的。第三者还可能有催化效应（Catalytic Effect），也就是说，第三者可以修正其他二者之间的关系（Wolff, 1950; Caplow, 1968; 刘军, 2006a）。

2. 结构洞与创新

就结构洞来说，值得讨论的问题还有很多。例如，创新与结构洞的关系便是一个。社会行动者的新观念是如何产生的？其机制是什么？伯特（2004）对此问题进行了探讨。他指出，在群体内的观念和行为要比在群体之间的观念和行为更具有同质性，所以跨群体的人（结构洞的中间人）将更熟悉另一种想法和行为，因而会给他们更多观念选择的机会。由跨越群体的结构洞产生的经纪行为提供了一个在其他情形下不易察觉的观念视野。这种产生好主意的视野优势恰恰是经纪行为变成社会资本的机制。结构洞可以产生好观念，因而对创新产生积极影响。

伯特的研究没有重点考虑直接关系，尽管在其2007年的研究中有所体现，阿胡扎（Ahuja, 2000）对此进行了研究。为了探讨一个公司的关系网对创新的影响，他提出了一种理论框架：把一个公司的个体网络的三个方面（直接关系、间接关系和结构洞）与该公司的创新结果联系在一起。研究表明：直接关系和间接关系都对创新有积极影响，而结构洞对创新既有积极影响，又有消极影响。通过对一些化学工业公司的历时性研究，阿胡扎的研究表明：直接关系和间接关系对创新的影响得到统计检验，但是在公司之间的合作网络中，逐渐增加的结构洞对于创新有消极的影响。

伯特关注的是管理中的结构洞与好观念之间的关系，并没有关心在什么具体的情境下二者之间才有关系，不关注好观念得以实现的具体机制，而这个问题可能更加重要。我们追问一个问题：如果说结构洞可以产生好观念的话，那么好观念一定带来创新吗？新想法能够真正实现吗？未必！这里还有很多其他因素在起作用。该问题包含相互联系的两个方面：一是结构洞产生创新性的观念；二是创新观念得以实现的机制，包括创新的体制保证和人际关系的和谐因素等。产生新想法是一回事，将新想法付诸实施是另外一回事，后者或许更加重要。

3. 结构洞在什么情况下成为社会资本

结构洞能够给中间者带来社会资本，这一点是否在所有条件下都能够实现？并非如此，其实现要取决于很多因素，如体制、环境和文化。在不同的文化当中，结构洞的表现可能不同。有学者就结构洞理论的限度提供了一些经验证据。例如，普多尼的实证研究表明，结构洞是否产生社会资本要依赖于网络内容（Podolny 和 Baron, 1997）。他们在研究职业流动和网络结构的关系时指出，伯特的理论总体来讲是对的，即大的、稀疏的网络在职业流动的竞争中占据优势。但是，"就关系包含规范的期望和社会身份来讲，凝聚的网络明显占据优势"（Podolny 和 Baron, 1997: 676）。也就是说，在组织内部不同类型的网络关系中，结构洞对职业流动的影响是不同的，因此应该进一步区分网络的性质。

考虑到这些，普多尼等认为，在不同的关系类型中，结构洞的表现也不同。为此，他根据职位/个人维度和资源/身份维度，将网络关系作交叉分类。就第一个维度来说，连接各个职位的关系反映的是各个职位之间的相互依赖性，而连接个人的关系则反映人际关系的吸引或者信任。这两种关系是不同的，前者可能经常变动，因为职业是变动的，后者则相对稳定一些。另外一个维度是关系的属性，即这种关系传递的是资源还是身份认同，据此把网络分为资源网和身份网。对于资源网络来说，结构洞理论是成立的。但是，"对于作为规范期望或者身份认同渠道的关系网络来说，结构洞理论不利于流动。"（Podolny 和 Baron，1997：677）在这种分类的基础上，他们区分了五类社会关系：任务建议、战略信息、控制命运、社会支持和良师益友。最后一类可以包含前四类中的任何一类关系。通过将关系细分并根据实证资料，他们得到与伯特不同的结论："在以职位为核心的资源流动网络中，应该注意关系持续的时间，因为职业是经常变动的。更加重要的是，在'控制命运'网络中，结构洞对流动有负面影响。"（Podolny 和 Baron，1997：689）他们的研究结论是，如果关系包含资源和信息，结构洞则对晋升有积极影响，如果关系包含身份和期望，结构洞则对晋升有负面影响。

问题在于，在中国，控制资源的人往往都是身份和地位高的人。在当代中国的很多地区，按照老百姓的说法，权钱不可分割。因此，职位、资源、权力、地位往往是集中在一人身上的，"赢者通吃"。因此，普多尼等人在将网络关系作交叉分类时所根据的职位/个人维度和资源/身份维度在中国很可能是合而为一的，至少在政治领域的结构洞上如此。

4. 如果人人追求结构洞，结果会如何

尽管人们认识到中介者的控制优势，但是很少有人研究那些追求结构洞优势的人实际上是否得到了利益？付出了多少？是否有回报？巴斯金等学者（Buskens 和 Rijt，2005）追问的问题是，如果人们遵循伯特的见解，确实参与到结构洞之中以便获得利益，那么网络演化的结果将是怎样的？通过对创业者网络的模拟实验研究表明，其结果是出现了一种稳定的网络，即"均衡完全二部网"（Balanced Complete Bipartite Networks）。①在这种网络中不存在结构洞，每个人都具有相同的

获益机会，收益是均衡分布的，因而没有人会拥有结构上的优势。"如果每个人都想居于核心，就没有了核心"（Buskens 和 Rijt，2005：30）。这个结果与伯特的研究结论不同。

该项研究具有很大的理想色彩，在现实生活中几乎不可能出现，作者也指出了这一点。他们结合朋友关系指出，"显然，如果行动者不太关注结构洞，而比较关注友谊关系和信任的话，那么网络最终仍然会富含结构洞和未被开发的中介机会"。（Buskens 和 Rijt，2005：35）这一点是笔者比较赞同的。我们认为，"人人追求结构洞"这个前提条件在现实生活中不能成立，因为它违反了社会的异质性原理，即不能要求每个人都有同样的需要。另外，即便人人都有追求结构洞效益的动力和动机，在现实生活中每个人都实现这种效益的可能性也极小，因为这需要一定的投入，而先期的投入在不同的行动者之间是不均衡分布的，行动者的资源（时间、金钱、地位、声望等）受到各种先天的限制。在政治选举中用金钱拉选票的行为更是如此。也正因此，结构洞广泛存在于很多领域，那种"无中心"的社会局面在理论上可以成立，但是在现实生活中很难出现。

（二）结构洞理论的拓展

伯特主要关注管理学中的结构洞问题，这种研究完全可以推广。笔者在奥利佛等（Oliver, Kalish & Yair, 2007：335-336）学者的基础上进一步推广结构洞理论。

我们可以从多个层次拓展结构洞研究。在行动者层次，可以考虑行动者的能动性和动机，行动者所在的群体，可以将行动者扩展到组织、学习小组、派系，还可以考虑行动者的收益，所隶

---

① 所谓二部网（Bipartite Networks）指的是，可以把多个行动者分为两个非空群体，群体之间存在关系，而每个群体内部不存在关系。在一个二部网中，如果两个群体之间的全部关系都存在的话，则称这样的二部网为完全二部网。在一个完全二部网中，如果两个群体中的行动者的数量尽可能相等，则称之为均衡完全二部网。

属的组织，即2-模网络等。在关系层次，可以进一步考虑关系的双向、符号和内容等；在结构层次，可以进一步思考组织的正式结构、行动者的权力结构等。在方法层次，可以进一步研究结构洞的测量技术以及如何对结构洞进行质的研究，以便揭示社会的意义；可以进一步考虑结构洞的深层机制问题；还可以将结构洞研究放在不同的文化背景中进行；也可以考虑到随着时间的推移，结构洞的表现有什么变化，这涉及结构洞的再生产问题。因此，我们可以从如下六个方面进一步拓展结构洞理论。

1. 行动者层次：动机、细化、收益及2-模网

（1）行动者层次：考虑行动者的能动性和动机。伯特的研究没有考虑到行动者的动机和能动性。艾莫白和古德曼（Emirbayer 和 Goodman, 1994：1411-1412）指出，个体的能动性和社会网络分析应该结合在一起，这样可以更好地解释网络的过程。只有把社会结构和文化分析结合在一起，进行历史意义的解释，才能充分地解释网络本身的生成、再生产和转型。他们坚持的总观点是，尽管社会网络研究能够比仅仅关注"属性变量"的结构研究更具有解释力，但是它仍然需要一种对网络的形成、再生产和变化的更充分的解释模型。社会结构、文化和人类能动作用之间互相关联。网络分析忽视了对动机（以及各种主观意愿）的操作化过程，因而不能充分地展示意愿；创造性的人类行动如何构造了我们所在的网络世界，因而不能充分地解释这个世界为什么对行动者具有如此大的限制力。

当然，伯特（1998）本人也注意到了这个问题。他指出，人们都有自我促进的动机，这个动机促使每个人都追求结构洞。最近的研究表明（Kalish 和 Robins, 2006；Obstfeld, 2005），除了这个因素之外，还有其他因素。Obstfeld 指出，有时候人们占据经纪人的位置，目的是为了更好地整合一个组织中的各个派系，其目的往往不是为了个人，而是为了整合组织的健康发展。他称有这种动机的人为"联络员"（拉丁文为 Tertius Iungens），而非齐美尔所说的"渔利者"（Tertius Gaudens），而后者恰恰是伯特在思考经纪行为之时的核心动机（Burt, 1992）。占据一个经纪位置之人的目的是为了个人，还是为了更大的社会单位，当然要看具体的经纪现象是什么。

与之相关的另外一个问题是，有哪些要素决定了一个人占据结构洞中的中间人？主要有两类：个体属性要素和网络结构要素。个人的素质与结构洞息息相关。伯特（1998）从个性角度对此问题进行了研究。他指出，个性因素与结构洞息息相关。一个人占据什么位置，除了结构原因之外，还必然与此人的个性有关系。具体地说，结构洞不同，个性也不同；在最不受到限制的网络中的个体更加追求权威，更加具有外部创业者的性格，不断追求变化。个性指标与创业网络关系密切，但是该指标及网络与经理人的表现关系不大。当经理人的表现与创业网络显著相关的时候，个性指标却与网络结构关系不大。这说明个性资料是一个有趣的关联项，但是它不能代替社群资料来预测经理人的表现（Burt 等人，1998：84）。网络结构因素更加重要。高级职位占据结构优势，因而能够控制资源，这反过来促进他进一步占据更高的结构洞位置。

在不同的领域中，占据结构洞中间人位置之行动者的"动机"不同。在政治领域的选举中，人们参加竞选的"动机"是什么？是"为人民服务"？还是"为自己服务"？在经济领域，中间人广交朋友的动机可能就是为了"赚钱"。在国际关系领域，"调停国"的动机可能是为了提升自己的国际地位，维持世界和平。在学术权力领域，为什么有很多学者愿意在高校中"当官"，动机可能是多方面的，例如把握资源，开会进修，出国培训，接触各级领导，扩展人脉关系，为自己的事业奠定良好的基础。在"朋友关系"领域，中介者有什么心理动机？在齐美尔研究的基础上，凯利仕（Kalish，2008）认为，这些人拥有两个独立的动机：创业动机和建立关系动机。他根据整体网资料计算出由 Gould 和 Fernandez 给出的经纪角色（下文将介绍）数量，证明第一类动机是存在的。结果显示：存在着两个在心理学意义上的独立的网络导向，第一类跨越同质性群体，第二类跨越异质性群体（Kalish，2008：62）。这可以很容易地根据齐美尔对三方关系过程的分析得到解释，因为第一类相当于齐美尔所说的"渔利者"和"分而治之者"，第二类相当于齐美尔所说的"不偏不倚者"。可见，中介者的动机可以结合具体数据进行分析。

（2）行动者层次：考虑中介者的细化。在伯特的研究中，中介者往往是单维度的，没有分化。因此，我们可以考虑对中介者进行细致分析，可以考虑的细化方向有：①行动者的类别；②行动者所在的群体。

①行动者的类别。伯特主要关注组织中的个人关系网中的结构洞现象，由于行动者也可能是组织、群体等，推而广之，组织之间、小组之间、群体之间甚至国家之间也存在结构洞现象。例如，在一个单位的多个工作组之间，可能存在着多个结构洞（Balkundi 等人，2007）。与之相关的问题至少有两个：首先，工作组中成员之间的无关联（用其所占结构洞占总数的百分比）来源于哪里？其次，在成员之间存在有或多或少的结构洞对于工作组的表现来说有什么影响？在回答第一个问题的时候，巴尔肯迪等（Balkundi 等人，2007）探讨了工作组中的人口统计学的离散性（Demographic Diversity in Teams）对预测结构洞在工作组朋友网络上的比例方面是否起到作用。对于在一个木材生产公司中的 19 个工作小组来说，种族和性别的分散性对结构洞比例没有影响。然而，年龄分散性明显降低了结构的"洞"性质（Structural "Holeyness"）。在探讨第二个问题的时候，他们考虑了两个相互对抗的趋势。在缺乏结构洞的地方，小组拥有新观念的可能性较小。但是，分片的小组（Fragmented Teams）（即小组成员被许多结构洞分开）在协调方面确有困难。他们展示了一种曲线效应（Curvilinear Effect）：小组在结构上的分散性程度与小组表现正相关。因此，结论是：在预测小组表现方面，重要的因素是结构的分散性（Structural Diversity）（用结构洞所占比例来测量）而不是人口统计学的分散性。

该项研究所讨论的这两个问题把关注的重点从个人的关系模式转移到小组的构成。所研究的问题不是个人如何建构自己的网络以便获得优势地位，而是小组内部个人之间的互动如何影响到小组的表现。通过关注小组中结构洞的形成和出现，就可能更好地理解小组中社会分片（Social Fragmentation in Teams）的原因以及这种分片对于小组表现的结果。

行动者可能隶属于不同的类别，前文探讨的借读生家长给校长送礼的案例即属于此类。这个关系涉及的三方可以是学校—校长—家长，或者是学生家长—中间人—校长。就前一种三方关系来说，校长借助学校这个平台得到家长的礼金，这时候校长就是一个中间人，这种关系结构就是一个结构洞。另外，在一定意义上，可以说开发商—政府—购房者、投资商—政府—市民等关系也是结构洞。诸如此类的结构洞发生在不同类（而不是一类）行动者之间，因而值得关注和研究。

②行动者所在的群体。虽然伯特提出了"中间人"的概念，但是他没有考虑行动者所在的群体。并且尽管"中间人概念近年来得到了广泛关注，但是很少有人试图具体阐明该现象到底是什么"（Gould & Fernandez，1989：89）。伯特等将经

纪人界定为向一个位置发送资源，却从另外一个位置那里得到资源的行动者。Gould & Fernandez (1989: 94-95) 认为，这种经纪人定义是有问题的。"经纪"是一个"中间人促进两个相互缺乏信任的行动者之间交易的过程"(Gould & Fernandez, 1989: 91)。也可以说，只要一个行动者试图促进另外两个行动者之间的交易，我们就说他是一个掮客或者"经纪人"。一般意义上的中间人在"拉关系"的时候，目的是为了获利，但是 Gould & Fernandez (1989) 所说的中间人的目的只是为了"拉关系"，不管其动机是否为了获利。因此，可以简单地把中间者界定为居于中间位置之人，不管他是否得到直接的回报。

如果一个网络可以分为相对互斥的子群体，那么行动者之间的交换关系的意义可能不同。例如，某个派别的成员可能通过敌对派别的一个成员接近敌对派别的其他成员，也可能通过自己派别的一个成员接近敌对派别的成员。在这两种情况下，两个中间人的角色显然是不同的。前者扮演类似"守门人"(Gatekeeper) 的角色；后者扮演"代理人"(Representative) 的角色。按照这种分析思路，Gould & Fernandez (1989) 给出了五类中间人。

具体来讲，在一个三方关系 A—B—C 中，如果 A 有一个指向 B 的关系，同时 B 有一个指向 C 的关系，但是 A 没有指向 C 的关系，那么 B 就是经纪人。也就是说，A 需要通过 B 才能与 C 联络上。如果 A、B、C 所属的群体不同，那么经纪人 B 会扮演什么角色呢？换句话说，当交易网络中的行动者被分到互斥的各个子群体的时候，他们之间的关系会表现出怎样的调节结构（Mediation Structures）？每一种结构有怎样的现实意义？古尔德和费尔南德兹 (Gould & Fernandez, 1989) 认为，总体来说会出现如下五类经纪人，并且可用统计推断来判断一个行动者的中介行为是源于交换关系的随机分布，还是来源于一种内在的趋势，即以特定方式构造这些关系的趋势 (Gould & Fernandez, 1989: 91-93; 罗家德, 2002: 80-82)。可以用 B 所扮演的社会角色来命名经纪人的具体角色。

第一，协调人（Coordinator）：如果 b 是一个经纪人，并且 a, b, c 处于同一个群体之中，这时候称 b 为协调人或者局部中介（Local Broker）。也就是说，协调人是在一个群体中起到中介作用的人。如果把包含多个家族的一个村落看成是一个整体网，并且假定在一个家族内部的两个家庭之间出现矛盾，该家族内部的另外一个家庭出面调解，那么该家庭扮演的角色就是"协调人"。

第二，顾问（Consultant）。如果 a, c 处于同一个群体之中，而作为经纪人的 b 处于另外一个群体，这时候称 b 为顾问。因为作为顾问的 b 是一个"外人"。有关此类经纪人的例子就是股票经纪人（Stockbroker），因为经纪公司是远离其顾客的，并且在经纪公司看来，无论是买入的人还是卖出的人都一样。

第三，守门人（Gatekeeper）。如果 b 是一个经纪人，并且 b, c 处于同一个群体之中，而 a 处于另外一个群体，此时称 b 为守门人。

第四，代理人（Representative）。如果 b 是一个经纪人，并且 a, b 处于同一个群体之中，而 c 处于另外一个群体，这时候称 b 为代理人。

第五，联络人（Liaison）。如果 b 是一个经纪人，并且 a 所在的群体不同于 b 所在的群体，也不同于 c 所在的群体，即这三个人隶属于三个群体，这时候称 b 为联络人。UCINET 程序会计算出满足上述五类经纪人 b 的次数。这些经纪人角色的图形表示如图 10 所示。

UCINET 程序（Bogatti, Everett 和 Freeman, 2002）会计算出满足上述五种条件的 b 成为经纪人的次数，具体计算过程这里从略。

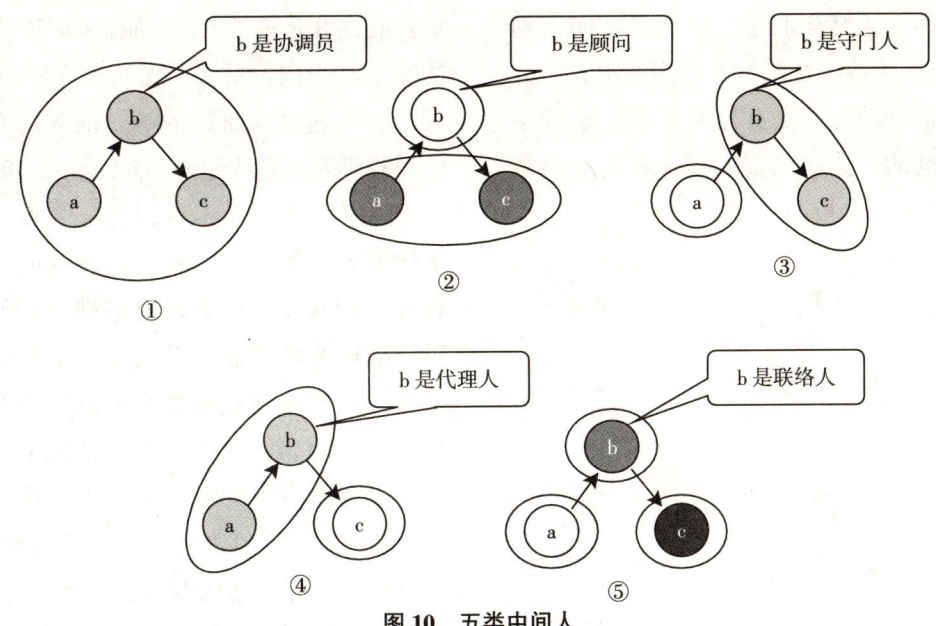

图10 五类中间人

(3) 行动者层次：中介者一定有收益吗？伯特始终关注中介者的收益。问题是，中介者一定有收益吗？未必！肖知兴和徐淑英指出，在中国文化中，建立合适的关系、处于一定的"内群体"对于职业和商业上的成功甚至生存都是非常重要的。那些处在群体边界上的人会被两个群体都视为不值得信任的人——他们都会把他当做外人，不应享有属于内群体成员所具有的高度信任关系。跨越结构洞的人，用中国的话来说就是脚踩两条船的人，而这样的人是被人们瞧不起的，不会同这样的人有什么重要的关系。简单而致密的网路，而不是充满结构洞的网络是行动者社会资本的来源——在像中国这样的集体主义文化中尤其如此 (Zhixing Xiao 和 Anne S. Tsui, 2007: 5)。另外，在某些情况下，力求在两个矛盾的群体或者两种文化（特别是对立文化）之间达成共识，这是需要极大勇气的，中间人未必得到什么好处，有时候反而付出生命的代价。例如，以色列总理拉宾为了调和阿以冲突，不幸被极端分子刺杀，于1995年遇难。因此，要想推广伯特的结构洞理论，除了上述考虑不同的文化视角之外，将来有必要把社会心理学整合在一起。在什么条件下，中介者必然获利，在什么条件下，中介者不但不获利反而可能遭受打击，这是可以探讨的一个具体问题。

(4) 行动者层次：2-模网络中的结构洞研究。伯特关注的网络是1-模网络，即同一群行动者之间的关系网。有时候我们关注两类行动者之间的关系，例如，班级A同学与班级B同学之间的交流网，或者一群人参加一些社团的隶属关系网。我们把两个行动者集合之间的关系网络称为2-模网。一个社区成员可能供职于两个相互独立的团体，显然他构建了一个结构洞，该成员可以借助这种结构洞获得收益，因此，结构洞也存在于2-模网络之间。尽管在布兰迪斯（Brandes, 2008）的文章中谈到了针对2-模网络的中间中心度分析，但是还不够，需要继续研究下去。

2. 关系层次：双向性、符号及内涵

(1) 考虑关系的双向性。伯特本人所分析的网络虽然有方向，但只是单向的，没有考虑到双向关系。如何考虑到关系的双向性，那么至少可以分析出如图11所示的六类关系结构。在第一类结构洞中，中介者b"收到"其他两个行动者a和c

的关系。而在第三类结构洞中，中介者 a 向行动者 b 和 c "发出"关系。在第六类结构洞中，中介者 a 与其他两个行动者都是互惠的关系。这些中介者是怎样行动的？诸如此类的中介行为要结合具体的现实资料进行分析。

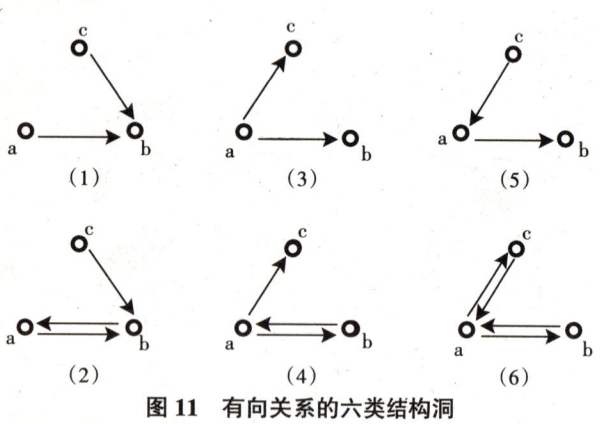

图 11 有向关系的六类结构洞

（2）关系层次：考虑关系的符号。上述探讨都是针对无向关系、有向关系或者关系强度而言的。在现实生活中还存在诸如"喜欢"和"讨厌"、"赞成"和"反对"、"敌人"和"友邻"、"积极"和"消极"这样带有感情倾向的关系，我们往往用"+"和"-"分别表示"喜欢"和"讨厌"。这种关系称为"符号关系"，它具有自己的特色。如果把负向关系考虑进来，那么结构洞的定义可以得到扩展。齐美尔曾经关注三方关系的两个方面：同质性群体和异质性群体中的第三者，前者是伯特强调的中间人，后者没有引起伯特的关注。

尽管伯特并没有讨论负关系可能产生结构洞，但是他提出了负关系与封闭性之间的关系。他把负关系等同于不信任，认为强的负关系应该产生较多的不信任。但是有学者（Kalish & Robins, 2006）认为，用不信任来刻画这种关系是不恰当的，可以用信任和冲突的复合来刻画。

关于符号关系的结构洞研究可能有助于我们了解符号关系的结构，具有一定的意义。例如，如果 A 喜欢 B，而 B 讨厌 C，那么如果 A 希望将信息通过 B 传递给 C，B 能否做到？另外，在什么情况下，正向的关系（朋友）转变为负向的关系（敌人）？这也是研究的一个问题。有关符号关系的经验研究参见约翰逊（Johnsen, 1986）。

除了考虑关系本身的符号之外，还可以考虑结构洞的"积极性"和"消极性"。在查尔斯·梯利（Charles Tilly）的研究基础上，伯特区分了积极的结构洞和消极的结构洞。伯特把那种拒绝将附加在洞中的利益进行沟通的结构洞界定为积极结构洞。例如，如果在某些情况下，在沟通结构洞的过程中竞争的利益被侵占，这种结构洞就是积极的结构洞。在此过程中，谁是网络的管理员？伯特探讨了促进结构洞保持积极态势的四个机制：①如果结构洞为其局内人提供利用外部人的机会；②如果结构洞允许内部人积累来自外部人的机会；③如果局内人可以建立使自己占优势的新组织；④如果常规性的工作、社会、信息和影响关系已经适应了该结构洞（Oliver, Yuval Kalish 和 Gad Yair, 2007: 335）。反之，如果信息自由地在结构洞中流动，因而消解了后续桥的价值，这样的结构洞就是消极结构洞。

然而，如果考虑经纪人的潜在收益，就可以对结构洞进行更全面的分类。某些结构洞可能阻止两个无关的行动者之间有高回报关系，而其他结构洞可能被看成是低回报的桥接关系。前者对于创业者来说更具有吸引力。需要进一步研究的问题是，什么时间、为什么会发生经纪行为和封闭性。

（3）关系层次：考虑关系的深层含义。伯特研究的关系主要是朋友关系、建议关系。除此之外，还有很多关系可以研究，例如网络中不同性别分布的行动者与中介者的收益之间的关系。虽然研究的是朋友关系或者建议关系，但是在日常生活中，还有比这种关系更深的方面。关系是一种沟通的渠道，至于渠道内流动的是什么，这也是需要研究的。在看待朋友关系的时候，有很多人会认为"朋友就是相互利用"。这句话表明，两个人之间表面上是朋友关系，实际上是交换关系。在进行量化研究的时候，我们可能更关注前者，忽视了更加重要的后者。另外，朋友关系是怎样维持的？交换关系是如何实施的？能否借鉴林南（2005）的观点，认为结构洞在工具网和人情网中的表现不同？这都需要研究。

3. 结构层次：正式结构与权力结构

（1）关注组织的正式结构。伯特关注的是讨论网，而这是非正式的结构，没有分析到组织的正式结构。实际上，组织的正式网络和非正式网络都要给予关注。因此，在分析结构洞的时候，伯特忽略了一个重要的先验事实，即各级经理人是嵌入各个部门或者单位之中的。也就是说，他忽略了如下事实：在组织中至少有某些结构洞是由公司的工程师们有目的地建构出来的，并且受到高级官员的审查，因此这种结构洞可能被隐藏的规章制度和正式的命令所加强。

伯特本人对积极结构洞和消极结构洞之分并没有抓住这种差异。积极结构洞可能来源于由各种规章制度和政策强化的正式组织结构。因此，它们可能不允许经纪行为的存在，甚至有害于经纪人。因此，通过分析结构洞的类型（可以考虑到行动者的属性，如性别、年龄、权力等），可能有助于我们理解在什么条件下经纪行为是可能的和有价值的。

（2）考虑权力结构。可以将结构洞研究与网络交换论（Network Exchange Theory，NET）结合在一起进行研究，即考虑到资源分配与行动者权力的大小。如果中介者权力大，可能更好地起到中介、联盟作用。

例如，假设有三个行动者A、B、C，其权力大小可能表现出不同的分布（例如，三方都具有相等的权力，或者两个成员权力相等，第三者的权力却较弱；或者任何两个成员之间的联盟都大于第三者的权力等），因而形成的联盟控制结构也不同，如图12所示（Caplow，1968：6；刘军、刘永根，2006：100）。

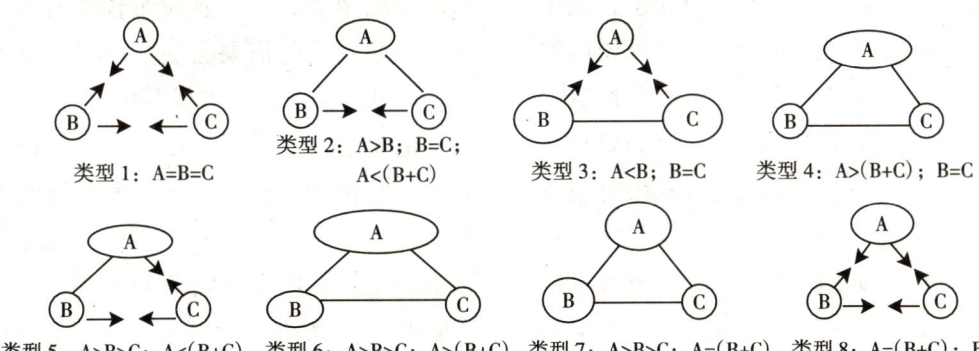

类型1：A=B=C　　类型2：A>B；B=C；A<(B+C)　　类型3：A<B；B=C　　类型4：A>(B+C)；B=C

类型5：A>B>C；A<(B+C)　　类型6：A>B>C；A>(B+C)　　类型7：A>B>C；A=(B+C)　　类型8：A=(B+C)；B=C

图12　三方关系的八种联盟形式

通过这种分析，可以得到一个令人意想不到的结论：**三方关系的发展往往有利于弱者**。当然，现实生活中问题极为复杂，绝对不是依靠模型就能够解释的，在三方关系研究中，在什么条件下会出现联盟、冲突或者合作？这是对结构洞研究的推广，需要进一步研究。

4. 方法层次：量化指标与质的研究

（1）结构洞的其他表达方法和指标。在大多数情况下，伯特主要利用他构造的网络限制度来测量一个行动者的结构洞。问题在于，如果仅仅利用网络限制度来测量回答者的个体网，就不可能考察由四个及以上成员构成的小圈子，而这种圈

表3 三方组中预测会出现的联盟形式

三方组类型	可预测到的联盟形式	三方组类型	可预测到的联盟形式
1	AB、AC、BC都可能出现	5	BC最可能出现，其次是AC
2	BC	6	无
3	AB或者AC	7	BC
4	无	8	BC

子被认为是与组织中的信任相关联的。进一步的研究可能围绕着整体网络，看看在整体网络中，与封闭性和结构洞相关的这些模式化的事实是否仍然适用。

另外，网络限制度这个指标是否有效，这也是有问题的（Borgatti, 1997）。网络限制度与网络规模有关，这也使得不同规模的网络之间难以比较。无论在整体网，还是在个体网研究中，中间中心度指数都可以作为结构洞指标加以利用。随着网络性质的不同，中间中心度指标的具体构建也有所不同。相比之下，在整体网络中，标准化的中间中心度却具有可比性。这些都可以作为结构洞的指标加以利用。

（2）方法层次：结构洞的质的研究。结构洞到底能够反映怎样的社会文化？到目前为止，关于结构洞的研究主要是量化研究，很少出现质的研究。笔者认为，量化研究不足以揭示社会世界的"意义结构"和"文化逻辑"，因此，有必要结合参与观察、深度访谈、叙事研究或者扎根理论方法论等质的研究方法论对桥或结构洞现象进行"深描"。例如，上文介绍的丁能通为副市长搭桥的"叙事性故事"反映出很多问题，如上下级的微妙关系（直接见周永年的面太"唐突"，所以见周的父亲），上级领导的命令不可违抗（尽管这是违规的命令，因为见面是为了升迁），秘书代笔撰写论述等。这些故事反映的是微观世界中的关系逻辑和社会的意义，仅仅用结构洞的量化研究可能无法揭示这些意义。

5. 时间因素：结构洞的动态演变

人们之间的关系经常有转化和演变，可能由强变弱或者由弱变强，因此结构洞也随之改变。付平平等（Ping Ping Fu, Anne S. Tsui, Gregory G. Dess. 2006：296）通过研究企业中的亲人、熟人和生人关系的动态演变，得出一些结论，如过分依赖亲人关系或准熟人关系会导致熟人或生人关系的疏远；当企业发展并且变得复杂时，导致企业在决策制定过程中涉及过多的生人关系，更多生人关系会使企业获得发展的动力；而过多地依靠生人关系会导致最高管理层控制的弱化和增加企业对决策制定过程中的控制；企业对决策的控制又会增加对亲人和熟人关系的依赖；当公司被亲人或熟人控制时，会弱化知识的获取和放缓策略反应的速度；一个企业对较强的知识获取和较快的战略反应的需要会使企业寻找更多的生人关系。可见，关系的性质是不断演变的。

企业中的关系强弱在改变，在日常生活中也如此。结构洞为什么会变，原因当然很复杂。随着时间的推移，行动者的需要、观念、思想等都在不断改变，因而所需要的关系和桥的性质也在不断改变。诸如此类的问题需要结合具体个案进行研究。例如，结构洞在国际财团（Consortia）中是如何出现、维持和消散的。在形成国际财团的过程中，困难显而易见，很多都与各派之间自然存在的结构洞有关。过去关于该问题的研究关注的或者是传统的体制利益或者现代社会中市场中的个人利益。约翰逊（2004）探讨了在国际财团中关系的出现、维持和消解，关注来源于不同理论传统的四个核心因素：同类性（Homophily）、信任、威胁和共享利益之间的平衡，以及差异与整合之间的平衡，将这些因素整合在一起，有助于理解研究者—实践者之间的关系，揭示网络研究（国际财团）的演变。

关于结构洞的动态研究的研究，有可能揭示结构洞的再生产机制，这对于我们理解整个社会结构的变化有启发意义。

6. 文化因素：文化机制与结构洞理论相结合

我们可以探讨，结构洞理论在不同的文化中是否实用，该理论的背后有怎样的深层文化机制在起作用。

（1）机制层次：谁控制中间人？——一些机制问题。结构洞的中间人不可能完全是一个"渔利者"，上文已经讨论了他可能扮演的其他角色。我们认为，在这种"角色"分析的背后还有重要的问题需要研究。中介者为什么建立结构洞？与他者是如何相处的，资源如何分配？其机制是什么？结构洞的背后隐藏着怎样的关系逻辑和实践行为规范？是坚持关系的平衡运作（翟学伟，2005）？还是公平和公正？其背后是金钱交换、人情还是权力逻辑？例如，在小说《驻京办主任》中，丁能通搭桥的目的不是为了直接的利益，而是为了将来有所回报。即便不明确为了得到将来的回报，他也通过搭桥行为向外界发出了信号，表明并证明了自己的能力、地位和声望，这会间接给自己带来收益。这样的搭桥行为可能表明他为了得到回报，或者表明为了维持关系的平衡。这些问题需要结合具体案例进一步研究。

还有一个问题，在政治领域中，各级官员都居于"中间者"位置，他们控制着资源。问题是，谁能够监督他们的行为？他们的行为如果不受控制，必然导致腐败。进行怎样的制度安排才能避免腐败的蔓延，减轻腐败现象的发生？参考答案或许还要结合三方关系引入第三方，使拥有独立权力的三方相互制约，三方关系的优势即在于此；或许可以利用信息的开放，让结构"洞"的位置闭合起来，或者赋予不同行动者以不同的权力，或许能够达到一定的目的。

（2）可以把文化看成是形塑现实的内在机制，由于世界上存在不同的文化（这里不讨论文化的含义），结构洞理论的表现也应该不同。伯特仅仅关注在美国文化背景下组织中的结构洞问题，在其他文化条件下结构洞是否具有类似的表现？这是需要研究的。肖知兴等认为（Zhixing xiao & Anne S. Tsui, 2007），结构洞理论框架在很大程度上限于西方文化背景，即开放市场、自由竞争和个人主义导向。在其他拥有不同文化规范和市场机制的文化背景中，社会资本和结构洞是怎样运行的，对其运行机制的研究在很大程度上付诸阙如，尽管相关的研究指出了文化对结构洞具有潜在的限制性结果。

按照伯特的观点，组织和组织中的个人都要争取占据结构洞中的第三者位置，并且为保持结构洞存在的自身优势而不能让另外两者轻易地联系起来。肖知兴等将结构洞理论引入到不同文化背景中，通过研究中国的四个高技术企业中结构洞的作用，探讨了在职业网中中介者是否如伯特所说那样获得收益。研究表明，在国家文化层面上，中国典型的集体主义文化将消减结构洞的作用。在组织层面上，在强调人际互利文化的组织中，结构洞的控制性收益与占主导地位的合作精神并不吻合，结构洞的信息收益因而不能实现。他们的研究结论是，伯特所说的结构洞中的经纪人不适应于中国的集体主义价值观。一个组织越是具有类似于宗族、高承诺的文化，结构洞对雇员的职业表现（如工资或奖金）就越不利。伯特的研究表明，中介者可以享受到较多的收益。但是恰恰相反，肖知兴的研究表明，为占据第三者的地位而努力保持结构洞的存在，甚至阻挠其他两者联系的行为，在强调合作文化的高风险企业中，并不能促进企业和个人绩效的发展。相反，肖知兴发现，优秀的企业应该在管理中鼓励员工去努力填补"结构洞"，使员工之间尽量保持相互联系、相互沟通的状态，通过增进团队合作的方式来促进企业和个人的绩效的良性增长。在此意义上，肖知兴深化了罗纳德·博特的"结构洞"理论，证明该理论不具有普遍有效性，通过缜密的数据调查和研究，总结出该理论在中国及高投入企业中并不适用，即在高奉献的组织中，不是"经纪人"，而是将人们联络在一起去填充结构洞的"整合者"才能享受到更多的职业收益（Zhixing Xiao，Anne S. Tsui，2007）。需要强调的是，有人认为肖知兴的研究推翻了伯特的理论。笔者持保留态度，我们认为肖的研究只是补充了该理论，因为结构洞理论有自己的适用范围，只不过在不同的文化中表现各异罢了。

另外，肖文所探讨的集体主义和个体主义之争是值得讨论的。在现实生活中是否存在二者之争，这或许是一个问题。杨中芳（2005，1994）认为，学者们对集体主义的看法具有各不相同的层次，上至文化的理念结构，中至组织制度对个人的控制，下至个体自身的价值体系以及外显的价值行为，无所不包。但是，将"集体主义"当做一组文化/社会理念，一套文化价值体系还是最为合理的。因此，我们不能利用个体外显的价值行为来分析集体主义文化，而这恰恰是实证主义研究的特色。另外，这一对概念在描述一个文化价值体系的时候经常有令人混淆的地方，并且太笼统。另外，在中国文化环境中生活的个体，其具体行为未必反映集体主义价值，因此她建议放弃使用这一对词汇，用一些本土的概念或视角来理解自己的文化。笔者比较赞同这个观点，这是因为"个体—集体"这个二元对立的词汇不足以解释具体的文化现象，特别是重视关系的中国，

还因为利用集体主义—个体主义这种二分法对东西方文化的研究没有达成共识。有学者（Oyserman 等人，2002）利用数据再分析法（有关该方法的具体含义及操作指南，参见［美］威尔逊等著：《实用数据再分析法》，刘军、吴春莺译，重庆大学出版社，2008年1月），对1980~1999年间已经出版、未出版和即将出版的83篇有关个人主义或集体主义的定量研究文献进行了数据再分析，对170篇有关个体主义和集体主义的心理学应用方面的文献进行了评述（Oyserman 等人，2002：6）。研究发现，欧洲籍的美国人比其他人有较多的个体主义色彩、较少的集体主义。然而，欧洲籍的美国人并不比非洲籍的美国人或者拉丁美洲人更具有个体主义行为，也不比日本人或韩国人拥有较少的集体主义行为。在亚洲人当中，只有中国人表现明显，既拥有较少的个体主义，又拥有较多的集体主义（Oyserman，Coon 和 Kemmelmeier，2002：3）。可见，原先被认为具有集体主义倾向的文化中的成员的行为，比被认为具有个体主义取向的文化之成员更表现出个体主义行为，这不能不说是对个体主义—集体主义二分法的重大打击。

相比之下，在中国日常生活中，人们的行为可能更重视关系取向，因此，"差序格局"理论或许能够更好地描述中国人的行为方式。但是，无论是关于集体主义的探讨，还是关于差序格局的思考，都没有在肖知兴的论文中得到解说。

伯特强调结构洞的中间人具有信息优势和控制优势，那么中介人是何以达到这个位置的？是动用了怎样的资源才获得中间人位置的？在占据这个位置后又是怎样利用这个中介位置获利的？一个更重要的问题是，在此过程中体现了怎样的制度安排或者文化逻辑？尽管本文第三部分或多或少对此有所论述，但是显然不具体。我们认为，这些问题涉及结构洞的动态演变和再生产的机制，因而更加重要，值得深入研究下去。

参考文献

[1] 布劳：《不平等和异质性》，王春光等译，中国社会科学出版社，1991/1977

[2] 刘军：《社会网络分析导论》，社会科学文献出版社，2004

[3] 刘军："和谐社会的形式基础——三方关系研究"，载《中国社会学会2005年学术年会优秀论文集》，社会科学文献出版社，2006a

[4] 刘军：《法村社会支持网络——一个整体研究的视角》，社会科学文献出版社，2006b

[5] 刘军、刘永根："联盟何以可能——三方关系研究中的'二对一'理论述评"，载《学习与实践》2006年第4期

[6] 林南：《社会资本》，张磊译，上海人民出版社，2005

[7] 罗家德：《NQ风暴：关系管理的智慧》，社会科学文献出版社，2002

[8] 王晓方：《驻京办主任》，作家出版社，2007

[9] 杨中芳："中国人真是'集体主义'的吗？"载 杨宜音主编：《中国社会心理学评论》，社会科学文献出版社，2005

[10] 翟学伟：《人情，面子与权力的再生产》，北京大学出版社，2005

[11] 张其仔："社会网与基层经济生活"，载《社会学研究》1999年第3期

[12] Ahuja, G., 2000. "Collaboration Networks, Structural Holes, and Innovation: A Longitudinal Study". Administrative Science Quarterly 45, 425-455

[13] Balkundi, P., Martin Kilduff, Zoe I. Barsness, and Judd H. Michael, 2007. "Demographic Antecedents and Performance of Structural Holes in Work Teams". Journal of Organizational Behavior 28, 241-260

[14] Borgatti, S., 1997. "Structural Holes: Unpacking Burt's Redundancy Measures". Connections 20, 35-38

[15] Borgatti, S., and Everett, M., 2006. "A Graph-theoretic Perspective on Centrality". Social Networks 28, 466-484

[16] Borgatti, S.P., Everett, M.G. and Freeman, L.C. 2002. Ucinet for Windows: Software for Social Network Analysis. Harvard, MA: Analytic Technologies

[17] Brandes, U., 2008. "On Variants of Shortest-path Betweenness Centrality and Their Generic Computation". Social Networks 30, 136-145

[18] Burt, R.S., 1982. Toward a Structural Theory of Action. London: Academic Press

[19] Burt, R.S., 1992. Structural Holes: The Social Structure of Competition. Cambridge, MA: Harvard University Press

[20] Burt, R.S., 2001. "Structural Holes versus Network Closure as Social Capital". In Nan Lin, Karen S. Cook and R. S. Burt, (eds.) 2001. Social Capital: Theory and Research. New York: Aldine de Gruyter

[21] Burt, R.S., 2002. "Bridge Decay". Social Networks 24, 333-363

[22] Burt, R.S., Joseph E. Jannotta, James T. Mahoney. 1998. "Personality Correlates of Structural Holes". Social Networks 20, 63-87

[23] Caplow, T.A., 1968. Two Against One. Prentice-Hall, Inc, New Jersey

[24] Cook K.S., Emerson, R.M., 1978. "Power, Equity and Commitment in Exchange Networks". American Sociological Review 43, 712-739

[25] Degenne, A., & Forse, M., 1999. Introducing Social Networks. London: Sage Publications

[26] Emirbayer, M., and Goodwin, J., 1994. "Network Analysis, Culture, and Problem of Agency". American Journal of Sociology 99, 1411-1454

[27] Everett, M.G., Borgatti, S.P., 1999. "The Centrality of Groups and Classes". Journal of Mathematical Sociology 23, 181-201

[28] Everett, M.G., Borgatti, S.P., 2005. "Ego Network Betweenness". Social Networks 27, 31-38

[29] Flom, P.L., Friedman, S.R., Strauss, S., Neaigus, A., 2004. "A New Measure of Linkage between Two Sub-networks". Connections 26, 62-70

[30] Freeman, L.C., 1979. "Centrality in Social Networks: Conceptual Clarification". Social Networks 1, 215-

[31] Gould, R.V., & Fernandez, R.M., 1989. "Structures of Mediation: A formal Approach to Brokerage in Transaction networks". Sociological Methodology 19, 89-126

[32] Granovetter, M.S., 1973. "The Strength of Weak Ties". American Journal of Sociology 78, 1360-1380

[33] Johnsen, E.C., 1986. "Structure and Process: Agreement Models for Friendship Formation". Social Networks 8, 257-306

[34] Johnson, D.J., 2004. "The Emergence, Maintenance, and Dissolution of Structural Hole Brokerage within Consortia". Communication Theory 14, 212-236

[35] Kalish, Y. and Robins, G. L. 2006. "Psychological Predispositions and Network Structure: The Relationship between Individual Predispositions, Structural Holes and Network Closure". Social Networks 28, 56-84

[36] Kalish, Yuval, 2008. "Bridging in Social Networks: Who are the People in Structural Holes and Why are They There?" Asian Journal of Social Psychology 11, 53-66

[37] Krackhardt, D., 1999, "The Ties That Torture: Simmelian Tie Analysis in Organizations". Research in the Sociology of Organizations 16, 183-210

[38] Markovsky, B., Willer, D., and Patton T., 1988. "Power Relations in Exchange Networks". American Sociological Review 53, 220-236

[39] Marsden, P., 1990. "Network Data and Measurement". Annual Review of Sociology 16, 435-463

[40] Obstfeld, D., 2005. "Social Networks, the Tertius Iungens Orientation and Involvement in Innovation". Administrative Science Quarterly 50, 100-130

[41] Oliver, A.L., Yuval Kalish and Gad Yair, 2007. "Reflection on 'Brokerage and Closure'". Social Networks 29, 330-339

[42] Oyserman, D., Heather M. Coon, and Markus Kemmelmeier, 2002. "Rethinking Individualism and Collectivism: Evaluation of Theoretical Assumptions and Meta-Analyses". Psychological Bulletin 128, 3-72

[43] Ping Ping Fu, Anne S.Tsui, Gregory G. Dess. 2006. "The Dynamics of Guanxi in Chinese High-Tech Firms: Implications for Knowledge Management and Decision making". Management International Review 46, 277-305

[44] Podolny, Joel M., James N. Baron. 1997. "Resources and Relationships: Social Networks and Mobility in the Workplace". American Sociological Review 62, 673-693

[45] Walker, G., Bruce Kogut, Weijian Shan. 1997. "Social Capital, Structural Holes and the Formation of an Industry Network". Organization Science 8, 109-125

[46] Watts, D.J., 1999. "Networks, Dynamics and the Small World Phenomenon". American Journal of Sociology 105, 493-527

[47] Wolff, K.H., (ed.) 1950. The Sociology of George Simmel. New York: Free Press

[48] Zhixing Xiao, Anne S. Tsui, 2007. "When Brokers may not Work: The Cultural Contingency of Social Capital in Chinese High-Tech Firms". Administrative Science Quarterly 52, 1-31

社会网络的社群结构与探测*

[摘要] 社群结构是复杂网络研究的主要内容之一，也是社会网络未来研究的新领域。本文介绍社群结构的概念及其探测方法。在给出社群结构和模块性概念的基础上，分析社群结构与经典社会网络凝聚子群分析的异同，以及社群结构概念在社会网络中的应用；讨论 Newman 模块性指标的特点，并提出归一化模块性指标；介绍社群结构的探测策略，特别是总结基于模块性社群合并的社群结构探测策略的基本算法框架。

[关键词] 社会网络；网络分析；社群结构；模块性

一、引言

网络是描述和分析复杂社会系统的有效工具，然而许多是不均匀网络，即由许多子网络构成；[1] 这一现象在社会网络中尤其常见。[2] Newman 等将异构网络中，由不同性质、类型的节点组成的关系丰富的结构称为"社群"（子网络），并进一步指出社群内节点关系稠密，而不同社群节点之间的关系稀疏的结构——社群结构是复杂网络的特征之一，且在社会网络中尤其常见。社群结构与连接倾向性、网络学习一起被认为是未来复杂网络的三个最新研究领域。[3]

网络社群结构与社会网络凝聚子群分析概念有相似之处，但是社会网络分析对凝聚子群的研究更多的是给出定义，有些概念过于严格而不能很好地反映网络特征，[4] 缺乏相应的评价指标，且相关分析的计算时间复杂度一般都比较高。

本文尝试将社群结构的概念和分析方法引入社会学研究，以丰富社会网络分析策略。文章其他部分的安排如下：第二部分探讨社群结构和模块性概念；第三部分总结社群结构与社会网络凝聚子群分析区别并介绍社会学中有关社区结构的研究；第四部分探讨 Newman 模块性指标的特点，并提出一种简单归一化模块性指标；第五部分介

---

* 作者简介：杜海峰：西安交通大学公共政策与管理学院教授，研究方向：社会网络分析、系统复杂性和复杂网络以及智能优化；陈盈晖：西安交通大学管理学院博士生，研究方向：系统管理、系统复杂性和复杂网络；任义科：西安交通大学管理学院博士生，研究方向：社会网络分析、系统复杂性和复杂网络；靳小怡：西安交通大学公共政策与管理学院教授，研究方向：社会网络分析、弱势群体保护与发展。

基金资助：本文受国家自然科学基金（项目号 70671083）；教育部"新世纪优秀人才支持计划"（项目号 NCET-07-0668）；西安交通大学"985工程"二期重点项目（项目号 07200701）；"长江学者"奖励计划；美国 Santa Fe Institute 国际项目基金、斯坦福大学联合资助项目资助。

通讯地址：西安交通大学公共政策与管理学院，邮政编码：710049；E-mail：haifengdu@mail.xjtu.edu.cn。

绍社群结构探测算法，总结基于模块性定义自底向上的社群结构探测策略的一般算法框架；第六部分是本文的结论和进一步研究的展望。

二、社群结构与模块性指标

如果忽略网络间关系的强弱和作用方向，社会网络可以用无向无权图 G（V，L）表示，其中，V={v_1, v_2, …, v_n} 表示节点（网络成员）集合；L 表示边（网络成员关系）集合；邻接矩阵 A 是社会网络的另一种表示方法，对于有 n 个节点的网络，定义 A = ($a_{i,j}$) i, j = 1, 2, …, n，如果节点 i 与 j 相连，则 $a_{i,j}$=1，否则 $a_{i,j}$=0，另外，一般认为节点不存在自身连接，所以 $a_{i,j}$=0 i = 1, 2, …, n。

社群结构就是将网络 G 的节点集合 V，通过操作 τ 划分为 m 个互不重叠的子集，即：τ(V) = {V_1, V_2, …, V_m}，V_i⊂V，V_i≠∅，i=1, 2, …, m，且 $\bigcup_{i=1}^{m} D_i = V$，$V_i \cap V_j = \emptyset$，i≠j，每个子集 V_i 代表一个社群；社群内节点的关系紧密，而社群间节点的关系稀疏。对于邻接矩阵 A 而言，记 $A_{p,q}$ = ($a_{i,j}$)，i∈V_p，j∈V_q 为社群 V_p 和 V_q 间的关系矩阵。记 N = $\|A\| = \sum_{i=1}^{n}\sum_{j=1}^{n} a_{i,j}$，因此当 p≠q 时，$\|A_{p,q}\| = \sum_{i \in V_p}\sum_{j \in V_q} a_{i,j}$，$a_{i,j} \in A$ 为子集 V_p 和 V_q 间关系数量，而 p=q 时，$\|A_{p,p}\| = \sum_{i \in V_p}\sum_{j \in V_p} a_{i,j}$，$a_{i,j} \in A$ 为子集内部关系的数量。记 $e_{p,q} = \frac{\|A_{p,q}\|}{\|A\|}$，$e_{p,p} = \frac{\|A_{p,p}\|}{\|A\|}$，社群结构就是对 A 进行行列调整，使得 $\min_{p \neq q} e_{p,q}$，且 $\max e_{p,p}$。由此可见，社群结构没有改变网络本身的基本特征，只是对原网络 G（V，A）按社群结构的方式重新做了表达。

Newman 定义模块性指标 Q 来综合考虑网络社群内和社群间的关系：[5]

$$Q = \sum_{p=1}^{c} \left[e_{p,p} - \left(\sum_{q=1}^{c} e_{p,q} \right)^2 \right] \quad (1)$$

记网络 G(V，A) 所有可能的社群结构划分形成空间 I，τ(V) = {l_1, l_2, …, l_n} ∈ I 是社群结构探测空间 I 中的 1 个点，其中整数 $l_i \in [1, n]$ 为节点 v_i 对应的社群编号，如果节点 v_i 和 v_j 同属一个社群，则有 l_i=l_j。τ(V) = {l_1, l_2, …, l_n} 和 τ(V) = {V_1, V_2, …, V_m} 是社群结构的两种不同表示形式，二者是等价的。

社群结构探测问题是在空间 I 中寻找一个合适的 τ(V) ∈ I，使得模块性值 Q 最大，即

$$\max Q(\tau(V))$$
$$s.t. \quad \tau(V) = \{l_1, l_2, …, l_n\} \in I \quad (2)$$

由于 τ(V) = {l_1, l_2, …, l_n} 中的元素 l_i 均为整数，I 是一个离散空间，因此社群结构探测问题是一个典型的组合优化问题。

三、社会网络的社群结构

网络结构分析可以分为微观、中观和宏观三个层次。[6] 微观层次的研究包括度和单个节点的聚类系数和中心性等；宏观层次的分析包括度分布、整体聚类系数、度与度的相关性等；介于两者之间的中观层次，包括二方关系（Dyad）、三方关系（Triad）以及凝聚子群分析等。在 Newman 提出社群结构概念后，社群结构已成为网络结构中观层次分析的最新方向。[5]

社会群（Social Group）、子群（Subgroup）、派系（Clique）、宗派（Clan）等与社群结构相近的凝聚子群概念在社会网络研究中已经广泛应用，但是，目前有关凝聚子群的定义还不统一。社群结构不是凝聚子群在复杂网络研究领域的简单拓展，而是在以下三个方面有突出变化：①分析视角的改变。社会网络分析中的凝聚子群多是从成员个体出发，研究视角主要集中在子网络内部成员的连接属性；而社群结构则是强调子网络内与子网络之间的关系对比，是真正地从子网络层次对网络结构的分析。②度量指标的创新。社会网络分析中虽然有基于节点度子群度量，如 k-plexes, k-cores 和 lambda sets，以及基于距离子群度量，如 n-cliques, n-clans 以及 n-clubs 等，但是，这些度量更侧重定义子群结构构成，而非对子网络结构进行综合评价；虽然发展了 E-I 指数等指标来测度网络中凝聚子群结构情况，由于多数凝聚子群定义过于严格而不能很好地反映网络特征，也影响 E-I 指数等指标的解释能力，且 E-I 指数等指标仅仅是对子网络内部关系和子网络间关系的线性对比，无法从总体上测度网络的子网络结构的显著程度。社群结构的模块性指标不但很好地反映了社群结构定义的本质，而且可以直接通过数据来反映网络中子网络构成特点，例如，Newman 指出随机网络的模块性值小于 0.3，[5] 因此只要模块性值大于 0.3 的网络就具有清晰的社群结构。③探测方法的改进。以层次聚类为代表的社会网络凝聚子群分析一般计算时间复杂度都比较高；社群结构探测将网络分割问题转化为对模块性的优化问题，将社会学、计算机优化以及模式识别等方法结合起来，丰富和发展了社群结构探测方法。

社群结构（凝聚子群分析）广泛应用于网络分析中。大量的实证研究发现，社群结构广泛地存在于许多技术网络、生物网络和社会网络中；[5,7-11] 引文网络中的社群结构代表着与某一主题相关的论文；[12] 万维网中的社群是与一些相关话题链接的网页；[13,14] 而生物化学网络或者电子电路网络中的社群结构则是某一类功能单元的结合。[9,15,16] 虽然社群结构在组织研究中一直被忽略，但是却越来越受到社会学和管理学研究者的重视。[17]

网络中的社群代表着基于一定背景和兴趣形成的真实社会团体，[2] 网络社群结构可以更清楚地揭示个体间的关系和网络本身的组织结构。社会学和管理学领域的相关研究表明，网络的社群结构对组织内部的个体、组织以及外部环境和社会的利益、生存与发展都会产生显著影响。从网络社群结构对个体的影响来看，著名的霍桑实验发现，工厂社群不仅会影响工人的自发行为，也会影响工人的工作绩效；[18] Marco & Politecnico[19] 发现，社群有助于学生对计算工具的掌握；Flores[20,21] 的研究发现，帮派网络和帮派现象在美国城市的墨西哥非法移民中非常普遍，他们通过非帮派网络寻找工作和居所；刘军[22] 利用调查数据发现，法村居民的借贷与帮工关系更容易发生在社群内部，说明社群结构对个人获取经济支持的效果有显著影响。从网络社群结构对组织的影响来看，Borgatii 等[23]发现，社群结构影响了某夏令营中学生和指导教师间的组织互动关系，从而影响夏令营的学习效果；在明尼阿波利斯地区 26 位公司高层人员的交往中，公司首席执行官会在俱乐部交往中形成社群，而且这种社群与董事会之间的联系是对应的，可能会给公司带来更多盈利的机会；[17] Genicot 和 Ray[24]突破了互惠保险机制只是存在两个个体之间或者社群层次的传统观念，认为子网络是非正式保险机制形成的重要因素。从网络社群结构对外部环境和社会的影响来看，Kapferer[25]将网络结构与人种学结合起来，发现在非洲某服装厂的网络结构对社会互动、变革和冲突有显著影响，而网络中核心集团可能主导诸如罢工等激烈的社会行为。

四、模块性指标特征与标准化

$Q = \sum_{p=1}^{m}\left[e_{pp} - \left(\sum_{q=1}^{m} e_{pq}\right)^2\right]$ 中的 $\sum_{p=1}^{c} e_{p,p}$ 反映社区内部节点的连接情况，$\sum_{p=1}^{c}\left(\sum_{q=1}^{c} e_{p,q}\right)^2$ 则体现社区间节点的连接情况。显然，$\sum_{p=1}^{c} e_{p,p}$ 越大，$\sum_{p=1}^{c}\left(\sum_{q=1}^{c} e_{p,q}\right)^2$ 越小，则 Q 越大，表明社区内网络密度高而社区间节点的连接少。实践中，Q 不但定量地刻画了社区结构的基本概念，而且广泛用于社区结构探测算法的设计，是一个合适的网络社区结构指标。Newman 进一步指出，如果 Q 大于 0.3 就表明网络存在明显的社区结构。

图 1 中，网络 1 和网络 2 都具有清晰的社群结构，每个社群都由 5 个全连接的节点构成，所不同的是网络 1 由 2 个社群构成，网络 2 由 4 个社群构成，每两个社群之间仅有 1 条边连接。由公式（1）计算可知，网络 1 和网络 2 的 Q 值分别为 0.4036 和 0.6591。对于网络 1 和网络 2 这样两个社群结构相似的网络，为什么模块性 Q 值的差异却很大？网络 3 的网络由 5 个全连接和 10 个全连接节点的两个社群构成，两个社群之间仅由 1 条边连接，但是其 Q= 0.2688。

上述现象与 Newman 模型性定义和特点稍有出入。虽然 Newman 模块性的定义非常简单，但是，由于网络结构差异较大，对于一个有 n 个节点的网络，可能有 $\sum_{k=1}^{n} \frac{1}{k!} \sum_{j=1}^{k} \binom{k}{j} j^n$ 种不同的社群结构划分方式，很难从理论上分析不同性质网络模块性的变化规律。对于图 2 所示的规则网络，即从一个有 n 个节点环状网络中，如果每个结点向与它最近邻的 k 个结点连出 k 条边，存在 m 个社群，其模块性 Q 为：

$$Q = \frac{nk - mk'(k'+1)}{nk} - \sum_{i=1}^{m}\left(\sum_{q=1}^{m} e_{i,q}\right)^2 \quad (3)$$

其中 $k' = \frac{k}{2}$，$\sum_{i=1}^{m}\left(\sum_{q=1}^{m} m_{i,q}\right) = 1$。当 $\sum_{q=1}^{m} e_{1,q} = \sum_{q=1}^{m} e_{2,q} = \cdots = \sum_{q=1}^{m} e_{m,q}$ 时 $\sum_{i=1}^{m}\left(\sum_{q=1}^{m} e_{i,q}\right)^2$ 最小，所以

$$Q = 1 - \left(\frac{k+2}{4n}m + \frac{1}{m}\right) \quad (4)$$

如果 $\frac{k}{n}$ 很小，即网络的连接稀疏，模块性 Q

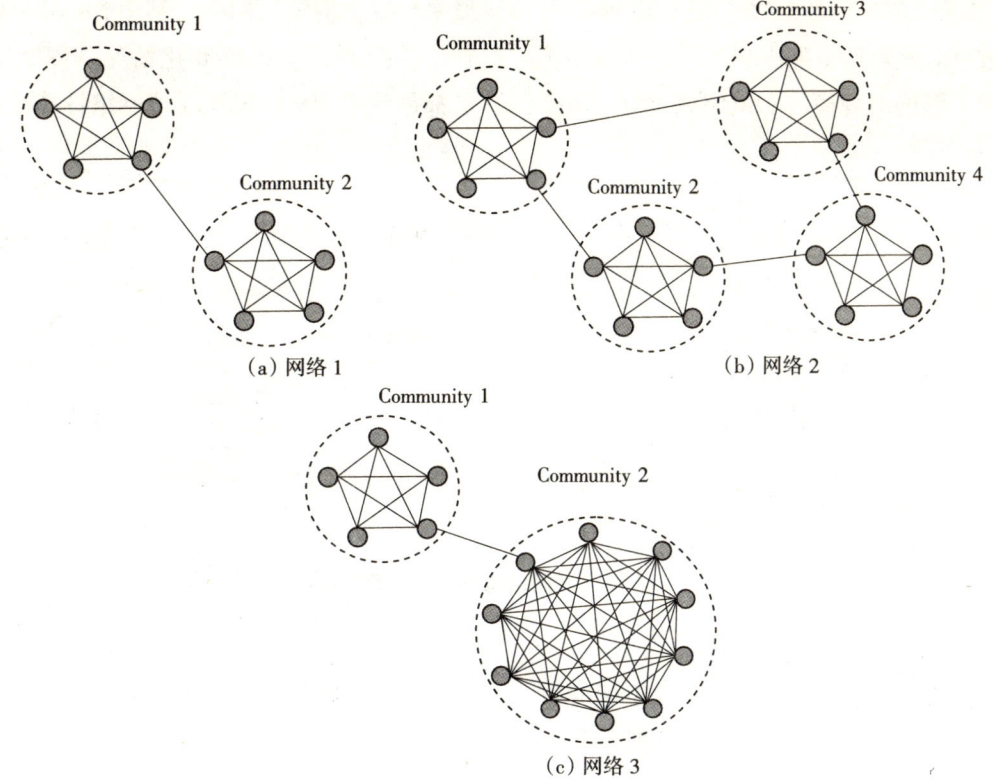

图 1 三个社群结构清晰的社会网络

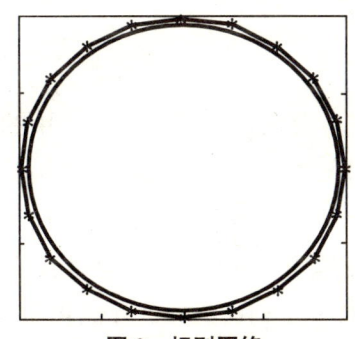

图 2 规则网络

将变大,社区数目 m 是影响模块性值的另外一个因素,有如下定理:

定理 1 Newman 模块性指标 Q 的最大值 $Q_{max} = 1 - \frac{1}{m}$。

由 Newman 模块性 Q 的定义可知,$0 \leq e_{pq} \leq 1$;当 $e_{pq} = 0$,$p \neq q$ 时,$e_{pp} - \left(\sum_{q=1}^{m} e_{pq}\right)^2$ 取得最大值,对应的情况是社群之间没有任何连接。有:

$$Q_{max} = \sum_{p=1}^{m} [e_{pp} - (e_{pp})^2] = \sum_{p=1}^{m} e_{pp} - \sum_{p=1}^{m} (e_{pp})^2$$
$$= 1 - \sum_{p=1}^{m} (e_{pp})^2 \quad (5)$$

只有当 $e_{11} = e_{22} = \cdots = e_{mm}$ 时,模块性取得最大值,为 $Q_{max} = 1 - \frac{1}{m}$。

上述定理进一步表明,模块性 Q 除了能够测度"社群内节点关系稠密,而不同社群节点之间的关系稀疏"这一社群结构特征外,还潜在地要求各社群间成员数目不存在差异,即结构是平衡的,因为 $e_{11} = e_{22} = \cdots = e_{mm}$。上述分析也表明,当分析不同网络时,由于 Q 的取值范围的差异,因此无法直接利用 Q 值进行对比。本文提出如下归一化模块性指标:

$$\bar{Q} = \frac{Q}{Q_{max}} = \frac{m}{m-1} Q \quad (6)$$

对于图 1 中的三个网络,归一化模块性值 $\bar{Q}$

分别为 0.8072、0.8788 和 0.5376，在一定程度上消除了社群数目对模块性值的影响。

图 3 给出了随网络规模 n 和网络密度 d（连接概率）变化的随机网络，利用 Newman 算法进行社群结构探测，Q 和 $\bar{Q}$ 变化情况。图 3 中每个数据点都是利用 100 次随机生成网络计算获得的均值。

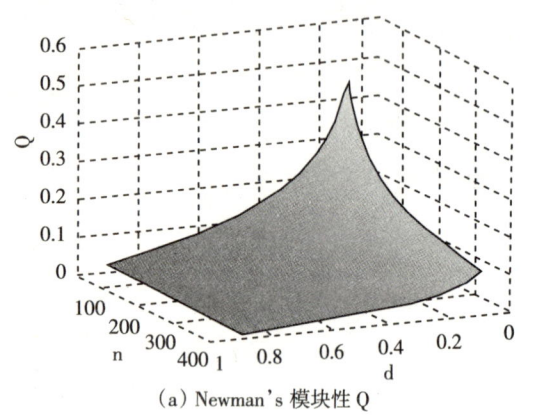
(a) Newman's 模块性 Q

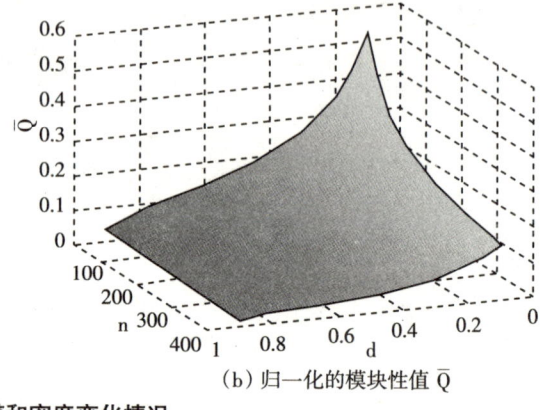
(b) 归一化的模块性值 $\bar{Q}$

图 3 Q 和 $\bar{Q}$ 随网络规模和密度变化情况

结果表明，对于随机网络 Q<0.3；与 Newman 的结论一致，而 $\bar{Q}$<0.4。在保持网络密度不变的情况下，Q 和 $\bar{Q}$ 随着网络规模的增加均出现下降趋势，而且密度越小，这一下降趋势越显著；密度小的网络的模块性值普遍要高于密度大的网络。

五、社群结构探测算法

社会网络分析中有关凝聚子群结构分析主要有两类计算方法：基于节点度的计算方法将有连接关系的节点视为子群，如 k-plexes, k-cores 以及 lambda sets；而基于距离的计算方法则将在一定距离范围内的节点视为子群，如 n-cliques, n-clans 以及 n-clubs。但是，这些方法更多的是给出定义，有些概念过于严格而不能很好地反映网络特征，[4]缺乏相应的评价指标，一般计算时间复杂度都比较高。Newman 的模块性指标的提出，是社群结构探测算法研究和应用的一个重要里程碑，模块性指标使得社群结构探测方法开始由传统的计算机科学方法和社会学方法向以模块性指标为评价基础的现代方法转变。Newman 将社群结构探测方法分为传统方法和现代方法两类。[1]

传统方法包括计算机科学中的谱二分法和 Kernighan-Lin 算法，以及社会科学中的分层聚类法和非分层聚类法。计算机科学方法基本上都是基于图划分（尤其是图二分方法）提出的，比较有代表的是基于 Laplace 矩阵特征向量的谱二分法，[26]以及基于利益函数贪婪优化的 Kernighan-Lin 算法。[27]谱二分法主要缺点是由于无法预先确定分割数目，使得社群划分具有一定盲目性。Kernighan-Lin 算法的主要缺点是必须预先指定两个社群的大小，从而限制其在大多数真实网络中的应用。社会学方法中的分层聚类法，[28]是利用系统树图实现社群探测。[1]非分层的聚类方法，如 k-means[29] 算法，利用迭代和优化的观点实现分割，但是相关算法必须预先确定社群数目。综上所述，由于存在需要预设社群数目等问题，使得传统方法对某些特定网络是有效的，但不是普通网络分析的理想工具。

现代方法主要包括Girvan和Newman的G-N算法、模拟退火算法、贪婪算法、Clauset-Newman算法、极值优化算法等，这些方法一般将模块性指标作为社群结构划分合理性的评价依据，在一定程度上克服了传统方法中无法确定社群数目的缺陷。基于边居间性的G-N算法[5,30]综合性能优越，是目前社群探测研究的重要参考算法；[31]但是，G-N算法计算时间复杂度高，其边中间性值计算也很复杂。后续研究者在此基础上提出了一系列改进策略。[13]结合其他优化机理和模块性指标，一些新的混合社群结构探测算法研究也开始受到重视，如Medus等[32]基于优化模块性和边居间值，利用模拟退火算法试图搜索到全局最优模块性指标；虽然该算法可以获得较理想的社群结构，但是计算速度为G-N算法的十倍。[32] Duch和Arenas[6]利用一种基于极值优化的启发式搜索策略对模块性指标进行优化，较好地克服了经典的模拟退火效率不高问题。社群结构探测的其他现代方法还包括基于边聚集系数的Radicchi算法[33]以及利用电阻网络实现的W-H算法[34]等。

总体上，基于探测过程中社群结构分裂与合并的变化不同，现代方法可以被分为三类：将所有网络节点归为一个社区，然后通过分裂来增加模块性值和社群数的自顶向下的分裂策略、先将每一个节点视为一个社群，然后通过合并来实现社群结构探测的自底向上的合并策略和以模拟退火算法[32]和遗传算法[35]等对模块性优化的启发式策略为代表的混合优化策略。分裂方法存在计算量大，而且类似边居间中心性分裂指标参数计算复杂，对模块性指标利用不够等问题；聚合方法在一定程度上克服了上述问题，而逐渐成为基于模块性的社群结构探测的主要策略。

聚合方法则主要基于社群合并后模块性Q值的变化φ_{pq}，按照"从小到大"的原则，依据"单个个体 $\xrightarrow{合并}$ 社群 $\xrightarrow{合并}$ 更大社群 $\xrightarrow{合并}$ … $\xrightarrow{合并}$ 最终探测结果"的思路实现网络社群结构探测，算法基本框架如下：

算法：基于模块性的社群结构聚合探测算法

步骤1 将网络中的每一个节点视为一个社群，计算模块性Q；

步骤2 依据子群p，q后，计算模块性值Q的变化量φ_{pq}；

步骤3 如果$\max \varphi_{pq} \leq 0$，算法停止并输出探测结果；

步骤4 否则选取最大φ_{pq}，将相应的社群p，q合并，并改变相应社群的编号；

步骤5 返回步骤2。

对于式（1）所示的模块性定义，上述步骤2中φ_{pq}为：

$$\varphi_{pq} = 2e_{pq} - 2 \times \sum_{j=1}^{m} e_{qj} \sum_{i=1}^{m} e_{pi} \qquad (7)$$

模块性Q的定义与φ_{pq}计算是上述基于模块性的社群结构聚合探测算法的关键，而φ_{pq}又与Q的定义直接相关，因此有必要对Q的定义进行讨论。

六、讨论与展望

社群结构研究受到了多学科的普遍关注，已经成为近年来复杂网络研究的热点问题。由于社群结构探测是网络社群结构研究的前提和核心，因此，目前的网络社群结构的研究多集中在社群结构发现算法研究。虽然网络社群结构探测方法研究已逐渐开始受到重视，但是研究成果还相对较少，而国内有关网络社群结构探讨的文章就更少。已有研究多集中在无向无权网络社群结构探测，显然这难以满足实际网络分析的需要，因为0-1对称网络是现实世界关系最简单的抽象；它不能为其他可以用非无向无权网络表示的社会网络社群结构分析提供有效的借鉴。少数研究也开始关注有向网络和加权网络的社群结构研究，但是专门、深入的研究还不多见。目前的社群结构评价指标比较单一，对动态网络的社群结构研究更是罕见。

加权网络较无权网络承载了更多的信息，对进一步认识网络的结构及其功能具有不可低估的价值。然而到目前为止，针对加权网络社群结构的研究还少见。Newman[36]认为可以简单地将权重（普遍上认为这些权重为正整数）看做两个节点之间若干条权重为1的边的组合，然后把模块性指标和G-N算法推广到加权网络，进行加权网络的社群结构探测。Fan等[37]将GN算法[5,30]、EO算法[6]和基于Potts模型的算法推广到加权网络的社群结构探测，研究表明，加权的基于Potts模型的算法和WEO（Weighted External Optimization）算法对稀疏和稠密网络均具有良好的效果，而WGN（Weighted GN）算法仅对稀疏网络具有较好的效果。同时，Fan等[37]通过对加权网络权重的重新分配后所获得的社群结构与原始网络的社群结构的比较研究验证了权重对于社群结构具有重大影响，尤其是连接较为稠密的网络（Dense Network）中的权重。

动态演化是复杂网络的基本特征之一。现实网络的规模、节点间的关系以及强度结构多随时间变化，从而破坏原有网络结构及其社群结构。解决动态网络的社群结构探测问题，不但可以丰富网络社群结构算法，同时也为从社群结构角度认识网络结构的动态演化提供了条件。据目前所掌握的文献，动态网络社群结构的研究还相当少见。

社群结构探测方法复杂网络领域目前的研究重点，对模块性定义在社群结构探测中的重要作用关注较少。然而，模块性在社群结构探测中不仅是度量指标，而且是发展相应探测算法的基础，因为模块性指标直接影响社群结构探测过程中的社群合并。模块性的定义及其社会学应用不仅应该是复杂网络中有关社群结构研究的重要内容之一，也应该是社会网络有关凝聚子群研究的必要补充。

社群结构研究将社会网络微观和宏观两个层次的分析联系起来，有利于全面理解社会现象和解决社会问题。然而，目前的社群结构研究还并没有被纳入社会网络分析范畴，针对特定社会关系的研究，社会学家不仅还难以准确地获得相应网络的社群结构，而且也难以揭示社群形成的机理及其可能产生的社会后果。

参考文献

[1] M. E. J. Newman. Detecting community structure in networks [J]. Eur. Phys. J. B, 2004, (38): 321-330

[2] 罗家德. 社会网分析讲义 [M]. 北京：社会科学文献出版社，2005

[3] M. E. J. Newman, A. L. Barabàsi, D. J. Watts. The structure and dynamic of networks [M]. Princeton University Press, 2006

[4] S. Wasserman, K. Faust. Social network analysis: methods and applications [M]. New York and Cambridge, ENG: Cambridge University Press, 1994

[5] M. Girvan, M. E. J. Newman. Community structure in social and biological networks [C]. Proc. Natl. Acad. Sci. USA, 2002, 99: 7821-7826

[6] J. Duch, A. Arenas. Community detection in complex networks using extremal optimization [J]. Phys. Rev. E, 2005, (72): 027104

[7] J. Eckmann, P. E. Moses. Proc. Natl. Acad. Sci. USA, 2002, 99: 5825

[8] K. A. Eriksen, I. Simonsen, S. Maslov, K. Sneppen. Phys. Rev. Lett., 2003, (90): 148701

[9] P. Holme, M. Huss, H. Jeong. Bioinformatics,

2003, 19: 532

[10] A. Arenas, L. Danon, A. Diaz-Guilera, P. M. Gleiser, et al. Eur. Phys. J. B, 2004, 38: 373

[11] C. P. Massen, J. P. K. Doye. Phys. Rev. E, 2005, (71): 046101

[12] S. Redner. Eur. Phys. J. B, 1998, (4): 131-134

[13] C. Aaron, M. E. J. Newman, M. Cristopher. Finding community structure in very large networks [J]. Phys. Rev, E, 2004, (70): 066111

[14] R.J. Broder, R. Kumar, F. Maghoul, et al. Graph structure in the web. Computer Networks [J]. 2000, (33): 309-320

[15] R. Milo, S. Shen-Orr, S. Itzkovitz, N. Kashtan, et al. Science, 2002, 298: 824

[16] S. Shen-Orr, R. Milo, S. Mangan, U. Alon. Nature Genetics, 2002, 31: 64

[17] Kilduff, 蔡文彬. 社会网络与组织 [M]. 北京: 中国人民大学出版社, 2007

[18] F. J. Roethlisherger, W. J. Dickson. Management and the worker [M]. Cambridge, MA: Harvard University Press, 1939

[19] C. Marco, M. Politecnico. Applying social network analysis to the ASP informal community. 2006

[20] N. Y. Flores. The clique dffect: the dynamics of urban undocumented migration networks from mexico to the united states [J]. Special Issue of the Scientific Series: International Migration of Population: Russia and Contemporary World, 2005

[21] N. Y. Flores. The interrelation between social context, social structure, and social capital in international migration flows from Mexico to the United States [D]. Department of Sociology, University of Pennsylvania, 2005

[22] 刘军. 社会网络分析导论 [M]. 北京: 社会科学文献出版社, 2004

[23] S. P. Borgatii, M. G. Everett, L. C. Freeman. UCINET 5 for Windows. Columbia, SC: Analytic Technologies, 1999

[24] G. Genicot, D. Ray. Group Formation in risk sharing arrangements [J]. Review of Economic Studies, 2003, 70: 87-113

[25] B. Kapferer. Strategy and transaction in an african factory [M]. Manchester: University of Manchester Press, 1972

[26] A. Pothen, H. Simon, K. P. Liou. SIAM J. Matrix Anal. Appl., 1990, 11: 430

[27] B. W. Kernighan, S. Lin. Bell Sys. Techn. J., 1970, 49: 291

[28] J. Scott. Social network analysis: a handbook [M]. 2nd ed. Sage, London, 2000

[29] J. B. MacQueen. Some methods for classification and analysis of multivariate observations [C]. Proceedings of 5th Berkeley Symposium on Mathematical Statistics and Probability, 1, Berkeley, CA: University of California Press, 1976: 281-297

[30] M. E. J. Newman, M. Girvan. Finding and evaluating community structure in networks [J]. Phys. Rev. E, 2004, (69): 026113

[31] 王林, 戴冠中. 复杂网络中的社区发现——理论与应用 [J]. 科技导报, 2005, 23(8): 62-66

[32] A. Medus, G. Acuna, C.O. Dorso, Detection of community structures in networks via global optimization [J]. Physica A, 2005, (358): 593-604

[33] Radicchi F, et al. Defining and identifying communities in networks [J]. Preprint cond-mat/0309488, 2003

[34] F. Wu, B. A. Huberman. Finding communities in linear time: a physics approach [J]. Preprint condmat, 2003: 0310600

[35] M. Tasgin. Community detection model using genetic algorithm in complex networks and its application in real-life networks [D], Graduate Program in Computer Engineering, Bogazici University, 2005

[36] M. E. J. Newman. Analysis of weighted network. [J]. Phys. Rev. E, 2004, (70): 056131

[37] Y. Fan et all.. Accuracy and precision of methods for community identification in weighted networks [J]. Physica A, 2006

基于社会网络理论的研发服务供求关系分析[*]

[摘要] 本文从社会网络理论的视角，基于组织之间的合作关系，探讨了研发服务网络圈所处层级位置不同，网络节点质量、密度和联系强度不同对研发服务供求关系的影响；根据供需双方关系紧密程度的不同，将研发服务供求关系划分为市场关系、中间关系以及伙伴关系，并分析各种关系类型的主要特点；基于组织中人与人之间的互动关系，探讨了非正式人际关系网络对研发服务供求关系的影响。

[关键词] 网络；社会网络理论；研发服务；供求关系

一、引言

当今社会，新技术革命引发世界经济结构发生的深刻变化极大地促进和推动了经济增长方式的转变。要素投入已从过去的粗放式物耗性投入为基础转变为以科技、人才、管理、技术、信息等技术性投入为主。随着国际分工的深化，产业对技术支撑服务的需求日益旺盛，高新技术的快速发展催生出新型的知识密集型、技术密集型的专业技术服务，并已成为科技创新价值链中的重要环节。在现代经济中，服务业已成为经济增长的重要动力和现代化的重要标志。日本和韩国经济发展的轨迹和经验表明，在工业化后期，服务业是一个占优势的产业，甚至超过了工业。[1]研发服务业是现代服务业的重要组成部分，是一种以高新技术作支撑、技术关联性强、科技含量和附加值高的新兴服务业态，具备现代服务业"三高三新"的重要特征，即高人力资本含量、高技术含量、高附加值和新技术、新业态、新方式。随着近年来全球制造业，尤其是先进制造业的迅猛发展，研发服务业呈现出前所未有的高速发展态势。

目前对于研发服务业及相关领域，我国大陆对于"科技中介"研究得比较多。例如，大多数文章探讨了政府在科技中介机构发展中的作用，[2~5]也有少部分文章介绍了国外科技中介服务机构的现状、做法和经验。[6,7]刘书瀚、王炳才等人的研究指出，我国服务业发展的滞后和政府中介服务组织的控制成为制约创新网络形成和发展的障碍，因此，继续深化改革、改善研发中介服务、加强创新网络研究、倡导发展知识密集型服务是大力

---

[*] 作者简介：简兆权：华南理工大学工商管理学院副研究员，研究方向：技术创新战略与管理；伍卓深：华南理工大学工商经济与贸易学院本科生，研究方向：技术创新战略与管理。
基金资助：本文受国家自然科学基金（项目编号：70872030），广东省普通高校人文社会科学重点研究基地重大项目（项目编号：06JDXM63003）资助。
通讯地址：华南理工大学工商管理学院，邮政编码：510640；E-mail: jianzq@163.com。

推进中国创新体系发展和区际经济发展的重要途径。[8] 汪晓华等人的研究认为，市场化是技术中介发展的动力机制，而专业化与集团化是技术中介业发展的必然趋势，二者的结合是技术中介服务业未来发展的最佳选择。[9] 相比较而言，我国台湾地区有部分学者对研发服务业进行了比较深入的研究。例如，林炳中与林佳慧合著的《2003年研发服务产业发展概况》比较详细地介绍了台湾研发服务业的产业状况，并分析其存在的问题。[10] 他们的另一部合著《主要国家研发服务推动之比较与分析》整理了包括美国、加拿大、韩国与丹麦等国家的研发服务业情况。[11] 钱思敏研究了我国台湾地区的研发服务产业概况及发展策略问题，深入分析了研发服务业对制造业的作用。[12] 王健全通过对美国研发服务业的分析，提出了台湾研发服务业的发展策略。[13] 江雪娇则从国家创新系统角度探讨大学如何推动研发服务业的发展。[14] 国外的研究也不是很多，比较有价值的文献包括：部分学者对跨国公司的研发服务机构区位选择进行了探究，并得出了众多结论。[15,16] Link 等人构建了经济学模型，检验了合作研发服务企业数量、国家对产业界研发服务投入基金以及商业经济周期对企业进行合作的意图产生的影响，[17] 等等。

研发服务迅猛发展，其中一个重要原因是研发服务市场的兴起。所以对研发服务的市场供求关系进行研究是很有必要的。然而，国外关于研发服务的研究，对供求关系基本上没有涉及。国内的研究大多没有采用较为严谨的理论或方法，往往只是进行一般性的概念介绍或阐述。本文采用社会网络理论，对研发服务的供求关系展开微观层面的探讨。社会网络理论从提出发展到现在，理论逐渐发展完善，预示着强大的生命力。它为解决管理实践中遇到的问题，为弥补传统管理理论解释现代管理问题力量不足提供了强大的支持。国内学者姚小涛与席酉民在剖析新环境下管理实践与理论研究面临的挑战的基础上，认为社会网络理论可以为这种挑战较好地提供一种新的分析视角。[18] 本文希望通过社会网络理论，分析研发服务供求关系的类型与特征，明确研发服务供求双方达成研发合作的微观原因，为促进研发服务供求关系健康发展提供帮助。

二、研发服务供求双方所处社会网络

研发服务供求双方都处于复杂、多维的社会网络当中。研发服务需求者，一般是企业，在生产经营中，处于资金网络、材料供应网络、产品生产网络、产品销售网络、信息搜集网络、研发服务网络等多维网络中。企业日常的生产经营活动，可以分解为在各个网络的分行为。从另一个角度来看，各个网络的行为，复合形成企业的总体行为，并对企业的总体绩效产生直接影响。对研发服务提供者和研发服务中介而言，它们处于类似于研发服务需求者的网络。但是，各企业对各网络的重视程度会存在差异，例如传统的企业由于受计划经济时代的卖方市场理念影响，一般更重视的是产品生产网络，而较为忽略产品销售网络和研发服务网络。相对应的是，研发服务提供者更重视的往往是研发销售网络，因为这涉及它们的生存。随着社会经济的发展与变迁，研发服务供求双方所处的社会网络也相应地发展变化，重视的网络圈也会发生转移。例如，社会的发展，促使企业更加重视研发服务社会网络。图1反映了研发服务供求双方在网络中如何形成供求关系。

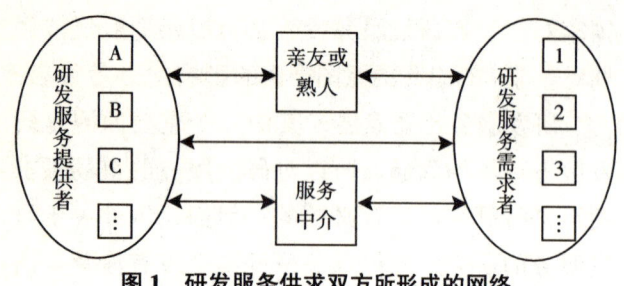

图1 研发服务供求双方所形成的网络

在研发服务供求双方所处的多维网络中,研发服务网络只是当中的一个网络圈。正如上面所言,随着研发服务对于企业生存发展和产业创新的重要性越来越强,研发服务网络在多维复杂的社会网络中,逐步受到重视,这极大地推动了研发服务市场的发展。对研发服务供求双方来说,它们达成研发服务供求交易的形式普遍有三种(如图1所示):①通过亲友或熟人的牵线,双方开始接触沟通,最终达成合作。②通过服务中介机构,促成双方完成研发服务的交易。但是,目前在我国由于科技服务中介处于发展起步阶段,服务功能不完善,导致中介的应有作用没有充分发挥出来。相对而言,英、美、日等发达国家的研发服务中介发展得比较好。③不经过熟人或中介机构介绍,研发服务供求双方自行寻找合作对象,经过双向选择和谈判,达成合作协议并实现研发服务交易。

三、研发服务供求关系

(一) 研发服务的需求主体

首先,我们应该认识到,不是所有企业都进入了研发服务网络圈。对于多数小型企业或者刚起步的企业来说,它们所处的社会网络当中一般不包含研发服务网络圈,因此,它们不构成发生研发服务供求关系的重要主体。这些企业大多体系不完整,缺乏长远的战略目标,没有企业核心技术与竞争力;即使意识到科技创新的重要性,但由于资金短缺,购买研发服务也就无从谈起。这些企业往往因没有自身的核心技术或者竞争力而夭折。幸存下来的企业,逐渐发展壮大,对研发服务要求日益旺盛,于是逐渐进入到研发服务网络中,逐渐成为研发服务网络中的需求主体。

一般而言,大中型企业是研发服务的主要需求者,是产生研发服务供求关系的重要主体。一些大型企业,其内部一般都具有研发部门,虽然也能够满足它自身一部分技术开发的需要,但对于某些研发技术,当企业自身的力量不足以完成之时,它们还是会到研发服务市场寻求研发服务提供者。所以,无论是中型企业还是自备研发部门的大型企业,研发服务都是企业经营的重要事务,关系到企业的生存与发展。研发服务网络是它们多维网络中的一个重要网络圈。

(二) 研发服务网络圈层位置对研发服务供求的影响

研发服务需求者的研发服务网络圈,处于企业复杂多维社会网络中的层级位置不同,反映企业对研发服务网络圈的重视程度不同,如图2所示。

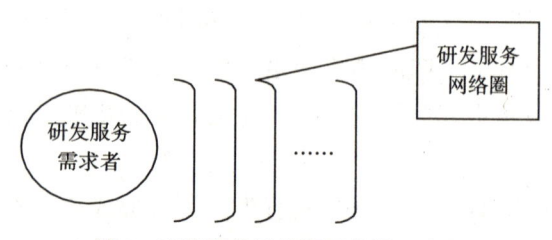

图2 研发服务网络圈层位置示意图

图2表明进入研发服务网络圈的企业,其研发服务网络圈可能处于整个多维网络的具体层级

位置。类似电子层处于离原子核越靠近层级则原子核对其吸引力越大，之间的关系越稳固。研发服务网络圈越靠前，标志着企业在经营活动中，越重视研发服务。IT公司、生物医药公司等高技术企业往往属于此类型。郝凤霞在创新网络下，对美国生物医药产业进行了研究，指出创新网络（也即研发服务网络）的构建是生物医药产业成败的关键。[19]事实也正是如此，因为技术创新、研发服务供求状况对此类公司的生存发展有着至关重要的影响。所以此类公司都会将研发服务网络圈置于其他众多网络圈之前。层级靠前的研发服务网络圈，使此类公司更容易在研发服务网络圈中实现良好的供求关系。良好的研发服务供求，让它们赢得竞争力。相比较而言，其他大多数企业的研发服务网络圈，很多时候并不处于第一层级而处于其他层级，对研发服务需求没有IT和生物医药类公司强，所以形成的研发服务供求关系也往往没有前者牢固。

（三）研发服务供求关系的种类及其特征

即使研发服务网络圈居于同一个层级，但是由于研发服务网络内部连接的节点多寡不同和联系强度不同以及节点质量不同，研发服务网络圈产生的效应就不同，据此产生的研发服务供求关系也就不一样。下面我们探讨研发服务网络圈节点数量多寡（反映网络密度）、服务网络中节点间关系如何（反映强弱联系）、节点质量如何（反映研发服务质量的高低）等网络问题对研发服务供求状况的影响。

如图1所示，对于一个研发服务需求者而言，在它进入的研发服务网络圈中，与他有网络联系的研发服务提供者有A、B、C等。这里提供者的多寡，决定了需求者所处研发服务网络圈，可以被其选择为研发服务提供者的选择数量多寡。一般而言，当网络中研发服务提供者较多的时候，需求者与众多提供者的网络节点联系很可能就是弱关系。在这种情形下，由于研发服务业供求双方的"正式化"程度比较高，不论服务的方式、内容，都往往会以比较严谨的合约作为规范的准则。研发服务供求双方很可能形成基于合约（市场）关系的一般供求关系。此种关系的特点是：研发服务需求者以招标的形式，在研发服务网络中向众多提供者招标，提供者则根据正式的合约关系同需求者接触、沟通，进而提供研发服务。当需求者研发服务网络中提供者较少，只有一个或者少数几个的时候，他们之间的联系往往较强，形成社会网络理论中所谓的强连带关系。Uzzi指出，强连带关系能提高企业间本网络内知识和信息的深度沟通、有价值的准确的信息交换，同时，强连带关系能促进情感的互动和提高信任度。[20]对于研发服务供求双方来说，强连带关系使他们的供求关系更倾向于是超越市场关系的伙伴关系。

当然，供求双方的关系维持得如何，例如一般市场关系会不会向中间关系（对市场关系有一定超越的关系）发展，伙伴关系能不能得以维持抑或是最终破裂，很大程度上取决于研发服务网络中节点的质量。如果节点的质量低，即使是强联系，双方的情感强度、亲密程度、互惠程度、互动关系都很强、很足，但最终的研发服务质量可能不高，导致伙伴关系可能破裂。

社会网络的研究一般是以一个企业主体为研究对象，但这里分析的是供求双方的关系。供求双方的关系依赖于双方的互动，所以不能忽略提供者在网络中的影响。事实上，图1已经反映了提供者的重要影响。在需求者的研发服务社会网络中，存在的研发服务提供者，都有着各自的研发销售网络，如提供者的研发销售网络中有需求者1、2、3，甚至更多的需求者。如果需求者处在提供者研发销售网络的重要位置的时候，双方也是有利于形成强关系的，容易达成合作，并且很可能是伙伴关系；反之，关系较弱，是一般的市场关系。

可见，双方的供求关系如何，取决于供求双方各自所处的研发服务网络的位置及节点的质量。表1对供求双方可能形成的供求关系做了扼要的归纳。

对于纯粹市场关系的研发服务供求关系来说，首轮的研发合作结束之后，后续的研发服务能否再继续，具有很大的不确定性。研发服务需求者在下一轮研发服务购买中，一般会向所处研发服务网络圈各节点发出招标信息，以招标的形式挑选下一轮的研发服务提供者。此种情况下，若以往的合作没有达到预期，那么新选中的服务提供者很可能就不是上一轮的服务提供者了。因此，这种合作的期限一般是短期的。处于中间关系的供求双方，很可能会延续研发合作，但还是会存在变数，合作时间不确定，介于短期和长期之间。而处于伙伴关系的供求双方，一般会延续合作关系。双方着眼的不是眼前利益，而是长远的利益，对对方的认可度和信任度较高，一般都不愿意花费成本，更换研发服务提供者或需求者，遂形成着眼于维持长期关系的、镶嵌式伙伴关系。研发服务提供者通过提高自身的研发能力，为企业提供高质量的研发支持；需求方则通过研发服务的获得，提高了竞争力与盈利能力。双方关系进一步巩固与强化，形成一个紧密型的利益体。

表1 研发服务供求关系种类与特征

供求关系	合作时间	主要特征
市场关系	短期	①研发服务网络节点多，密度大；②节点质量一般较低或者不明确，往往是一次性供求合作；③纯粹的市场关系，双方互动小，联系强度弱
中间关系	介于短期与长期间	①研发服务网络节点较多，密度较大；②节点质量较好；③对纯粹的市场关系有一定的超越
伙伴关系	长期	①研发服务网络节点较少；②节点质量好且明确；③对市场关系有较大的超越，双方互动强，联系强度强

四、非正式人际关系网络的影响

研发服务供求双方在网络中发生的行为，归根结底是组织个体元素也即人发生的行为。组织与组织之间发生行为的基础往往是契约，然而因为组织行为依靠人来完成，而人与人之间又会产生非正式的人际关系网络，并且对社会资源配置产生影响。何显明分析了非正式关系的社会资源配置功能及其负效应。[21]我们姑且不论非正式关系网络的好坏，从中立的角度来看，不能否认它存在的普遍性以及对组织间社会网络的影响。所以，在社会网络理论研究中，既要重视组织之间的合作关系研究（正式关系网络），也要重视人与人之间的互动关系研究（非正式关系网络）。非正式人际关系网络对上述组织之间的研发服务网络是存在很大影响的，所以不能忽视非正式人际关系网络对其的影响。非正式人际关系网络是目前社会网络理论当中有待进一步研究和深化的内容。对研发服务供求双方来说，上面的分析主要基于组织之间的合作关系的，下面主要探讨非正式人际关系网络的影响。

经过在珠江三角洲地区对相关企业的访谈，我们发现研发服务提供者与需求者之间明显地存在"非正式的人际网络关系"。原因是研发供求双方之间发生的服务纠纷等，通常是人际关系可以维持和解决的。所以，即使有契约的规范（即签订合作协议或服务合同）。但并不是人们通常所预想的，二者之间只有正式契约关系，相反，很多是契约规定外的非正式人际关系网络。

非正式人际关系网络，有的时候会出现在供求双方合作之前，例如双方开展研发服务供求合作之前已经认识，建立了一定的人际关系，双方在研发服务社会网络中，形成合作关系的可能性很大，为后来真正合作过程的非正式人际网络关系向良性深化提供了较大的可能性。按照这样的理解，双方的情感强度、亲密程度、互惠程度和互动时间，比事先仅依靠市场关系而展开的合作要强。双方的着眼点更可能不是眼前的利益，而是长远的互惠性利益。双方的关系形态更可能是长期的镶嵌式伙伴关系。但这并不是必然的，之前存在的非正式人际网络关系仅提供了上述情况的较大可能性，在合作正式展开的时候，非正式人际网络关系会发生变化。当然，很多时候非正式人际关系网络不存在于双方供求合作之前，而形成于合作过程当中。

无论是事先存在非正式人际关系网络，还是在合作过程才形成，其都会发展变化。一般而言，有三种变化的可能性：良性深化、恶性转变和一般性平常发展。对于第一种可能性，往往是因为双方的合作愉快，研发进程中互动良好，或者服务结果令需求方满意等形成的。此时，合作双方在社会网络节点之间的关系会得到加强。这种良性的非正式人际网络关系，使组织在研发服务网络之中，节点之间形成强（连带）关系，有助于组织层面形成长期的镶嵌式伙伴关系。第二种情况一般是由于合作过程中服务质量达不到需方期望等原因所造成。这是研发服务供求双方最糟糕的合作局面。这种情况通常有两种选择：一是勉强完成合作契约，往后双方不再有合作发生；二是协商或者请求仲裁解决争议。由于不良的合作关系，研发服务网络圈中双方节点间关系破裂，后续研发合作无从谈起。在下一轮的研发服务供求中，双方在研发服务网络圈中，会选择其他提供者或需求者。第三种情况是最常见和最普遍的。双方在合作期间，关系没有大的良性深化与恶性转变，只有一定程度的一般性平常发展。网络节点关系会得到一定的强化，但是后续的供求服务是否能够得以延续，往往是个未知数，遂形成上述的短期市场供求关系或者中间关系。

五、结束语

本文运用社会网络理论分析了研发服务的供求关系。基于组织之间的合作关系，探讨了研发服务网络圈所处层级位置不同，网络节点质量、密度和联系强度不同对研发供求关系的影响；基于组织中人与人之间的互动关系，探讨了非正式人际关系网络对研发服务供求的影响。指出了以超越市场关系程度不同为划分依据，研发服务供求关系可划分为市场关系、中间关系以及伙伴关系；以合作时间长短不同为划分依据，可以划分为短期关系、介于短期与长期之间关系以及长期关系。这是对目前国内外关于研发服务供求关系所做的探索性研究，对明确研发服务供求双方如何在社会网络中达成研发服务交易具有一定的借鉴意义。有待深入探讨的问题包括：研发服务网络中供求双方的互动及其对服务质量的影响，研发服务中非正式人际关系网络的特性及其作用等。

参考文献

[1] 吴敬琏. 增长模式与技术进步 [J]. 高科技与产业化, 2005, (9): 18-32

[2] 彭育园. 政府管理部门在科技中介机构发展中的作用 [J]. 武汉理工大学学报（社会科学版）, 2005, 12 (6): 842-844

[3] 李恒光, 汪婷. 我国科技中介发展现状及政府促进策略 [J]. 中共青岛市委党校、青岛行政学院学报, 2005, (6): 57-60

[4] 王永杰, 刘锋, 濮德璋. 政府在营造科技中介发展外部环境中的作用 [J]. 西南交通大学学报（社会科学版）, 2006, 6 (3): 55-58

[5] 刘助仁. 科技中介机构发展与政府行为分析——以欧美国家为例 [J]. 中国科技成果, 2006, (8): 16-17

[6] 钟鸣. 日本的科技中介服务机构 [J]. 全球科技经济瞭望, 2000, (7): 46-47

[7] 余晓. 英国科技中介服务机构的现状、主要做法及经验 [J]. 全球科技经济瞭望, 2001, (2): 32-34

[8] 刘书瀚, 王炳才, 闫素仙. 研发（R&D）中介服务业与创新网络的发展 [J]. 山西大学学报（哲学社会科学版）, 2004, 1 (1): 76-81

[9] 汪晓华, 和金生, 白景美. 技术中介服务业改革与发展研究 [J]. 科学管理研究, 2000, (6): 41-45

[10] 林炳中, 林佳慧. 2003年研发服务产业发展概况 [M]. 台湾经济研究院出版, 经济部技术处发行, 2003

[11] 林炳中, 林佳慧. 主要国家研发服务推动之比较与分析 [M]. 台湾经济研究院出版, 经济部技术处发行, 2003

[12] 钱思敏. 研发服务产业概况及发展策略分析 [J]. 收录于《2003年研发服务产业发展概况》, 台湾经济研究院出版, 经济部技术处发行, 2003

[13] 王健全. 美国研发服务业之介绍 [J]. 台湾财经评论, 2005, (17): 35-42

[14] 江雪娇. 从国家创新系统探讨大学推动研发服务业的发展 [J]. 经济情势暨评论, 2004, 10 (3): 19-34

[15] Fors, G. and Zejan, M. Overseas R&D by Multinational in Foreign Centers of Excellence. Working Paper Series in Economics and Finance. Stockholm School of Economics, 1996

[16] Bas, C. L. and Sierra, C. Location Versus Home Country Advantages in R&D Activities: Some Further Results on Multinationals Locational Strategies [J]. Research Policy, 2002, (31): 589-609

[17] Link, A. N., Paton, D. and Siegel, D. S. An Analysis of Policy Initiatives to Promote Strategic Research Partnerships [J]. Research Policy, 2002, 31 (8-9): 1459-1466

[18] 姚小涛, 席酉民. 管理研究与社会网络分析 [J]. 现代管理科学, 2008, (6): 19-21

[19] 郝凤霞. 基于创新网络的美国生物医药产业研究 [J]. 科学学研究, 2005, 12 (23): 288-291

[20] Uzzi, B. Social Structure and Competition in Interfirm Networks: The Paradox of Embeddedness [J]. Administrative Science Quarterly, 1997, (42): 35-67

[21] 何显明. 非正式关系的社会资源配置功能及其负效应 [J]. 中共浙江省委党校学报, 2004, (6): 18-25

Who got the Offer? Feedback-Seeking Behavior and Network Centrality in Training-based Recruitment Programs*

[**Abstract**] Previous research on feedback-seeking behavior has adopted a dyadic perspective in which an individual's behaviors are intended to and perceived by a targeted person. Based on a social network perspective, we argue that feedback-seeking behavior also has unintended consequences on local advice network structure which in turn affects individual outcomes. Using network data from three workplace training-based recruitment programs in an IT firm, this study demonstrates that feedback-seeking behavior is positively related to advice network centrality. While input centrality is positively related to performance evaluation, the opposite is true for output centrality. These effects suggest that those who frequently seek advice are considered less capable; while those who are frequently being consulted are deemed to be "experts" or "leaders". To the extent that feedback-seeking behavior is related to advice network, individual behaviors and strategies appear to have structural consequences beyond individual controls, making social network analysis a flexible tool in managerial practices.

[**Key words**] Feedback Seeking Behaviors; Impression Management; Network Centrality; Training Performance; Job Offer

Introduction

As we know, colleges are a key source of managerial and professional talent for organizations. Accordingly, campus/college recruitment has become an important way for companies to enroll new employees, and it is also a major approach for college students to go into the society and seek for a job as well. During the past two decades, college placement interviews as an essential device of campus recruitment have been paid a lot of attention to in previous research on campus recruitment (e.g.,

---

*Authors: Yunyun Chen, Guanghua School of Management, Peking University, PH.D Candidate; Bobai Li, Guanghua School of Management, Peking University, Associate Professor.
E-mail Address: chenyunyun@gsm.pku.edu.cn.

Taylor & Sniezek, 1984; Powell & Goulet, 1996). They argue that campus interviews serve as an essential evaluation device used to determine whether applicants' qualifications meet the requirements of vacant positions and as a communication medium used to transmit information about the organization (Taylor & Sniezek, 1984).

However, campus interviews are usually conducted in a context of discontinuous short-time (e. g., half an hour or an hour) for each applicant and recruiter. In other words, only few discontinuous short-time interactions between applicants and recruiters are far off enough not only for applicants to know the companies, but also for recruiters to identify the suitable talents for their companies. Consequently, some employees recruited from the campus interviews usually can not socialize into the organization quickly and are more likely to turnover. Recently, workplace training-based recruitment, as a new mode of campus recruitment, has been adopted in more and more companies. Workplace training-based recruitment can be seen as an extension of campus interview. It not only extends the interaction time between graduates and recruiters in a continuous and relative long-term period, but also provides essential training on company knowledge and management for graduates. The former makes recruiters know more about the graduates through their behaviors and performance in the training, and the latter makes the graduates know more about the company.

Although workplace-training-based campus recruitment has been conducted by more and more large companies, little previous research has studied this new mode of campus recruitment. We wonder how the graduates and recruiters interact in this workplace-training-based campus recruitment, and what influences the job offer decision made by recruiters. Thus, we will try to explore these questions in this study.

In addition, most of previous research on feedback seeking is conducted in organizational socialization and workplace context. Since feedback seeking for newcomers is an important approach to avoiding uncertainty and controlling the new environment, the workplace training-based recruitment is obviously a totally new environment for graduates who want to find a job. Thus, in this study, we also wonder what the roles of graduates' feedback seeking behaviors on their training performance and job offer are.

To sum up, the main purposes of this study are (1) exploring what the unintended outcomes of graduates' feedback seeking behaviors are, i.e., the structural outcomes among applicants and impression management attributed by recruiters, (2) exploring how these unintended outcomes, i.e., structural factors and impression management attributed by recruiters, influence graduates' training performance evaluated by recruiters and the objective job offer.

Theories and Hypotheses

Graduates'Feedback –Seeking Behaviors in workplace –training –based campus recruitment program

Since the seminal work of Ashford and Cummings (1983), many studies have found that proactive feedback seeking is an important individual resource for employees, which fulfills both performance and nonperformance goals. Feedback seeking is a coping behavior that can facilitate adaptation to stressful situations (Beehr, Johnson, & Nieva, 1989; Ilgen, Fisher, & Taylor, 1979). Ashford and Cummings (1983) report that feedback seeking provides information that reduces uncertainty, allows employees to evaluate themselves, increases their sense of control, and gives employees opportunities to correct or modify their behaviors.

Although feedback seeking has been studied extensively because of its effects on individual task performers, it has received little attention in the recruitment literature, especially job applicants' feedback seeking during the recruitment process. Given the inherent uncertainty and complexity of recruitment process, applicants'feedback seeking from recruiters are very popular and deserved to be studied, because applicants'feedback seeking from recruiters can play an important role in recruiters'job offer decision.

In addition, most of previous research considers feedback seeking behaviors are intended, e.g., desire to reduce uncertainty, to protect one's ego or maintain a certain level of self –esteem, and to manage one's impression or make a positive self –presentation (Ashford & Cummings, 1983; Levy, Albright, Cawley, & Williams, 1995). However, a series of unintended consequences of feedback seeking behaviors have been ignored in previous research. On a structural perspective, we argue that feedback seeking behaviors also have unintended consequences on a local social network, which is developed along with these behaviors. Moreover, people who can observe feedback seeking behaviors often attribute them in certain motives, e.g., impression management motive, which is another kind of unintended consequences of feedback seeking behaviors.

Advice network centrality – input advice centrality and output advice centrality

In each field of workplace –training, these graduates are divided by several teams at the beginning. Thus, these graduates not only compete with each other to get those limited job offers, but also collaborate with each other to surpassingly complete the competitive team tasks assigned by the training program. Accordingly, each person's social network will be developed quickly during the interaction with other graduates. Obviously, advice network will be most important in this context, compared with friendship network, adversarial network and so on.

The advice network is "comprised of relations through which individuals share resources such as information, assistance, and guidance" (Sparrowe, Liden, Wayne, & Kraimer, 2001: 317). Scholars use a variety of constructs and measures to describe an individual's centrality within a network, such as degree centrality, closeness centrality, betweenness centrality and the like (Wasserman & Faust, 1994). In a network the actor with the highest "degree centrality" has the most linkages to others. "closeness centrality" describes an actor's possession of shortest paths to other actors, i.e., through the fewest actors. "Betweenness centrality" describes the actor's position on the shortest paths between other actors. Of these "centrality" measures, "degree centrality" and "closeness centrality" can also be computed for directed networks (where the value of the dichotomous linkage from actor A to B can be different from the value of the linkage from B to A) (Wasserman and Faust, 1994). In detail, degree centrality for directed networks can be calculated as input degree centrality and output degree centrality. Similarly, closeness centrality for directed networks can be calculated as input closeness centrality and output closeness centrality. To explore the different functions of input advice centrality and output advice centrality, we adopted degree centrality and closeness centrality in this study. For the directed advice network owned by graduates, input advice centrality is composed of input degree centrality and input closeness centrality. And output advice centrality is composed of output degree centrality and output closeness centrality.

Impression management motives attributed by recruiters

Although Ashford and Cummings (1983) have identified three motives of feedback seeking behaviors, which are to reduce uncertainty, to protect one'ego or maintain in a certain level of selfesteem, to manage one's impression or make a positive self-presentation, we have to admit that not all of graduates have clearly single motive to seek feedback from recruiters. Thus, whatever other people attribute their feedback seeking behaviors to are out of their control or intention.

Furthermore, research in organizational context have stated that supervisors make attributes about subordinates'behavior and that such attributions will affect supervisory actions toward these subordinates (Dienesch & Liden, 1986; Green & Mitchell, 1979; Kelley, 1967). Lam, Huang and Snape (2007) argue that supervisors may attribute subordinates'feedback seeking to two separate kinds of motives: performance enhancement and impression management (Ashford & Cummings, 1983; Ashford & Tsui, 1991; Morrison & Bies, 1991). For example, Ashford and Northcraft (1992) have found that when an individual has a superior performance history, feedback seeking enhances others' impressions of his or her potential work performance.

However, in the context of workplace-training-based recruitment, performance enhancement is not very suitable for these graduates, who are not employees in the company. Thus, we only focus on the extent to which recruiters attribute graduates' feedback seeking behaviors to impression management motives in this study, i.e., recruiter-attributed impression management motives.

Feedback seeking behaviors and advice network centrality and IM

As we have mentioned before, workplace-training-based recruitment is a new mode of campus recruitment, which extends the period of interaction between graduates and recruiters. The continuous several-day workplace training environment is highly uncertain and stressful for graduates. To reduce uncertainty and stress, graduates have to seek feedback from others, especially from recruiters. A dominant feedback-seeking behavior is the explicit verbal request for information on work behavior and work performance (Ashford & Cummings, 1983; Ashford & Tsui, 1991; VandeWalle, Ganesan, Challagalla, & Brown, 2000).

From a structural perspective, feedback seeking has unintended effects on the structure of advice network. Those graduates who usually seek feedback from recruiters may also often interact with other graduates. On the one hand, those graduates who often seek feedback from recruiters may be very worried about their situation in the workplace-training. They are greatly motivated to seek more feedbacks and advices from other people, including recruiters and other graduates, to get comforts and reduce stress. Thus, they are more likely to interact with other people frequently, seeking advice from others or being sought advice by other. On the other hand, those graduates who often seek feedback from recruiters will capture more information about her/his improvements, the recruitment, the company, and other things. Accordingly, they will be more likely to discuss the information, advice and other things with the members in their advice network. Thus, we hypotheses that,

Hypotheses 1: Graduates' feedback seeking behaviors are positively related to output centrality of their advice network.

Hypotheses 2: Graduates' feedback seeking behaviors are positively related to input centrality of their advice network.

In addition, the more frequently graduates seek feedback from recruiters, the more direct interactions between graduates and recruiters, accordingly, the higher probability recruiters attribute their feedback seeking behaviors to impression management motives. Thus, we infer that,

Hypotheses 3: Graduates' feedback seeking behaviors are positively related to impression management motives attributed by recruiters.

Advice network centrality and training performance

Output-degree centrality is the number of directional links from the actor to other actors (outgoing links) (Brass, 1995). Individual with high out-degree advice centrality seek after advices from others contacts. Output-closeness centrality captures how near the links from the local actor to other contacts in the network are. Thus, high output centrality means that those who frequently seek advice appear to be less capable. In other words, they may have lower ability in a competitive environment, like the workplace training-based campus recruitment program. Output centrality has negative effects on training performance.

In contrast, input degree centrality is simply the number of directional links to the actor from other actors (in-coming links) (Brass, 1995). Individuals with high in-degree advice centrality are sought after for their work-related input (Klein, Lim, Saltz, & Mayer, 2004). Input closeness centrality captures how near the links from other contacts in the network to the focal actor are. Thus, high input centrality means those who are consulted are "experts" or "leaders". Input centrality has positive effects on training performance. It can be inferred that the main purposes of the training program is to identify candidates with higher input centrality.

In summary, we hypothesize that,

Hypotheses 4: Output centrality of graduates' advice network is negatively related to their training performance evaluated by recruiters.

Hypotheses 5: Input centrality of graduates' advice network is positively related to their training performance evaluated by recruiters.

IM and training performance

Crant (1996) pointed out that subordinates who engage in impression management may be perceived as untruthful, unreliable, and calculating. Their feedback seeking may similarly be perceived as manipulative and aimed at gaining rewards (Crant, 2000). Moreover, Lam, Huang and Snape (2007) have found that when supervisors attribute subordinates' feedback seeking to impression management motives, the feedback-seeking behavior is less likely to be associated with high quality LMX. Similarly, if recruiters attributed graduates' feedback seeking behaviors to impression management motives, a relatively low training performance will be evaluated by recruiters. In other words, recruiter-attributed impression management motive is not a good sign for graduates. Thus, we infer that,

Hypotheses 6: Graduates' impression management motive attributed by recruiters is negatively related to their training performance evaluated by recruiters.

Training performance and job offer

Obviously, higher training performance evaluated by recruiters means they are more satisfactory with those graduates. In other words, they will offer the job position to those graduates who are evaluated with high training performance. Thus, we infer,

Hypotheses 7: Graduates' training performance is positively related to the probability of getting job offer.

Based on above argument, our hypothetical research model can be summarized in figure 1.

Methods

Research Site—Workplace-training-based campus recruitment

As we have mentioned above, we conduct this survey in a workplace training-based recruitment program held by a large Information Technology company in China, during the last half year of 2007. To recruit elite graduates, every year the company will select those outstanding students from colleges through some competitive activities. And then those selected students will be invited to participate in five-day intense workplace training provided by this

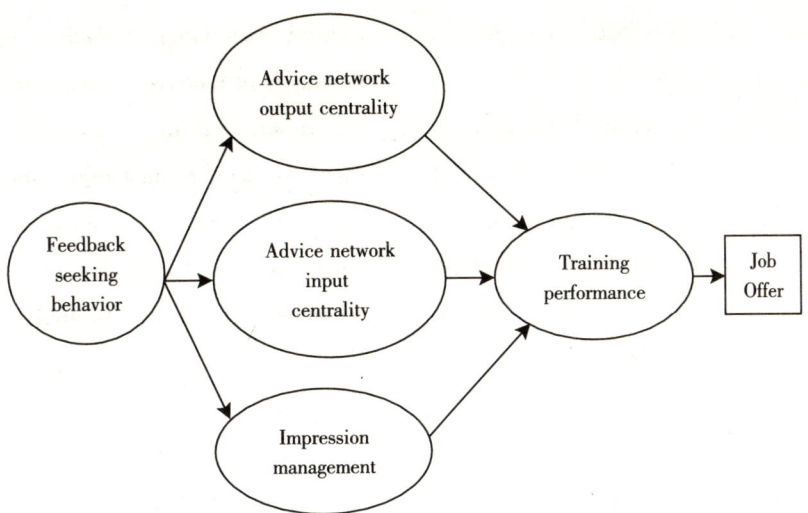

Figure 1 A Theoretical Model of the Relationship between Feedback Seeking, Social Network, Impression Management, Training Performance and Job Offer

company every year. During the five-day intense workplace training, recruiters and students can highly interact with each other. Thus, this workplace training-based recruitment program can not only help this company find very excellent and right employees, but also provide important workplace training for those students. In 2007, this company held this workplace training-base recruitment program in Shanghai City, Guangzhou City and Chengdu City separately. In each training field, only those selected students from various colleges close to that city will come there to participate in the workplace training. Moreover, each selected student can participate in one field workplace training.

Participants

We adopted the questionnaire survey in this study. To avoid common source bias, data from multiple sources were collected. Thus, the participants in this study are graduates and teachers in this training program. While teachers here are mainly the department managers and training principals. Corresponding, we designed a student version questionnaire and a teacher version questionnaire. The student version questionnaire mainly includes students' feedback seeking behavior, advice network and their demographic information. The teacher version questionnaire mainly includes teacher-attributed impression management motives, students' training performance evaluation, and their personal information.

Procedures

We conducted the survey in three training fields, Shanghai, Guangzhou, and Chengdu, separately. In each training field, all the students are asked to participate in this survey in the last training day. For each student, there are three teachers independently evaluating the students' training performance and impression and impression management motives. Moreover, only the teachers, who highly interacted with students during the five-day workplace training, were invited to do evaluation. To make the student version questionnaire and the teacher version one be matched, we ask students to sign their names on the questionnaire, and ask teachers to fill in the ratee's name before they begin to evaluate.

Finally, we got 162 out of 164 students in these three fields completed the entire survey. The total response ratio is 98.8%. In detail, we got 49 out of 50 students in Shanghai training field, 54 out of 54 students in Guangzhou training field, and 59 out of 60 students in Chengdu training field.

Measures

The main variables in this study are feedback seeking behaviors, teacher-attributed impression management motives, advice network output centrality and input centrality, training performance and job offer. As to the measurements of feedback seeking behaviors and teacher-attributed impression management motives, we adopted the existing scales in previous research. To make sure the accuracy of translation, we conducted translation and back-translation on these scales (Brislin, Lonner, & Thorndike, 1973). The measures of the main variables in this study are showed in table 1.

Table 1 Pattern matrix of factor loadings of the research constructs: Results of confirmatory factor analyses

Items	Factors				
	1	2	3	4	5
Feedback seeking behavior	0.89				
1. After the training, I usually seek feedback from teachers about my performance	0.88				
2. I usually ask the points that I need to improve from my teachers	0.87				
3. During the training, I usually seek feedback from teachers about my performance	0.81				
Training performance		0.98			
1. This student's training performance is very satisfactory.		0.99			
2. The overall training performance of this student is very good.		0.98			
3. This student's training performance did not satisfy our company's requirements.		0.94			
4. Our company should accept this student.		0.96			
Impression management			0.92		
1. Desire to create a good impression			0.91		
2. Desire to seek the spotlight.			0.86		
3. Desire to obtain recognition from teachers			0.92		
Advice network Output Centrality				0.92	
1. Advice network normalized output degree centrality				0.99	
2. Advice network output closeness centrality				0.92	
Advice network Input Centrality					0.94
1. Advice network normalized input degree centrality					1.00
2. Advice network input closeness centrality					0.92

Note. N = 162. All the regression weights are standardized and significant.
Model fit indexes: $\chi^2/df = 1.33$ ($p < 0.05$); CFI = 0.99; TLI = 0.99; IFI = 0.99; RMSEA = 0.05.

Feedback seeking behaviors. We used three of four items developed by Ashford and Black (1996) and adapted the words for this study. We asked students to report that, during these five-day training, to what extent have you (1) sought out feedback on your performance after training, (2) solicited critiques from your teachers, (3) sought out feedback on your performance during training. We adopted 7-point

Linkert scale (1 = "never", 7 = "always"). The Cronbach's alpha coefficient for the 3 items was .89.

Teacher-attributed impression management motives. We used two of six items developed by Allen and Rush (1998) and one item developed by Lam, Huang, and Snape (2007) to ask teachers the extent to which they perceived students' feedback seeking as driven by impression management motives (1 = "strongly disagree", 5 = "strongly agree"). The items were, "Desire to obtain recognition from teachers", "Desire to seek the spotlight", and "Desire to create a good impression". Because the impression management motives of each student was evaluated by three teachers separately, we need to aggregate data to do further analysis. To check whether the data can be aggregated, we calculated the inter-team member agreement of impression management motives rated by three teachers, i.e., Rwg (James, Demaree, & Wolf, 1984). 95.1% of the Rwg for teachers-attributed impression management motives is above .70. The Cronbach's alpha coefficient for the 3 items was .92.

Advice network centrality. In each training field, we conducted the whole network survey. To capture each individual's set of contacts, we asked respondents, "During the past five-day workplace training, with whom do you discuss or consult when you met job-related or task-related problems?" This item was modified from the work of Brass (1985) and Burkhardt (1994). To aid responses, we provided a name list of students participating in the same workplace training field to enhance recall and improve accuracy and reliability (Labianca, Brass & Gray, 1998; Marsden, 1990). In addition, we did not restrict the number of names an individual could select. Free choice approaches such as this have been used to reduce measurement errors and enhance reliability (Marsden, 1990).

Then, we calculated degree centrality and closeness centrality of the advice network. In a nondirected binary graph, actor degree centrality measures the extent to which a node connects to all other nodes in a social network (Knoke & Yang, 2008). While, in a directed binary graph (where the value of the dichotomous linkage from actor A to B can be different from the value of the linkage from B to A, as recommended by Wasserman and Faust, 1994), input degree centrality and output degree centrality were distinguished from each other. Input degree centrality is simply the number of directional links to the actor from other actors (in-coming links), while output-degree centrality is the number of directional links from the actor to other actors (out-going links) (Brass, 1995). To eliminate the effect of variation in network size on degree centrality, we adopted the normalized input and output degree centrality (Wasserman and Faust, 1994, p.179) in this study.

Similarly, in a nondirected binary graph, closeness centrality was developed to reflect how near a node is to the other nodes in a social network (Sabidussi, 1966). While in a directed binary graph, input closeness centrality and output closeness centrality were also distinguished from each other.

To explore the different functions of output and input centrality of advice network on workplace training-based recruitment results, we constructed the output centrality variable with two indexes, output degree centrality and output closeness centrality. Thus, input centrality and output centrality were operationally defined as "aggregate prominence"(Knoke & Burt, 1983). After CFA, we found the Cronbach alpha coefficient for the two output items is .92. Meanwhile, we constructed the input centrality variable with two indexes, input degree centrality and input closeness centrality. The Cronbach alpha coefficient for the two input items is .94.

Training performance. As to the measurement of students' training performance evaluation, we developed a four-item scale for this study on the basis of our interviews with several training principals. We asked teachers the extent to which they agreed the evaluations regarding(1) this training performance of this student is very satisfactory, (2) the overall training performance of this student is very good, (3) this student's training performance did not satisfy our company's requirements, and (4) our company should accept this student. We also adopt 7-point Linkert scale (1= "strongly disagree", 7 = "strong ly agree"). Because the training performance of each student was evaluated by three teachers separately, we need to aggregate data to do further analysis. To check whether the data can be aggregated, we calculated the inter-team member agreement of training performance rated by three teachers, i.e., Rwg (James, Demaree, & Wolf, 1984). 96.9% of the Rwg for training performance is above .70. The Cronbach alpha coefficient for the 4 items was .98.

Job offer. Job offer is the objective outcome. It is binary. 1 means being accepted by the company, and 0 means not being accepted by the company. We got the result of job offer from company record. 58.6% of these students got job offer in the end.

Results

Measurement Model Testing

Firstly, we examined the factor structure of five latent research variables in our research model, feedback seeking behaviors, impression management, advice network output centrality, advice network input centrality, and training performance. The test of the hypothesized measurement model provided an adequate fit to the data (χ^2/df=1.33 ($p<0.05$); CFI=0.99; TLI =0.99; IFI =0.99; RMSEA =0.05), with each indicator loaded significantly on the appropriate factor with loading above 0.80. These results verify the posited relationships among indicators and constructs, validating the convergent validity of these five constructs of feedback seeking behaviors, impression management, advice network output centrality, advice network input centrality, and training performance.

Table 2 provides the means, standard deviations and the correlations among the variables considered in current study.

From the correlation table, we found that the correlation between feedback seeking behaviors and output centrality of advice network is positive. In addition, training performance and job offer are also significantly correlated. Although we did not find the significant correlations between feedback seeking behaviors, input centrality of advice network,

Table 2 Means, standard deviations, intercorrelations among the research variables

Variables	Mean	S.D	1	2	3	4	5
1. Feedback seeking behavior	4.09	1.46	0.89				
2. Output centrality of advice network	0.34	0.07	0.15*	0.92			
3. Input centrality of advice network	0.34	0.05	0.12	0.12	0.94		
4. Recruiter-attributed impression management motive	5.24	0.77	0.14	0.01	0.20*	0.92	
5. Training performance	4.33	1.22	0.10	−0.10	0.13	0.15	0.98
6. Job offer	0.59	0.49	0.02	−0.12	0.07	0.03	0.70**

Note. N = 162. Bold figures on the diagonal are alpha reliabilities of measures.
† $p < 0.10$, *$p < 0.05$, **$p < 0.01$, ***$p < 0.001$

recruiter-attributed impression management motives, and training performance, most of the signs of correlation coefficients are the same with our initial hypotheses.

Structural Model Testing

After the structural model testing on our proposed model, we found a good model fit (χ^2/df = 1.20, p >0.10; CFI =0.99; TLI =0.99; IFI =0.99; PCFI =0.80; RMSEA =0.04). Figure 2 shows that students' feedback seeking behaviors in the workplace training is positively related to output centrality of advice network (γ=0.16, p <0.10), and teacher-attributed impression management motives (γ=0.16, p<0.10), is positively but not significantly related to input centrality of advice network (γ=0.13, ns). Furthermore, output centrality of students' advice network is negatively related to training performance evaluated by their teachers (γ=−0.13, p<0.05). In contrast, input centrality of students' advice network is positively related to training performance (γ=0.14, p < 0.10). And teacher-attributed impression management motives is positively related to training performance (γ=0.15, p<0.10). Finally, training performance evaluated by teachers is positively and very significantly related to job offer (γ=0.71, p< 0.001). In summary, the results support most of our hypotheses in the theoretical model.

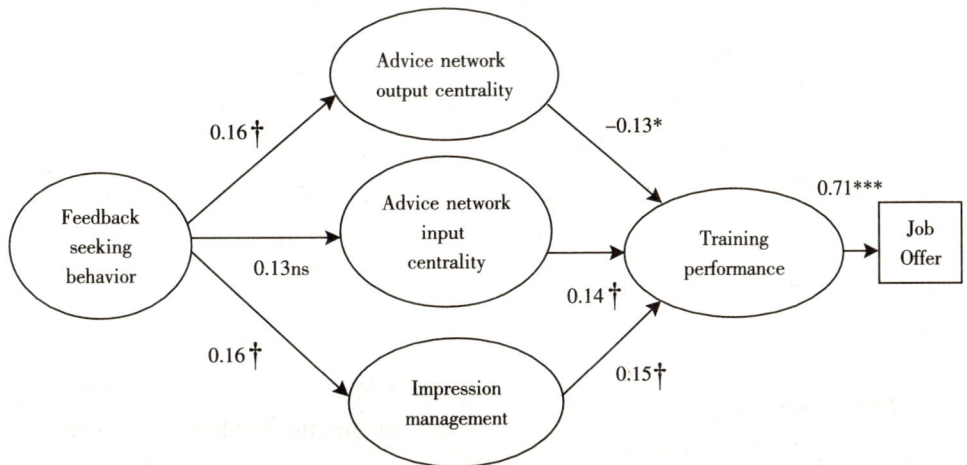

Figure 2 Estimated coefficients for the mediating model

Note. † $p < 0.10$, *$p < 0.05$, **$p < 0.01$, ***$p < 0.001$
Standardized structural coefficients are reported
Model fit indexes: χ^2/df = 1.2 (p > 0.10); CFI = 0.99; TLI = 0.99; IFI = 0.99; RMSEA = 0.04.

Discussion

This present investigation has five important findings. First, graduates' feedback seeking behaviors in workplace-training-based campus recruitment program are positively related their output centrality of advice network and recruiter-attributed impression management motives. Although graduates' feedback seeking behaviors are also positively related to their input centrality of advice network, the relationship is not significant. Second, graduates' output centrality of advice network is negatively related to training performance, while input centrality of advice network is positively related to training performance. However, recruiter-attributed impression management motives are positively related to graduates' training performance, opposite to the hypothesis. Thirdly, high training performance means high probability of getting a job offer. Fourthly, graduates' output centrality of advice network and recruiter-attributed impression management motives mediate the relationship between graduates' feedback seeking behaviors and training performance separately. Finally, graduates' training performance evaluated by recruiters mediates the relationship between output centrality of advice network, input centrality of advice network, recruiter-attributed impression management motives and job offer.

Theoretical implications

Firstly, this study extends the existing feedback seeking behaviors literatures. Most of previous research focuses on the intended consequence of feedback seeking behaviors, ignoring their unintended consequence. Moreover, we firstly study feedback seeking behaviors on a social network perspective. In addition, feedback seeking behaviors in this study are not employees', but job seekers' in workplace-training-based campus recruitment. Namely, we study feedback seeking behaviors in the campus recruitment context, which is less studied before. In one of the few studies to investigate the role of feedback seeking behaviors in recruitment context, Brown, Cober, Kane, Levy, and Shalhoop (2006) conducted a field investigation with college graduates to explore the relationship between proactive personality and the successful job search. They did not focus on the role of feedback seeking behaviors on successful job search, though feedback seeking is a type of proactive behavior (Crant, 2000).

Secondly, we have explored the mechanisms of how feedback seeking behaviors affect training performance and job offer, i.e., input and output centrality of advice network, recruiter-attributed impression management motives, which are the unintended consequence of feedback seeking behaviors. In detail, evidence on the positive role of input centrality of advice network, the negative role of output centrality of advice network, and the positive role of recruiter-attributed impression management motives in mediating the link of feedback seeking behaviors-training performance were provided. Although the positive role of recruiter-attributed impression management in mediating the link of FBS-TP is opposite to our initial hypothesis, the surprise finding can give lots of enlightenment to both academic scholars and practitioners.

Third, evidence on the mediating role of training performance on the links of advice network centrality-job offer and impression management-job offer are also provided. Graduates' training performances are subjectively evaluated by recruiters. In contrast, job offers are the finally objective outcomes of the workplace-training-based campus recruitment. The positive and significant relationship between training performance and job offer not only means that the measurement of training performance developed in this study is highly reliable and valid, but also means that our data has high quality. Thus, the training performance scale developed in this study can be applied in similar workplace-training context.

Practical implication

The findings in this study can not only enlighten graduates (job seekers) a lot, but also inspire recruiters (the company). As to the graduates in workplace-training-based recruitment program, i.e. job seekers, we think there are three points to be emphasized. When they seek feedbacks from recruiters, some unintended consequence will appear at the same time, i.e., recruiters will attribute their feedback seeking behaviors to a certain motive, and their advice network will be developed. Some of these unintended consequences are positive, but others not. Thus, they should try to manage them. First, feedback seeking behaviors are necessary, but excessive feedback seeking behaviors may cause negative influence. Second, graduates in workplace-training-base recruitment should improve themselves and help other people as many as possible, which can improve their input centrality of advice network. Third, graduates should try not to seek feedback from recruiters with impression management motives. Although we found the positive mediating role of recruiter-attributed impression management motives in the link of FBS-TP, we still think recruiter-attributed impression management motive is not a good omen.

As to the recruiters, i.e., the company, we also have several suggestions. First, they should accept the graduates in workplace-training-based recruitment program who always help others to solve problems (i.e., high input centrality of advice network) because they are the potential "leaders" or "experts" in the future. In contrast, graduates who always seek help or advice from other persons have low ability or are at least highly dependent. They should distinct these two kinds of job candidates in the workplace-training-based recruitment program. Second, companies should provide a series of trainings for the recruiters, for example, how to avoid the first impression effect, how to identify the impression management motives, how to reduce the cognitive errors in evaluations and the like. We found that recruiters who attribute graduates' feedback seeking behaviors to impression management motives still give those graduates high evaluation on training performance. We think the positive relationship between recruiter-attributed impression management motives and training performance may be caused by the cognitive errors of recruiters.

Limitation and Future Research

Although out paper have obvious and important theoretical and practical implications, it still has several limitations, which deserve to be further investigated in the future research.

First, some of the key results are only marginally significant. We think they may be caused by the small sample size in this study. We have planned to collect more data in the workplace-training-based recruitment program held in this year in the same company.

Second, our research setting is another limitation in this study. On the one hand, our study was conducted in one big IT company in China, which limits the external validity of this study. However, the investigation of only one site is common in network studies due to the requirements of a closed network when studying individual relationships in social network analysis (see, Marsden, 1990; Hansen, 1999). On the other hand, this study was focused on a new mode of campus recruitment, i.e., workplace-training-based recruitment program. Although it has been used in more and more large companies' recruitment, it still is a relative new recruitment context. We believe that it will be more and more popular in the future because of its improvements than campus interviews.

Third, we are using whole network, but it appears that team may be a more natural network boundary. Because graduates in each field of workplace-training are divided into several teams in the beginning, we should try to calculate network measures at the team level. We will conduct this after we collect more data this year.

References

[1] Allen, T.D., & Rush, M.C. 1998. The effects of organizational citizenship behavior on performance judgements: a field study and a laboratory experiment. *Journal of Applied Psychology*, 83: 247-260

[2] Ashford, S.J., & Black, J.S. 1996. Proactivity during organizational entry: the role of desire for control. *Journal of Applied Psychology*, 81: 199-214

[3] Ashford, S.J., & Cummings, L.L.1983. Feedback as an individual resource: Personal strategies of creating information. *Organizational Behavior and Human Performance*, 32: 370-398

[4] Ashford, S.J., & Northcraft, G.B. 1992. Conveying more (or less) than we realize: The role of impression management in feedback seeking. *Organizational Behavior and Human Decision Processes*, 53: 310-334

[5] Ashford, S.J., & Tsui, A.S. 1991. Self-regulation for managerial effectiveness: the role of active feedback seeking. *Academy of Management Journal*, 34: 251-280

[6] Beehr, T.A., Johnson, L.B., & Nieva, R. 1989. Coping with occupational stress among police and their spouses. Paper presented at the *Society for Industrial and Organizational Psycholgoy*, Boston

[7] Brass, D.J. 1985. Men's and women's networks: A study of interaction patterns and influence in an organization. *Academy of Management Journal*, 28: 327-343

[8] Brass, D.J. 1995. A social network perspective on human resources management. In G.R. Ferris (Ed.), Research in *Personnel and Human Resources Management*, Vol. 13: 39-79. Greenwich, CT: JAI Press

[9] Brislin, R., Lonner, W.J., & Thorndike, R. 1973. *Cross-cultural research methods*. New York: Wiley

[10] Brown, D.J., Cober, R.T., Kane, K., Levy, P. E., & Shalhoop, J. 2006. Proactive personality and the successful job search: A field investigation with college graduates. *Journal of Applied Psychology*, 91: 717-726

[11] Burkhardt, M.E. 1994. Social integration effects following a technological change: A longitudinal investigation. *Academy of Management Journal*, 37: 869-898

[12] Crant, J. M. 1996. Doing more harm than good: when is impression management likely to evoke a negative response? *Journal of Applied Social Psychology*, 26: 1454-1471

[13] Crant, J.M. 2000. Proactive behavior in organizations. *Journal of Management*, 26: 435-462

[14] Dienesch, R.M., & Liden, R.C. 1986. Leader-member exchange model of leadership: A critique and further development. *Academy of Management Review*, 11: 618-634

[15] Green, S.G., & Mitchell, T.R. 1979. Attributional processes of leaders in leader-member interactions. *Organizational Behavior and Human Performance*, 23: 429-458

[16] Hansen, M.T. 1999. The search-transfer problem: the role of weak ties in sharing knowledge across organization subunits. *Administrative Science Quarterly*, 44: 82-111

[17] Ilgen, D.R., Fisher, C.D., & Taylor, M.S.1979. Consequences of individual feedback on behavior in organizations. *Journal of Applied Psychology*, 64: 349-371

[18] James, L.R., Demaree, R.G., & Wolf, G. 1984. Estimating within-group interrater reliability with and without response bias. *Journal of Applied Psychology*, 69: 85-98

[19] Kelly, H.H. 1967. *Attribution theory in social psychology*. In D. Levine (Ed.), Nebraska symposium on motivation: 192-238. Lincoln: University of Nebraska Press

[20] Klein, K.J., Lim, B.C., Saltz, J.L., & Mayer, D.M. 2004. How do they get there? An examination of the antecedents of centrality in team networks. *Academy of Management Journal*, 47: 952-963

[21] Knoke, D., & Burt, R. 1983. Prominence. In R.S. Burt & M.J. Miner (Eds.), *Applied network analysis: A methodological introduction* (pp. 195-222). Beverly Hills, CA: Sage

[22] Knoke, D. & Yang, S. 2008. *Social Network Analysis*. Second Edition. Sage Publications. 63-65

[23] Labianca, G., Brass, D.J., & Gray, B. 1998. Social networks and perceptions of intergroup conflict: the role of negative relationships and third parties. *Academy of Management Journal*, 1: 55-67

[24] Lam, W., Huang, X., & Snape, Ed. 2007. Feedback-seeking behavior and leader-member exchange: do supervisor-attributed motives matter? *Academy of Management Journal*, 50: 348-363

[25] Levy, P.E., Albright, M.D., Cawley, B.D., & Williams, J.R. 1995. Situational and individual determinants of feedback seeking: A closer look at the process. *Organizational Behavior and Human Decision Processes*, 62: 23-37

[26] Marsden, P.V. 1990. Network data and measurement. *Annual Review of Sociology*, 16: 435-463

[27] Morrison, E.W., & Bies, R.J. 1991. Impression management in the feedback-seeking process: A literature review and research agenda. *Academy of Management Review*, 16: 522-541

[28] Powell, G.N., & Goulet, L.R. 1996. Recruiters' and applicants' reactions to campus interviews and employment decisions. *Academy of Management Journal*, 39: 1619-1640

[29] Sabidussi, G. 1966. *The Centrality Index of a Graph*. Psychometrika, 31: 581-603

[30] Sparrowe, R.T., Liden, R.C., Wayne, S.J., & Kraimer, M.L. 2001. Social networks and the performance of individuals and groups. *Academy of Management Journal*, 44: 316-325

[31] Taylor, M.S, & Sniezek, J. A. 1984. The college placement interview: Topical content and applicants' reactions. *Journal of Occupational Psychology*, 57: 157-168

[32] VandeWalle, D., Ganesan, S., Challagalla, G. N., & Brown, S.P. 2000. Anintegrated model of feedback-seeking behaviors: Disposition, context, and cognition. *Journal of Applied Psychology*, 85: 373-385

[33] Wasserman, S., & Faust, K. 1994. *Social Network Analysis*. Cambridge, England: Cambridge University Press

The Role of Frontline Employee Social Network in Customization Marketing Strategy*

[**Abstract**] As key to business success in service contexts, customization strategy requires frontline employees to adapt to customer needs. Researchers have focused mainly on individual employee differences that predict higher employee adaptability, while giving little attention to organizational and contextual elements in strategic customization process. To address this drawback, we propose to use reach centrality as critical structural factor to develop and empirically test a model, which reveals the role of frontline employee social network in anticipating individual employee attributes for customer oriented strategic performance. The results will yield implications for management of customer-contact employees in a service marketing context.

[**Key words**] Social Network; Customization; Marketing Control; Adaptiveness

Introduction

Customers base their service quality perception on performance of frontline employees. Marketing academics argue that customer contact employees' ability to focus on customer needs by interacting with customers and personalizing offerings links directly with success of service business strategy (Jaworski and Kohli 1993; Kohli 1990). In early studies of customer oriented marketing strategy, Kohli put forth that service companies'long term profit hinges on whether they give priority to customers'interests among all other stakeholders. Thus customer orientation supports and substantiates market orientation (Hartline, Maxham and Mckee. 2000). This makes it crucial for frontline employees to stay focusing on customers'need and adapt to these (Kelly 1992). Now studies revealing service buyers'evaluation of provider performance to occur strictly in accordance with how they feel their individual needs are satisfied, customization strategy thus becomes paramount and defines future marketing directions (Day and Montgomery 1999), embodied in suggestions like "segment –of –one" and "molecular marketing" (Anderson, Fronell, and Rust 1997; Fornell et al. 1996).

To adapt to customers'individual needs is

---

* Author: Tao Zhu, Ph.D, Assistant Professor, Dept of Marketing, School of Management, Fudan University, 670 Guoshun Rd., Shanghai, 200433. Tel.: +86-21-65103463 (O), +86-21-55059783 (H), E-mail: taozhu@fudan.edu.cn.

technically feasible with latest technologies; but the nature of service, which not like products cannot be engineered by components, still puts the task of implementing adaptive strategy on frontline employees' performance. Their personal motivation, as well as approaches to and interactions with the customers produce customer value. Studies have inquired about the process of service contact employee management, by examining areas concerning employee socialization (Hartline, and 1996), internal marketing (George 1990) and employees' attitudinal and behavioral responses (Bitner, Booms, and Mohr 1994; Bitner and Tetreault 1990); also by taking employee adaptiveness as an important antecedent to service quality, marketing scholars have investigated into service employee ability, competence and adaptability (Bitner and Tetreault, 1990), employee role conflict, and self-efficacy, etc., as foundations for adaptiveness strategy, and created a two dimensional model for employee adaptiveness and motivation (Gwinner et al. 2005). All these studies have focused on individual frontline employee attributes that facilitate customization strategy.

Beside studies on individual attributes, Zeithaml, Berry, and Parasuraman (Zeithaml, Berry, and Parasuraman 1988) also consider the organizational process of service delivery to be of no less importance, drawing from an exploratory study. By identifying 4 gaps in service organizations, they developed a conceptual mode of organizational control and communication as factors both disseminating the business strategy and ensuring frontline service employees' service quality. However, full revelation is still pending concerning how such dissemination can help service employees with adapting to customer needs in an organizational context. Hartline and Forrell have successfully made an inquiry explaining how customer oriented strategy can be communicated and implemented and lead to increased frontline employee commitment and shared value by a three corridor marketing control model (Hartline 2000). This study is important in mapping out the organizational mechanism toward customization; but it overlooks contextual elements that may play significant role in the process. As Gwinner et al. suggested, individual and organizational attributes cannot exits in isolation (2005); investigation into the mechanism where contextual elements engage with individual employees in assuming an adaptive approach toward customer will be helpful for marketers and marketing scholars.

Despite this recognition, much has yet to be done to understand what and how contextual elements may work on individual attributes in the dissemination of adaptive strategy. As from a social network perspective, organizations are composed of bundles of social relationships and organizational phenomenon takes place in the manner of a dynamic process of relationship patterns. Assuming that the process of frontline employees adopting customization strategy can be viewed as a dynamic system of socially related individuals pulling at some common interest by influencing and conforming to organizational norms and culture, the purpose of this paper is therefore to address the following 2 questions:

(1) What structurally facilitates adaptation strategy dissemination within the frontline employee's social network?

(2) How such structural attributes may contribute to the adaptation process?

The following paragraph will be structured in this

manner: we first review relevant literature for theoretical foundation; then we propose hypotheses and develop a structural model of social dissemination using social network analysis with reach centrality as the central construct.

Theory And Hypotheses

Informational Ties for Marketing Control

To understand how frontline employees are initiated to adapt to customers'needs in execution of customization strategy, we use marketing control as theoretical foundation for our research purpose. Marketing control refers to the management effort to shape the employee performance for desirable outcomes (Jaworski, Stathakopoulos, and Krishnan 1993), and can be divided into *formal* and *informal* control mechanisms. While *formal control* refers to management initiated written and formalized organizational processes (such as training programs, performance evaluations), informal control includes self-control, social/professional control and cultural control as according to the level of realization within the organization.

Through informal control workers influence each other and adopt certain set of norms for their performance and behavior through organizational socialization among themselves (Hartline, Maxham, and McKee 2000). Cultural control depends on the accumulation of self-control and social control at a broader organizational level. Our research focuses on informal control where employee socialization takes place to influence and enhance the adoption of customization strategy. Since in the context of highly customized and diverse performance, informal control plays a dominant role in inspiring employees for better job outcomes (Mills 1985). Because when customization strategy requires employees to adapt to customer needs, it will be too difficult for the management to set standard measures for such performance. The mainly employee initiated informal control occurs along two dimensions, i.e., self-control (employee socialization) and social-control (employees' organizational commitment), and in the context of this research they both serve as exogenous elements in employees adaptive performance, which determines on the success of customization strategy.

The interfering, or mediating effect of organizational socialization comes in the course of individual employees' activities of acquiring referential information for attitudinal and behavioral adaptation (Maanen and Schein 1979). Information is thus exchanged and shared in this organizational socialization process concerning organizational issues (organizational norms, goals and politics), the how-to aspect of job performance, and role specifications (as versus role conflicts which inherently occur in highly non-routine & customized working context). This process is important because it has not only a lasting effect on employee attitudes, behavior and professional knowledge and skills, but also holds together and maintains organizational culture (Bauer, Morrison and Callister 1998). Moreover, this completes the marketing control mechanism by supporting the formal management initiated control, playing a critical role in dissemination of marketing strategy, and providing consistent and overall guidance in strategic implementation (Hartline and Ferrell 1996; Kelley 1992).

Being communal and contextual in nature, this informational process requires a collective action perspective in its nature (Gwinner et al. 2005; Morrison 2002). As organizations are clusters of diverse patterns of relationships in network theories, whenever information exchange happens, it goes along the social network links that provide information ties; because social network works on activities in organizations not only through the existence and but the diversification of patterns of social relationships among organizational members as well (Brass 1995). From social network point of view, we argue that both self-control and social control aspects are interfered by the relationship patterns that exist and dynamically change within the frontline employees.

Based on above literature review of marketing control and social network theories, we posit that certain social network structural attributes affect individual employees' performance in customization strategy. Our model thus takes two major components for prediction of frontline employee adaptiveness, i.e., employee social network variables and antecedents to individual employee adaptiveness.

Social Network Effect and Individual Employee Attributes

To follow former empirical investigations on individual employee antecedents to strategic adaptive performance, we focus on the following set of variables: i.e., role conflict, commitment, customer knowledge, and service orientation. These come from the three component framework proposed by Campbell and latter Gwinner for the same purpose, i.e., knowledge, predisposition and motivation for adaptive performance (Campbell 1970; Campbell, Gasser and Oswald 1996). Since our research discusses elements that works in the marketing control process, especially, how antecedents of individuals will enhance or lessen employee adaptability through employee social network informational ties, the factors we chose will be sufficient by excluding those less related (Hartline 2000; Jaworski, Stathakopoulos, and Krishnan 1993; Jaworski and Kohli 1993). Therefore, the marketing control process we focuses on will be simplified as a form of organizational socialization where knowledge and skills of organization both spread as "a critical component in the dissemination of a customer-oriented strategy (Hartline and Ferrell 1993)."

Reach Centrality. We assume that social network structure moderates the relationship between individual employee antecedents and employee performance; in this case, we consider reach centrality as prominent structural characteristic for the moderation effect. Expressed as a node by distance matrix X in which X_{ij} indicates the proportion of agents that agent i can reach in j or fewer steps (where $i \neq j$, i, j, $\in n$, n = the size of the complete network) Reach centrality thus yields a standardized value of closest reachable paths (Borgatti, Everett, and Freeman 2002). In a directed network, in- and out-centrality refer to paths to and from other agents.

First, when j=1, the 1 degree reachability and large network size are both desirable for diverse information gleaning, since the agent has few one step reachable alters to turn to nor vice versa in a relatively large size network (Morrison 2002). This is indicated by a low reach centrality value, accompanied by a larger overall tie size for the network in comparison to number of 1 step ties; assumably, the agent will have the compulsion to collect diverse information for guidance. Second, high reach centrality boosts intimate informational exchange, facilitating *job related information*, but may not work positively for cross-functional organizational goal alignment (Morrison 2002; Ostroff and Kozlowski 1992).

Role Conflict. Our literature suggests that in a service context, "the situation and customer can be difficult to categorize due to insufficient or conflicting cues received in the course of the service encounter (Gwinner 2005 pp. 137)." Thus the uncertainty as for adaptation lies in the ambiguity of service offering and employee-customer interaction. To adapt to customer needs requires the employee to overcome the "inherent ambiguity." As part of the marketing control process, reducing role conflict will have a positive effect on employee job performance. This occurs through proper internal communications, including appropriate definition of expectations, job pressures and customer demands by other individual employees in the same organization (Katz and Kahn 1978; Zeithaml, Berry, and Parasuraman 1988).

Thus, organizational socialization through employee social network disseminates the norms and desirable behaviors as consistent with customization strategy (Hartline, Maxham and McKee 2000). Information about role clarity, responsibilities and constraints associated with one's job position, will be best construed with consultation from other employees in the same organization. Here, a social network with a more experienced participants and higher density will give rise to more efficient exchange of such information (Morrison 2002). Therefore, it is reasonable to suggest that employees more conveniently connected with others will gain more from the informational ties in his/her social network. In this case, it can be assumed that special position in employee social network will have effect on the relationship between employee role conflicts, as one of the anticipating factors to adaptiveness of employee performance. As to the direction of information flow, it can be reasonably suggested that inflow of information will have a less effect on the employee's motivation to adapt. Since passive receiving more information will only aggravate the role conflict and thus hinder adaptive behavior. On the premises of this logic, with the measure of social network we use here, i.e., network size, numbers of in-and out-ties as reflected in the proportional value of reach centrality, we posit the moderating effects of social network in role conflict reduction as follows.

H1: The influence of role conflict on adaptive performance is relatively stronger with higher reach centrality in social network, that is, (a) employees in high alter reach centrality will display stronger association between role conflict and adaptiveness in their performance; (b) those in high ego reach centrality, in comparison with those of alter reach centrality, will have a less association between role conflict and adaptiveness.

Commitment: For this construct we refer to Steer's definition of *affective commitment*, i.e., individual employee's involvement in and identification with organizational goals (Steers 1977). Studies have proved both empirically and conceptually that employee social networking predicts employee commitment positively (Hartline et al. 2000; Jones 1986; Maanen and Schein 1979). Through effective informational exchanges employees obtain the sense of stronger organizational support, and this stimulates their incentive to align with overall organizational strategy.

Employees' commitment in marketing control process takes the form of self-control/professional control as we formerly described, and plays a vital role in disseminating the organization's strategy. Since affective commitment helps individual members of the organization to form a strong allegiance with the organization and thus instill shared values to the employees (Kelley 1992; Kohli and Jaworski 1990). As a result, employees have stronger commitment to the organization will be more ready to adopt firm strategy as part of the organizational values (Steers 1977). However, higher centrality at a particular distance, as shown in the form of a sum of ties divided by the total number of ties available in the network, may yield negative effects in the commitment boost process due to the fact that a low density informational network will help employees in "tapping multiple pockets of information," since they will reach somewhere else in the organization for more supportive information (Morrison 2002). This can be evinced by a multiple inward coming relation ties in employee's ego reach centrality. Thus low density network structure in a way facilitates will enhance individual employee's idea of the whole organization, rather than embedded in a small unit. According to Reicher's argument about conflicting foci of commitment, the sense of attachment to his/her immediate circle of peers will come at the expense of organizational commitment (1987). On the basis of literature reviews, we can thus assume that employee social network may exert a moderating effect on the prediction of commitment to customization performance of frontline employees. The customization strategy will take effect where commitment to the organization is strong. Here we propose the following hypothesis:

H2: The relationship between commitment and adaptive performance tend to be moderated by contact employee social network as indicated by reach centrality, in which (a) a higher alter centrality value will weaken the anticipating of commitment to adaptive performance as the organization's strategic goal, (b) while higher ego reach centrality may enhance the relationship of commitment and adaptiveness.

Customer Knowledge. Marketing scholars suggest that customer knowledge, accumulative information about different types of customers, will enhance employees' understanding of the service context, and thus provide appropriate category of behavior and efforts to suit the situation (Cantor and Mitchel 1979). As part of the information exchange process, which takes place in the whole marketing control process, customer knowledge will pass through employee social network along informational ties; this occurs mainly in the form of employee socialization. In the consequence acquisition of information needed for job specification will require a network of closer and denser network (Morrison 2002). When experienced employees socialize with fellow employee, a so-called mentoring relationship will take effect and greatly influence employee performance as a whole, according to social learning theory (Bandura 1977). In a study on antecedents to employee performance in customization strategy, Gwinner find an empirical link between customer knowledge and adaptive performance (2005).

In a conceptual study of marketing control process, scholars argue that a discrepancy between specifications for the service and the actual delivery of the service creates a gap in marketing performance control, which they call "employee performance gap" (Zeithaml, Berry, and Parasuraman 1988). Such gap comes from lack of due information on job related issues and reduces customization orientation of a firm. For this matter, a facilitative social network structure may reduce such gap. Some marketing scholars contend that to help employees with a better job related knowledge pool, a mentor, or "role model" incorporated organizational training programs will work for higher performance in service firms (Fullagar, Gallagher, Gordon, and Clark 1995; Hartline et al. 2000; Parasuraman, Zeithaml and Berry 1985). This necessity takes form of proper and easier socialization for average employees to the mentors. The reason lies in the nature of inseparable real time delivery and consumption of service (Parasuraman 1988). Consequently, if employee has a network structure with active outreaching and incoming flow of information, he/she will have much customer knowledge than others who do not. Thus, we may propose that employee social network hold a moderating effect on the prediction of customer knowledge and adaptive performance:

H3: Reach Centrality has a positive influence on the anticipating relationship between customer knowledge of individual employee and adaptive performance. This effect is expected of both (a) alter and (b) ego reach centrality.

Service Orientation. Gwinner put service orientation as one of the determinant elements in predispositions to adapt (2005). Service orientation is defined as "a genuine desire to meet customer deeds," and considered as "basic personality traits with context-specific situations" (Brown et al. 2002; Gwinner et al. 2005; Kelley 1992). This illustration points at the mechanism of this individual employee difference to naturally propagate adaptive service (Hogan, Hogan, and Busch 1984). It has been argued that for service firms to benefit from high quality employee recruitment, marketing control shall take initiative to look for such candidates; howbeit managerially sensible this measure may be, we assume that the influence of such employees as agents will have stronger and more meaningful consequence for customization strategy when incorporated in a properly structured social network. Further more, based on social learning theory, we also assume that the socialization can enhance or reduce employees with such predisposition as he/she is structured to receive the intended signals of organizational goals (Bandura 1977). This assumption can be expressed in the following hypothesis:

H4: Employees with higher service orientation will have better adaptive behavior when structured in a social network with lower centrality. This is also to be assumed for both (a) alter and (b) ego reachcentrality.

The conceptual model is shown in Figure 1.

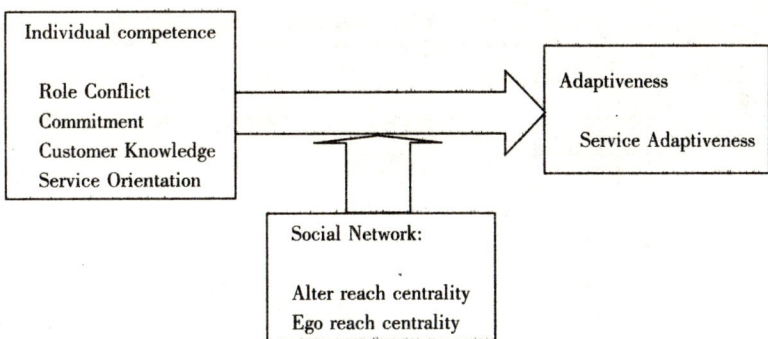

Figure 1 Conceptual Model of Social Network Moderation on Adaptive Performance

Methods

Data Collection

Service industry chains in Shanghai have been contacted for sampling. Most of them enjoy a high reputation nation-wide and are expanding their business at a rapid speed, one of which is considering going public in a very short time frame. With consensus from the management, outlets from the chains agree to participate in the research, all located in different urban areas of Shanghai. We have gathered already 269 valid questionnaires, in which we have a set of data from 9 different businesses in service industry.

Measures

Social Network Data Reach Centrality The social network data we investigated was employee consulting network, by use of UCinet software. Considering social network typology will involve private information from all individual employees involved in the business, we ensured confidentiality by requesting them to turn in the questionnaires in a sealed envelop. Roster method is used to take down individual social ties after defining each outlet's network boundary so as to measure the whole communicational network. Each participant was required to check the person on the name list with whom he/she had an consulting relationship. The consulting ties are defined by act descriptions; and when it concerns consulting relationship, topic revelation method is adopted, for example, questions such as "to whom you often turn for advice on customer encounters?"

Eigenvalues of each vortex's reach centrality for individual agents at 1 degree distance in the network data set are extracted and aggregated into a data sheet for further analysis with other individual variables. In this case, two types of reach centrality are translated from the social network analysis and recorded for each individual, i.e., alter reach centrality, which refer to a ratio of agents researchable in one's social network to the network size, and ego reach centrality, which refers to the ratio of agents reaching the individual to the network size (Borgatti, Everett, and Freeman 2002). Its means and standard deviation

Table 1 Correlations

	Mean	S.D.	1	2	3	4	5	6
1. Alter reachability	0.51	0.23						
2. Ego reachability	0.51	0.18	0.44 (**)					
3. Adaptiveness	4.40	0.79	0.12	0.23				
4. Role conflict	5.55	3.08	0.23 (**)	0.16 (**)	−0.70 (*)			
5. Commitment	5.29	2.21	0.34 (**)	0.13 (*)	0.27 (**)	0.43 (**)		
6. Service orientation	8.43	3.24	−0.30 (**)	−0.45 (**)	0.38 (*)	0.60	0.04	
7. Customer knowledge	8.42	3.23	−0.25 (**)	−0.45 (**)	−0.27 (*)	0.04	0.05	0.85 (**)

** Correlation is significant at the 0.01 level (2-tailed).
* Correlation is significant at the 0.05 level (2-tailed).

are both shown in Table 1. The questions we used to test the consulting network is shown in Table 3.

Adaptiveness As the central construct for customization strategy, this is defined as "the ability of frontline employees to adjust their behavior to the interpersonal demands of the service encounter", and operationalized with a 10-item scale developed by Hartline and Ferrell (Hartline and Ferrell 1996). To avoid neutrality, a six-point scale is used instead of the original seven-point. This scale has a scale coefficient of 0.87.

Role conflict With an alpha coefficient of 0.83, Role Conflict is measured using the adapted 12-item scale by Hartline and Ferrell as well (1996). To avoid neutrality, a six-point scale is used instead of the original seven-point. The overall construct reliability is 0.83.

Commitment We adopt affective commitment as revised by Mayer and Schoorman, further revised and integrated by Harrison-Walker, while later used with modifications by Gwinner and Hartline in their research on employee Adaptiveness (Gwinner et al. 2005; Harrison-Walker 2001; Hartline and Ferrell 1996; Mayer 1992). Here we also use six-point bi-polar scales to avoid neutrality. Based on the pre-test, we revised the original scale into a 5 item construct. The Cronbach's alpha=0.67, and construct reliability=0.67.

Customer Knowledge We take the scale constructed by Sujan, Sujan, and Bettman and later modified and applied by Gwinner (Gwinner et al. 2005; Sujan, Sujan and Bettman 1988). The aim is to measure the level of information base held by individual frontline employees. The measure displayed a Cronbach's coefficient as 0.78, while its construct reliability = 0.79.

Service Orientation This construct is to be measured on the basis of scale items created by Hogan, Hogan and Busch and later modified by Gwinner et al. (Gwinner 2005; Hogan, Hogan and Busch 1984). Its Cronbach's coefficient = 0.77, and construct reliability = 0.77.

The above constructs have their items shown in Table 2.

Data Analysis

We used UCinet for social network analysis. In conventional data report we also applied SPSS 15.0 for Windows and AMOS 7.0 for the Structural Equation Model analysis. AMOS 7.0 is also utilized to examine model fit and factor loadings. First we checked each measure to make sure the items are

Table 2 Confirmatory Factor Analysis Results

Scale items (all in 6 point bipolar scale)	Factor Loading
Customer knowledge (Cronbach's α = 0.78; Construct reliability = 0.79)	
1. My knowledge of different types of customers is very broad.	0.83
2. Because I know a lot about customers, it is easy for me to identify different customer types.	0.75
Service orientation (Cronbach's α = 0.77; Construct reliability = 0.78)	
1. I enjoy helping others.	0.87
2. The best job I can imagine would involve assisting others in solving their problems.	0.72
3. I can get along with most anyone.	0.51
4. I pride myself in providing courteous service.	0.53
5. It is natural for me to be considerate of others' needs.	0.43
Employee Role Conflict (Cronbach's a = 0.83; Construct reliability = 0.83)	
How much agreement is there between you and your job on	
1. The amount of work you are expected to do and the amount of work you actually do (−)[a].	0.82
2. The number of customers you are expected to serve and the number of customers you actually serve (−).	0.76
3. The number of non-work tasks you are expected to perform and the number of non-work tasks you actually perform (−).	0.67
4. The amount of leisure time you expect to have and the amount of leisure time you actually have (−).	0.52
How much agreement is there between you and your supervisor on	
5. How often you should report to your supervisor (−).	0.56
6. How far you should bend the rules to satisfy customers (−).	0.73
7. How much service you should provide to customers (−).	0.53
8. How much authority you have in making decisions (−).	0.45
9. How much agreement is there between you and your customers on Your performance in serving customer needs (−).	0.43
10. How much service you should provide to customers (−).	0.47
11. How you resolve customer complaints (−).	0.42
12. How far you should bend the rules to satisfy customers (−).	0.30
Organizational Commitment (Cronbach's a = 0.67; Construct reliability = 0.67)	
1. For me, this is one of the best service organizations of its kind.	0.76
2. I am proud that I use the services of this organization.	0.68
3. I usually agree with this organization's policies and procedures on important matters.	0.72
4. This is a good service organization to use.	0.46
5. I care about the fate of this service organization.	0.66
Employee Adaptability (Cronbach's a = 0.77; Construct reliability = 0.77)	
1. Every customer requires a unique approach	0.77
2. When I feel that my approach is not working, I can easily change to another approach.	0.82
3. I like to experiment with different approaches.	0.75
4. I don't change my approach from one customer to another (−).	0.59
5. I am very sensitive to the needs of my customers.	0.52
6. I find it difficult to adapt my style to certain customers (−).	0.65
7. I vary my approach from situation to situation.	0.57
8. I try to understand how one customer differs from another.	0.65
9. I feel confident that I can effectively change my approach when necessary.	0.48
10. I treat all customers pretty much the same (−).	0.49

a (−) indicates there is a reverse code.

Table 3 Consulting Network

1. When you have doubts and problems, whom do you always tell of all those who are listed in the name list?
2. Of all those who are listed in the name list, to whom do you always go for help when you meet with difficulties and problems in everyday work experience?
3. Of all those who are listed in the name list, to whom do you always speak about difficult customers?
4. Of all those who are listed in the name list, to whom do you always talk about unpleasant things (such as caused by boss, colleagues or customers)?

appropriately loaded and contribute to the prediction of the construct properly. For all the constructs we test scale reliability and extract the principal components that contribute most to the measure through communality test.

To test the entire measurement model we conducted CFA, and find the chi square to be 1125.01 ($p<0.01$) with a degree of freedom of 551. Other fit indices are comparative fit index (CFI) = 0.71, nonnormed-fit index (NNFI) = 0.69, and root square means error of approximation (RSMEA) = 0.05, as reported in Table 2. Considering the sample size, which is roughly up 200 bound for effective structural model due to a considerable missing data amount for some constructs (esp. for both customer knowledge service orientation, a max missing data of 122 cases), we relied on the above indices, i.e, CFI, NNFI and RSMEA for model fit, following suggestions by Bentler and Bonett (1980).

To examine the hypotheses we split the original sample file with high and low centrality in a 2 X 2 manner into 4 groups: first we compared the alter reach centrality influence then the ego reach centrality, by following the median split method as suggested by Aiken and West (Aiken and West 1996). Structural equation modeling was run with the full and 4 reduced samples.

First in the full sample, all the 4 paths leading to employee adaptiveness showed that the 4 antecedents are significantly related to adaptiveness, proving what Gwinner et al. has created and suggested as adaptiveness antecedent model (2005). By comparing the low and high alter reach centrality groups, we discovered that for the path from employee role conflict to adaptiveness, the path loading changed from the original −0.198 ($p<0.05$) to −0.24 ($p<0.001$), a significant increase in absolute magnitude. At the same time, a change in the same direction happened with ego reach centrality, from an insignificant estimate value −0.04 ($p>0.05$) to −0.23 ($p<0.05$). The difference of chi square is 3.76, $df=1$ and p value<0.05, as listed in Table 3. For ego reach centrality, similar increase occurred, though of a smaller size. This result supports both H1 (a) and H (b) about the strengthening effect of network reach centrality in the connection between role conflict and adaptability.

In the case of commitment, we found that a reverse effect happened when alter reach centrality increased, from a small estimate of 0.16 to 0.14 with a decrease of t value from 1.28 to 1.08 (for both estimates, $p<0.05$, and for the path loading $\Delta\chi^2=3.30$, $df=1$, $p<0.05$); while a relatively stronger effect took place in the ego commitment centrality, from 0.04 to 0.06 with a raise of t value from 1.23 to 1.62 (for both estimates, $p<0.05$; and for the two samples $\Delta\chi2=3.30$, $df=2$, $p<0.05$). Therefore, H2 (a) and H2 (b), the assumption that employee social network has a mutually reverse effect on the anticipation of commitment to adaptive performance is supported, i.e., a higher alter centrality value will weaken the anticipating of commitment to adaptive performance as the organization's strategic goal, while higher ego reach centrality may enhance the relationship of commitment and adaptivenes.

For the third hypothesis, we found in the full sample a significant connection between customer knowledge and adaptability ($p<0.001$). This connection apparently went from a low insignificant status for both lower alter reach centrality ($b=0.04$, $p<0.05$) and lower ego reach centrality ($b=0.14$, $p<0.05$) to a stronger one, in higher alter reach centrality ($b=0.55$, $p>0.05$) and higher ego reach centrality ($b=0.54$, $p<0.05$). Both changes are accompanied with a high chi square difference, as shown in Table 4. Thus we concluded that hypothesis 3 was supported by the data.

In the original full sample, we have a strong relationship between service orientation and adaptability. But in the change from lower alter reach centrality ($b=0.02$, $p>0.05$) to higher alter reach centrality ($b=0.01$, $p>0.05$), no significant influence can be found. While we find an obvious increase in estimate value from 0.34 ($p<0.05$) for lower ego reach centrality to 0.53 ($p<0.05$) for higher ego reach centrality ($\Delta\chi^2=1.03$, df = 2, p<0.05). Therefore, we found H4 (a) to be supported by our data analysis, with H4 (a) rejected. Table 4 shows the path loading results in all the 5 models.

Table 4 The moderating effects of social network reach centrality

Structural path	Full sample[a]		Lower effect		Higher effect		Hypotheses test				
	Estimate	tvalue	Estimate	tvalue	Estimate	tvalue	Hypothesis	$\Delta\chi^2$	df	p	
Alter reach centrality											
Adaptability <= Role Conflict	−2.94**	7.87	−0.20*	1.90	−0.23**	4.10	H1 (a)	3.76	1	<0.05	supported
Adaptability <= Employee Commitment	0.38**	5.71	0.16	1.28	0.14	1.08	H2 (a)	3.03	1	<0.05	supported
Adaptability <= Customer Knowledge	0.63***	23.28	0.04	1.07	0.55**	2.73	H3 (a)	6.67	1	<0.05	supported
Adaptability <= Service Orientation	0.72**	4.35	0.02	1.07	0.01	1.57	H4 (a)	1.05	1	<0.05	Not supported
Ego reach centrality											
Adaptability <= Role Conflict			−0.04	1.23	−0.227*	1.95	H1 (b)	2.35	2	<0.05	supported
Adaptability <= Employee Commitment			0.04	1.23	0.06*	2.62	H2 (b)	1.21	2	<0.05	supported
Adaptability <= Customer Knowledge			0.14	1.40	0.54**	3.00	H3 (b)	5.31	2	<0.05	supported
Adaptability <= Service Orientation			0.34	2.17*	0.53*	3.04	H4 (b)	1.03	2	<0.05	supported

*p<0.05; **p<0.01; ***p<0.001.
[a] Structural model Goodness-of-fit: chi square = 1125.01, df = 551, CFI = 0.71, NNFI = 0.69, RMSEA = 0.05.

DISCUSSION AND IMPLICATIONS

Theoretical Contribution

Customization strategy for frontline service employees has prevailed marketing studies since many marketing scholars realized its importance: issues across marketing control, human resources management, and even the dimensions of customized employee performance have been well addressed in marketing literature (Day and Mongomery 1999; Fornell et al. 1996; Gronroos 1982; Kelley 1992; Kennedy, Lassk, and Goolsby 2002; Lovelock 1983). Yet the literature provides little discussion about whether, and how over-all structure of frontline employee interaction pattern may matter. As a critical social network indicator, the effects of reaching centrality upon the connection between role conflict and adaptive performance have shown us a "bigger" picture of such mechanism. Alter reach centrality has proved to be working more significantly on the role-adaptiveness relationship than ego reach centrality as we discovered in testing hypothesis 1. We argue that this contributes some critical insight for both marketing control and internal marketing theories, both stressing the role of reducing the communication gap within the employees on empirical premises (Ahmed and Rafiq 1995; Hartline and Ferrell 2000; Jaworski, Stathakopoulos, and Krishnan 1993). We also discovered that commitment may not lead to desired adaptive performance with stronger out-going information flows by individual employees as represented by alter reach centrality of his/her consulting network structure. In comparison, though still not a strong effect on commitment-to-adaptiveness anticipation, the in-coming information network structure has more to do with weaning employee commitment into strategically desirable customization approaches in performance. This consequence from our study converges with former commitment literature (Morrison 2002; Reichers 1987), but adds in a marketing context. Both customer knowledge-and service orientation-adaptiveness associations, proved in their study, were found under influence of employee consulting relationship patterns in our hypothesis 3 and hypothesis 4. Though these are preliminary results along this track, we hope that we have echoed to the calling for contextual proof by marketing scholars like Gwinner et al (2005).

Managerial Implication

As suggested by hypotheses in this paper, firms may take a different approach by adjusting the employee social network toward a better adaptiveness orientation. Firstly when an individual employee has closer and quicker access to information from his/her co-workers, he/she will be better positioned. Secondly, in the training and motivating of frontline employees some cautionary measures to prevent isolation and disconnectedness among employee networks can be adopted for adaptive behavior. Thirdly, some identifying procedures can be formulated to diagnose the general status quo in employee communication network according to structural indications such as reach centrality. The purpose is therefore to give reference for the management in effective orientation of the service task force, so that a more customization oriented organizational environment can be cultivated.

Limitations and Suggestions for Further Research

As with all researches, this study falls short in the following aspects. First a lack of industrial diversity in this examination of structural attributes of employee social network in prediction of their organizational performance constrains the significance of the findings. For different industries, specific social learning pattern will occur and this shapes the relationship patterns within the service employees and that between them and the management as well. Secondly as organizational socialization, the theoretical focus for the study, will be naturally validated through communication at management-employee interface; the results found may not have revealed the whole picture Therefore future works will be desirable to include also top management. As this study is to find out how a healthy employee network should look in prediction of adaptiveness performance, a perspective from customers will logically be needed to reveal more of the mechanism.

References

[1] Ahmed, Pervaiz K. and Mohammed Rafiq (1995), "The role of internal marketing in the implementation of marketing strategies", *Journal of Marketing Practice*, 1(4), 32

[2] Aiken, L., & West, S. G. (1996), *Multiple Regression: Testing and Interpreting Inter actions*. Thousand Oaks, CA: Sage

[3] Anderson, Eugene W., Claes Fornell, and Roland T. Rust (1997), "Customer Satisfaction, Productivity, and Profitability: Differences between Goods and Services", *Marketing Science*, 16(2), 129-145

[4] Bandura, Albert (1977), *Social Learning Theory*. Englewood Clliffs, NJ: Prentice-Hall

[5] Bauer, T. N., Morrison, E. W., and Callister, R. R (1998), "Organizational Socialization: A Review and Directions for future Research", in *Research in Personnel and Human Resource Management*, Ferris, G. R., Ed. Vol. 16. Greenwich, CT: JAI Press

[6] Bitner, Mary J. (1990), "Evaluating Service Encounters: The Effects of Physical Surroundings and Employee Responses", *Journal of Marketing*, 54 (April), 69-82

[7] Bitner, Mary J., Bernard H. Booms, and Lois A. Mohr (1994), "Critical Service Encounters: The Employee's Viewpoint", *Journal of Marketing*, 58 (October), 95-106

[8] Bitner, Mary J., and Mary Stanfield Tetreault (1990), "The Service Encounter: Diagnosing Favorable and Unfavorable Incidents", *Journal of Marketing*, 54 (January), 71-84

[9] Borgatti, S.P., Everett, M.G. and Freeman, L.C. (2002), *UCinet 6 for Windows*

[10] Brass, D. J. (1995), "A Social Network Perspective on Human Resources Management", in *Research in Personnel and Human Resources Management*, Ferris, G. R., Ed. Vol. 13. Greenwich, CT: JAI Press

[11] Brown, Tom J., John C. Mowen, D. Todd Donavan, and Jane W. Licata (2002), "The Customer Orientation of Service Workers: Personality Trait Effects on Self- and Supervisor Performance Ratings", *Journal of Marketing Research*, 39 (February), 110-119

[12] Campbell, John P., Marvin D. Dunnette, Edward E. Lawler Ⅲ, and Karl E. Weick Jr. (1970), *Managerial Behavior, Performance, and Effectiveness*. New York: McGraw-Hill

[13] Campbell, John P., Michael Blake Gasser, and Frederick L. Oswald (1996), "The Substantive Nature of Job Performance Variability", in Individual *Differences and Behavior in Organizations*, Murphy, Kevin R., Ed. San Francisco: Jossey-Bass

[14] Cantor, Nancy and Walter Mitchel (1979), "Prototypes in Person Perception", in *Advances in Experimental Social Psychology*, Berkowitz, Leonard, Ed. New York: Academic Press

[15] Day, George S. and David B. Montgomery (1999), "Charting New Directions for Marketing", *Journal of Marketing*, 63, 3-13

[16] Fornell, Claes, Michael D. Johnson, Eugene W. Anderson, Jaesung Cha, and Barbra Everitt Bryant (1996), "The American Customer Satisfaction Index", *Journal of Marketing*, 60 (October), 7-18

[17] Fullagar, Clive J.A., Daniel G. Gallagher, Michael E. Gordon, and Paul F. Clark (1995), "Impact of Early Socialization on Union Commitment and Participation: A Longi-

tudinal Study", *Journal of Applied Psychology*, 80 (February), 147-157

[18] George, William R. (1990), "Internal Marketing and Organizational Behavior: A Partner ship in Developing Customer-Conscious Employees at Every Level", *Journal of Business Research*, 20 (January), 63-70

[19] Gronroos, Christian (1982), "An Applied Service Marketing Theory", *European Journal of Marketing*, 16 (February), 30-41

[20] Gwinner, Kevin P, Bitner, Mary Jo; Brown, and Stephen W; Kumar, Ajith (2005), "Service Customization Through Employee Adaptive ness", *Journal of Service Research*, 8 (2), 131-148

[21] Harrison-Walker, L. J. (2001), "The measurement of WoM communication and an investigation of service Quality and Customer Commitment as Potential Antecedents", *Journal of Service Research*, 4 (1, Aug), 60-75

[22] Hartline, Michael D., and O. C. Ferrell (1996), "The Management of Customer-Contact Service Employees: An Empirical Investigation", *Journal of Marketing*, 60 (Oct.), 52-70

[23] Hartline, Michael D. and O.C. Ferrell (1993), *Service Quality Implementation: The Effects of Organizational Socialization and Managerial Actions on Customer Contact Employee Behaviors*. Cambridge, MA: Marketing Science Institute

[24] Hartline, Michael D., James G. Maxham Ⅲ and Daryl O. McKee (2000), "Corridors of Influence in the Dissemination of Customer-Oriented Strategy to Customer Contact Service Employees", *Journal of Marketing*, 64 (2), 35-50

[25] Hogan, Joyce, Robert Hogan, and Catherine M. Busch (1984), "How to Measure Service Orientation", *Journal of Applied Psychology*, 69 (1), 167-173

[26] Jaworski, Bernard J. and Ajay K. Kohli (1993), "Market Orientation: Antecedents and Consequences", *Journal of Marketing*, 57 (3), 53-70

[27] Jaworski, Bernard J., Vlasis Stathakopoulos, and Shanker H. Krishnan (1993), "Control Combinations in Marketing: Conceptual Framework and Empirical Evidence", *Journal of Marketing*, 57 (1), 57-69

[28] Jones, Gareth R. (1986), "Socialization Tactics, Self-Efficacy, and Newcomers Adjustments to Organizations", *Academy of Management Journal*, 29 (June), 262-279

[29] Katz, Daniel and Robert Kahn (1978), *The Social Psychology of Organizations*. New York: John Wiley

[30] Kelley, Scott W. (1992), "Developing Customer Orientation among Service Employees", *Journal of Academy of Marketing Science*, 20 (Winter), 27-36

[31] Kennedy, Karen Norman, Felicia G. Lassk, and Jerry R. Goolsby (2002), "Customer Mind-Set of Employees throughout the Organization", *Journal of the Academy of Marketing Science*, 30 (2), 159-171

[32] Kohli, Ajay K. and Bernard J. Jaworski (1990), "Market Orientation: The Construct, Research Propositions, and Managerial Implications", *Journal of Marketing*, 54 (2), 1-18

[33] Lovelock, Christopher H. (1983), "Classifying Services to Gain Strategic Marketing Insights", *Journal of Marketing*, 47 (Summer), 9-20

[34] Mayer, R.C. and F. D. Schoorman (1992), "Predicting Participation and Outcomes through a Two-Dimensional Model of Organizational Commitment", *Academy of Management Journal*, 35 (3), 671-684

[35] Mills, Perter K. (1985), *The Control Mechanism of Employees at the Encounter of Service Organizations*. Lexington, MA: Lexington Books

[36] Morrison, E. Wolfe (2002), "Newcomers' Relationships: The Role of Social Network Ties during Socialization", *The Academy of Management Journal*, 45 (6), 1149-1160

[37] Ostroff, C., and S. Kozlowski (1992), "Organizational socialization as a learning process: the role of information acquisition", *Personnel Psychology*, 45 (4), 849-874

[38] Parasuraman, A., Valerie A. Zeithaml, and Leonard L. Berry (1985), "A Conceptual Model of Service Quality and Its Implications for Future Research", *Journal of Marketing*,

49 (Fall), 41-50

[39] "SERVQUAL: A Multiple-Item Scale for Measuring Consumer Perceptions of Service Quality", *Journal of Retailing*, 64 (Spring), 12-40

[40] Reichers, A. E. (1987), "An Internationist perspective on Newcomer Socialization Rates", *Academy of Management Journal*, 12 (2), 278-287

[41] Steers, Richard M. (1977), "Antecedents and Outcomes of Organizational Commitment", *Administrative Science Quarterly*, 22 (1, Mar.), 46-56

[42] Sujan, Harish, Mita Sujan, and James R. Bettman (1988), "Knowledge Structure Differences between More Effective and Less Effective Salespeople", *Journal of Marketing Research*, 25 (February), 81-86

[43] Van Maanen, J., and Schein, E. H (1979), "Toward a Theory of Organizational Socialization", in *Research in Organizational Behavior*, Staw, B., Ed. Vol. 1. Greenwich, CT: JAI Press

[44] Zeithaml, Valarie A., Berry, Leonard L. and Parasuraman, A. (1988), "Communication and Control Processes in the Delivery of Service Quality", *Journal of Marketing*, 52 (2), 35-48

整体层次的结构融合：三种可能的测量方法*

[摘要] 结构融合是社会融合研究的重要维度，但目前还很少见到对结构融合从整体层次进行测度的研究。本文利用网络研究中的三个指标（包括模块性指标、聚类系数和连接鲁棒性指标），通过与随机网络的比较，提出了三种可能的测量方法，用于规模和密度不相等的网络间的结构融合程度的比较。

[关键词] 社会融合；结构融合；整体层次；测量

一、引言

社会融合的研究一直为相互矛盾的、模糊的和难于操作的不同定义所困扰。[1~4] 文献中的"Social Cohesion"和"Social Integration"都可以译为社会融合。二者有所区别，但在研究中又是经常可以互相替代的概念。对于 Social Integration，有研究者认为它处理的是某一个社会单元中个体或集体行动者的社会联系和互动的范围（广度）、频率（强度）和效果（质量，如认同感等）的问题，该概念可以依据研究对象和研究角度应用于不同层次的所有类型的社会单元、群体或组织。[5] 而 Cohesion 或 Cohesiveness 很早就用于小群体或组织的融合和群体发展动态的研究，对 Social Cohesion 的定义往往基于一个共识，即某个群体如何较好地保持或者黏着在一起。[4,6]

概念的定义直接影响着社会融合的测度。不难理解，定义的模糊性导致社会融合的测度呈现出多维度、多参数的状态。但对社会融合的度量，就其范围而言，要么在一个泛化的"社会"内，不预设任何界限，对社会互动或其效果进行度量，要么就对某一指定界限内的社会群体或不同的社会群体间的社会互动或效果进行度量。总结起来可以概括为两个维度：首先，不管学者将其区分为结构融合与情感融合，还是关系成分与意识成分，或者态度（情感）与行为，[1,2,4,7,8] 笔者统一称其为主客观维度。无论结构融合、关系性融合还是行为融合都往往偏重对行动者的行动或他们

---

* 作者简介：悦中山：西安交通大学管理学院博士研究生，研究方向为社会网络分析、人口社会系统分析；杜海峰：西安交通大学公共政策与管理学院公共管理与复杂性研究中心教授，研究方向为社会网络分析、系统复杂性和复杂网络以及智能优化；李树茁：西安交通大学公共政策与管理学院教授，博士生导师，"长江学者"特聘教授，研究方向为公共政策分析和评价、人口与社会可持续发展；费尔德曼：美国斯坦福大学 Morrison 人口与资源研究所所长，教授，美国艺术与科学院院士，加州科学院院士，圣塔菲研究所董事和学术委员会成员，研究方向为进化理论和人口基因学。

基金资助：本文受国家自然科学基金（70671083），教育部"新世纪优秀人才支持计划"（NCET-07-0668），西安交通大学"985工程"二期重点项目（07200701），"长江学者"奖励计划，美国 Santa Fe Institute 国际项目基金、斯坦福大学联合资助项目的资助。

通讯地址：陕西省西安市咸宁西路28号西安交通大学人口与发展研究所，邮政编码：710049；E-mail：yuezhsh@gmail.com。

之间所发生的社会关系进行关注，是社会融合的客观方面；相反的，另一些测量则侧重行动者对整个社会或者某个群体的归属感等主观感受进行测量，是从主观方面进行的研究。其次，根据关注对象和测度范围的不同，有个体层次和整体层次的维度，个体微观层次参数主要基于对相应社会群体的成员的态度与行为的测度获得，如留在群体中的意愿、对社会群体的身份认同和归属感、忠诚度、与其发生正向社会互动关系的数目等；整体宏观层次的参数，考察某个社会群体内成员某些行为与态度的总体分布情况，考察态度和行为的一致统一程度，对某个社会群体的认可的平均水平等，比如有研究利用社会犯罪系数、福利系数、居住稳定性（每百名居民中外地出生的比率）、婚姻稳定性（每十万对夫妇的离婚数目）、异族通婚现状、收入分布和种族多样性等参数度量社会融合。[9,10]

社会网络为社会融合的测度提供了一种独特的方法和视角。人们之间的正向的社会互动、亲密的面对面的交往，一直以来被认为对个人的基本人格和价值观的形成、世界观的维持和发展等都具有重要影响，这种关系经常是个体与社会发生联系的最为关键的"第一环境"。[11]社会结构（网络）对于个体的行为和态度具有重要影响。因此，许多研究者强调人们之间的正向互动是社会融合基础。[6]早期，正向社会互动关系的数目和强度受到关注。群体成员之间的关系强度被认为是"抵制一个群体瓦解破裂的力量"。[6]社会融合的强度可以通过群体成员之间正向互动关系的数目和强度来表示，也有学者则将社会网络密度作为社会融合的整体层次的度量。[4]而后，一些研究者认为一定的社会互动模式（网络结构）会对社会融合产生重要影响。他们认为，一个融合程度较好的群体，群体成员之间的正向社会关系一定会表现出某种模式。最理想的互动模式就是派系（Clique）——所有的网络成员之间都有正向互动发生，但显然这种定义过于严格。在社会网络分析中，人们把那些具有相对较强、直接、紧密、经常或积极关系的个体的集合称为凝聚子群（Cohesive Subgroups），凝聚子群分析方法（如n-cliques、n-clans和k-plex等）已经在社会网络研究中被广泛应用。近期，学者们提出的如社群结构（Community Structure）、结构性融合（Structural Cohesion）等结构模式对社会融合的研究极具借鉴价值。[1,12,13]社会网络为社会融合的形成机制研究提供了重要的分析工具和理论依据，同时某些社会网络参数已经成为社会融合效果的测度。沿用Moen等的概念，社会融合指的是社会群体的凝聚力，包括社会心理（或情感）融合和结构（或行为）融合：社会心理融合是个人对社会联系的主观经验，包括对社会互动经验的自身反省和对交往深度的感知；结构融合则指个人与他人在各个方面的具体参与情况，可能包括个人在社会参与过程中的关系及角色的数目和类型。[8]由于通过社会网络对社会融合的研究，就是对行动者在某个群体中的客观的参与行为的研究，因此可以被看做结构融合研究的一个维度。

但就已有文献来看，对结构融合从整体进行测度的研究还不多，Friedkin等将密度作为可能的测度之一，[4]但即使等规模等密度的网络仍可表现出截然不同的结构特征，比如随机网络（Random Graph）、小世界网络（Small-world Network）或者无标度网络（Scale-free Network）等，不同的结构特征则会导致不同的结构融合程度。而针对规模和密度不等的网络间的结构融合程度的测度的研究则更少见。就此，本文探索性地提出三种可能的测度方法。

二、三种可能的测度方法

一些研究普遍认为,一个融合程度较高的社会或群体内的行动者会很好地结合在一起,所有的行动者都享有平等机会、权利及共同的价值,社会行动者会对集体项目和社会福利做出贡献,各个社会组织和各种社会目标之间的冲突不存在或者最小化。[14-18] 鉴于随机网络中某种联系的发生与不发生都与其他联系的发生和不发生无关,即网络中各边之间相互独立,其度分布为泊松分布。[19] 资源的分配和信息的传递在随机网络中具有一定的均衡性,因此我们认为在各种网络结构中,随机网络的结构融合程度最高。基于与随机网络特征的对比,本文试图从整体层次,对社会网络的结构融合提出三种可能的测度方法,用于规模和密度不相等的网络间的结构融合程度的比较。

(一) 基于模块性指标的测度

如果忽略网络间关系的强弱和作用方向,社会网络可以用无向无权图 G (V, E) 表示,其中,V 表示节点(网络成员)集合;E 表示边(网络成员关系)集合;邻接矩阵 A 是社会网络的另一种表示方法,对于有 n 个节点的网络,定义 $A = (a_{i,j})$ i, j = 1, 2, …, n,如果节点 i 与 j 相连,则 $a_{ij} = 1$,否则 $a_{ij} = 0$,另外,一般认为节点不存在自身连接,所以 $a_{ij} = 0$ i = 1, 2, …, n。

设网络节点集合 V_p, V_q 是 V 的真子集,即 $V_p \neq \emptyset$, $V_q \neq \emptyset$, 且 $V_p \subset V$, $V_q \subset V$;若 $V_p \cap V_q = \emptyset$,则有:$A_{pq} = \{a_{ij}\}$, $i \in V_p$, $j \in V_q$, 且 $A_{pq} \subset A$。记 $\|A\| = \sum_{i=1}^{n} \sum_{j=1}^{n} a_{ij}$,因此当 $p \neq q$ 时, $\|A_{pq}\| = \sum_{i \in V_p} \sum_{j \in V_q} a_{ij}$, $a_{ij} \in A$ 为子集 V_p, V_q 间关系数量,而 p = q 时,$\|A_{pp}\| = \sum_{i \in V_p} \sum_{j \in V_p} a_{ij}$, $a_{ij} \in A$ 为子集内部关系的数量。

网络社区结构划分就是将节点集合 V = {v_1, v_2, …, v_n} 划分为 m 个子集合 V_1, V_2, …, V_m,使其满足:(a) $V_p \neq \emptyset$, p = 1, 2, …, m;(b) $\bigcup_{p=1}^{m} V_p = V$;(c) $V_p \cap V_q = \emptyset$, $p \neq q$ and p, q = 1, 2, …, m。由于社会网络关系复杂,很难将其划分为互不联系的社区组合,因此 (c) 很难满足。定义 $e_{pq} = \frac{\|A_{pq}\|}{\|A\|}$;应用中,网络社区结构划分只要同时保证 $\max\left(\sum_{p} e_{pp}\right)$, p = 1, 2, …, m 和 $\min\left(\sum_{p,q} e_{pq}\right)$, $p \neq q$ 且 p, q = 1, 2, …, m,就可以满足社区内部关系密集而社区间关系稀疏的要求,因此,Newman 将度量社区结构划分的有效合理性的模块性指标(Modularity)定义为:[20]

$$Q = \sum_{p=1}^{m} \left[e_{pp} - \left(\sum_{q=1}^{m} e_{pq} \right)^2 \right] \quad (1)$$

模块性指标是对网络成员集团化程度的量化,模块性指标越大,说明网络的集团化程度越高。网络的集团化必然会影响到网络中资源的分配和获取,因此我们认为集团化程度越高的网络其社会融合程度越低。基于模块性指标,我们将结构融合定义为:

$$I = 1 - Q \quad (2)$$

其中,I 代表某一网络的结构融合度,Q 表示该网络的模块性指标。我们将网络的相对融合度定义为:

$$R_I = I/I_r \quad (3)$$

其中,R_I 代表该网络的相对融合度,I_r 代表与该网络对应的具有相等规模和相等密度的随机网络的平均融合度,其计算方法同式 (2)。I 值越大，相应的 R_I 值也越大，表明该网络的结构融合程度越高。I 值可以用于等规模等密度的网络之间的结构融合的比较，而相对融合度 R_I 则可以实现对不同规模和密度的网络的结构融合的比较。

另外需要提及的是，当前存在许多社群结构探测算法，比如基于边的中间性值的 Newman-Girvan（N-G）算法、[21] Aaron-Newman 所提出的分等级聚类算法（Aaron 和 Newman 2004）、[22] Du 等基于先验知识而提出的 PKM 算法等。[23] 不同的算法可能导致模块性指标值的不同。但这不会影响到通过模块性指标对结构融合进行测度的建议的提出。

（二）基于聚类系数的测度

聚类系数（Clustering Coefficient）C（p）测度的是与一个个体发生联系的行动者相互之间也发生联系的可能性的大小。其实，聚类系数也测度了一个网络的集团化程度。[24]

$$C(p) = \frac{1}{N} \sum_{i \in S} \sum_{j, l \in \Gamma_i} \frac{X(j, l)}{\#\Gamma_i(\#\Gamma_i - 1)/2} \quad (4)$$

其中，如果网络中节点 $j \in \Gamma_i$，则 $X(j, l) = 1$，如果 $j \notin \Gamma_i$，则 $X(j, l) = 0$。Γ_i 表示与节点 i 发生联系的节点的集合，$\#\Gamma_i$ 表示与节点 i 发生联系的节点的数量，N 表示网络规模，S 为网络的节点的结合。基于聚类系数，将结构融合定义为：

$$I = 1 - C_C \quad (5)$$

其中，I 代表某一网络的融合度，C_C 代表该网络的聚类系数。然后，我们将网络的相对融合度定义为：

$$R_I = I/I_r \quad (6)$$

其中，R_I 代表该网络的相对融合度，I_r 代表与该网络对应的具有相等规模和相等密度的随机网络的平均融合度，其计算方法同式（5）。同样的，I 值越大，相应的 R_I 值也越大，表明该网络的结构融合程度越高。I 值可以用于等规模等密度的网络之间的结构融合的比较，而相对融合度 R_I 则可以实现对不同规模和密度的网络的结构融合的比较。

（三）基于连接鲁棒性的测度

网络的连接鲁棒性（Connectivity Robustness）的定义来自一些学者对组织网络的信息交换的研究中。[25] 可以通过公式（7）定义，

$$C = S/(N - N_r) \quad (7)$$

其中，S 表示在将规模为 N 的网络中的 N_r 个节点去除后，网络中所剩下的最大的成分（Component）的规模。C 表示在去除 N_r 个节点后仍保留在最大成分中的节点个数的比例。最终网络的相对融合度就等于实际网络的连接鲁棒性曲线的面积除以与其对应的随机网络的连接鲁棒性曲线的面积，即

$$R_I = A/A_r \quad (8)$$

其中，A 表示实际网络的连接鲁棒性曲线的面积，A_r 表示与该网络对应的随机网络的连接鲁棒性曲线的面积。与上述两种方法相同，这里 A 值越大，相应的 R_I 值也越大，表明该网络的结构融合程度越高。A 值可以用于等规模等密度的网络之间的结构融合的比较，而相对融合度 R_I 则可以实现对不同规模和密度的网络的结构融合的比较。

需要说明的是，节点移除有多种策略，包括按既定排序逐个移除的从上至下移除策略（Top-down），移除具有最多连接的节点的中心节点移除策略（Hubs）和随机移除策略（Random）等。不同的节点移除策略会产生截然不同的结果。[25] 在这里我们建议使用随机移除策略。

以网络规模为 90 的网络 Sample 为例（见图 1），此网络的相对融合程度就等于蓝色曲线与坐标轴所围成的面积除以红色曲线与坐标轴围成的面积，图 1 中实际网络曲线是基于随机移除策略进行 100 次操作后的均值而绘制的，而随机网络曲线则是利用随机生成的 100 个随机网络基于随

机移除策略对运行结果求均值而获得的。最终图1中网络Sample的相对融合度R_l的值为0.6402。

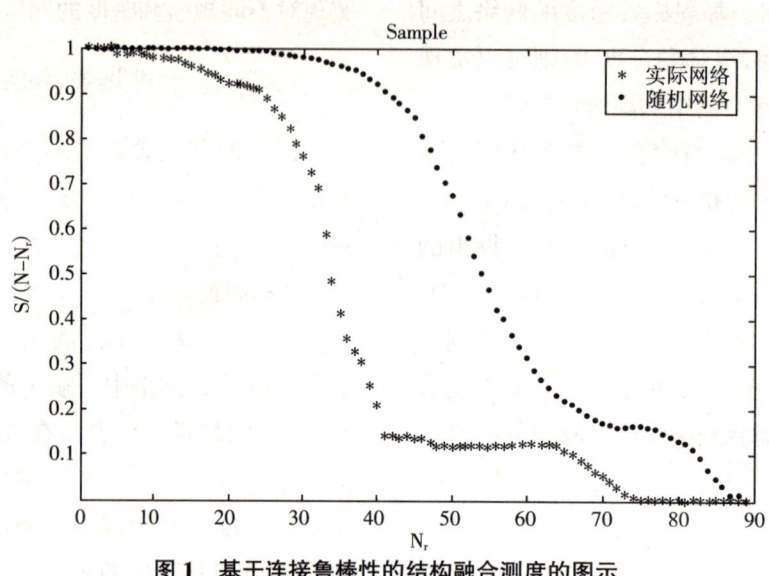

图1　基于连接鲁棒性的结构融合测度的图示

三、小结

由于随机网络自身所具有的泊松分布的特性，资源的分配和信息的传递在随机网络中具有一定的均衡性。因此，通过与相应随机网络的对比，本研究分别基于模块性指标、聚类系数和连接鲁棒性三个指标提出了对结构融合在整体层次进行测度的三种可能的测度方法，实现了对不同规模和密度的社会网络间的结构融合程度的比较，是结构融合测度研究的有意探索。三种方法各有侧重，其理论意义上的差别有待我们继续研究，在实证分析中的应用效果也有待相关研究的验证。

参考文献

[1] J. Moody, D.R. White. Structural cohesion and embeddedness: a hierarchical concept of social groups [J]. American Sociological Review, 2003, 68 (1): 103-127

[2] K. A. Bollen, R. H. Hoyle. Perceived cohesion: a conceptual and empirical examination [J]. Social Forces, 1990, 69 (2): 479-504

[3] C. Beauvais, J. Jenson. Social cohesion: updating the state of the research [M]. 2002, Canadian Policy Research Networks Inc

[4] N. E Friedkin, Social cohesion [J]. Annual Review of Sociology, 2004 (30): 409-425

[5] N. J. Smelser, P. B. Baltes. International encyclopaedia of the social and behavioural sciences [M]. 2001, Oxford: Elsevier. Oxford Science Ltd

[6] N. Gross, W. E. Martin. On group cohesiveness[J]. The American Journal of Sociology, 1952, 57 (6): 546-564

[7] R. A. Scott. Deviance, sanctions, and social integration in small-scale societies [J]. Social Forces, 1976, 54 (3): 604-620

[8] P. Moen, D. Dempster-McClain, J. Robin M. Williams. Social integration and longevity: an event history analysis of women's roles and resilience [J]. American Sociological Review, 1989, 54 (4): 635-647

[9] R. C. Angell. The social integration of American cities of more than 100, 000 population [J]. American Sociological Review, 1947, 12 (3): 335-342

[10] C. Mueller. Integrating turkish communities: a German dilemma [J]. Population Research and Policy Review, 2006 (25): 419-441

[11] E. O. Laumann. Bonds of pluralism: the form and sustance of urban social networks [M]. 1973, New York: Wiley

[12] D. R. White, F. Harary. The cohesiveness of blocks in social networks: node connectivity and conditional density [J]. Sociological Methodology, 2001 (31): 305-359

[13] M. E. J. Newman. Community structure in social and biological networks [J]. Proc. Natl. Acad. Sci. USA, 2002 (99): 7821-7826

[14] UNRISD. Social integration: approaches and issues. UNRISD Briefing Paper No. 1, World Summit for Social Development, 1994

[15] A. Jackson et al. Social cohesion in Canada: possible indicators highlights [M]. 2000, Canadian Council on Social Development

[16] Council of Europe. Concerted development of social cohesion indicators [M]. Methodological guide, 2005, Belgium

[17] J. Chan, E. Chan. Charting the state of social cohesion in Hong Kong [J]. The China Quarterly, 2006 (187): 635-658

[18] United Nations. Social cohesion: inclusion and a sense of belonging in Latin America and the Caribbean [M]. 2007, Santiago: Chile

[19] M. E. J. Newman, S.H. Strogatz, D.J. Watts. Random graphs with arbitrary degree distributions and their applications [J]. Physical review E, 2001. 64: 1-17

[20] M. E. J. Newman. Detecting community structure in networks [J]. Eur. Phys. J. B, 2004 (38): 321-330

[21] M. E. J. Newman, M. Girvan. Mixing patterns and community structure in networks [C], Pastor-Satorras, J. Rubi, and A. Diaz-Guilera (eds.). Statistical Mechanics of Complex Networks. 2003, Berlin: R. Springer

[22] C. Aaron, M. E. J. Newman, C. Moore. Finding community structure in very large networks [J]. Phys. Rev, 2004, E70, 066111

[23] H. F. Du et al. An algorithm for detecting community structure of social networks based on prior knowledge and modularity [J]. Complexity, 2007, 12 (3)

[24] D. J. Watts, S. H. Strogatz. Collective dynamics of "small-world" networks [J]. Nature, 1998, 383 (4): 440-442

[25] P. S. Dodds, D.J. Watts, C.F. Sabel. Information exchange and robustness of organizational networks [J]. Working Paper Series, Center on Organizational Innovation, Columbia University. April 2003, http://www.coi.columbia.edu/pdf/dodds_sabel_watts.pdf

基于社会网络的 HRM 与一线管理者之间的信息沟通*

——中外化妆品公司的比较研究

[摘要] 本文以个案研究方法，通过访谈法和基于社会网络分析的问卷调查法收集资料，对中外两个化妆品企业的人力资源管理团队与一线管理团队之间的信息交流情况进行对比研究，目的在于了解中外企业人力资源管理团队与一线管理团队信息交流的关系网络和管理人员信息获取行为是否有差别。本研究发现如果提升社会网络密度，给管理人员提供更多参与工作咨询与信息沟通的机会，有利于组织内形成交流和互相学习的氛围，从而提升组织的凝聚力。

[关键词] 人力资源管理；一线管理；信息沟通；社会网络

一、问题的提出

随着社会进入信息时代，当信息和知识变成数字化后，对它的存储和利用给人们带来了极大的便利，对这个社会的发展也产生了很大的变化。企业高层管理者越来越意识到知识是组织创造价值的资产，组织内的沟通网络越通畅，越有利于知识和信息的传递及转化，因此，很多学者也把研究的视角从原来的探求如何提高组织绩效的方法转移到影响组织绩效的因素研究，在这些研究者中较多的学者从知识转移的角度探索知识在一个组织中被接收、转移、内化以及再利用的过程。而西方有的学者在他们的研究中发现，组织中人与人的互动过程中，很多信息与资源被交换及传播，因此组织中的社会网络状态会影响到组织知识的产生（Nahapiet 和 Ghoshal, 1998）。本研究从社会学的网络观点以及组织的角度，以两家化妆品生产企业为研究样本，研究人力资源管理团队与一线管理团队的"社会网络结构"对他们之间的信息沟通的影响。

---

* 作者简介：黄爱华：华南理工大学工商管理学院，副教授；李敏：华南理工大学工商管理学院，教授；黄翠龙：华南理工大学工商管理学院，硕士生。

二、文献探讨

社会网络是目前学术界的一个热点话题，是由社会行动者（个人或组织）及基于交流和接触而形成的关系组合而成的网络。社会网络分析的焦点是社会结构以及它对社会行为的影响模式，集中分析组成网络的个人与群体之间的正式或非正式的社会联系，在研究中考虑关系之间的互动、影响，并描述和测量行动者之间的关系或通过这些关系流动的各种有形或无形的东西，如信息、资源等（田秋兰，2008）。

起源于 20 世纪 20~30 年代的社会网络研究，首次使用"社会网络"（Social Networks）概念的是英国人类学家拉德克利夫·布朗（Roger Brown），他运用网络隐喻对社会结构做了部分的、暗喻性的描述，认为社会结构像一个网络，而人与人之间的相互交往看起来就像是网络中结点之间的关系；现实中的人际交往的频率有所差异，有的交往频繁，有的关系一般，也有的从不来往，因此依据这样的现象，相互交往的网络中结点之间的关系可以有强、弱、无之分（阳志平等，2002）。此后到了 50 年代，一些人类学家开始关注具体联系和网络的结构体系，如 1954 年，巴恩斯（Barnes）的研究首次将社会网络的隐喻转化为系统研究。30 年代美国社会心理学莫雷诺（Moreno，1932）创立的社会测量法为社会网络分析奠定了计量分析基础。莫雷诺在分析人际关系的时候所使用的社会测量法的基本思路至今依然影响着社会网络分析的定量分析发展。

随着社会网络的概念为越来越多的研究者所认可，它在研究方法上也创造了一系列更好的理解结构和关系的测量手段、资料收集方法和资料分析技术，这又在很大程度上推进了社会网络的发展（阳志平等，2002）。目前，对人际关系的测量方法主要有社会测量法、调查法（主要有量表测查法）、行为测量法及实地观察法以及最新发展的社会网络法等。社会测量法是定量地揭示团体（特别是小团体）内的社会结构模式——人际相互作用的模式及各成员在团体内的人际关系状况的一种研究方法，由美国社会心理学家莫雷诺（Moreno）首创。有研究提出，社会网络实质上是一个社会关系体系：它被视为"一群人之间的关系结构及他们之间所存在的特定关系"，在这个社会关系体系中，涵盖了个体、群体与国家之间的关系，内涵十分广泛。因此，在社会网络中，关系被界定为分析单位，例如个人之间的亲属关系，一个小群体内部的友好关系结构（郑思明，2003）。

社会网络研究的一个重要指标是"网络密度"（Network Density），Wasserman & Faust（1994）认为，网络密度指的是网络成员间彼此互动的联系程度，亦即团队成员间彼此互动的平均程度。密度高就表示网络中的任何一个成员和其他成员的连结关系较多，密度低就表明每一个成员间相互连结较少。当群体的网络密度值越高，成员的互动程度也越高，Coleman（1990）认为成员彼此互动程度越高，产生的资讯与资源交换就会增加，而且当一个团体有互动，成员就会分享价值、信念或目标，也容易产生情绪感染，因此对团体运作也有正向影响。相反，当群体的网络密度值越低，成员彼此的互动程度也越低，表示成员和其他成员的连结少或只是限于和少数人有互动，这样会对团体的运作及结果产生不良的影响。

另一个重要的指标是"群体的中心性"

(Group Centrality)，由于群体中心性指标可以反映团队成员的紧密程度、个人中心性差异以及团队内的效率，常被用来评价一个人在社会网络中重要与否以及社会声望的高低程度等。一般而言，如果一个行动者有很多与之直接关联的对象，那么该行动者就可能居于中心地位，从而拥有较大的权力。例如对于星形网络，所有结点只围绕一个结点发生联系，其他结点间都没有联系，这样网络的中心势最高。结点中心度是衡量结点处于网络中心位置的程度，依据的标准不同，用以刻画中心度的指标也不同，"权力"的指标也就不同。我们可以通过点度中心度（Degree Centrality）、中间中心度（Betweenness Centrality）和接近中心度（Closeness Centrality）来测量。点度中心度是一个最简单、最具有直观性的指数，它是测量网络中行动者自身的交易能力，如果一个点与其他许多点直接相连，则该点就具有较高的点度中心度。中间中心度就是测量行动者对资源控制的程度。如果一个点处于许多其他点对的最短路径上，则该点具有较高的中间中心度。接近中心度用来衡量一种不受他人控制的程度，如果网络中的一个行动者在交易的过程中较少依赖他人，此人就具有较高的接近中心度（刘军，2004）。

三、研究的框架及数据来源

本研究所关注的是不同所有制企业中的人力资源管理团队和生产一线的管理团队，他们由于企业的文化、组织结构核以及管理模式的不同，在人力资源管理实践活动中，信息交流的模式是否也会产生差异，探讨组织中的社会网络结构特性对组织效能是否会产生影响，因此选择与网络结构有关的两个网络指标：网络密度（Network Density）和群体中心性（Group Centrality）为研究重点。因为社会网络分析在解答这些问题时具有特别的价值，它的概念体系如关系强度、密度、网络规模、网络构成等，有助于分析企业的信息链：信息源、传递的信息量、信息的有效程度，有效建构企业信息行为的模式，以便组织内部的信息沟通更为有效。本研究采用个案研究方法，资料收集采用访谈法及基于社会网络分析的问卷调查法，研究对象为美资企业——USI公司和本土的民营企业——CHI公司。研究的目的在于比较不同所有制性质企业的人力资源管理团队和一线管理团队的管理者沟通模式。

（一）研究对象的基本信息

本研究的个案企业为CHI公司和USI公司，两家企业都位于广东省，前者为一家民营企业，后者为一家外资企业。其中，CHI公司于1992年成立，是一家带有家族性质的有限责任公司，产品主要是美发、护发等个人护理消费品，属于快速消费品系列。由于CHI公司没有控制销售终端，员工总数500人左右，其中，管理人员100多人，销售人员200人，生产操作工人200人。在化妆品行业，由于外资企业进入时间较早，快速消费品市场的竞争非常激烈，市场也非常成熟。目前，在高档个人护理消费品中主要是外资企业唱主角，CHI公司的产品属于中低档次，但生产工艺和研发技术达到国内先进水平。根据全国大型零售企业商品销售调查统计显示，在美发市场，CHI公司2004年产品销量居前十位，2005年居前三位，2006年居前五位。目前，销售网络覆盖全国21个省，少部分出口中国周边国家。由于公司发展历史较短，目前还没有规范的"人力资源管理手册"。但人力资源管理的政策较完善，也符合公司从小发展壮大的发展历程。

USI（中国）公司 1992 年创建，属于中美合资股份有限公司，由美方负责经营管理，没有中方代表。位于广州经济技术开发区的生产基地占地 14.1 万平方米，最高年产值可达 250 亿元人民币，是美国公司在海外唯一的生产基地，可以生产营养保健食品、美容化妆品、个人护理用品、家居护理用品四大系列 180 款产品，分为三个生产区，产区建筑与自然环境完美结合，绿化率达 45%。生产基地拥有 20 余条生产线，上千个生产节点，其设备、工艺和管理水平非常先进。生产基地的员工总人数为 600 人，其中正式生产工人大约 200 人，另有随生产任务变化的派遣工人。USI（中国）的人力资源管理功能划分为功能小组和服务小组单位。公司设有人力资源总监岗位（负责中国区）。大中华区 HR 的专业人员有 90 人，有些岗位设立在分公司（业务人员在 50 人以上的分公司就配有 1 名 HR 主任支持它的人力资源管理工作，一般以省为单位配置主任）。功能小组负责组织发展、人员规划和政策、薪酬、培训发展等总体工作；服务小组则负责销售区域、制造工厂和职能部门的人力资源管理事务工作。

（二）研究样本与数据整理

为了解 HR 部门和一线部门管理人员之间互动状况、相互支持和协调状态，本研究采用澳大利亚新南威尔士大学 Steve Frenkel 教授设计的"社会网络调查"问卷进行数据采集，被访谈者完成这个问卷的意义在于帮助研究者了解公司管理者之间的工作关系紧密程度。被访谈的对象为中外两家化妆品公司的人力资源管理团队以及一线管理团队，考虑到沟通的绩效分析，访谈中还包括了一名财务总监（FID），因此对民营企业 8 人、外资企业 9 人进行了面对面的访谈和问卷调查，其中人力资源管理团队的访谈对象包括：人力资源总监（HRD）、人力资源经理（HRM）和人力资源主管（HRS）；一线团队的访谈对象包括：生产总监（LMD）、生产部经理（LMM）和生产车间的主管（LMS）。问卷共设计了 12 个问题，被试者依照表中列举的每个同事，这些被试者可能认识，也可能不认识，但他（她）需要完全按照自己的判断就相关问题回答与这些人之间的沟通频率，以确定信息流之中的强弱，同时根据他们沟通的频繁程度进行往来关系程度的赋值，每个问题对应 0~4 共五个数值供被试者选择，这些数字的含义是：[0]：我不认识这个人；[1]：很少；[2]：有时；[3]：经常；[4]：非常频繁。根据研究的需要，我们从设计的 12 个问题中选择了七个问题进行分析，这七个问题分别是：

Q1. 您是否与这个人进行面对面的交流，或电话、电子邮件、短信交流？

Q2. 您是否从这个人获取工作中必要的信息？

Q3. 您是否需要向这个人提供他/她工作中必要的信息？

Q4. 您是否联系这个人，讨论改善业务的新想法？

Q5. 这个人是否联系您，讨论改善业务的新想法？

Q6. 您是否联系这个人，讨论提升员工技能和知识的方法？

Q7. 这个人是否联系您，讨论提升员工技能和知识的方法？

其中，第一个问题测试总体的信息沟通情况，第二、第三个问题测试工作信息的沟通情况，第四、第五个问题测试创新思想的沟通情况，第六、第七个问题测试有关员工技能和知识的信息沟通情况。

四、网络沟通分析

（一）人力资源管理团队与一线管理团队的总体沟通强度

将 Q1 调查采集的数据，采用 Ucinet 软件处理生成 CHI 公司和 USI 公司人力资源管理团队与一线管理团队的网络结构图（见图 1 和图 2）。

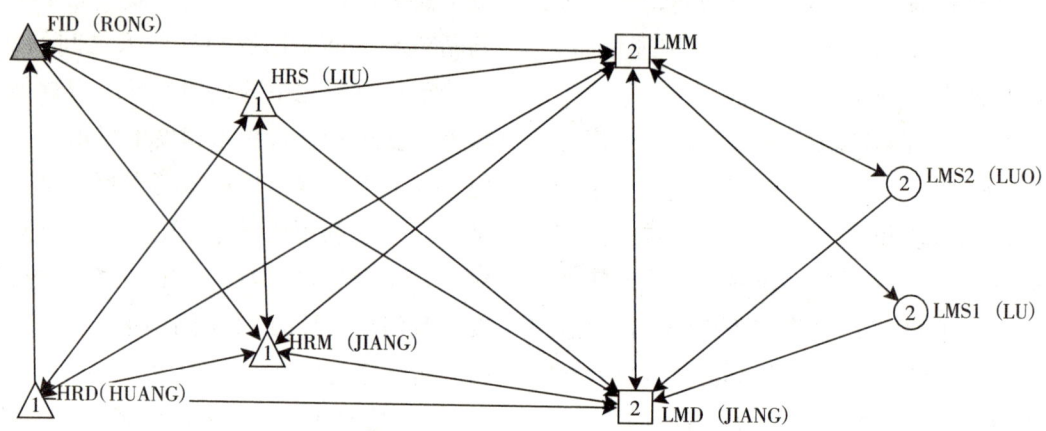

图 1　CHI 公司人力资源管理团队与一线管理团队之间的沟通网络图

注：相同形状的图形沟通线路相同（但沟通强度不一定相同），即他们在社会网络中的位置基本上是相当的。在此图中标号为 1 的点表示人力资源管理人员，标号为 2 的点表示一线管理人员。FID（财务总监）作为本研究的第三方只做参照作用，所以不加标号加以区别。

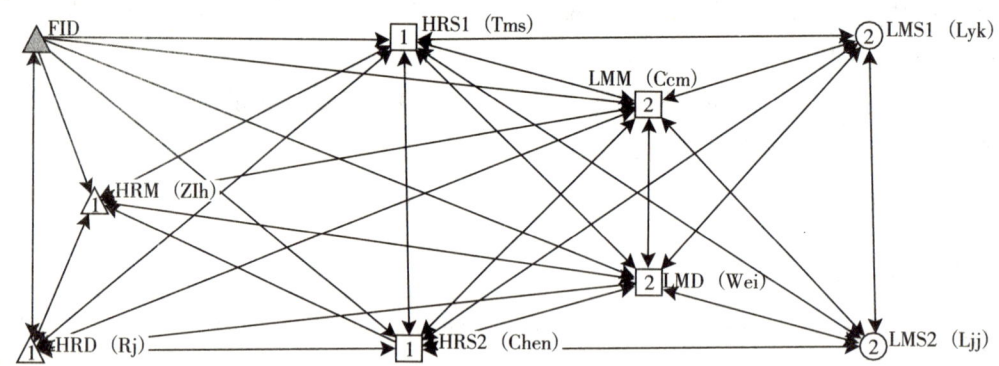

图 2　USI 公司人力资源管理团队与一线管理团队之间的沟通网络图

注：相同形状的图形沟通线路相同（但沟通强度不一定相同），即他们在社会网络中的位置基本上是相当的。在此图中标号为 1 的点表示人力资源管理人员，标号为 2 的点表示一线管理人员。FID（财务总监）作为本研究的第三方只做参照作用，所以不加标号加以区别。

对比上述两个网络结构图，可以发现两个公司的沟通网络有以下相同点：

（1）两公司的组织架构的层级分明，信息沟通的渠道顺畅，不存在越级的沟通行为。

（2）人力资源管理团队与一线管理团队之间的沟通都比较紧密，相互联系的强度较高。

（3）人力资源管理团队中的 HRD 和 HRM 与一线管理团队中的 LMD 和 LMM 在网络中都处于网络节点的位置，在整个企业的沟通中起着承上启下的"桥梁"作用。

两者的不同点表现在：

（1）USI 公司不同岗位的人员之间的沟通强度明显比 CHI 公司的沟通强度高。

（2）作为基层一线管理者的 LMS，在 CHI 公司中与人力资源管理者缺乏必要的沟通，人力资源团队的信息是通过 LMD 和 LMM 作为中间"桥梁"传递到 LMS 层面，而在 USI 公司中，基层一线的 LMS 与人力资源管理人员（HRS）有一定的联系。

（3）在 USI 公司中，基层一线管理人员（LMS）相互之间有沟通，而在 CHI 公司中，基层一线管理人员（LMS）相互之间则缺乏必要的沟通，他们之间的信息沟通是通过 LMM 来实现的。

（4）在 CHI 公司中，基层一线管理人员（LMS1 和 LMS2）与团队中的中高层管理者的沟通强度较低，而在 USI 公司中，基层一线管理人员（LMS1 和 LMS2）与团队中的中高层管理者的沟通强度比 CHI 公司高。

通过对比图 1 和图 2 的结构可以看出，在沟通网络中两个公司中处于中心位置的管理者都是 HRD、LMD、HRM、LMM，这充分说明了这些管理者在沟通网络中具有重要的地位，处于一种最内层的核心地位。随着序数的增加管理者的重要性逐渐减弱，同时也越靠近整体网络的边缘位置，但这些管理者也能通过较少的中间管理者与网络内的其他管理者产生联系，获得支持，这一点在 CHI 公司尤其明显，如 LMS1、LMS2 等。

（二）管理者信息交流网络中心性和网络密度的比较

中心性是一个重要的个人结构位置指针，评价一个人重要与否，衡量他的职务的地位优越性或特权，以及社会声望等。中心性分成三种形式：程度中心性（Degree Centrality）、亲近中心性（Closeness Centrality）、中介中心性（Betweenness Centrality）。由于亲近中心性指针要求很高，必须是完全相连的图形才能计算亲近中心性，否则，一些人的信息沟通渠道可能到不了别人那里，没有距离可言，越是孤立，距离加总值反而越小，所以此一指针通常很少用（罗家德，2005：156）。因此，在本研究中不采纳此指针，仅考虑程度中心性和中介中心性。

本研究探讨的是群体中心性——团体层面的指标，在一个图形中，程度中心性最高的那个人其程度中心性与其他人程度中心性间的差距越大，则群体程度中心性的数值也越高，表示此团体权力过分集中。不同的学者对此指标的解释有不同的观点，Freeman（1979）将各家观点分为三类：第一类认为群体中心性指标可以反映出成员彼此紧密的程度（Bavelas，1950）；第二类认为群体中心性指标可以看出个人中心性彼此之间的差异程度（Freeman，1977）；第三类认为群体中心性指标可以作为衡量网络内权势（Dominance）的指标，因为一个领导者解决问题的速度与效率，以及让成员觉得满意的程度都与领导者是否能在团体中表现出色的中心性程度有关（Leavitt，1951）。在数据统计分析中，本文采用 Ucinet 软件对 Q2~Q7 数据进行了分析，输出结果显示见表 1。

从表 1 可以看出，CHI 公司的程度中心性和中介中心性的数值均比 USI 公司的数值大，说明在 CHI 公司内部管理者之间的沟通网络关系中存在着

表 1 CHI 公司与 USI 公司人力资源管理团队与一线管理团队沟通网络的中心性比较

Question	CHI			USI		
	Density	Degree Centrality	Betweenness Centrality	Density	Degree Centrality	Betweenness Centrality
工作信息的获取	1.4375	37.50%	18.37%	1.9375	21.65%	2.77%
创新思想的沟通	1.3125	30.36%	18.37%	1.6181	22.32%	3.35%
知识技能提升的沟通	1.1071	33.33%	18.71%	1.3611	22.32%	3.35%

较大的不均衡性，也就是说有一些管理者在网络中处于十分核心的地位，而相当多的其他管理者处于边缘地位，公司倾向于集权；USI（中国）公司三组问题的中介中心性结果是2.77%、3.35%、3.35%，说明该网络的中心度较低，也就是说居于中间位置控制资源的管理者数量不多，在该组织中员工之间的沟通较均衡，信息和资源的分配较合理，公司的权力采取相对合理的分权制运作。从密度角度来分析，USI公司比CHI公司的网络密度要大，即USI公司内部相互之间的沟通强度大，人力资源管理团队与一线管理团队之间的联系较紧密，信息和资源流动更迅速，信息的反馈也更快。

五、结论

基于访谈获得的信息和社会网络分析结果，对中外化妆品公司两个个案的研究可以得出以下结论：一是群体的网络密度能较好展示团队成员间的互动渠道和强度，相互之间互动越密切的群体，他们彼此交换的信息和资源越多，有利于组织内部知识的转移和技能的提升，更能激发员工们的学习动机和学习热情；当网络的群体中心性高时，表示成员联系越紧密，信息的沟通越频繁，员工参与生产经营活动管理和决策的机会较多，因此有助于提高组织内团队的凝聚力。二是在一个组织的社会网络结构中，当群体中心性很高时，表明群体互动主要集中在少数人身上，说明团体内有很强力的非正式领导人的存在，如果这个人同时是正式组织中的领导者，则说明团体内的正式及非正式权力集中，这对于推动组织目标的实现更有利，因此，群体中心性越高，有助于提升组织绩效。三是组织的管理者应该认知，一个组织的能力除了包括企业的规模设备和管理阶层运筹调度的能力外，还应加入一种对社会网络进行管理的能力，因为任何一种管理的概念或理想都必须通过公司中的成员而实践，而在网络理论的背景之下正可以说明人与人的互动关系与人事管理之间的社会影响（罗家德，2005）。因此，在组织中，人力资源管理者应扮演好协调者、中介者和联络官的角色，应不断提高管理组织社会网络的能力，在组织的社会网络中真正起到"桥"的作用，使得组织内部信息网络的沟通顺畅。

组成的成员是组织的核心要素，每个组织成员都处于上下级关系（领导与组织成员间的领导与被领导关系）和组织成员间的同事关系之中，这些关系处理得如何会直接影响到组织氛围、员工的参与程度，进而影响到员工的满意度和组织绩效。

参考文献

[1] 阳志平等. 社会网络分析在社会心理学中的应用. 社会心理研究，2002（3）：57-59

[2] 罗家德.社会网络分析讲义 [M]. 北京：社会科学文献出版社，2005

[3] 罗家德，郑孟育，谢智棋. 实践性社群内社会资本对知识分享的影响. 江苏社会科学，2007（3）：131-141

[4] 刘军. 社会网络分析导论 [M]. 北京：社会科学文献出版社，2004

[5] 吴红骏，陈姝娟. 论组织中的人际关系与组织绩效. 社科纵横，2004，19（3）：54-55

[6] 洪秋兰. 在外经商农民信息交流的社会网络分析——以辽宁省某木材经营社区为例. 图书情报工作，2008，52（5）：103-107

[7] 侯赟慧等.基于社会网络的城市群结构定量化分析. 复杂系统与复杂性科学，2006，3（2）：35-42

[8] 陈阳, 陶双彬等. 社会网络分析在个案工作中的应用. 沈阳师范大学学报（自然科学版）, 2007, 25 (2): 263-265

[9] 郑思明, 程利国. 从社会网络分析的视角看企业人力资源管理中的人际关系. 集美大学学报, 2004, 5 (1): 53-58

[10] Bowen, D. E. & Ostroff, C. 2004. Understanding HRM-FIRM Performance Linkages: The Role of the "Strength" of the HRM System. *Academy of Management Review*, 29 (2): 203-221

[11] Collins, C. J. & Clark, K. 2003. Strategic Human Resource Practices, Top Management Team Social Networks, and Firm Performance: The Role of Human Resource Practices in Creating Organizational Competitive Advantage. *Academy of Management Journal*, 46 (6): 740-751

[12] Cowan, R. & Jonard, N. 2004. Network Structure and the Diffusion of Knowledge. *Journal of Economic Dynamics & Control*, 28: 1557-1575

[13] Nahapiet, J & Sumantra Ghoshal. 1998. Social Capital, Intellectual Capital and the Organanizational Advantage. *The Academy of Management Review*, 23 (2): 242-266

虚拟专业论坛对知识传播效果影响的研究[*]

[摘要] 随着互联网应用的不断深入，在互联网上人们由于共同的兴趣形成虚拟社区，在这个虚拟空间里人们可以自由地交流、相互帮助甚至从事交易等。本文的关注点是非营利的专业虚拟社区对知识传播效果的影响，因为是非营利的，所以社区成员把知识当做一个社会公共物品拿来分享，而专业虚拟社区中的成员交流最多的也是专业知识。另一种研究知识流的方法是研究引文网络，通过作者引用他人的文章来研究知识的流向。通过比较虚拟专业论坛的回复关系网络和引文网络研究基于论坛的知识传播行为是否会影响到引文网中作者的地位，发现两者的关系不是很明确。基于以上的分析结果，作者给出了自己的解释。文章的研究结果对于知识传播渠道的建设有重要意义。

[关键词] 专业论坛；回复关系网；引文网；知识传播

一、引言

知识的创造与知识的传播有较大关系，可以从知识流的角度研究知识创造过程。Granovetter 认为，个体行为是嵌入在一个具体、实时的社会联系系统中；[1] Pelz 和 Andrews 及 Allen 的研究表明，人们偏好从人际关系网络中而不是从文本中获取知识，这样社会网络就成了个体搜索知识的主要路径和平台。[2] 从另一个角度来讲，知识工作者应该充分利用社会网络来传播知识。但由于非正式的知识分享行为比较难跟踪分享的细节和准确地记录知识的流动过程，而且，在商业环境中人与人之间是竞争关系的话，这也可能会隐藏知识流。这样对我们收集基于社会关系网络上的知识传播行为的数据就比较困难，随着互联网应用的不断深入，在互联网上人们由于共同的兴趣形成虚拟社区，在这个虚拟空间里人们可以自由地交流、相互帮助甚至从事交易等。知识在社区成员之间的分享产生的知识流是研究虚拟社区中知识分享与创造的先导。[3] 我们的关注点是非营利的专业虚拟社区，因为是非营利的，所以社区成员把知识当做一个社会公共物品拿来分享，而专业虚拟社区中的成员交流最多的也是专业知识，从这两点看选择专业虚拟社区来研究知识流是较好的研究对象。研究知识流的数据源自成员间的交流记录——提问与回复，因为提问与回复建立的虚拟关系构成了传播渠道。知识传播渠道对于知识传播的效果有较重要的作用，广开知识传播渠道或

---

[*] 作者简介：唐四慧：华南理工大学工商管理学院，研究方向为复杂网络、知识管理。
通讯地址：华南理工大学工商管理学院，邮政编码：510640；E-mail：shtang@scut.edu.cn。

者选择好的知识传播渠道是知识传播工作者需要关心的一件事。[4]

当前，企业及个人的生存与发展越来越取决于知识的生产、获取、共享和利用，即知识的共享和创新。如何达成知识的共享、创新就变得十分重要。创新必须具备一定的知识基础和信息基础，我们认为知识共享条件下，更容易产生创新。[5,6]这就是所谓的要站在巨人的肩膀上。引文网是一种知识共享的结果，通过引用文献的行为我们可以看出通过文章这一方式知识传播的效果。有中国期刊网这样大型的数据库，人们在查找相关文章时比较容易，通过文章来传播知识也变得容易。不同的知识传播途径有不同的特性，因此基于它们的传播人群也会不同，不同的传播途径之间会对传播人群产生什么影响，如何利用这些特点提高知识传播的效果具有现实意义。

二、产业集群论坛的知识传播网

数据来源于地方产业集群网站的论坛（http://www.clusterstudy.com/bbs/forum），论坛网的构建是以王缉慈为核心。在常用搜索引擎 www.google.cn 及 www.baidu.com 的搜索栏中输入"产业集群"关键字，都会在第一条记录显示该网站（baidu.com 上第一条为一本书，所以也可认为是该网站的第一条记录），说明该论坛在产业集群研究中比较有名。

（一）数据的收集

此次数据的收集主要是考察信息、知识的传播问题，该知识传递网络可以理解为一个有向网络，提问者 A 首先提出问题，产生一条由发送者到接收者的有向边①和边③，如果浏览者回复了提问者的问题则会产生边②。如图 1 所示：

```
浏览者  ①←  提问者 A  ③→  浏览者
        ②→
```

图 1 信息链建立示意图

在收集论坛数据时，由于所要验证的问题较简单，所以我们只考虑了单向的联系，由游览者回复给提问者的信息，也就是有向边②，有向边②代表一种有效的知识流向。例如，如果王缉慈老师回答了某位用户所提问题，这时就表示在王缉慈和该用户间建立了一条由王缉慈指向该用户的有向边，表示知识由王缉慈老师流向该用户。在知识的传播过程中，边②的重要性要比边①和边③重要，如果边②不存在，则表示问题无人回复，知识没有在论坛成员间传播。数据的收集采用的是社会网调中常用的"滚雪球"抽样法（Snowball Sampling），[7]首先用"王缉慈"关键字搜索出所有王缉慈回答的用户，构成一阶网络域，然后再以搜索出的用户名为关键词搜索他们回答的用户（此类用户中排除第一类用户名单），直到最后用户（没有回答别人的问题的用户）。

（二）数据统计与分析

数据收集截止到 2007 年 6 月 22 日。发帖数为 0 的用户表示在该论坛注册但没有提问也没有回答其他用户问题的用户，发帖数不为 0 的用户表示自己提过问或是回答了其他用户问题的用户，

表 1 论坛统计数据

论坛注册用户数	发帖数为 0 的用户数	发帖数不为 0 的用户数	王缉慈直接回帖的用户数
4746	2976	1770	561

王缉慈直接回帖的用户表示，该用户在论坛发帖提问后，王缉慈直接回复了该帖的用户。

在对回复关系网络的度分布进行统计分析后，如图2所示，发现该网络的度分布符合幂律分布，在对发帖数、累计人数取对数后，图形呈现出一条直线，R^2为0.992，表示该分布能与直线拟合得非常好，幂指数为-2.13038。

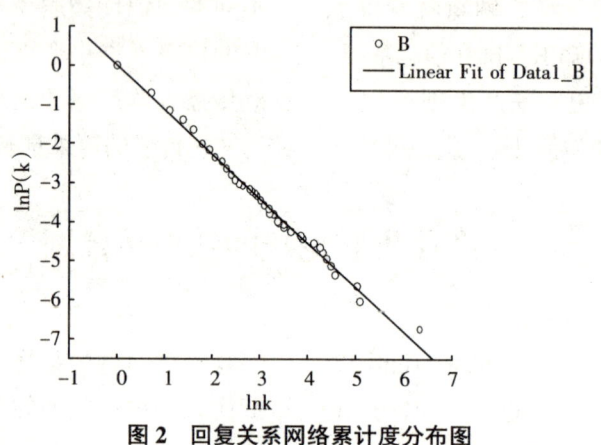

图2　回复关系网络累计度分布图

三、引文网

以往研究的引文网是用文章来做节点，被引用关系作为边，这样这个网就是一个有向网。Redner（1998）研究了由科研信息协会按目录分的783339篇论文，发现论文被引用k次的概率服从幂律，入度幂指数为3。[8,9] 本文的研究重点在知识传播，所以文章中的引文网是以作者为节点，文章如果有引用关系就连边，因此该网是一个无权无向网。

（一）数据的收集

本文的引文网数据收集是将论坛中发帖数最多的30人，找到他们的真实姓名，实验中均找到了这30个人的真实姓名，在shcolar.google.cn中以他们的姓名作为关键字查询出他们的文章或书籍被引用信息，有文章且被引用的人数为21人并用被引用者构成一个网络。整个网络的点数为3488，边有3400条（边数少于点数与文章的取样方法有关），文章主要是查证论坛发帖行为是否会对发帖者文章被引用事件产生影响，所以数据是从发帖最多的30个人开始，找出他们文章被引用的文章的作者，由此构成一个网络。

（二）数据的统计与分析

数据收集截止到2008年11月5日。在此次实验中，论坛中发帖数最多的30个人均有真实姓名，真实姓名的确认是结合论坛信息中的人名、

表2　引文网统计数据

论坛注册用户具有真实姓名者	文章有被引用的人数	文章被引用次数最多的	文章被引用次数最少的
30	21	2443	0

地址、研究方向与期刊网中的文章作者、单位、论文题目。由于有些作者发表的文章比较新，所以被引用的次数为0。文章被引用次数最多的作者为王缉慈，也是论坛发帖贴数最多的用户。

在用引文数据构建的网络中，度数最大的为王缉慈，度为2413；钱平凡，度为604。累计度分布的幂指数为1.8485，拟合优度为0.7923。这里可以看出，这次实验抽取的数据构成的引文网的幂律分布特点并不是很好，这可能与数据的选取有关。

表3　发帖数与被引用次数排名前10

	1	2	3	4	5	6	7	8	9	10
发帖数	王缉慈	刘志高	杨锐	周军民	包卿	郑燕伟	梅丽霞	钱平凡	宋周莺	张辉
被引用	王缉慈	钱平凡	张辉	文娉	刘志高	徐建牛	朱华友	郑燕伟	梅丽霞	郭金喜

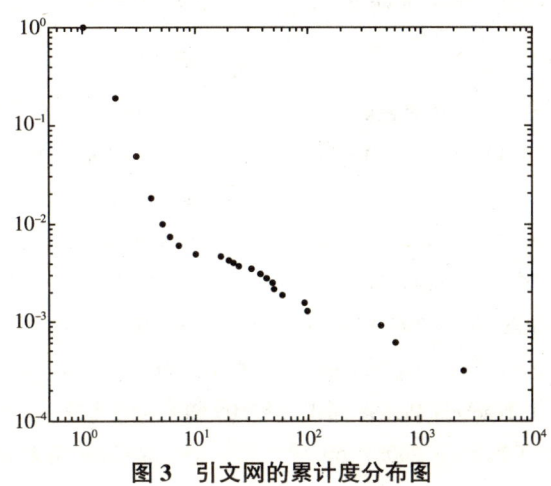

图3　引文网的累计度分布图

四、结论

在引文网中我们并没有看到发帖多的人就是文章被引用多的人，只有王缉慈老师一个，将发帖数排名与被引用排名做Pearson相关分析，得出相关系数为0.033，由此可以看出在论坛上的活跃程度与文章被引用的关系并不明显。再进一步地分析，我们将注册用户分为两类：一类为从事产业集群研究时间比较长，具有较高声望的如王缉慈、刘志高、钱平凡，还有一类是从事产业集群研究时间比较短，但有热情的年轻人如杨锐、周军民。在有声望的人群中，在论坛中活跃会对文章被引用产生一定的影响，如王缉慈。在年轻人中，则没有看见有什么帮助，如杨锐、周军民、包卿都无法在引文网的前10名中出现。这里我们可以理解为年轻人希望通过论坛提高他们的声望或知名度，由于文章的撰写有一定的周期，文章被引用的行为也会滞后一些，所以在本次数据的分析中看不出来。实验结果同国外社区研究的结果不谋而合，有学者认为对于一个社区来说，激励系统中最关键的机制是声望，在论坛中声望是随着贡献信息的增加而增加的。[10,11]

在知识传播媒介的选择上，传统的专业知识传播用的是传统的媒体如报纸、期刊。基于这样的传播途径，人们有选择地读取一些名家、相关的文献，文献的引用与很多因素有关比如基础性的文献被引用的概率会比较大；早期的文献被引的可能性比较大；文献被引用具有正反馈效应，被引用越多的文献越容易被人发现、被人引用。这样一些有声望的年长者的文献更容易被人看到，他们在知识传播过程中起到主要的作用，在这个网中年轻人的力量小一些。随着新的传播媒介论坛的出现，它的易用性、开放性获得年轻人的青睐，在这样的平台上声望是与在论坛上的贡献信息量成正相关的，与传统的声望相关较小，所以年轻人更喜欢利用这个平台来发表自己的观点，传播自己认为有用的知识。论坛中的帖子长度并无规定，所以在这里共享观点不用受到文章发表要求的限制，这可能也是年轻人喜欢在这里的原因之一。文章在构造引文时数据的收集有些粗糙，还可以细化；结果的分析定性分析较多，今后可以加多一些数量化的指标，使分析更充分。

参考文献

[1] Granovertter, Mark S.The Strength of Weak Ties [J]. American Journal of Sociology, 1973, 78 (6): 1360-1380

[2] Andrew K M, Delahay B L. Influences on Knowledge processes in organizational learning: The psychosocial filter [J]. Journal of Management Studies, 2000 (37): 797-810

[3] Fu-ren Lin, Sheng-cheng Lin, Tzu-ping Huang. Knowledge Sharing and Creation in a Teachers' Professional Virtual Community [J]. Computers & Education 2008, 50: 742-756

[4] Cowan R, Jonard N . Network Structure and the Diffusion of Knowledge [J]. Journal of Economic Dynamics&Control, 2004 (28): 1557-1575

[5] Piergiuseppe Morone, Richard Taylor.Knowledge Diffusion Dynamics and Network Properties of Face-to-face Interactions [J]. Journal of Economic Dynamics, 2004, 14: 327 351

[6] Petter Holme, Christofer R. Edling, Fredrik Liljeros. Structure and Time-Evolution of an Internet Dating Community, cond-mat/0210514V2

[7] 刘军. 社会网络分析导论. 北京：社会科学文献出版社，2004

[8] Watts, D. J.. Networks Dynamics and the Small World Phenomenon. American Journal of Sociology, (1999) 105 (2): 493-527

[9] Newman M E J.The Structure and Function of Complex Networks [J]. SIAM Review, 2003, 42 (2): 167-256

[10] Yochai Benkler, Helen Nissenbaum. Commons-based Peer Production and Virtue [J]. The Journal of Political Philosophy, 2006 (14): 394-419

[11] Yochai Benkler. The Battle over the Institutional Ecosystem in the Digital Environment [J]. Communications of the ACM, February, 2001 (44): 84-90

从结构到内容——社会网络理论中主要研究问题的讨论*

[摘要] 社会网络是当前社会学、组织研究领域研究的热点。本文回顾了社会网络理论的发展简史，对在社会网络理论研究中具有里程碑意义的五位理论大师的研究工作进行了梳理和总结，提出了当前的社会网络研究中存在着个体与结构的分析视角、社会资本的类型与作用机理的研究争论。本文认为，研究争论的合理解决，需要打破社会网络理论研究中传统的静态结构主义分析逻辑，应更多考虑到网络内容变量；并将个体的资源获取方式与资源获取类型作为分析社会资本的出发点，讨论了如何从资源整合的角度实现不同社会资本的优势互补。最后本文就社会网络理论涌现出来的一些新问题进行了分析和讨论。

[关键词] 社会网络；社会资本；网络结构；网络内容

一、引言

社会网络理论在其数十年的发展历程中，经历了数次波峰与波谷的交替，引发了学术界的广泛关注与参与，如今已成为经济学、社会学、组织领域的研究热点。社会网络理论主张从网络结构或个体在网络结构中的位置出发来分析解释个体行为，提供了一个以往理论不曾关注过的独特的研究视角，通过与数学研究方法、计算技术的紧密结合发展了一整套可操作化的测量与分析工具，使之长于对组织社会现象的定量分析。这些优势不仅推动了自己领域的研究，也对组织领域的主流研究工作产生了重要的影响。[1-5]

随着研究的深入，社会网络理论的这种结构主义分析逻辑受到学术界的质疑，网络结构分析技术是否构成了一种理论也激发了广泛的讨论。[6]通过对社会网络理论发展过程中重要的理论观点的总结，我们认为争论的焦点主要集中在个体与结构分析视角的定位，社会资本的类型与作用机理的讨论上面，围绕这两个问题的研究成为现今组织领域研究的焦点。当前研究表明，社会网络理论研究的关注点已经逐步从对网络结构的分析转向对网络内容的关注，不同于网络结构的对于个体所嵌入的宏观网络结构特征的分析，网络内

---

* 作者简介：席酉民：生于1959年，陕西长安人，西安交通大学管理学院教授，西交利物浦大学代理执行校长，研究方向：和谐管理理论、战略管理、领导行为等；张华：生于1981年，辽宁葫芦岛人，西安交通大学管理学院博士生，研究方向：社会网络、计算数理组织理论。
基金项目：国家自然科学基金优秀创新研究群体资助项目（No.70121001）；国家自然科学基金资助项目（No. 70772109）。
通讯地址：西安交通大学管理学院，邮政编码：710049；西交利物浦大学，邮政编码：215123。

容更关注于网络中流动的资源,更关注具体的成员间关系、个体属性、与具体的行为偏好。[7] 对网络内容的关注不仅仅是引入了一些过去研究中忽略的情景变量,更重要的是其体现了对以往社会网络研究中传统的静态结构主义分析逻辑的挑战。

本文从网络内容的角度,对个体与结构分析视角的定位,社会资本的类型与不同的作用机理进行了讨论。我们认为,研究争论的合理解决,需要打破社会网络理论中传统的静态结构主义分析逻辑,应更多考虑到网络内容变量。社会网络既对个体行为提供了约束又给个体提供了一个发展的舞台,网络结构、个体的属性与行为特征应一并纳入我们的研究视野;本文主张应从个体的资源获取方式与资源获取类型作为分析社会资本的出发点,并从资源整合的角度讨论了如何实现不同社会资本的优势互补问题。

二、社会网络发展简史与问题的提出

在社会网络理论发展的进程中涌现出了很多杰出的研究学者,他们的研究工作为社会网络理论的发展起到了巨大的推动作用。限于文章篇幅,我们将按照时间顺序,简要介绍那些具有开创性贡献的学者的研究工作,他们对社会网络理论的发展具有里程碑式的贡献。

(1) 活跃于20世纪早期的德国社会学家齐美尔是社会网络理论的鼻祖,他从对社会形式与社会内容、个体与群体、自由与约束的讨论中,倡导社会学家应从群体的视角来研究个体行为。齐美尔的思想对后世影响很大,具有极强的结构主义色彩。[1]

(2) 怀特,20世纪70年代美国社会学家中的代表人物,当代社会网络理论的创始人之一。怀特的研究继承了齐美尔的研究思路,把社会网络结构视为一个客观存在,从结构、网络视角去解释行为和关系,研究结构对行为的影响。这个研究思路的前提在于对网络结构的描述,因此逐渐演变成对网络描述技术的开发。随着图论等数学工具的引入,社会网络研究从描述性研究转向了分析性研究。但是,当研究变得"技术化"了以后,能够理解和应用这种方法的人却越来越少了,于是社会网络的研究逐渐脱离了社会学研究的主流,成了相关学术研究者们小圈子的游戏。[6][8]

(3) 怀特的学生格兰挪威特于1973年提出弱关系的强度,由于其对具体问题的关注使得社会网络研究重新回到社会学研究的主流。[2] 格氏的研究从对"低度社会化"与"高度社会化"的讨论开始,于1985年提出了"内嵌性"的概念,[3] 对人们的行为提出了一个新的解释逻辑,即从人们所处的具体的社会关系的角度来解释人们的经济行为,强调社会网络结构对于人的制约作用。

(4) 科尔曼从功利主义的视角于1986年提出社会资本的概念。[4] 他从理性选择的角度出发,认为人们可以利用社会网络来获得社会资源以及社会地位。他认为,强关系、闭合的网络保证了相互信任、规范和惩罚的建立和维持,这些可以保证成员能够动员网络资源。科尔曼的开创性工作,引发了后续对社会资本概念与实证研究的蓬勃开展。

(5) 博特于1992年提出结构洞理论。[5] 他秉承了科尔曼的功利主义视角,但另辟蹊径,提出没有重复的信息源才是最重要的社会资本。所谓结构洞就是没有重复的信息源,一个人所占有的不重复的网络越多,其潜在的收益就越大。社会资本与结构洞的提出,使得社会网络在商学界产生强烈反响,从20世纪90年代开始,社会网络

理论成为组织领域研究的主流。[9~11]

通过对以上五位大师研究工作的总结,我们可以看出社会网络理论中业已存在着的两种研究争论:对个体与结构分析视角的定位问题与社会资本作用机理的讨论。首先从以上的研究总结中,我们可以归纳出社会网络研究的两种基本思路:一种是传承于齐美尔的结构决定行为的结构主义思路;另一种是基于个体理性选择的功利主义思路。其中,前三种的研究都是基于结构决定论的思路;科尔曼是功利主义的研究思路,开始将个体纳入分析的视角中来;而博特的思想,既包含结构主义又包含功利主义:他一方面强调网络的功利性,认为一个人如果能很好地运用网络,他的境遇就会得到很好的改善;另一方面,他又强调了一个人所处的网络特点,即富于结构洞的网络将带来最大的收益。同时,我们还可以看出对社会资本的不同研究视角,即社会资本的作用机制之间的矛盾:是闭合的网络还是富于结构洞的网络能带来更大的社会资本?社会资本的哪种作用机制起主导作用?这两个问题自20世纪90年代以来就一直是学术界争论的焦点主题,本文正是试图从网络内容的角度就这个问题进行讨论,辨析社会网络的分析立足点与社会资本的类型和作用机理。

三、个体与结构定位、社会资本作用机制的讨论

(一) 个体与结构——分析视角的定位

社会网络理论最重要的一个特点在于其放弃了传统的以个体为研究对象的原子论分析思路,它关注于个体间的关系,从群体的视角去解释个体行为。心理学关心的是个人的心理机制和经验如何归纳和处理信息。与之类似的经济学也是在提出理性人的假设之后,讨论人们在理性选择的框架里是如何行为的。而社会网络主张从网络的结构特征与个体在网络中所处的结构位置来分析个体的行为。社会网络的兴起也正是由于这一独特的分析视角,弥补了制度学派、心理学研究的空白。

心理学家关注的是个体特质:因为每个人的资质不同,信息归纳与处理的方式不同,所以导致个体行为的不同;社会学家关注的是网络结构:因为网络结构不同而且网络地位因人而异,所以人们表现出不同的行为。这本是两个不同的解释角度,可当今的问题是,两者缺乏足够的对话。社会网络研究存在着一个基本导向,只关注静态的网络结构,忽视具有能动性的个体行动者。[6]网络研究强调对成员行动的外在结构限制(或机会)而缺乏对个体行为的内在驱动力的解释。[12]更有一些"坚定"的结构主义理论家主张结构是各种社会安排所体现出来的模式,其享有优于个体行动的本体论地位。[6][13]如在对个体创造力的研究中,心理学视角的研究者过高地关注于个体特质对创造行为的影响,而忽视了情景变量,从而导致研究者只关注那些具有创新特性的人,探讨富有创意的人的人格特征,试图发现具有较高创造力的人的特殊心理特征;[14]而社会学视角的研究者只关注个体所处的网络结构,认为特定的网络结构决定了个体创造力的高低。

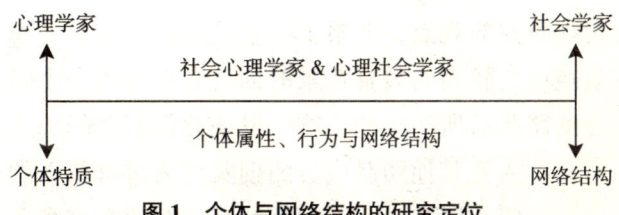

图1 个体与网络结构的研究定位

从心理学的个体特质思路我们推导出：只有天才才有创造力；而从社会学的网络结构思路推理，我们得出结论：网络结构对创造力有决定作用，也就是说，任何人放在一个特定的网络结构中都会具有创造力。显然这两种结论都是错误的，这两种思路都有问题。而问题就在于，那些侧重于网络结构忽视了个体的社会学家和那些研究个体特质而忽视个体所潜入的社会网络的心理学家之间存在着一个结构洞。我们认为，双方应实现握手，如图1所示，以"社会心理学家"或者"心理社会学家"的视角，同时考虑到个体属性、行为与个体所潜入的网络结构才能让我们的研究进展得顺利。[15]

成为一个所谓"社会心理学家"就要同时考虑到网络结构与网络内容。不同于网络结构的对于个体所嵌入的宏观网络结构特征的关注，网络内容更关注于网络中流动的内容，更关注具体的成员间关系、个体属性与连接对象的特征。网络结构关注资源获取方式，网络内容则关注资源获取的内容。[7] Rodan S.[16] 在知识工作者创新绩效的研究中，一针见血地指出，如果创新的本质是知识的重组，而重组的前提在于异质知识的获取，那么无论稀疏网络还是闭合网络不过是异质知识的代理。他的研究从个体所接触到的异质知识出发，从异质知识的角度考察对个体创新绩效的影响。无论个体处于何种网络结构中，个体探索型创新的强弱依赖于个体接触到的异质性知识的多寡。Perry-Smith[17,18] 也关注到网络内容的特点，提出非冗余信息和网络成员的背景异质性将调节弱关系数量与创造力的关系。Fleming L.[15] 提出边际收益的观点，考察了一个具有较为丰富的职业经历与较高的教育背景的创新者在加入一个闭合的团队后所产生的影响，发现此创新者的加入对其本人及其他团队成员的创新行为都有积极的影响。闭合网络中由于频繁的交流互动在有利于改进型创新的同时，将不可避免地带来成员知识的同质化，抑制了对知识广度要求较高的探索型创新的开展。而具有异质知识的创新者的加入将改变这样的状况，新加入者带来的新鲜的、异质知识将通过闭合网络迅速地传遍整个创新群体，对摆脱群体的路径依赖，开展探索型创新具有积极意义。以上是将个体属性引入其所在的网络结构的例子，而 Obstfeld D.[19] 根据齐美尔的思想，相比于 Burt 的结构洞所提出的个体"分而治之"的第三者策略，[4] (Jertius Gaudens) 提出了与之相对的"协调促进"的行为策略（Tertius Iungens），并通过实证研究表明采用协调促进手段的个体的创新性参与强。在稀疏网络中，多样化的知识大多以分散的状态存在，针对网络成员无法集中，无法对某一特定问题深入探讨的缺点，采取协调策略的个体将使得相关知识拥有者得到就某一问题深入探讨的机会，从而增强网络成员的创新行为。他的研究考虑了个体的行为偏好，其潜在的假设在于个体的行为偏好与网络结构之间不存在必然的联系。这些研究的一个共同特点就是，没有将网络结构或者个体特质作为唯一的解释变量，而是同时考虑了网络结构、个体属性、行为偏好，这种网络内容与网络结构并举的研究思路有利于研究工作的顺利进行。

（二）资源整合视角下的优势互补——社会资本作用机制的讨论

对于何种类型的网络结构产生社会资本，科尔曼和博特给出了截然不同的答案。科尔曼认为，闭合的网络是社会资本的来源。闭合网络中成员间的频繁互动促进了成员间彼此的信任，网络成员由于彼此信任而乐于分享知识，从而信息可以自由流通。闭合网络也有助于组织规范（Norm）的形成，频繁的互动促进了团队的集体行为（Collective Behavior），这对个体的不道德行为与群体所不期望的行为的产生具有较强的抑制作用，人们可以放心地转移资源和信息，促进资源的组合和交换；[4][20]而博特主张，信息的价值在于其类型而不在于流动的快慢与多寡，网络中那些非冗余的异质信息才是最宝贵的，因此结构洞是社会资本的重要来源。稀疏网络中成员间大多为弱关系，意味着个体能连接到各种具有不同观点、持有不同观察视角的人，这就使得个体能够在一个更广泛的范围内寻找机会。同时，结构洞亦带来了结构上的控制优势，个体可以根据自己的需要进行信息的筛选，从而具有优于他人的社会资本。[5][21]

这种看似相互对立的观点其实并不矛盾，两种观点基于的是不同的分析视角。我们可以看到不同的作用机理造成了闭合网络与稀疏网络，强关系与弱关系都具有各自的优势与劣势。闭合网络优于稀疏网络的地方在于行动上的优势。身处闭合网络的个体，由于与其他成员间的强关系，有利于隐性的、专属的、复杂知识的转移，一项新的想法可以迅速地扩散到整个网络并得到深入的讨论。但信息的充分传播也带来成员间知识的同质化，闭合网络缺乏异质的信息（the Ideal Problem）；[19]而由各种具有不同观点、持有不同观察视角的人组成的稀疏网络，则具有丰富的异质信息，是各种思想、观点的交汇地。但也正是由于彼此之间的软关系，信任还没有建立起来，而且彼此背景的差异也造成了深入交流与合作的困难，因此稀疏网络在信息整合方面没有优势（the Cction Problem）。[19]分析视角的差异、个体任务导向的不同导致了两种类型的社会资本。闭合网络试图解决的是协作型的任务问题，在这里共有社会资本（Communal Social Capital）在发挥作用；稀疏网络体现的结构洞观点，试图解决的是效率型任务问题，在此链接社会资本（Linking Social Capital）发挥作用。[11]

在明确了社会资本的不同作用机理之后，一方面我们可以解决由此带来的研究悖论：如Fleming在合作网络对个体创造力的影响的研究中，将创造力分为创意的提出阶段与创意的发展阶段，研究表明，稀疏网络有利于创意的产生，而闭合网络有利于创意的发展；[15]张华将双E理论引入个体分析层次，将个体创造力分为探索型创新行为与改进型创新行为，提出闭合网络有利于改进型创新，稀疏网络有利于探索型创新。[22]另一方面，一个新的问题涌现出来：我们如何同时具有两种类型的社会资本，使之优势互补？

尽管社会资本定义的外延还存在一些争议，但其内涵已非常明确，即认为有助于行动的社会结构是一种可利用的资源。既然是资源，就可以整合以期达到优势互补。当前的研究表明，在Team或Project层次上可以实现两类社会资本的整合。Reagans在对研发团队构成的研究中，[23,24]将个体的网络关系视为与年龄、教育背景等与人口统计学特征类似的变量，认为这样的一个团队有利于达到最佳绩效水平：团队成员内部发展成闭合网络特征的强关系，在协作性社会资本的作用下，有利于知识的流通以及整个团队沿着某一主题的深入研究；而从团队外部的视角看，团队成员应具有广泛的弱关系，这些弱关系为团队带来源源不断的异质知识。这样就既保持了团队知识的多样性，又有利于团队保持足够的专注，从而整合了两种类型的社会资本。无独有偶，Cattani在好莱坞电影行业的研究中，绘制出了本行业中所有从业人员的合作网络，然后考察了合作网络对个体创新绩效的影响。[25]他的研究表明，由网络中心与网络外围构成的电影拍摄团队，其团队成员的创新绩效较高。其原因也在于对两类社会资本的成功整合：外围成员约束少，容易接触到各种新鲜的想法，而网络核心成员具有各种资源，有利于将想法付诸实现。社会资本的优势互补在企业网络研究中也得到了关注。Tiwana 的研究表明，在 Project 层次上，具有强关系的企业与具有弱关系的企业合作，将有利于克服两者行动的困难与信息的困难，有利于实现知识整合，从而提高企业的战略柔性。[26]

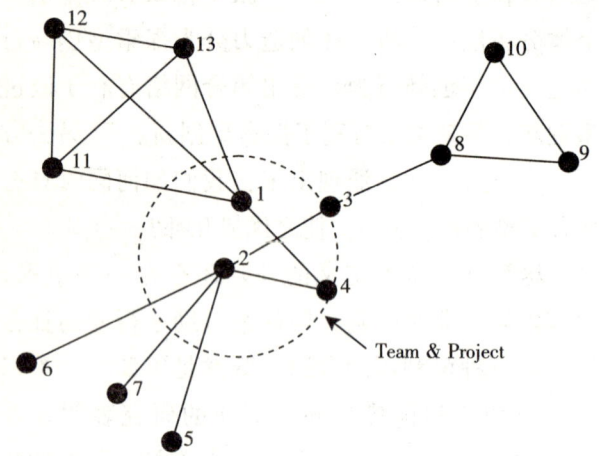

图 2　在 Team 或 Project 层次上实现社会资本的优势互补

以上的研究都将个体的社会资本视为个体自身属性的一种，将具有不同社会资本的个体通过 Team 或者 Project 的形式聚集在一起，就达到了整合资源、实现不同类型的社会资本优势互补的目的。如图 2 所示，这些研究体现的思想，我们都可以从齐美尔在对个人与群体的两重性的讨论上找到一些端倪。齐美尔认为，在研究个人时不能从孤立的个体出发，而应该从其所在的社会网络入手，这造成了社会网络的结构主义分析逻辑。但齐氏还有一个重要的思想却在我们现在的研究中没有得到足够的重视，那就是当一个人进入网络以后，他不仅仅是这个网络中的一个点，而同时将其以往的各种网络关系都带了进来。[1][8] 正是这种个体与群体的双重性，使得我们今天的研究要注意到成员在团队内外社会资本的区别，明确不同类型社会资本的作用机理，从而找到优势互补的方法。当前社会网络研究中的"复古"思潮，体现了学术界已不再唯结构论。社会网络既对个体行为提供了约束又给个体提供了一个发展的舞台，网络结构、个体的属性与行为特征应一并纳入我们的研究视野。

四、进一步的讨论

本文从网络内容的角度，讨论了社会网络研究中的个体与结构的分析视角定位与社会资本的作用机理，以及不同类型的社会资本的优势互补问题。网络内容的引入，将使得个体的异质性与能动性纳入考察视野，这就涉及网络与个体的协同演化问题。即一方面，网络结构为个体提供了机会与约束，是个体行动的边界；而另一方面，个体的认知、行为又不断地对其所处网络施加影响力。[6] 从动态的角度来看，个体与网络结构之间是相互影响、协同演化的。[27] 而今学术界也有学者呼吁社会网络理论的研究应该从对结构的分析研究中走出来，要尝试去阐释结构本身是如何出现和消失的，要从对结构洞将给人们带来什么的讨论到探究结构洞是如何产生、消失的。[28] 即把时间变量引入网络研究中来，要理解网络结构如何随着时间进程而变化。网络内容的引入将使得社会网络理论更多地关注于以往的研究所没有涉及的诸如网络的涌现与演化，个体的知识获取过程等问题。基于结构分析的社会网络分析工具也是基于一个时点上的分析，还无法实现对网络演化的预测。这些都要求复杂性研究与计算机仿真技术的引入，才能对组织的运行状况进行动态模拟，我们也期待着具有一定预测能力的"动态"网络分析工具的开发。

在对社会资本的研究中，似乎所有的研究都忽略了网络成本的问题，周雪光对此的评价为"经济学的成本代价的概念根本没有进入社会学的理论思维"。[8]格兰挪威特说弱关系可以带来非重复性的信息，但"弱关系是可遇不可求的"，[8]要搜寻多少弱关系才能得到信息？而这些信息中有多少是非重复的、有用的？这些都意味着要把网络的构建成本考虑进去。同理，还有波特的结构洞理论，结构洞优势的发挥除了个体的行为偏好（如上文讨论过的"分而治之"策略与"协调促进"策略）之外，更多的是要考虑到社会资本的实现成本，也许在现实中，更多的时候我们看到了结构洞而无能为力。因此，网络成本的引入将使社会资本的研究更加完整。

参考文献

[1] 齐美尔，林荣远. 社会学：关于社会化形式的研究[Z]. 北京：华夏出版社，2002

[2] Granovetter M.S. The Strength of Weak Ties [J]. American Journal of Sociology. 1973, 78 (6)：1360

[3] Granovetter M. Economic Action and Social Structure：The Problem of Embeddedness [J]. American Journal of Sociology. 1985, 91 (3)：481

[4] Coleman J.S. Social Capital in the Creation of Human Capital [J]. American Journal of Sociology. 1988, 94：95-120.

[5] Burt R.S. Structural Holes：The Social Structure of Competition [M]. Harvard University Press, 1992

[6] 马汀, 奇达夫, 蔡文彬. 社会网络与组织 [Z]. 北京：中国人民大学出版社，2007

[7] Kijkuit B, Van E.J. The Organizational Life of an Idea：Integrating Social Network, Creativity and Decision-Making Perspectives [J]. Journal of Management Studies. 2007, 44 (6)：863-882

[8] 周雪光. 组织社会学十讲 [M]. 北京：社会科学文献出版社，2003

[9] Ghoshal S., Nahapiet J. Social Capital, Intellectual Capital, and the Organizational Advantage [J]. Academy of Management Review. 1998, 23 (2)：242-266

[10] Tsai W, Ghoshal S. Social Capital and Value Creation：The Role of Intrafirm Networks [J]. Academy Of Management Journal. 1998, 41：464-476

[11] Adler P. S., Kwon S.W. Social Capital：Prospects for a New Concept [J]. Academy of Management Review. 2002, 27 (1)：17-40

[12] 周密, 赵文红, 姚小涛. 社会关系视角下的知识转移理论研究评述及展望 [J]. 科研管理. 2007, 28 (03)：78-85

[13] 曾鹏. 社区网络与集体行动 [M]. 北京：社会科学文献出版社，2008

[14] Barron F., Harrington D. M. Creativity, Intelligence, and Personality [J]. Annual Review of Psychology. 1981, 32 (1)：439-476

[15] Fleming L., Mingo S., Chen D. Collaborative Brokerage, Generative Creativity, and Creative Success [J]. Administrative Science Quarterly. 2007, 52 (3)：443-475

[16] Rodan S., Galunic C. More than Network Structure：How Knowledge Heterogeneity Influences Managerial Performance and Innovativeness [J]. Strategic Management Journal. 2004, 25 (6)：541-562

[17] Perry-smith, J.E., Shalley C.E. The Social Side of Creativity：A Static and Dynamic Social Network Perspective [J]. The Academy of Management review. 2003, 28 (1)：89-106

[18] Perry-smith J.E. Social Yet Creative：The Role of Social Relationships in Facilitating Individual Creativity [J]. The Academy of Management Journal. 2006, 49 (1)：85-101

[19] Obstfeld D. Social Networks, the Tertius Iungens Orientation, and Involvement in Innovation [J]. Administrative Science Quarterly. 2005, 50(1)：100-130

[20] Reagans R., Mcevily B. Network Structure and Knowledge Transfer：The Effects of Cohesion and Range [J]. Administrative Science Quarterly. 2003, 48 (2)：240-267

[21] Burt R.S. Structural Holes and Good Ideas [J]. American Journal of Sociology. 2004, 110(2)：349-399

[22] 张华, 席酉民, 丁琳. 社会网络对个体创造力的

影响研究[J]. 科学学与科学技术管理. 2008, 已录用

[23] Reagans R., Zuckerman E.W. Networks, Diversity, and Productivity: The Social Capital of Corporate R & D Teams[J]. Organization Science. 2001, 12(4): 502-517

[24] Reagans R., Zuckerman E., Mcevily B. How to Make the Team: Social Networks vs. Demography as Criteria for Designing Effective Teams[J]. Administrative Science Quarterly. 2004, 49(1): 101-133

[25] Cattani G., Ferriani S. A Core/Periphery Perspective on Individual Creative Performance: Social Networks and Cinematic Achievements in the Hollywood Film Industry[J]. Organization Science. 2008, Articles in Advance: 1-21

[26] Tiwana A. Do Bridging Ties Complement Strong Ties? An Empirical Examination of Alliance Ambidexterity[J]. Strategic Management Journal. 2008(29): 251-272

[27] Hanaki N., Peterhansl A., Dodds P.S., et al. Cooperation in Evolving Social Networks[J]. Management Science. 2007, 53(7): 1036

[28] Salancik G R. A Good Network Theory of Organization[J]. Adminstrative Science Quarterly. 1995(40): 345-345

师生共建型科研团队构建问题的研究[*]

[摘要] 当今社会，科研团队的普及越来越广泛。本文主要是研究高校师生共建型科研团队的构建特点。本文在回顾团队相关知识的基础上，首先介绍了科研团队的概念和特征，提出了基本研究思想，即通过师生合作网络内部的论文合作情况来表示师生科研合作的情况。然后，我们运用社会网络分析考察了团队规模、团队的网络密度及团队论文总量对团队人均论文数量的影响。最后对师生共建型科研团队的构建提出合理的建议。

[关键词] 科研团队；社会网络；论文合作网络；社会网络分析

一、前言

随着科技的飞速发展和社会的日益开放，新的科学发现和重大进展仅靠单兵作战已很难实现，合作科研、团队攻关已成为现代教学技术研究活动的内在要求。同时，要承担大项目，必须解决的三个关键问题。而我们在这里主要期望通过对师生共建的科研团队的结构特点进行分析，从而对该类型团队的构建提出合理的建议，以提高该团队的整体科研水平，特别是提升教师的科研成就和地位。

现代科学理论发展的一个重要特点是学科之间的快速渗透，跨学科、跨地域的合作研究加强，在期刊上主要表现为论文作者合著率的不断提高。重大课题需要众多人力和多学科的参与，形成群体优势，相互取长补短，才能提高学术水平和科研效率。而目前，我国高校的师生共建型科研团队最直接的合作表现就是论文合著。因此，我们希望能通过对团队内部论文合作的特点的研究，来了解团队内部合作的特点，并分析这些不同的特点。大成果、建设好学科，更需要有高水平的学术团队。与科研院所相比，由于近年来国家对高等教育投入的加大，高校的研究条件已得到很大改善；在这种情况下，高校科研团队应运而生。高校科研团队是以科学技术研究与开发为内容，由为数不多的技能互补、愿意为共同的科研目的、科研目标和工作方法而相互承担责任的科研人员组成的群体。

我们主要研究的是高校中师生共建型科研团队[1]的构建问题。师生共建型科研团队是新时期高校深化学生第二课堂科研创新活动、辅助提升老师科研成果水平的一种新途径和新办法。加强

---

[*] 作者简介：彭菡、刘文兴：华中科技大学管理学院。

开放实验室的管理和建立开放式团队，建立责任共担机制，探索出切实可行的运行机制是师生共建型科研团队。

二、相关理论及文献回顾

要谈师生共建型科研团队，我们必须先明确一下团队的内涵，因为科研团队只是团队的一种。团队是企业中的一种组织模式。它的运作模式的实践由来已久，但团队运作模式的理论直到20世纪70年代日本的"质量管理小组"风行以后才建立起来。早期的团队模式只是负责提出和讨论问题并建议解决问题的方案，即建议或磋商团队，后来出现任务定位更广泛的"特殊目标小组"，工作包括改善和重新设计流程，与上级、同级或下级的内部沟通，还负责与外部的顾客或供应商联系，因此包括了执行方案的工作领域。到了20世纪90年代出现所谓的"自我管理小组"，他们把以往各层次的职能和责任，转化为小组所需负责的任务。团队工作运作模式从过去较简单演变到了较复杂的技术并成为一种被广泛应用的管理技巧，并且它所带来的优势有助于提高组织的生产率、生产质量以及团队成员的精神意志，并直接改进了组织的业绩。

美国著名的管理学教授、组织行为学的权威斯蒂芬·罗宾斯（1994）认为："团队是指一种为了实现某一目标而由相互协作的个体所组成的正式群体。"在我国，把团队引入科学领域以后称之为科研团队，它相当于西方企业中的项目/开发型团队。科研团队，作为合作创新的一种有效组织形式，适应了当代科技发展的趋势，有利于成员的合作与互动，增强组织灵活性与创新力，成为当前教育界与管理者关注的热点之一。目前，高校中主要的科研团队有师生团队、学科团队、项目团队。其中，对学科团队和项目团队研究的比较多，对师生团队的研究比较少。

在该研究中，我们将一个师生共建的科研团队视为一个合作网络。我们期望用这个网络内部的成员之间在期刊上发表论文的合作情况来表示该合作网络科研合作的紧密程度，进而通过分析的数据看这种紧密程度对于该网络的整体科研成果有什么样的影响，或者说看这两者间是否存在一定的联系。

在研究这些关系之前，我们也要先了解一下论文合作网络。

论文作者的合作网络是一个社会网络，即人和人之间为了达成某种目标所建立起的相互作用和影响的一种关系。在人际关系网络中，人与人之间进行着互利性的配合和协作，实现一种目标。

社会网络研究产生于20世纪20~30年代的英国，英国人类学家拉德克利夫·布朗首次使用"社会网络"的概念。30年代美国社会心理学家莫雷诺创立的社会测量法为社会网络分析奠定计量分析基础。60年代是美国社会网络研究快速发展时期，到了70年代，它开始成为一个拥有自己的学术刊物、专业社区和一大批专业领域研究者的重要分支领域。1978年，国际网络分析（INSNA：http://www.insna.org/）组织宣告成立，这标志着网络分析范式的诞生。此后，在网络分析的一些重要概念得到深化的同时，一些网络分析软件也应运而生。60年代以来，White以及Boorman，Brieger，Freeman等人基于图论提出了社会网络分析方法，社会网络分析方法的出现大大改进了人们研究社会学方面问题的模型。随后，社会学家运用社会网络分析方法提出了传染病、新知识传播理论、组织结构形成理论等研究课题。90年代开始,社会网络分析方法和理论在全球社会学界得到了公认。[2]

所谓的论文合作网络就是指网络由某个或某几个领域的学者构成,其中结点是作者,如果作者共同写了一篇论文则两个结点相连接。从目前国内外的研究来看,国外现在基本采用的是科学计量方法、统计分析方法与社会网络分析方法相结合,偏重采用社会网络分析方法;国内主要采用科学计量分析方法,网络分析方法方面还比较欠缺。本文采用社会网络分析方法对高校师生共建型团队的论文合作网络进行分析。

社会网络研究的出发点在于:个体作为社会人,必然处于各种特定的社会环境之中,而这种环境中的社会互动、社会关系对个体的思维、行为产生影响,最终导致个体行为的产生。从这个意义上来说,个体行为不仅仅是由个体的自身特点,比如性格、气质、爱好等来决定的,而且受其所在环境的影响。

社会网络分析作为西方社会学的一个重要分支,社会网络分析从20世纪30年代末出现并在最近20多年得到了重要发展。社会网络分析是研究社会结构的最新方法和技术,也是一种全新的社会科学研究范式。

社会网络分析是社会网络理论中的一个具体工具,就是对人与人之间、群体之间、组织之间、计算机之间,或者是其他信息、知识处理实体之间的关系进行描述,并对其价值进行估量的这么一个过程。网络中的结点是人或群体,网络中的联系表示结点之间的关系或者是相互之间的流动方向。社会网络分析为人与人之间的关系提供了视觉上和数学上的分析工具。了解网络及其参与者的办法之一就是对行为者在网络中的位置进行评价,进而得出一个结点的中心性,而中心性决定着结点在网络中的地位和权力大小。[3]

三、数据采集及分析

(一) 数据的采集及处理

本文的数据主要采用的某高校管理学院工商管理系、管理科学与信息管理系和生产运作与物流管理系的博导及其博士生的论文合作情况。论文的时间范围定在1999~2008年,通过对这10年的数据进行分析来反映中国管理类师生合作网络的状况。

数据的采集主要是完成论文的筛选、原始数据的收集以及数据组织等工作。数据的来源主要是中国学术期刊全文数据库,在这个数据库里基本可以找到这10年中的所有论文。

在数据的采集过程中,笔者对搜索到的论文进行了仔细筛选。如果期刊编辑不对论文的署名人数加以限制,那么我们就认为参加署名的人员就是实际参与科研合作的人员。

原始数据是以博导为单位存储在作者自建的数据库中,文件里主要记录了"导师系别"、"导师姓名"、"学生姓名"及"论文合作数量"等信息。其中,"导师系别"是从该校管理学院主页得到的,"导师姓名"是直接记录的,"论文合作数量"是对两者间合作论文的所有记录统计所得。

由于从数据库里采集到的数据都是原始数据,必须根据研究的需要对这些数据进行整理。同时,我们剔除了样本网络中结点数小于3的团队网络,以及从论文作者所注信息难以确认的博士生的结点。这样，符合本文要求的样本量相对来说比较少，但是经过分析得出的结果也能反映该类型网络的部分特点。

我们将每个合作网络中各结点间合作的论文数量记录下来，构成一个数量矩阵，再根据该数量矩阵确定各结点的关系矩阵。本文的数据分析是基于社会网络分析的学术软件包——UCINET 6。通过该软件分析，我们可得到各合作网络的网络密度，如表1所示。

表1 各合作网络的网络密度

编 号	系 别	团队规模	网络密度	论文总量	人均论文数
1	工商管理系	9	0.2361	46	5.11
2	工商管理系	16	0.1417	75	4.69
3	管理科学与信息管理系	16	0.1917	92	5.75
4	管理科学与信息管理系	5	0.4000	12	2.40
5	管理科学与信息管理系	10	0.4667	79	7.90
6	管理科学与信息管理系	28	0.0569	72	2.57
7	管理科学与信息管理系	34	0.0196	44	1.29
8	生产运作与物流管理系	27	0.0484	92	3.41
9	生产运作与物流管理系	12	0.1364	35	2.92

（二）数据分析

为了更直观地分析和对比每个网络的特点，我们也用 UCINET 软件生成了各网络的连接图，如下九个网络图所示，其中每个图的结点1为该网络中的博导的结点。我们可以清楚地看到，九个网络中结点1的中心性明显高于其他所有结点，这也是符合实际情况的。

我们综合表1的数据和以下9个图来分析。

由表1，我们可以看出，人均论文数在1~3的有网络4、6、7、9，人均论文数在3~5的有网络2、8，人均论文数在5以上的有网络1、3、5。

首先，我们分析网络4、6、7、9。

网络4的密度很大，但由于团队规模的限制，并且各博士生之间并没有合作，就导致该网络论文总量无法提高，致使人均论文数偏低。

网络6有八个孤立结点，这表示该八个结点与网络中的其他结点没有任何合作，该网络的网络密度也是偏低。该网络规模比较大，但由于各结点相互间的合作少，致使论文总量相对其他网络完全没有优势，也就导致人均论文数偏低。

而网络7，虽然团队规模相当大，但是网络密度却相当低，从图中可看出该网络的孤立结点相当多，表示博士生之间也是几乎没有合作，也就导致了和网络6一样的人均论文数偏低。

网络9的团队规模与网络5最接近，但是可看出两者的网络密度相差甚大，网络密度明显很高的网络5的论文总量也远大于网络9，这也不难分析网络9的人均论文数会偏低。

其次，我们再来看一下网络1、3、5，这三个网络的人均论文数相对较高。

网络1是团队规模、网络密度和论文总量均处于样本中间水平的，但是由于三者较均衡，最终的整体效用也就偏高。

网络3的团队规模和网络密度都比较小，但是由于论文总量占很大优势，人均论文数也就相应比较大。

网络5的最大优势就是其网络密度较大，从图中也可以看出网络内部结点间的合作比较紧密，虽然团队规模很小，该网络的论文总量却比较大。

最后，我们来分析一下网络2、8，这两个网络的人均论文量处于中间水平。

我们可以看出这两者的网络密度都比较低，但由于团队规模和论文总量比较成比例，网络内部结点间的联系也比较多，就使人均论文数较高。

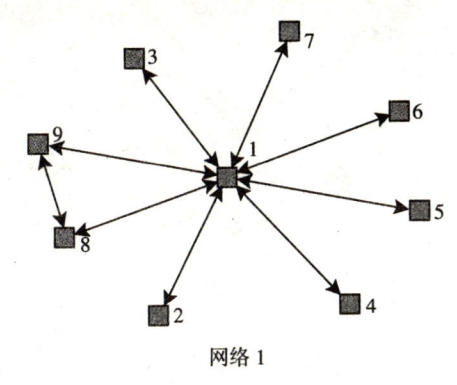

网络 1

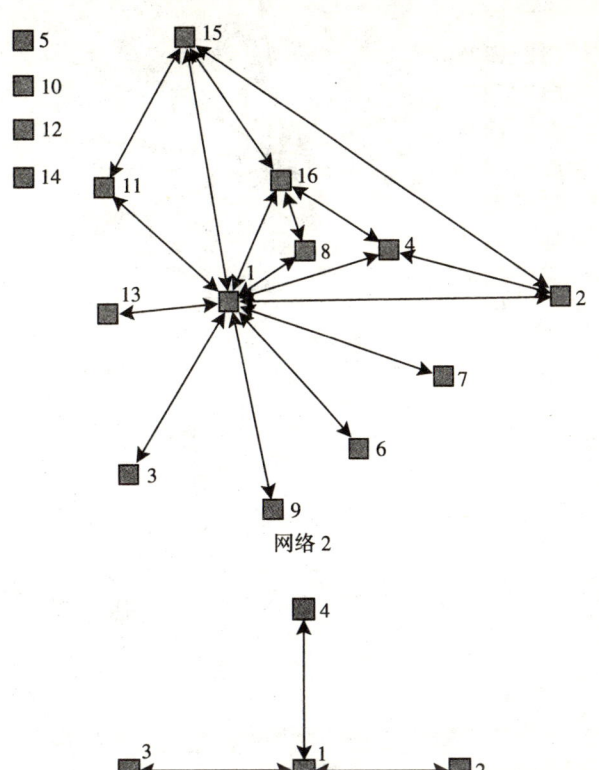

网络 2

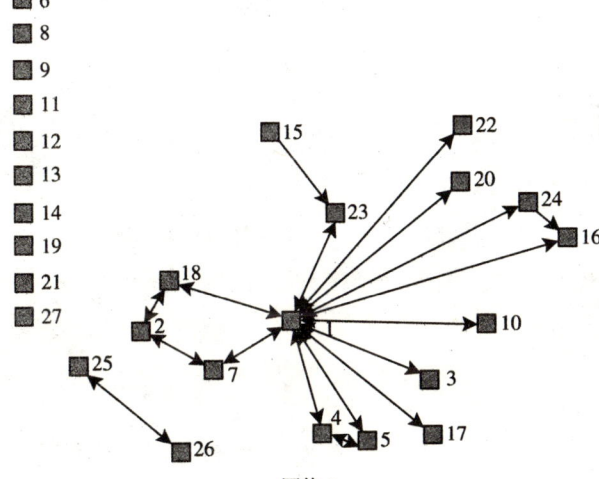

网络 3

网络 4

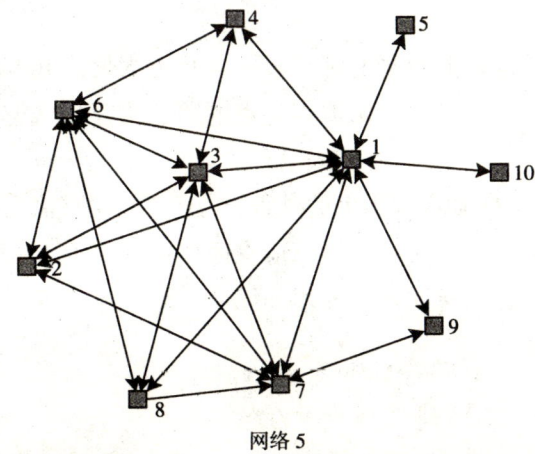

网络 5

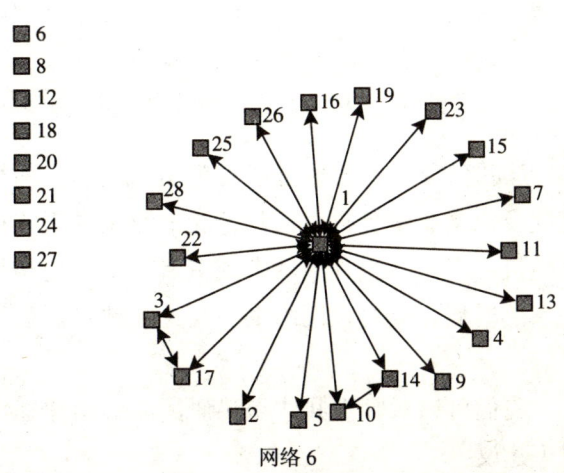

网络 6

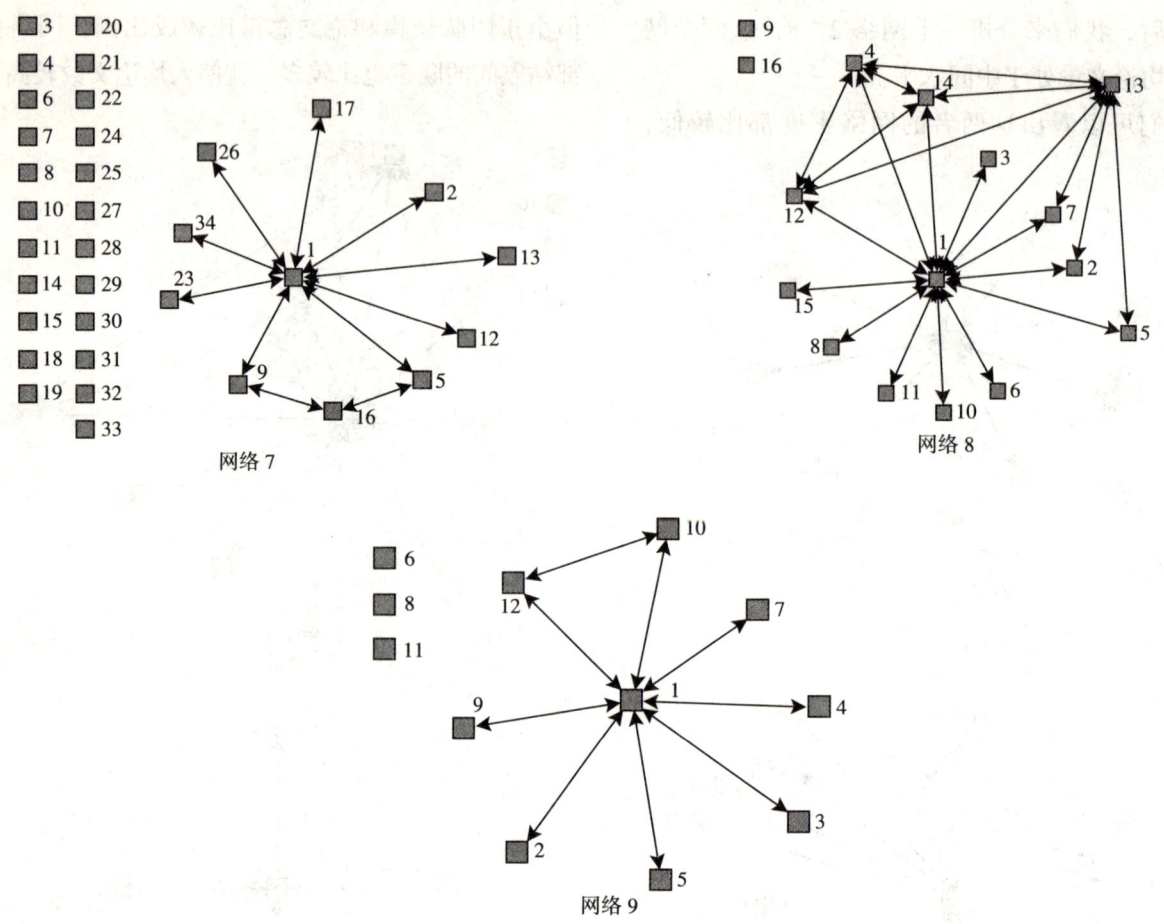

至此，我们完成了对数据和网络图的具体分析。

四、小结

（一）结果分析

从我们分析的数据可以看出团队规模、网络密度及论文总量各自对人均论文的数量的影响相当随机。但是，当其中两者或三者存在一定均衡关系的时候，会对该网络的人均论文数量产生正影响。

我们可以对师生共建型科研团队的构建提出以下建议：

（1）如果导师的博士生团队规模比较大，博士生的科研能力普遍都比较强，且不太愿意相互合作的话，导师可采取点对点的团队构建模式，自己和每一个博士生直接合作。

（2）如果博士生的科研能力还不够强或者博士生团队规模较小，导师应在团队中提倡交互合作的团队构建模式，即增加团队中博士生之间合作的机会。

（二）研究体会

本文在数据的采集上耗费了大量的时间，但

由于数据都是来源于网络,故可能存在以下几个问题:

(1)得到的各科研团队网络的结点可能不够完整。

(2)由于网络资料更新是否及时的不确定性,各项数据与真实情况可能存在一定的偏差。

(3)经过筛选后可用的样本数据太少,不一定能反映真实的情况。

在接下来的后续性研究中,我们会结合图书馆及其他更可靠的资源来收集更多可用的数据,同时也尽量保证数据的多样性。

参考文献

[1] 周静,洪盛志,李金. 师生共建型科研团队拓展素质教育的思考. 科技创新导报, 2008(13): 225-227

[2] 林润辉,廖鸿成,谭劲松. 中国管理学者论文合作网络研究

[3] 王平. 基于社会网络分析的组织隐性知识共享研究. 情报资料工作, 2006(2): 102-103

高技术企业成长生态系统中社会网络的作用机制研究*

[摘要] 本文将高技术企业视为一个生命有机体，结合生态学理论分析高技术企业成长生态系统中社会网络的类生态特性，以此为基础分析了高技术企业成长生态系统中社会网络的作用机制。该机制由社会网络的环境依存机制、资源配置机制和创新支持机制共同构成，它们交互作用、共同促进高技术企业生存、成长、竞争能力和生态位的提升。

[关键词] 高技术企业；企业生态学；社会网络；作用机制

一、引言

科学技术的迅猛发展和市场环境的繁杂多变迫使高技术企业需建立适合自身持续成长的生态系统。生态系统内的各生命体具有高度的相互依存性，这是生态系统得以形成的重要原因。高技术企业成长生态系统中的参与者之间也存在一定程度的相互依存性，这种相互依存关系形成了企业网络。社会网络研究方面，Granovetter（1973）引入了网络"力度"（Strength）的观点分析社会网络中的各种联结；[1]法国社会学家皮埃尔·布尔迪厄（Bourdieu）[2]和美国学者Coleman[3]以"社会资本"观点、Burt[4]以结构空洞观点研究社会网络的形成理论；斯坦利·沃瑟曼和凯瑟琳·福斯特（1994）详细介绍了社会关系网络的数学表达、各种衡量角色与地位的方法、结构；[5]我国学者姚小涛、席酉民（2003）阐述了社会网络理论的核心观点以及社会网络与企业成长的关系，并对社会网络理论与企业问题研究可能的结合领域进行了分析与探讨；[6]蔡铂、聂鸣，[7]吴贵生、李纪珍、孙议政[8]的研究侧重于技术创新中的社会网络问题。国内学者对高技术企业社会网络问题的研究已取得了一些进展，主要是以学者彭华涛为代表的研究团队。他们[9~12]的研究内容涉及高科技创业企业社会网络的生成机理、内涵，高科技企业创业模式选择的社会网络基础，高科技企业创业社会网络资本规模配比以及创业企业社会网络的资本测量模型等。董芹芹、谢科范（2007）从生态学的角度分析了高科技创业社会网络的类生态学特征，阐述了高科技创业社会网络进

---

* 作者简介：薛伟贤：生于1967年，陕西西安人，教授，管理学博士、应用经济学博士后；张娟：生于1983年，陕西西安人，硕士研究生。
基金项目：陕西省教育厅专项科研计划项目（07JK082）
联系地址：西安理工大学曲江校区管理学院，邮编：710054，电话：15091593818，电子信箱：wxxue2002@163.com。

化过程和规律，并构建了基于 Logistic 过程的协同进化模型。[13]

通过以上文献的分析，我们发现虽然众多学者对社会网络进行了广泛而深入的研究，然而结合生态学理论，专门针对高技术企业生态系统中社会网络的研究较少。鉴于此，本文在文献收集的基础上，基于高技术企业生态系统中社会网络的类生态特性，主要从高技术企业成长生态系统中社会网络的作用机制，即环境依存机制、资源配置机制和创新支持机制三方面进行分析，阐释社会网络在高技术企业成长中的促进作用。

二、高技术企业成长生态系统中社会网络分析

在自然界中处于同一环境下的两个或多个种群相互依存而共生的现象是很普遍的。生物学和生态学研究表明，自然界的许多生物种群在漫长的进化过程中形成了极其精确和完善的系统，它们具有经济而精巧的结构，可靠而协调的功能，能高效率地使用物资和能量。[14] 高技术企业社会网络是一个完整的系统，强调企业不是孤立的行动个体，而是与经济领域的各个方面发生种种联系的企业网络上的纽结。该网络包括其发展链上的上下游资源、已存在的高技术企业竞争者、发展的技术企业竞争者、高技术企业所有者或股东、大学、科研院所以及有关的政府机构等，同时包括企业生产经营所需的各种资源，整个网络中的参与者之间形成一种相互认知关系、合作关系和信用关系。高技术企业成长生态系统中的社会网络体现出一些生态网络特性，表现为以下几点：

（一）系统开放特性

根据系统论的研究结果，只要一个整体中的个体之间存在着有规律的相互联系和作用，并且这个整体具备与外部环境相互联系和作用的秩序和能力，这个整体就可以被称为一个系统。系统有封闭和开放之分，封闭的系统因其不能与环境进行能量和物质的交换，势必最终由于内部能源的消耗殆尽而导致系统的死亡；而开放系统则因具备与环境的能量和物质交换能力，能够从环境中获得新的有效能源，因而得以长久生存。高技术企业对前沿科技有很强的依赖性，存在的前提是科学技术的创新，这些新技术的发明与创造的传播和应用只有在一个开放的系统中才能实现，并随着复杂性增强而和外界环境发生更多元和广泛的联系。因此，类似于生态网络，高技术企业社会网络表现出更强烈的开放特性，高技术企业之间、高技术企业与消费者之间、高技术企业与合作伙伴之间，以市场为媒介进行物质循环、能量流动、货币流通、信息传递、知识交流、技术扩散等交换活动，相互作用并形成具有自组织、自调节、自适应功能的生态单位。

（二）依存特性

生态系统内的各生命体具有高度的相互依存性，这种依存性是生态系统得以形成的重要原因。与生命体类似，高技术企业的成长依赖于企业成长环境，其成长过程不仅仅单纯依靠技术推动、资本的支持、人才的供给以及产业制度的推动等一种因素的作用，它的运作需要企业生存的外部环境的整体支持，这些支撑环境并不是独立存在、自行作用的，而是既相互联系又相互制约、相辅相成的一个有机统一的宏观体系，诸如在市场环境、法律环境、基础设施环境、孵化器、人才环

境等众多的环境因素共同发挥作用，才推动着高技术企业快速成长。因此，高技术企业与生态系统中的其他参与者之间存在一定程度的相互依存性，这种相互依存关系形成了企业网络。

（三）生存特性

企业社会网络处于动态变化中，并通过自然选择作用对社会网络内各企业个体实现优胜劣汰，自然选择实际上是一个竞争过程。生存特性包含两方面含义：一是企业的竞争特性。市场经济实际上就是竞争经济，企业时刻处在竞争的环境中，这种竞争不仅表现为企业之间为扩大市场份额和生存的竞争，同时表现为原材料供应商的竞争、顾客竞争、技术竞争等，提高企业竞争力是保持企业持续发展的决定因素。[15]通过竞争来优化企业的资源配置效率和提高产出效率，从而增强企业整体竞争能力。二是企业对环境的适应特性，这种环境包括政策环境、产业环境、金融环境、市场环境、技术环境、消费环境等。任何影响企业环境要素的变化都会导致企业偏离原来的预定目标，要求企业在经营策略上不断进行调整。

高技术企业所从事的是以科学技术上的新发明、新创造为基础的技术商品化活动，随着知识经济的发展，科学与技术传播速率加快，产品与技术更新速度提高。高技术企业成长生态系统中的社会网络的生存特性一方面使高技术企业面临的竞争更加激烈，生存环境也更为艰难；另一方面，高技术企业能够通过完善、扩展社会网络，获取互补性技术资源，分散创新风险并降低研发成本，避免或减弱与其他企业的竞争，扩大生存空间。

（四）进化特性

从生态学的角度看，高技术企业社会网络是企业生态的重要表现，具有竞争、迁徙、捕食和进化等特征。[16]类似于生态系统中的生物，企业也具有进化特性，但生物的进化是随机变异和被动地接受自然环境的选择，而企业进化则是由于企业竞争的压力、市场选择与市场需求的诱导和反诱导而产生主动行为的结果，形成强烈的正反馈循环。一个成功企业发展轨迹实际上是新产品代替老产品、新用户替代老客户、新技术替代落后技术、新产业替代原生产业的动态演变与进化过程。高技术企业面临更加复杂的市场环境和竞争压力，为了生存，高技术企业要承担更大的产品风险、管理风险、技术风险以及投资风险，在抵抗风险的同时，企业实力也逐渐增强，企业自身也在经历自我强化的过程，这样高技术企业通过不断否定自己，不断寻找新的机会替代失去优势的产业，通过企业转型和变革获取未来优势，实现与环境之间的和谐共生从而达到可持续发展的目的。高技术企业成长生态系统中的社会网络中的各生态要素的动态变化使得生态系统不断获得能量和物质，吸收负熵流，并将代谢企业过程中所产生的熵排向环境，使其本身的结构和功能得到不断发展。[13]

结合社会网络的类生态特性和高技术企业自身特性，本文认为高技术企业成长生态系统中社会网络的作用机制由社会网络的环境依存机制、资源配置机制和创新支持机制共同构成，如图1所示。

在高技术企业成长过程中，高技术企业生态系统中社会网络的环境依存机制、资源配置机制、创新支持机制对高技术企业成长都有促进作用。环境依存机制为企业生存提供环境支持；资源配置提供企业成长所需的养分；创新支持机制增强企业的技术创新能力。这些机制共同作用，有助于提升高技术企业的生态位，增强企业抗风险能力和核心竞争能力。

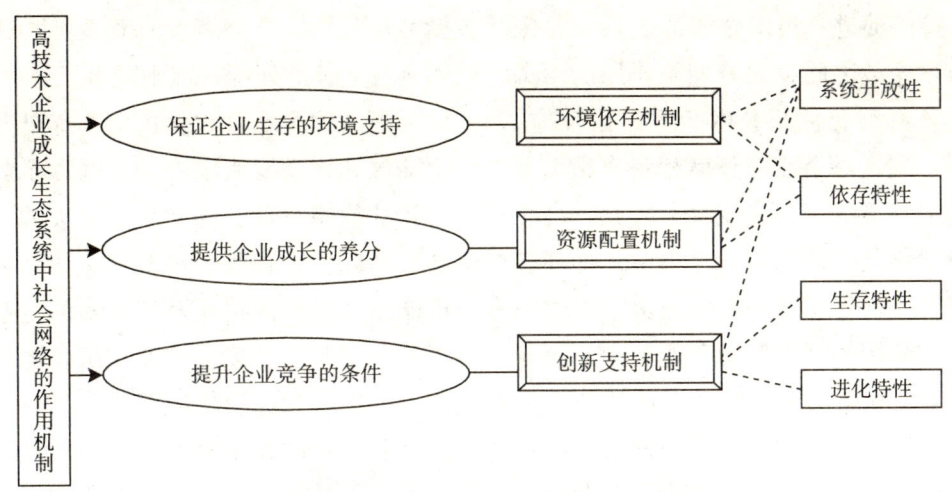

图 1　高技术企业成长生态系统中社会网络的作用机制

三、社会网络的环境依存机制

如前所述，高技术企业成长生态系统中的参与者之间存在一定程度的相互依存性，这种相互依存关系形成了企业网络。与生态系统中生物种群的生存链相类似，该网络中的参与者包括高技术企业发展链上的上中下游企业群和分解者，他们与外部环境相互依存、动态互动，如图 2 所示。高技术企业的外部环境因素分为一般环境因素和任务环境因素。一般环境因素包括经济发展水平、法制建设、社会文化氛围等，这些因素对高技术企业的影响是间接的，尽管如此，这些因素仍有可能对高技术企业的发展产生某种重大影响；任务环境因素包括信息网络、人力资源、融资渠道、市场体系、社会服务体系等，它们或是直接保证高技术企业的发展，或是直接促进或制约高技术企业的发展。相对于一般环境因素而言，任务环境因素对高技术企业的发展影响更大、更直接。

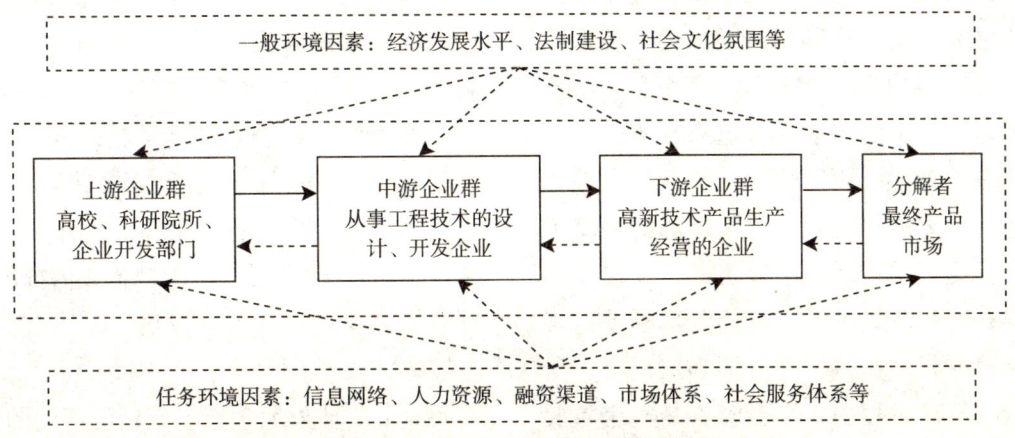

图 2　高技术企业成长生态系统中社会网络的生存链

环境的支持能促进高技术企业的成长，是因为环境与高技术企业之间存在着相互作用的动态关系，环境的不断变化使高技术企业做出反应，企业的反应行为既是对企业与环境相互作用关系的调适，又造成环境的进一步变化。因此，高技术企业与环境始终处于动态调适过程中，即环境变化—管理调适—企业发展—环境变化。将时间关系纳入企业与环境相互作用的考察范围，企业环境变化是沿着复杂性、紊乱性和时间这三个维度而构成企业环境的三维时空。从长期看，高技术企业环境变化波动程度呈上升趋势，企业的运动依附于环境的变化，呈现出独立的螺旋式上升的轨迹，这是企业不断"进化"的结果。

环境复杂性的变化对高技术企业的信息系统能力往往构成严峻考验；相反，构建有利于高技术企业成长的外部环境则减少了企业成长的危机，因为高技术企业往往会因为不能准确判明环境的扰动源和扰动要素的变动，采取了与环境变化不一致的战略行动，导致了企业失败，而规范和谐的市场环境则加强了高技术企业的信息感知和分析能力，能准确把握环境要素的复杂性变化，并善于利用其中隐藏的商业良机。随着高技术企业规模的扩大和经营领域多元化，环境变化的风险得以分散，高技术企业对环境紊乱性的适应能力提高，尤其是大型高技术企业有能力对环境紊乱变化加以规制，使环境的紊乱性对企业的影响程度因此而降低。

四、社会网络的资源配置机制

在自然界的生态系统中，生态因子通过对生态系统的生命支持作用，形成了生态系统的营养供给机制。同样，企业也需要资源为其成长提供所需资源，以支持企业生态系统的健康成长。企业之间或企业与个人之间是资源依赖的，它与网络中其他行为者之间通过各种特征的关系进行联结，不同形式的资源则通过这些联结在网络中的组织与个体之间流动，这种联结就如同"婴儿的脐带"，为组织与个体的发展提供"养分"——资源。从而可以说，资源获取的渠道来自于一个社会网络。[6]高技术企业具有高投入、高风险、高收益和高加速性，要在多变且不确定性高的环境里维持生存，就得向周遭环境争取资源，积极地和其他组织建立合作联结关系，彼此分享稀缺的资源或获得足够的社会支持来降低不确定性。在研究资源获取与管理过程中，社会资本是一个重要概念与分析单位。如果与外界的联系越多，则社会资本越多，表明获取资源的渠道就有可能越多。[6]按照网络复制演进模式的社会资本观点，企业依赖于不断地复制其已有网络结构与特征而获取资源，并在这个过程中获得成长。

社会资本是高技术企业资源配置的一种重要形式。边燕杰、丘海雄（2000）首先提出了企业社会资本的概念，认为企业通过纵向联系、横向联系和社会联系摄取稀缺资源的能力是一种社会资本。[17]社会资本最基本的含义有信任、合作、规则和网络，以企业的社会关系网络为依托和表现形式，分为企业内部和外部社会资本两部分，如图3所示。内部社会资本存在于单个企业整体和企业内各部门之间，通过企业内部的学习和培训，提高企业之间的共享度，使科技资源在企业范围内实现效用最大化，但高技术商品的产生却需要企业内研发、生产、营销等部门的协同作用，因此企业内部社会资本还体现在各个部门之间的

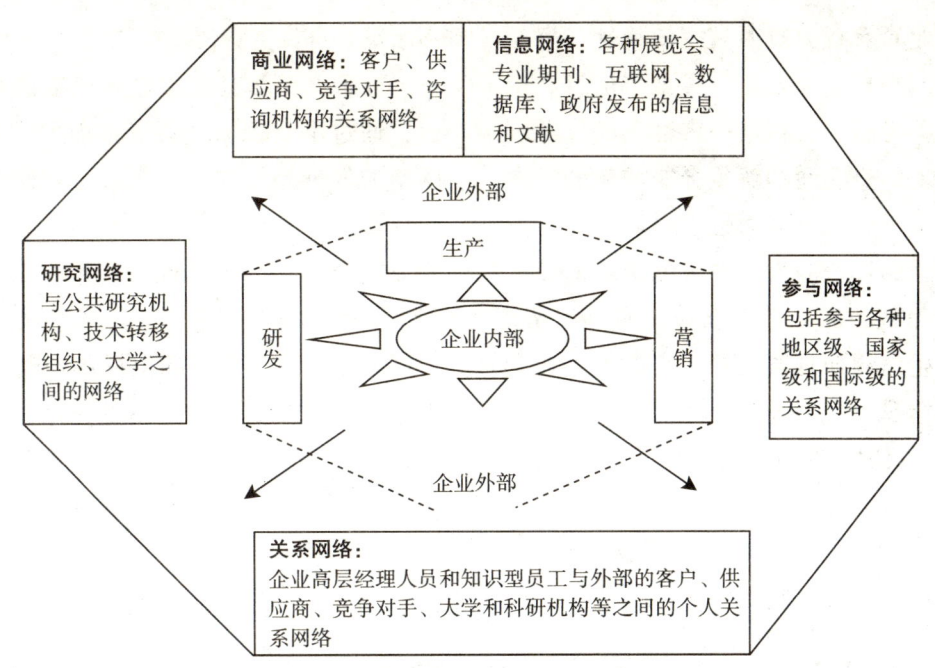

图3 高技术企业成长生态系统中社会网络与资源配置的关系

信任和合作程度；外部社会资本存在于企业外广阔的领域，它已经成为技术合作和科技创新能否成功的一个关键因素，伴随着技术合作、技术联盟、网络组织和虚拟企业等相继出现，单一企业拥有的资源有限，无法满足创新要求，因此企业必须与大学、科研机构、竞争对手、供应商和客户之间进行技术合作和密切交流。[18]

企业社会资本以信任为基础，通过互动产生，并且在有意识的建构下将资源变为资本，会因不使用而衰退和枯竭，信任度缺损、短期效应、网络路径依赖和封闭趋向会制约企业社会资本的持续、有序发展。[19]因此，有必要构建并保持企业社会资本的可持续性。首先，建立企业信用体系和信誉价值体系，提高企业内部出资者、经营者、员工间的信任与合作水平，共享愿景，建设、维护企业外部网络并保持网络主体间的互惠合作；其次，建立市场伦理，对企业代理人进行有效的激励和监督以防范代理人盗用或滥用权力而产生的短期效应问题；最后，构建具有竞争价值的网络，发现资源、利用资源，重新创建和发展企业新的社会资本，利用弱相互关系网络形成新的成长机遇和发展空间，解决网络的路径依赖和封闭取向问题。

五、社会网络的创新支持机制

生物界是一个充满弱肉强食、你死我活竞争的世界，"物竞天择，适者生存"的法则表明了生物种群为了生存和发展，它们之间存在着对生存空间、营养等的激烈竞争，为获取和维持适宜的生存区，就需强化自身的竞争力。高技术企业作为企业生态中的一个生命有机体，与生物个体一样，在生存与发展过程中为争夺优质资源空间和扩大可获得资源空间的幅度而展开种内和种间斗争。高技术企业具有智力资源高度依赖性、资金高投入性特点，当技术、人才、资金、信息、市场等资源相对不足时，若在某一维度上的资源利用曲线重叠很大，企业间的竞争会非常激烈。在特定的市场环境下，生产能力强、科研能力强的企业将获得较强的竞争能力。技术创新是高技术企业成长的生命线，在当前高新技术日新月异、高科技产品的生命周期日益缩短、高技术企业竞争日趋激烈的情况下，高技术企业需要不断增强技术创新能力，获取生存、成长、和谐共生能力，不断提升自身生态位。

社会网络为高技术企业获取成长资源提供渠道，通过不断积累社会资本而形成并扩展。社会网络的发展趋势之一就是社会网络日趋被视同商业性资源，并已出现资本化利用的迹象，逐渐被企业或个体加以工具性的利用并实现增值。社会网络的资本化就是企业的社会资本，而企业的社会网络则是社会资本的依托和表现形式。[16] 高技术企业通过发挥社会资本的作用，增强企业的创新能力，如图4所示。

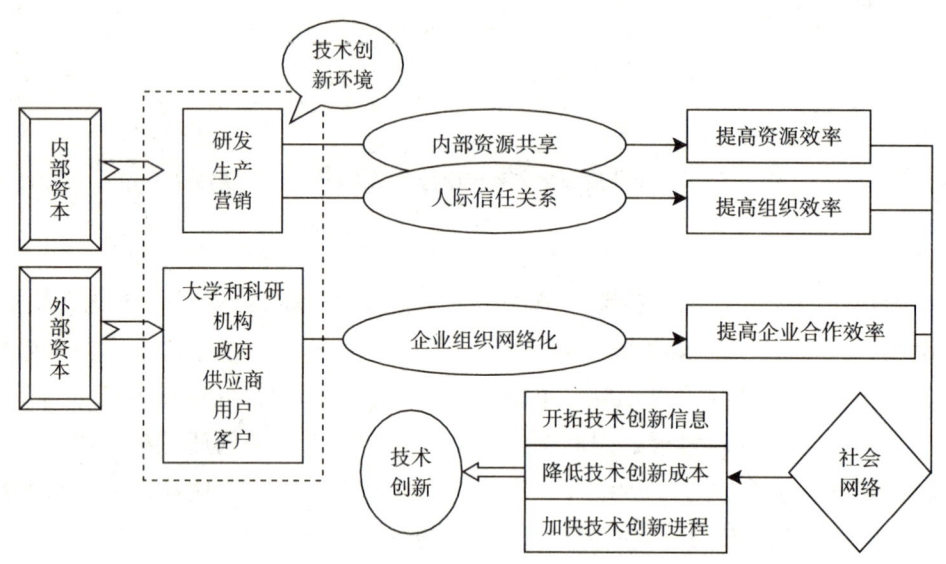

图4　高技术企业成长生态系统中社会网络对技术创新的支持结构

高技术企业内外部社会资本形成了一个联系密切、错综复杂的企业网络，共同推动企业技术创新进程。高技术企业内部社会资本包括研发、生产和营销三个主要部门，这三者构成企业技术创新的内部环境，企业成员之间为共同的愿景一起工作，以信任和合作为纽带，共享知识、经验，提高企业资源的使用效率和组织运作效率，降低企业内部交易成本。Ahuja. G. (2000) 认为，以良好的内部社会资本为核心的社会网络有助于企业技术创新信息的流通，从而促进企业技术创新。[20] 高技术企业外部社会资本包括商业网络、信息网络、研究网络、关系网络和参与网络，这些构成企业创新的外部环境，企业需要和网络中每一方建立良好的合作关系。其中，大学和科研机构为企业培养高素质人才，为技术创新活动提供知识源，并直接参与技术创新活动；政府通过资金、税收、经济政策、标准等一系列政策有力地影响创新实体的技术创新业绩；企业与供应商形成长期的合作伙伴关系，是影响创新实体技术创新范围的决定因素；企业积极与用户建立联系，明确市场重点和产品需求，用户参与设计和开发会加速企业的创新活动。企业通过与上述部门及个人的合作，与外界交往能力增强,提高了企业与外部技术创新环境的合作效率。[21]总体而言,社会资本增加了企业实现根本性技术突破的可能性,[22]内部社会资本需要通过外部社会资本来促进技术创新。[23]

企业内、外部社会资本形成了一个联系密切、错综复杂的企业网络,对技术创新中的创新信息、创新成本以及创新进程等方面起到极大的推动作用。在技术创新信息和资源的流动过程中,企业作为社会网络中的中间位置,拥有更多享用信息的机会。在企业中引入社会关系网,降低企业的交易费用,从而节约了技术创新成本。企业网络中的技术合作,充分利用企业间的相互信任有效地整合外部的资源,加速技术创新的进程。

六、结论

高技术企业的发展水平日益成为推动经济持续增长的引擎,本文立足于高技术企业个体,从生态学视角分析高技术企业成长生态系统中社会网络的类生态特性,并以此为基础探究社会网络在高技术企业成长生态系统中的作用机制。高技术企业社会网络的类生态特性包括系统开放特性、依存特性、生存特性和进化特性。社会网络的环境依存机制、资源配置机制和创新支持机制共同构成高技术企业成长生态系统中社会网络的作用机制,它们交互作用、共同促进高技术企业的生存、成长、竞争能力和生态位的提升。

高技术企业成长生态系统是一个错综复杂的社会网络系统,系统健康运行需要各参与方的紧密配合。高技术企业的社会网络是动态的,其模式影响着高技术企业的成长过程。构建和谐的企业内部、企业之间以及企业同外部之间的社会关系网络是加速高技术企业快速成长的必要途径。首先,建立企业信用体系和信誉价值体系,提高企业内部出资者、经营者、员工间的信任与合作水平,共享愿景,建设、维护企业外部网络并保持网络主体间的互惠合作;其次,建立市场伦理,对企业代理人进行有效的激励和监督以防范代理人盗用或滥用权力而产生的短期效应问题;最后,构建具有竞争价值的网络,发现资源、利用资源,重新创建和发展企业新的社会网络,利用弱相互关系网络形成新的成长机遇和发展空间,解决网络的路径依赖和封闭取向问题。无疑,建立、健全高技术企业生态系统社会网络,有利于高技术企业与所处的市场环境中的各因素保持合理动态平衡,推进企业生态系统可持续发展。

参考文献

[1] M. Granovetter. The Strength of Weak Ties [J]. American Journal of Sociology, 1973 (78): 1360-1380

[2] Bourdieu pierre. Distinction (translated by Richard Nice). London: Routledge and Kegan Paul. 1984

[3] J.Coleman. Social Capital in the Creation of Human Capital [J] American Journal of Sociology (Supplement), 1988 (94): 95-120

[4] R. Burt. Structural Holes. Cambridge [M]. MA: Harvard University Press, 1992

[5] 斯坦利·沃瑟曼,凯瑟琳·福斯特.社会关系网络的分析:方法与应用 [M].英格兰:剑桥大学出版社,1994:56-60

[6] 姚小涛,席酉民.社会网络理论及其在企业研究中的应用 [J].西安交通大学学报(社会科学版)[J], 2003, 23 (3): 22-27

[7] 蔡铂,聂鸣.社会网络对产业集群技术创新的影响 [J].科学学与科学技术管理,2003 (7): 57-60

[8] 吴贵生,李纪珍,孙议政.技术创新网络和技术外包 [J].科研管理,2000 (4): 33-43

[9] 彭华涛，谢科范. 高科技创业企业社会网络构建与寻租行为分析 [J]. 科学学与科学技术管理，2004（9）：115-118

[10] 彭华涛，高维义. 高科技企业创业社会网络的构建与企业模式选择 [J]. 科技进步与对策，2005（5）：46-48

[11] 彭华涛，高维义. 高科技企业创业社会网络资本规模配比分析 [J]. 武汉理工大学学报，2005，27（3）：11-102

[12] 晏文胜，彭华涛. 高科技创业企业社会网络的绩效测算 [J]. 武汉理工大学学报，2006，28（9）：164-168

[13] 董芹芹，谢科范. 高科技创业社会网络的进化分析 [J]. 科技进步与对策，2007，24（7）：91-93

[14] 周浩. 企业集群的共生模型及稳定性分析 [J]. 系统工程，2003，21（4）：32-37

[15] 谢守祥. 企业生态特性 [J]. 管理科学，2004，（1）：28

[16] 彭华涛，谢科范. 高科技创业企业社会网络的生成机理与特点分析 [J]. 价位工程，2004（8）：22-24

[17] 边燕杰，丘海雄. 企业的社会资本及其功效 [J]. 中国社会科学，2000（2）：87-99

[18] 顾新，郭耀煌. 社会资本及其在知识链中的作用 [J]. 科研管理，2003（9）：5

[19] 陈丽琳. 企业社会资本的生成机制、制约因素及其治理 [J]. 社会科学研究，2007（5），118-123

[20] AhujaG.Collaboration Networks, Structural Holes, and Innovation: A Longitudinal Study [J]. Adminis-trative Science Quarterly, 2000, 45（3）：425-455

[21] Nahapier, Sumantra Ghosha. Social Capital: Intellectual Capital and the Organizational Advantage [J]. Academy of Management review, 1998：253

[22] 谢洪明，王成，吴业春. 内部社会资本对知识能量与组织创新的影响——华南地区企业的实证研究 [J]. 管理学报，2007（1）：100-107

[23] 谢洪明. 社会资本对组织创新的影响：中国珠三角地区企业的实证研究及其启示 [J]. 科学学研究，2005，23（4）：517-524

网络系统中竞争与合作共存问题的理论研究现状*

[摘要] 竞争与合作共存问题是社会网络中存在的一种最神秘的自然现象，一直对人类社会发展起到了重要的推动作用。本文首先介绍了社会网络系统中竞争与合作共存问题的背景和发展其理论的重要意义，然后，我们从生物（态）、社会、信息和经济等几个领域论述竞争与合作共存问题理论的国内外研究现状。竞争与合作共存理论为我们解决社会网络系统的协调发展提供了重要的理论工具。

[关键词] 网络系统；竞争与合作共存问题；社会网络；博弈论

一、背景

竞争与合作共存问题自古以来就在自然环境中存在，从植物界到动物界无处不存在，它推动了自然和社会的发展。生物间的竞争导致了合作的重要性，人类的发展历程一直都是伴随着竞争与合作共存进行的。人类结成群体国家进行合作繁殖，在群体内部和外部人类个体为生存同其他人进行竞争，生物学家的研究成果表明了人体细胞之间也存在着竞争与合作共存的现象。[3] 从20世纪开始，生物学、生态学、社会学和经济学等领域学者对竞争与合作共存的问题进行了学术研究，对竞争与合作的机理、特性、形式等方面从不同角度进行了研究。[1~75]

研究表明，在人类社会网络系统中，若把国家看成是网络系统中的节点，那么国家之间形成的竞争与合作共存现象，则导致了国家经济的发展；同时国家之间的合作也增强了社会系统的稳定和繁荣。历史证明，国家之间的纯竞争只能带来战争、饥荒和生命的消亡。因此，国家之间的合作结盟成为各国家生存的必要策略。进入21世纪以来，全球化的经济发展使得经济网络系统变得越来越复杂。在经济网络系统中，生产企业和销售企业成为网络系统中的节点。企业（节点）之间的竞争与合作成为企业生存的关键，特别是供应链网络系统，供应商、制造商、分销商和零售商自然形成了一个复杂的竞争与合作的网络系统。[18] 水平方向各企业主要是竞争关系，如零售

---

* 作者简介：孟志青：浙江工业大学经贸管理学院教授，研究方向：决策技术；蒋敏：浙江工业大学经贸管理学院讲师，研究方向：决策技术。
基金资助：浙江省哲学社会科学规划项目（编号：08CGJJ010YBX）。
通讯地址：杭州市，浙江工业大学经贸管理学院，310023；E-mail：net-mzq@126.com。

商之间的竞争；垂直方向是合作关系，如供应商与制造商是合作关系，但零售商之间也可以进行合作，如为了与其他供应链进行竞争赢得更多利润，同一供应链的零售商之间进行合作定价和广告，但订购量可以自己确定。在信息网络系统中，如 WWW 网络中网站是网络系统的节点，经常是一些小的网站进行合作参与竞争，而不会消亡。[26] 交通网络系统也是一个竞争与合作的网络系统，[10] 如航空公司之间顾客竞争，航空公司可以通过合作定价、互租飞机、联合航线等进行合作。这些复杂网络系统中节点的竞争与合作是系统稳定和效率的关键性问题。例如，在供应链网络中当某一节点断裂，[48] 会造成整个网络的损失，甚至崩溃，1997 年由于 Toyota 的刹车配件供应商当时出了安全事故，使其整车生产厂停产达数月之久。1999 年，台湾发生的大地震影响了全球的电子信息产品供应网络。2001 年，在英国发生的口蹄疫影响了英国的畜牧业、旅游业和其他一些行业及其供应网络。2002 年 9 月，美国西海岸发生工潮，港口关闭两周，由于美国西海岸是中远集团进入美国的主要门户，中远集团到达美国的集装箱船无法卸货返航，这使得中远集团两周内至少损失 2400 万美元，同时中远集团的客户也因此损失惨重。特别是当今社会中工业、能源、交通、通信和商业等行业的竞争更加激烈，那么解决这些行业构成的复杂网络中节点（企业或群体或 Agent）的竞争与合作共存问题对于稳定经济、社会和谐发展具有重要的意义。由于这些网络系统的各节点连接错综复杂，影响竞争与合作的因素很多，造成了这个问题是一个复杂和困难的课题，据我们所知复杂网络系统的竞争与合作问题研究很少。

同样，能源、商业、信息、交通等行业也构成了复杂网络系统。竞争与合作共存问题是介于竞争对策和合作对策之间的博弈。在完全竞争对策中，局中人的策略都是决策者自己确定；在合作对策中所有策略都是合作确定，并且合作对策中局中人是完全自私的，它参与合作的前提是合作赢得的一定比不合作赢得的多。而在竞争与合作共存问题中，决策者有利他主义的成分，他们除了考虑自身的利益，还要考虑他人的利益，以及系统整体效率和稳定性。当网络中每个节点的策略确定后，每个节点对应着相应的利润、风险、成本等目标值，并且整个系统有总体利益目标、效率和风险等目标。由于构成节点的决策变量的相互交织，使得竞争与合作共存问题是一个非常复杂的系统问题，其中系统节点的决策问题和系统的稳定性等都是复杂问题。那么，竞争与合作共存的理论研究对于解决网络系统中的复杂决策问题具有重要作用，因此了解和研究竞争与合作共存理论现状具有重要意义。

二、国内外研究现状

自达尔文研究生物进化论用充分的证据表明竞争在生物进化中起到的关键作用之后，人们普遍的观点认为竞争是生物社会中的重要因素，1952 年 Ashley Montagu[1] 在《竞争与合作》专著中系统地研究了生物学中竞争与合作的重要性，特别阐明了生物系统中合作的利他主义各种倾向，并用大量的事实说明了竞争与合作是生物社会发展的重要因素。1987 年 Lester[8] 出版了《合作与竞争效用理论》，该书认为完全市场竞争并不是最好，大量事实表明竞争与合作的市场是更好的，这本书丰富和发展了合作对策理论。1996 年，Brandenburger[40] 系统地讨论了竞争与合作共存的行为。前后许多学者认识到竞争与合作问题的重要性和复杂性，大量的工作从不同的角度和领域从定性分析到定量模型研究了这个问题。下面我们按生物（态）、社会、信息和经济等几个领域来论述竞争与合作共存问题理论的国内外研究现状。

竞争与合作在生物（态）学中，最多的研究是探索竞争合作的机制和特点。[1~4,12,22,32~33,35] 这类研究方法主要是微分方程或实验来揭示竞争与合作的行为。例如，生物神经系统是一个复杂系统，研究表明了竞争与合作是相互作用共存的，[3] 采用动力学方程研究说明了竞争与合作的程度变化，[2] 实验方法也显示竞争与合作的利他主义是明显的，[4] 神经学与细胞学的研究也揭示了细胞组织的竞争与合作的强弱转化机制，[12,32] 物种之间的竞争与合作微分方程证明了合作有利于物种群体的发展和竞争，[22] 动物学家通过实验给出了狗类的竞争与合作的作用研究，[33] 实验研究竞争与合作的行为有不同的行动模式。[35]

在社会管理学中，竞争与合作问题是最多的，[6] 但定量研究论文并不多见。文献[10] 研究了欧洲交通运输规则通过竞争与合作的策略制订各种措施来提高市场竞争力，[10] 在文献[29] 中作者研究了德国发展创新网络中合作竞争的方法。这方面的研究以定性研究为主，不再多述。

在信息领域里，竞争与合作的研究以定量模型研究为主。[7,24~26,30,36~37,39,55] 1988 年，Eric 研究信息系统创新中的竞争与合作问题，[7] 其中采用了两人对策模型。Jim 和 Norman 定性分析了电子商务零售业从竞争到合作的策略。[24] 近年来，一些学者对多 Agent 系统的竞争与合作问题进行了研究，[25,55] 其竞争表现在 Agent 个体对子任务的分配，合作是 Agent 之间共同完成任务，[25] 何丽红[55] 等针对复杂适应系统的合作与竞争关系进行了仿真实验，揭示 Agent 系统的竞争与合作的复杂关系。Wang[26] 和 Jiang[30] 等分别研究了 WWW 网络中网站竞争与合作共存的动力学模型，通过模型分析小网站的合作可以提高自身竞争力和复杂性。Frank[36~37] 给出网络通信的多节点优化模型用来研究通信网络阻塞，为 ATM 机通信提高速率提供策略。Anna[39] 使用了协商的方法解决 Agnet 网络的任务分配问题。人工智能主要是解决智能体自动完成任务，可以通过竞争与合作模型来解决复杂智能体完成任务的最佳策略。因此，对竞争与合作模型的深入研究与应用有助于复杂智能网络和计算机网络通信的发展。

在经济领域中竞争与合作共存问题有大量的文献。[5,8~9,11,13~21,23,27~28,31,34,38,41~47,51~54,56~62] 这类研究主要采用定性分析、实验实证和定量模型方法。我们首先讨论以定性分析为主的文献。定性和实证分析主要研究竞争与合作的特性、行为和效果，说明竞争与合作对提高企业竞争力的作用。如 Irvin[5] 研究国际商业贸易的合作竞争策略的有效性。Margaret[11]（1995）使用激励理论研究企业中 Agent 的竞争与合作的动态变化的效果。Hubert[15]（1999）使用统计与调查方法表明了企业联盟和合作显著提高整体的竞争力。Laura 等[16]（2000）通过调查结果说明了企业之间的竞争与合作的依赖，可以通过合作提高供应商的服务水平。Maria 等[18]（2000）全面地分析了商业网络中的竞争与合作共存的重要性和复杂性，论述了企业之间竞争与合作的必要性以及如何进行的策略。Parathrathi 等[21]（2001）在《无形的竞争与合作》一书中全面地从微观到宏观分析了欧亚之间的组织、市场和社会的竞争与合作，书中特别介绍了中国产品市场网络的复杂性和困难性。Maria[23]（2004）等综述了工业企业的竞争与合作的特性、策略和结构，市场网络可以通过合作提高竞争力。Claudia[34]（2007）等给出了竞争与合作的实验结果，表明了合作会提高竞争群体的利益，而最大限度的竞争导致利益损失。肖渡[51]（1999）分析了企业竞争与合作共存的现象，定性地探讨了策略、形式和原理等发展现状。Dean等[52]（2002）通过实验探讨了合作与竞争的机制，表明了合作对企业发展有利。陈雪梅等[58]（2005）分析了竞争与合作共存情况下集群内企业的均衡位置，说明了企业合作的作用。

下面我们再看看经济领域中以模型为主研究竞争与合作问题的进展。几乎所有的学者都采用了合作对策的模型来研究竞争与合作问题。多数模型主要考虑的是合作变量，有部分模型还考虑了竞争变量的影响。例如，R&D产品市场的竞争与合作的问题主要以对策模型研究，Jay[9]（1993）提出了RJV对策模型分析企业竞争中合作的利润，Maria[13]（1999）研究了R&D产品市场中两个企业间的动态对策，Luís[19]（2000）也研究R&D产品市场中两个企业间的对策模型，Damiano等[27]（2005）的R&D产品市场的模型合作采用信息或技术共享。他们模型的合作形式主要是通过技术共享或信息共享等，一般产品和投资等还是各自独立决定的。在其他方面研究中，Mai[14]等在1999年使用两阶段对策模型说明了两个企业合作效果比竞争效果要更强；Kjell[17]（2000）研究了两个竞争群体之间的合作对策模型，合作程度的提高会带来群体利益的增加；Didier等[20]（2001）研究了具有共同Agency合作对策的均衡结构，主要考虑了合作结构的均衡性；Chukwu[28]（2005）研究了政府之间的产品合作微分对策模型，给出了竞争与合作的数值实验结果；Thomas[31]（2006）等分析了在竞争与合作环境下的股票交易，研究了交易竞争中的均衡策略；Brink和Borm[38]（2002）利用合作对策理论解决Digraph对策的对n人任务分配结构，没有涉及竞争变量与合作变量区分；吴昊[56]（2004）探讨了合作竞争博弈中的复杂性，在此基础上应用演化博弈论的方法研究了两人合作竞争博弈的演化模型；王少梅[57]（2004）使用竞争与合作的分层次博弈均衡讨论了劳动力市场的资源均衡配置。李森[59,61]（2005）分别研究了同类和非同类企业竞争与合作策略收益模型及风险分析，探讨了合作形式确定各自的定价与生产策略；王磊等[60]（2006）给出了通过合作对策模型研究了零售商的竞争和合作策略。以上研究的是两个企业或几个群体之间的竞争与合作模型，而在供应链中竞争与合作共存问题的模型研究要更复杂些。

由于供应链的构成决定了其结构的复杂性，供应链企业之间的竞争与合作共存问题也是近年来研究的热点。一些学者对此做出了一些成果，如Anupindi[41]（2001）等分析供应链企业之间分布库存系统的竞争与合作模型，其中订购变量作为竞争变量，而分配位置作为合作变量。类似的文献也可以见Rudi等[43]（2001），Granot等[42]（2003），Slikker等[44]（2005），这些企业的决策变量有共同的特征。另外，Debo[45]（1999）和Taylor等[46]（2003）探索了供应链企业合作的显著作用；Ana等[47]（2003）讨论了n人订购产品库存的合作对策模型，合作策略是共同分担订购费用；陆贵斌[53]（2002）研究了两阶段供应链中两零售商库存策略之间的完全合作下的对策模型；张钦等[54]（2003）研究了在一个买方和一个供方的两级供应链中的EOQ模型（不是一个对策模型）；张娟[62]（2006）研究了合作与竞争形式的供应链联盟以提高整个供应链的竞争力；胡奇英等[75]（2006）研究了制造商、分销商和零售商之间的两级竞争与合作共存模型，其中考虑了订购价格和订购量为竞争变量，广告费用为合作变量，文中指出在供应链中还没有见到同时考虑这三个变量的模型，比上述模型还要复杂的研究并不多见。Cheng和Wu[49]证明了多产品供应商网络均衡模型可以等价一个向量变分不等式求解，而向量变分不等式求解存在许多算法。[50]

国内一些学者对竞争与合作共存问题的一般模型进行了探讨，1999年以来刘家壮、胡奇英、李荣生、马建华和孟志青等分别研究了两人或多人交叉规划数学规划问题，[63~73]交叉数学规划中含有影响决策者双方共同决策的变量和决策者自己决策的变量，提出了联合最优解等概念。特别是胡奇英和孟志青等在交叉规划中提出了一种s-最优联合解。[71~73]孟志青和胡奇英等[73~74]研究了两类n人竞争与合作共存模型，模型考虑了竞争变量和合作变量，我们在模型中提出了s-最优解可以均衡每个决策者的目标值。

综上所述，国内外对竞争与合作共存问题做了许多工作，定性和实证研究已充分说明了企业（群体）之间的竞争与合作要比完全竞争更具有竞争力，更适合整个（经济或信息）系统稳定和谐发展，能提高整个系统的效率和安全性，能够降低系统的竞争的风险性。定量模型也推动了竞争与共存问题的研究，模型主要是研究企业在竞争与合作情形下使得企业获得更多利润的均衡策略。但我们所见到的竞争与合作模型的文献大多数是两个（或几个）企业（群体）之间的，而且都借助了现有的合作对策模型进行的，或通过改进合作对策模型进行研究，一般都是具体应用问题的模型研究。在竞争与合作共存问题中，决策者不仅要对自己的变量做决策，还要对共同变量与其他决策者合作做决策，不仅尽量使得自己利益达到最佳，还要使得群体利益达到最佳，这与完全合作对策是不一样的。据我们所知，对于同时考虑竞争变量和合作变量的竞争与合作共存问题缺乏一般的通用理论模型，特别是在复杂网络系统中研究竞争与合作共存的一般模型的文献几乎很少见到。

参考文献

[1] Warren R. Stinebring Darwin. Competition and cooperation: by Ashley Montagu [J]. New York, Henry Schuman, Inc., 1952. Journal of the Franklin Institute, 1953, 255, (3): 251

[2] Mario Bunge. A model for processes combining competition with cooperation [J]. Applied Mathematical Modelling, 1976, 1 (1): 21-23

[3] Arun V. Holden. Competition and cooperation in neural nets [J]. Physica D: Nonlinear Phenomena, 1983, 8 (1-2): 284-285

[4] Nancy L. Segal. Cooperation, competition, and altruism within twin sets: A reappraisal [J]. Ethology and Sociobiology, 1984, 5 (3): 163-177

[5] Irvin Grossack and David A. Heenan. Cooperation, competition, and antitrust: Two views [J]. Business Horizons, 1986, 29 (5): 24-28

[6] Guy Gran. Shaohsing. Competition and cooperation in nineteenth-century China. Tucson, AZ [J]. University of Arizona Press. World Development, 1987, 15 (9): 1244

[7] Eric K. Clemons and Marc Knez. Competition and cooperation in information systems I innovation [J]. Information & Management, 1988, 15 (1): 25-35

[8] Martin Shubik. A theory of efficient cooperation and competition: Lester Telser [J]. Journal of Economic Behavior & Organization, 1989, 11 (3): 449-450

[9] Jay Pil Choi. Cooperative R&D with product market competition [J]. International Journal of Industrial Organization, 1993, 11 (4): 553-571

[10] Günter Knieps. Competition, coordination and cooperation: A disaggregated approach to transportation regulation [J]. Utilities Policy, 1993, 3(3): 201-207

[11] Margaret A. Meyer. Cooperation and competition in organizations: A dynamic perspective [J]. European Economic Review, 1995, 39 (3-4): 709-722

[12] Kenneth D. Miller. Synaptic economics: Competi-

tion and cooperation in synaptic plasticity [J]. Neuron, September 1996, 17 (3): 371-374

[13] Maria Luisa Petit and Boleslaw Tolwinski. R&D cooperation or competition [J]. European Economic Review, 1999, 43 (1): 185-208

[14] Chao-cheng Mai and Shin-kun Peng. Cooperation vs. competition in a spatial model [J]. Regional Science and Urban Economics, 1999, 29 (4): 463-472

[15] Hubert Schmitz. Global competition and local cooperation: success and failure in the Sinos Valley, Brazil [J]. World Development, 1999, 27 (9): 1627-1650

[16] Laura B. Forker and Peter Stannack. Cooperation versus competition: do buyers and suppliers really see eye-to-eye [J]. European Journal of Purchasing & Supply Management, 2000, 6 (1): 31-40

[17] Kjell Hausken. Cooperation and between-group competition [J]. Journal of Economic Behavior & Organization, 2000, 42 (3): 417-425

[18] Maria Bengtsson and Sren Kock. "Coopetition" in Business Networks-to Cooperate and Compete Simultaneously [J]. Industrial Marketing Management, 2000, 29 (5): 411-426

[19] Luís M. B. Cabral. R&D cooperation and product market competition [J]. International Journal of Industrial Organization, 2000, 18 (7): 1033-1047

[20] Didier Laussel and Michel Le Breton. Conflict and cooperation: The structure of equilibrium payoffs in common agency [J]. Journal of Economic Theory, 2001, 100 (1): 93-128

[21] Parthasarathi Banerjee, Frank-Jurgen Richter, Intangibles in Competition and Cooperation: Euro-Asian Perspectives, New York: Palgrave, 2001

[22] Zhibin Zhang. Mutualism or cooperation among competitors promotes coexistence and competitive ability [J]. Ecological Modelling, 2003, 164 (2-3): 271-282

[23] Maria Bengtsson and Walter W. Powell. Introduction: new perspectives on competition and cooperation [J]. Scandinavian Journal of Management, 2004, 20 (1-2): 1-8

[24] Jim Carter and Norman Sheehan. From competition to cooperation: E-tailing's integration with retailing [J]. Business Horizons, 2004, 47 (2): 71-78

[25] Jiming Liu and Chunyan Yao. Rational competition and cooperation in ubiquitous agent communities [J]. Knowledge-Based Systems, 2004, 17 (5-6): 189-200

[26] Yuanshi Wang and Hong Wu. Dynamics of a cooperation-competition model for the WWW market [J]. Physica A: Statistical Mechanics and its Applications, 2004, 339 (3-4): 609-620

[27] Damiano Bruno Silipo and Avi Weiss. Cooperation and competition in an R&D market with spillovers [J]. Research in Economics, 2005, 59 (1): 41-57

[28] E. N. Chukwu. Cooperation and competition in modeling the dynamics of gross-domestic products of nations [J]. Applied Mathematics and Computation, 2005, 163 (2): 991-1021

[29] Alexander Eickelpasch and Michael Fritsch. Contests for cooperation-A new approach in German innovation policy [J]. Research Policy, October 2005, 34 (8): 1269-1282

[30] Jifa Jiang and Zhixin Cheng. The complete strategic classification for a cooperation-competition model in the WWW market [J]. Physica A: Statistical Mechanics and its Applications, 2006, 363 (2): 527-536

[31] Thomas J. Chemmanur and Paolo Fulghieri. Competition and cooperation among exchanges: A theory of cross-listing and endogenous listing standards [J]. Journal of Financial Economics, 2006, 82 (2): 455-489

[32] Debashish Chowdhury. Collective effects in intracellular molecular motor transport: Coordination, cooperation and competition [J]. Physica A: Statistical Mechanics and its Applications, 2006, 372 (1): 84-95

[33] Erika B. Bauer and Barbara B. Smuts. Cooperation and competition during dyadic play in domestic dogs, Canis familiaris [J]. Animal Behaviour, In Press, Corrected Proof, Available online 3 Jan.2007

[34] Claudia Canegallo, et al. Scacciati competition ver-

sus cooperation: Some experimental evidence? Journal of Socio-Economics [J], In Press, Corrected Proof, Available online 6 February 2007

[35] Ioanna Georgiou, et al. Different action patterns for cooperative and competitive behaviour [J]. Cognition, 2007, 102 (3): 415-433

[36] Frank Kelly. Charging and rate control for elastic traffic [J]. European Transactions on Telecommunications, 1997 (8): 33-37

[37] Frank Kelly. Aman Maulloo and David Tan. Rate control for communication networks: shadow prices, proportional fairness and stability [J]. Journal of the Operational Research Society, 1998 (49): 237-252

[38] R.V.D. Brink and P. Borm, Digraph. Competitions and cooperation games [J]. Theory and Decision 2002 (53): 327-342

[39] Anna Ciampolini, at al. Cooperation and competition in ALIAS: a logic framework for agents that negotiate [J]. Annals of Mathematics and Artificial Intelligence, 2003 (37): 65-91

[40] Brandenburger, M., B. Nalebuff. Co-opetition [M]. New York: Currency Doubleday. 1996

[41] Anupindi, R., et. al. A general framework for the study of de-centralized distribution systems [J]. Manufacturing and Service Operations Management. 2001 (3): 349-368

[42] Granot, D., G. Sosic. A three stage model for a decentralized distribution system of retailers [J]. Operations Research 2003, 51(5): 771-784

[43] Rudi, N., Kapur, S., Pyke, D., 2001. A two-location inventory model with transshipment and local decision making [J]. Management Science, 2001 (47): 1668-1680

[44] Slikker M., J. Fransoo, M. Wouters. Cooperation between multiple news-vendors with transshipments [J]. European Journal of Operational Research 2005 (167): 370-380

[45] Debo, L. Repeatedly selling to an impatient newsvendor when demand uctuates: a supergame framework for co-operation in a supply chain [J]. Working Paper, Carnegie Mellon University. 1999

[46] Taylor, T., E. Plambeck. Supply chain relationships and contracts: The impact of repeated interaction on capacity investment and procurement [J]. Working paper, Columbia, University, New York. 2003

[47] Ana Meca, Ignacio Garcy'a-Jurado, Peter Borm. Cooperation and competition in inventory games [J]. Math. Meth. Oper. Res., 2003 (57): 481-493

[48] Christopher S. Tang. Perspectives in supply chain risk management [J]. International Journal of Production Economics, 2006, 103 (2): 451-488

[49] Cheng, T. C. E, Wu, Y. N. A multiproduct, multicriterion supply-demand network equilibrium model [J]. Oper. Res. 2006, 54 (3): 544-554

[50] Chen, G.Y., C.J.Goh, X.Q.Yang.Vector network equilibrium problems and nonlinear scalarization methods [J]. Math.Methods Oper. Res.1999, 49: 239-253

[51] 肖渡, 张芸. 信息时代企业合作性竞争现象的经济学研究与进展 [J]. 东南大学学报, 1999 (4): 49-55

[52] Dean Tjosvold, 粟芳等. 合作与竞争理论的实验研究 [J]. 管理世界, 2002 (7): 126-134

[53] 陆贵斌. 两阶段供应链中两零售商库存策略之间的竞争与合作 [J]. 西安电子科技大学学报, 2002(1)

[54] 张钦, 王冬冬. 供应链中的合作与竞争——EOQ模型的一个扩展 [J]. 东南大学学报, 2003 (2): 237-240

[55] 何丽红, 景方, 杜德生, 景旭. 复杂适应系统中合作与竞争关系的涌现 [J]. 哈尔滨理工大学学报, 2003 (4)

[56] 吴昊, 杨梅英, 陈良猷. 合作竞争博弈中的复杂性与演化均衡的稳定性分析 [J]. 系统工程理论与实践, 2004(2): 90-94

[57] 王少梅. 资源均衡配置的体制供给选择——竞争与合作的分层次博弈均衡 [J]. 经济理论与经济管理, 2004 (2): 42-56

[58] 陈雪梅, 姜鹏. 竞争与合作共存情况下集群内企业的均衡位置分析 [J]. 特区经济, 2005 (3): 104-105

[59] 李森, 杨锡怀, 戚桂清. 相同企业竞争策略与合作策略的收益与风险分析 [J]. 东北大学学报, 2005 (9)

[60] 王磊, 梁梁, 熊立. "引商进店"与商场——零售商的竞争和合作策略 [J]. 运筹与管理, 2005 (5): 134-139

[61] 李森，杨锡怀.非同类企业竞争与合作策略收益模型及风险分析[J].中国管理科学，2005（6）：52-56

[62] 张娟.供应链联盟：合作与竞争的高端结合[J].中国物流与采购，2006（15）：76-77

[63] 刘家壮，李荣生，孟志青.交叉数学规划问题[J].经济数学，1998，15（1）：11-16

[64] 李荣生.一般经济均衡与交叉数学规划问题[D].山东大学，博士学位论文，1999

[65] 孟志青，李荣生.交叉数学规划的联合最优解存在性[J].运筹学学报，1999，3（1）：52-55

[66] 孟志青，李荣生.一类群体交叉决策的联合最优解存在性[J].湘潭大学自然科学学报，1999，21（2）：4-6

[67] 李荣生，王剑敏，王丽君.交叉规划与双层规划的经济背景差异分析[J].经济数学，1999，16（2）：27-32

[68] 刘家壮，马建华.一类特殊的交叉规划数学模型[J].中国管理科学，1999，专辑：72-77

[69] 马建华，刘家壮.一般交叉规划与经济均衡模型[J].经济数学，2000，17（3）：14-20

[70] 马建华，刘家壮.一般交叉规划与双层规划[J].中国管理科学，2001，9（2）：53-57

[71] 孟志青，胡奇英.一类2人合作交叉规划的s-最优联合解[J].系统工程与电子技术，2002，24(8)：17-20

[72] 孟志青.精确罚函数与交叉规划问题[D].西安电子科技大学博士学位论文，2003

[73] Meng Zhiqing, Hu Qiying, Dang Chuangyin. A Mathematical Programming Model for the Coexistence of Competitions and Cooperations Problems [J]. Journal of Systems Science and Complexity，2005，（4）

[74] Zhiqing Meng, Qiying Hu, Gengui Zhou, Min Jiang. interactional programming model for the coexistence of competitions and cooperations Problems [J]. International Journal of Management Science and Engineering Management，2007，2（2）：138-146

[75] Qiying Hu, Zehui Ge. Coexistence of competition and cooperation in supply Chain management. Working Paper, 2006

第二篇　社会资本

自然灾害中的社会资本研究*

[摘要] 自然灾害具有复杂的社会属性，在近期的灾害研究中，研究者开始引入"社会资本"这一社会结构性资源的概念，分析社会资本在灾害中的角色和作用。本文对相关的理论与经验研究的综述表明，微观层面上的社会资本（个人通过社会网络可获得的资源）可帮助受灾者获取有关灾害的信息，得到救援帮助、物质支持和精神鼓励等实质性资源；而表现为公众自愿组成的公民组织、人际信任以及合作与利他的社会规范的宏观社会资本则可以促使受灾社区及居民团结合作，更积极参与到灾后重建工作中来。

[关键词] 社会资本；自然灾害；社会网络；公民组织；信任；规范

一、对自然灾害的社会科学研究

人类的发展史同时就是一部与各种自然灾害斗争的历史，人们对自然灾害的认识也有一个逐步深化的过程。有的研究者比较侧重灾害的自然物理属性，把灾害等同于一种"自然的或技术的危险"或"环境极端事件"，他们将研究的关注点集中于灾害造成的物质后果和经济损失。[①] 但更多的研究者则认识到，自然灾害是一种复杂的自然和社会现象，它不仅会给人类的生命财产安全以及环境造成损害，还会妨害社会的正常运转，甚至可能导致社会分化和社会动乱等极端的社会后果。丹尼斯指出，灾害至少包含以下四重含义：①一种物理力量（动因）；②一种物理力量造成的后果；③一种评估物理力量造成后果的方式；④一种因物理力量及其后果带来的社会扰动和社会变迁。[②] 克瑞普斯在《美国社会学年评》上撰写的灾害社会学研究综述中，特别强调灾害的定义里必须包含灾害对社会及其子单位（如社区）正常实施功能所带来的扰动，灾害的成因与结果都与社会结构与社会运行密不可分。[③] 卡斯佩松等进一步指出，风险和灾害存在一种"社会放大"的可能性，灾难性事件一旦发生，就会与心理的、社会的、制度的和文化的过程产生相互作用，这种作用会强化人们的风险感知并直接影响其行为，进而造成新的次级社会或经济后果。这些后果远远超过了灾害对人类健康或环境的直接伤害，导致更重要的间接影响，就像投石入水激起的涟漪一

---
*作者简介：赵延东：研究员，中国科技发展战略研究院。本文来源于《国外社会科学》，2007年第4期。
① Burton et al., 1978; Mileti, 1999.
② Dynes, 1974.
③ Kreps, 1984.

样。① 可见，如果忽视了灾害的社会背景和社会后果，我们就很难准确地理解灾害现象，也难以制订出有效的预防灾害和减缓灾害的政策。

正因为自然灾害是一个复杂的自然和社会现象，对灾害的研究也理应是多学科视角的，特别要求各种社会科学研究视角的介入。目前已有许多研究者从经济学、政治学、心理学等不同学科视角出发开展了自然灾害的社会科学研究。社会学家对灾害的研究尤感兴趣，这不仅是因为他们希望通过研究回答"如何减轻灾害的社会后果"这样的实际问题，而且因为灾害提供了一个理解社会结构和社会过程的"自然实验室"，它使得社会学家们可以在一种常规社会环境被破坏的情境下去研究社会结构和互动的变化情况，为他们深入理解社会运行、发展社会理论提供了良机。② 近年来，社会学家们开始注意到人际关系网络与社群在灾害中的作用，在灾害研究中引入了"社会资本"的概念和理论框架，进行了大量理论和经验研究。本文将着重对这些研究做一简要综述。

二、社会资本：概念、测量及其在灾害研究中的应用

"社会资本"理论是近年来社会科学研究中的新热点，它突破了传统的有形资本概念，将人们之间的社会网络联系以及由此形成的社会结构和社会规范视为一种可以给个人或群体带来收益的"资本"，为人们透视社会提供了一个全新的视角。关于社会资本的理论发展、基本框架以及测量方法，已有研究者做过详细综述，③ 此处不拟再展开论述。但仍需简要说明一下社会资本概念的不同层次，因为这直接影响着社会资本与灾害研究的研究路径。

社会资本概念的魅力在很大程度上源于其概念的宽泛和强大的解释力，但这既是它的优点，也是一个致命缺陷。概念的过分泛化，使其有沦为一种"理论万金油"的危险。因此，学者们也一直在呼吁要厘清社会资本的基本概念。目前，学界比较一致的观点是社会资本可以分为两个基本层次：一为微观层次的社会资本；一为宏观层次的社会资本。

微观层次的社会资本又称"个人/外部"社会资本，它是行动者通过自己的个人社会网络④可以获取的嵌入性资源，形成于某一行动者外部的社会关系，比较接近于一种"私人物品"。大量经验研究表明，微观社会资本有助于人们获得信息、工作机会、知识、社会支持与社会资源等。在这些研究中，微观社会资本一般是通过对行动者的社会网络情况的考察以及行动者在社会行动中实际动用的社会关系和网络资源的考察来加以测量的。

而宏观社会资本亦可称为"集体/内部"社会资本，它是群体中表现为规范、信任和社会网络的一些特征，其功能在于提升群体的集体行动水平。它主要形成于一个群体内部行动者之间的关系，更接近于一种"公共物品"。研究者一般会用公共参与、社会联合、信任和社会规范等指标来

---

① Kasperson et al., 1988.
② Fritz, 1961; Stallings, 2002; 黄育馥, 1996。
③ Portes, 1988; 张文宏, 2003; 赵延东、罗家德, 2005。
④ 社会网络分析是一套分析社会结构的理论和方法，其基本观点是将个人或组织之间的社会联系所构成的系统视为一个个"网络"，并认为整个社会就是由这些网络所构成的大系统。参见 Scott, 2001。

度量宏观社会资本的情况。[1]

在灾害的早期研究中，德拉贝克等即已指出社会网络与社会联合体是对灾害做出反应的最基本社会单位之一。[2] 在其后的研究中，研究者们日益注意到社会资本在灾害中的应用价值。他们指出，自然灾害发生后会对"经济资本"、"人力资本"与"社会资本"都造成损害，但相对而言，平时最不显眼的社会资本在灾害中所受损失是最小的——在灾害中，房屋和财产会被破坏，人们会受伤或死亡，但人们之间的联系受到的破坏则相对较小，他们的社会网络资源仍然存在，原有的社会结构和社会规范也依然在发挥作用。[3] 社会资本的这些特性，使它成为个人和社区在受灾后最可依赖的基础资源之一。

由前述可知，不同层面社会资本的研究在关注的主题和使用的研究方法上都存在一定差异，因此在下文中，我们将分别讨论微观与宏观社会资本在灾害中的角色与作用。

三、微观社会资本在灾害各阶段中的作用

如前所述，微观社会资本指的是个人通过社会网络可以获取的嵌入性资源。在灾害研究中，这一研究路径与"社会支持"的研究有密不可分的联系。社会资本与社会支持的研究者都强调：尽管现代化过程已在很大程度上改变了人们的生活环境和社会结构，但人们之间的社会联系并未因现代化而解体。个人在生活中遇到仅凭自身力量无法解决的困难和麻烦时，总会向他人求助。虽然现代社会已经发展起了比较完善的社会正式救助体系，但在现实生活中，人们获得的主要支持还是来自于非正式的人际网络。[4] 这一点在正式制度受到巨大冲击的自然灾害情境中表现得尤为明显。下面我们将分别说明微观社会资本在灾害的预警期、搜救期、缓解恢复期等各阶段中的角色和作用。

（一）预警期

随着科学技术的发展，人类已经有能力对某些即将发生的灾害做出预测，并通过发布预警信息、疏散灾区群众等预防性行动来减少灾害的损失。但在政府通过各种媒体公布警示信息后，是否可以保证这些信息能传递到每个可能受影响的公众呢？研究表明，多数人其实是通过自己的亲友、邻居等社会网络关系而非官方媒体获得关于灾害的警示信息的。[5] 奥格瑞在研究1998年得克萨斯的一场龙卷风灾害时，发现当地的一个墨西哥裔美国人聚居的社区萨拉戈萨（Saragosa）所受损失最为严重，其主要原因就是当地居民平时与周边社会缺乏社会交流，在灾害袭来时既没有收到官方发布的龙卷风警示信息，也无法从周边社区的邻居那里得到非正式的消息。[6] 不仅如此，即使人们收到警示信息后，也不一定会做出适当的反

---

[1] 赵延东、罗家德，2005。
[2] Drabek et al., 1981.
[3] Dynes, 2005。需要指出的是，虽然社会资本在灾后受到影响相对较小，但并不是毫无损失的。卡纳斯蒂等人即指出灾后人员死伤和迁移可能造成社会资本与社会支持的损失，而且这种损失会对灾民经济恢复与精神健康带来不利影响（见 Kaniasty 和 Norris, 1995b）。
[4] House et al., 1984.
[5] Kreps, 1984.
[6] Aguirre, 1988.

应。菲兹派屈克和米列蒂总结出人们对警示信息反应的五个阶段：听到信息→理解信息→相信信息→将信息个人化→决策/做出反应。其中，任何一个阶段都不是独立的个人行为，都无法脱离社会网络与社会资本的影响。① 由此可见，社会网络与社会资本在传递有关灾害的警示信息过程中扮演着极为重要的角色，它有助于人们接受和理解警示信息，并采取适当的预防行动。

（二）搜救期

灾难发生之初，整个社会系统都处于暂时的混乱之中，正式制度出现"空缺"的情况。而这时，作为一种非正式制度的社会网络与社会关系正可以起到填补制度真空的作用。这突出地表现在对被困受灾者的搜救工作上。研究表明，大部分得救的受灾者都是在灾害刚发生时被周边的同伴营救出来的。勒恰特在研究1980年的意大利地震时发现，97%的被困受伤者是靠周边其他受灾者徒手或用简单工具营救出来的。他同时发现：在简单家庭中的被困者得到营救的比例为46%，而在复杂家庭中的被困者得到营救的比例为61%；独门独户居住家庭的死亡率是杂居家庭死亡率的2.4倍。② 在另一项对墨西哥瓜达拉哈拉（Guadalajara）汽油站爆炸的研究中，奥格瑞等也发现灾害发生后人们会首先搜救自己的亲属、朋友、熟人、邻居等，个人被救的概率与有无相熟的搜救者之间存在高度相关。③ 这些研究都说明社会网络关系在灾后的搜救行动中成了一种积极的社会资本。

（三）缓解与恢复期

在灾害的最初冲击波过去后，各种制度化社会机构逐渐开始恢复功能，开始了对受灾人员的救助和重新安置、分配救灾物资等工作，受灾的居民和社区也开始了艰苦的恢复重建工作。研究者在分析灾后恢复时非常关注的一个问题是：为什么有的社区和个人能迅速从灾害中恢复过来，而有的则一蹶不振？大量研究表明，灾民的恢复水平如何，在很大程度上取决于他们所得到的正式与非正式援助的多少，④ 但研究者们在灾后援助的分配原则问题上有着不同看法。有的研究者根据经验研究的结果认定灾后援助资源的分配遵循着一种比较公正的"按相对需求分配法则"。⑤ 但更多的研究者则发现，灾后资源并非按照需求公平分配，而是按照"相对优势法则"来分配的，那些在社会中拥有相对优势的群体和个人更可能得到灾后支持，恢复正常生活。⑥ 而是否拥有丰富的社会网络资源和社会资本，正是决定受灾者能否得到援助和能否迅速恢复的重要影响因素。

美国学者赫伯特、海因丝和贝格丝使用1992年"安德鲁"飓风（Hurricane Andrew）袭击美国路易斯安那州后在当地收集的经验数据，对受灾者的社会网络/微观社会资本与灾后社会支持之间的关系进行了一系列研究。她们首先发现：个人的社会网络是人们行动的一个重要的结构性背景（context），不同结构的社会网络所能传递的社会资源是不一样的。个人的核心网络（主要特征是由更高强度、更大同质性和相似性的关系构成，且

---

① Fitzpatrick and Mileti, 1994.
② LeChat, 1989.
③ Aguirre et al., 1995.
④ Bates et al., 1963; Kreps, 1984.
⑤ Hobfoll and Lerman. 1989; Kaniasty and Norris, 1995a.
⑥ Bates et al., 1963; Drabek and Key, 1984; Kaniasty and Norris, 1995a, 1995b.

密度较高、同质性较高、离散程度较低)① 是灾害中有助于人们获得非正式社会支持的一种重要的社会资本。反之，如果个人的网络特征是有更多弱关系、更强的异质性、更为分散的话，这样的网络结构不利于非正式支持的传递，但却有助于个人获得正式援助，因为这样的网络有助于受灾者得到更多有关灾后正式援助的信息。② 而对经验数据的分析也的确表明，强关系多、密度高、同质性高的网络更易于传递非正式支持（研究中操作化为受灾者从其他人那里得到的无偿的金钱、物质及非物质的帮助），而特征相反的网络则更易于传递正式支持（研究中操作化为从政府、教堂、非政府组织等正式组织得到的物质及非物质帮助）。③

其次，网络结构还会对人们灾后的求助行动产生影响。人们通过与其社会网络成员的长期互动，可以形成一种较为固定的对资源可得性和资源获取方式的心理感知和行为模式，在非常规情境下，这种感知和行为模式会形成一种影响人们资源获取行动的"解释性框架"和"行动框架"，影响人们的实际行动。如果某一受灾者在灾前嵌入于规模较大、密度较高、男性成员较多、年轻人和亲属所占比例较高的网络中，则他（她）在灾后恢复期间更可能向核心网络的成员求助。反之，位于规模较小、密度较低、结构较松散的网络中的受灾者则更可能向核心网络之外的其他网络成员求助，或更多地依赖正式援助。④

最后，网络结构还可能影响人们灾后向他人提供援助的行为。以往的研究比较重视的是受灾者如何获取帮助和支持，而赫伯特等则另辟蹊径，专门分析了受灾者拥有的社会网络的特征对其是否为其他受灾者提供帮助和支持产生了何种影响。研究的最终结果表明：如果受灾者拥有更紧密、规模更大和性别分散性更高的网络，则他/她就更可能为其他灾民提供帮助和支持。⑤

赫伯特等的这些研究详细分析了灾后恢复过程中微观社会资本对灾民提供的支持，提出了不同网络结构可以提供不同社会资源的观点。此外，她们还分析了灾民的求助行动与提供帮助的行动是如何受到微观社会资本的影响的。这些结果不仅可以帮助我们更好地理解微观社会资本在灾害中的角色与作用，也为完善社会资本与社会网络的理论研究做出了贡献。

灾害带来的影响不仅仅局限于生命财产的损失，还会带来精神健康方面的问题。受灾者在灾害中一般都会经历财产损失、亲友伤亡等重大变化，这些事件会给他们造成心理上的压力，进而可能对其精神健康带来不利影响。而社会资本在灾后精神健康的恢复中扮演的角色也是不可轻视的。研究者发现，受灾者精神压力的大小与其社会网络状况的变化之间存在紧密相关，如果受灾者的社会网络因灾害而受到严重破坏，则受灾者很可能会出现较严重的心理健康问题，网络破坏对心理健康的不利影响要明显大于其他因素的作用。⑥ 社会资本还对帮助那些出现心理问题的受灾者恢复精神健康起着积极作用。一部分研究社会

---

① 在这里有必要解释几个网络研究的术语：关系的强度（Strength of Ties）是指人际关系的时间长度、情感亲密度、熟悉、信任程度，关系持续时间越长、越亲密、熟悉、信任，则关系越强，反之则越弱。网络的密度（Density）指网络成员之间联系的紧密程度，同质性（Homophily, 亦译趋同性）指网络成员与网络中心在各种社会特征上的相似性，离散程度（Diversity）指网络成员在年龄、地理位置、性别等指标上的差异程度（Scott, 1991）。
② Hurlbert et al., 2001.
③ Beggs et al., 1996.
④ Hurlbert et al., 2000.
⑤ Haines et al., 1996.
⑥ Kreps, 1984; Kaniasty and Norris, 1995a.

支持网与精神健康关系的学者认为，社会网络对健康的作用不是直接的，而是起着一种"缓冲"的作用。只有在出现了压力性事件时，社会网络对精神健康的效果才表现得最为明显。[①] 而灾害就是这样一种典型的压力事件。研究表明，受灾者的社会网络关系可以为他们提供精神上的支持，帮助他们缓解压力，恢复精神健康。[②] 总之，微观社会资本不仅通过提供物质支持影响着受灾者的经济恢复情况，还通过提供精神支持影响着受灾者的心理恢复情况。

四、宏观社会资本在自然灾害中的作用

宏观社会资本在灾害中的作用同样不可忽视。在人们通常的印象中，灾害总是与无序、混乱、社会组织的解体和失效等联系在一起。但研究者发现在实际生活中，即使是发生严重灾害的地区，也总会表现出一定程度的社会秩序，这种秩序会随着时间的发展而迅速建立完善。而越是宏观社会资本存量丰富的社区，社会秩序的恢复与重建速度越快，社区从灾害中恢复的速度也越快。

如前所述，目前研究者对宏观社会资本的讨论主要集中在公民组织与公共参与、信任、社会规范等几个问题上，下面我们就从这几个方面来说明宏观社会资本在自然灾害中的角色与作用。

（一）公民组织与公共参与

帕特南在提出其宏观社会资本的思想时，认为公民自发参与形成的社会联合体是社会资本的一种重要形式。在联合体中，公民可以建立起紧密的互动关系，学习到民主运行程序，形成有效的社会规范，还可以通过联合体的形式完成各种集体行动。[③] 这一点在自然灾害的研究中得到了非常明显的体现。研究者普遍认为，在灾害中政府的能力其实相当有限，只有充分动员个人和社区的力量，才能有效地应对灾难，而这种动员主要就是通过公民自愿参与的公民/社区组织实施的。[④]

弗里兹、巴顿等在研究中发现：尽管灾害刚发生时会出现社会混乱和失范，但许多受灾社区中很快就会出现大量合作行为和利他主义行为，并开始自发地组织起来应对灾害。他们将这类社区称为"疗愈型社区"(Therapeutic Community)。[⑤] 这一概念引起了研究者的广泛兴趣，他们进一步分析了哪些社区成员更可能积极加入到疗愈型社区的活动之中，人们加入到疗愈型社区的模式有何差异，应对灾害的社区联合体都有哪些可能的形式等问题。[⑥] 研究者发现，那些有着良好社区组织活动传统的社区对灾害的反应更为迅速有效。日本学者中村（Nakagawa Yuko）等对1995年日本神户地震中一个社区（Mano）的情况进行了个案分析，该社区素有社区运动的历史传统，有良好的社区组织构架和成熟的社区领袖。地震甫一发生，社区马上在社区领袖的带领下做出反应，

[①] Kessler and Mcleod, 1985.
[②] Kreps, 1984; Tierney, 1989.
[③] Putnam, 1993.
[④] Kreps, 1984; Nakagawa and Shaw, 2003.
[⑤] Fritz, 1961; Barton, 1970.
[⑥] Drabek and Key, 1984; Kaniasty and Norris, 1995a.

大家组织起来共同搜救被困受灾者、建立社区食堂、组织夜间巡逻等。在灾害的恢复期，社区组织也积极行动以缓解灾害带来的损失，包括印发社区新闻简报、管理临时避难场所、重建被损坏的房屋等。这些活动都是在政府未提供任何指导和资助的情况下，由社区自发组织运作的。① 这一例子表明，富有公民运动传统（亦即社会资本存量更丰富）的社区更可能成为"疗愈型社区"。

灾害中的公民组织形式是多种多样的，既可以是民间自下而上产生的"草根组织/非政府组织"（NGO），也可以是自上而下建立的带有浓重官方色彩的"准政府组织"；既有灾害前已经存在的组织，也有灾害后为应对灾害而成立的新组织。不同类型的公民组织拥有不同的资源，运作方式各异，在灾害中的运作效率也有差别。研究者一般认为，自下而上形成的草根组织和非政府组织在灾害期间可以更有效地弥补政府在减灾工作中无力顾及的各种问题，更可能在受灾公民与政府之间起到沟通桥梁的作用。② 但中村等人同时也发现，在灾害中由政府自上而下组建的公民组织亦可以有所作为。在神户地震中，政府在许多受灾较严重的地区牵头成立了"城镇发展组织"，由于政府在组建这些组织时特别注意利用原有的社区组织基础，并强调了组织的自治性，这些组织在灾后重建中也起到了相当积极的作用。③ 这一结果证明政府是可以通过积极的政策来创建灾区的社会资本的。

灾害中公民组织的作用也存在一些局限。韦斯纳认为这些局限主要源自三个方面：首先是公民组织自身结构与功能的局限，许多组织本不是专为应对灾害而设立的，因此在应对灾害时常有力不从心的情况。其次是政治因素，有的政府部门对公民组织心存疑忌，为公民组织的工作人为设置了各种障碍，使公民组织的行动受到很多约束。最后，灾害中公民组织的可持续性和能力建设也是一个大问题。例如，那些在1985年墨西哥大地震后和1994年洛杉矶地震后出现的非政府组织大多在进入灾后恢复期就无力支撑下去，纷纷解散了。④ 只有克服这些局限，公民组织才能在灾害中发挥更大作用。

（二）信任

在有关环境与技术风险的研究中，研究者已经注意到"信任"的重要性，特别是信任在风险沟通与风险治理中的作用。但是，在灾害研究中引入"信任"概念却只是在近年来才刚刚开始。一些经验研究揭示了信任在灾害恢复中的作用，如中村在印度古遮拉省（Gujarat）的地震灾区进行的问卷调查发现：那些对社区其他成员和社区领袖信任程度较高的社区在灾后恢复速度更快，而且社区居民对恢复情况满意度更高。⑤ 更多的研究者关注的则是在灾害情境下建立和维系信任可能出现的问题。萨瑞等在对西班牙多纳拉（Donana）地区毒物泄漏事件的研究中发现：灾害的有效处理有赖于社区成员的人际信任，另外，人们的信任程度又受到灾害本身的规模大小和公共机构对灾害处理方式的影响。⑥

韦斯纳总结了灾害中四种值得注意的信任问题：第一，受灾社区成员之间的信任问题。现代社会中，社区成员之间有很大的异质性，在社会经济地位、种族、年龄等指标上差异很大，因此灾害发生后，如何保证这些差异性很强的社区成

---

① ③ ⑤ Nakagawa and Shaw, 2003.
② Nakagawa and Shaw, 2003; Winser, 2003.
④ Wisner, 2003.
⑥ Sauri et al., 2003.

员之间的共识和彼此信任是一个很大的挑战。第二，受灾者与政府之间的信任问题。受灾者是否信任政府，直接影响着政府采取的各种减灾措施（例如疏散灾民、发放救灾物资、灾后重建等）的实施效果。这一问题对那些有较高脆弱性的弱势群体（如非法移民、流浪者等）尤为重要。第三，受灾者与非政府组织/社区组织之间的信任问题。第四，非政府组织/社区组织与政府之间的信任问题。[①] 非政府组织与社区组织之所以能充当公民与政府之间的桥梁，很重要的原因之一就是它能够同时得到双方的信任。但这种信任并不是天然产生的，需要在实践中逐渐建立和培养起来。

（三）社会规范

人们通常认为，灾害发生时原有的许多社会规范会失去作用，社会将处于失序状态。但研究者们发现实际上在灾害中不仅许多原有的社会规范在继续发挥功能，而且在灾害的社会进程中还会出现一些有效的应急规范，这些规范优先强调了救助灾民和恢复社区服务的重要性，并为利他主义规范的建立提供了支持。

在灾害中，利他主义的行动可谓屡见不鲜。巴顿在研究中总结了灾害事件与利他行为之间存在的联系：①受灾者比例与平均损失越高，则受灾者之间的交流越多，对彼此的苦难更加了解；②如果人群中的非正式联系比较强，受害者的信息更可能为大家所知，成为对照群体；③人们关于受灾者所受损失的交流越多，对受灾者的同情程度就越高；④受灾社区中人们的非正式联系越多，为受灾者提供帮助的人的比例越高；⑤对受灾者表示同情的人的比例越高，实际帮助受灾者的人的比例也会更高。[②] 这些结果都表明，灾害事件为建立新的利他主义规范提供了一个绝佳的时机。

研究者把自然灾害称为一种典型的"有共识的危机"，在这种危机中，人们对于情境的定义、适当的规范、价值以及优选方案都有着较一致的认识。[③] 因此人们更容易就灾害中的义务与规范达成共识，把帮助他人的利他行为定义为一种行为规范。这些规范与共识会成为受灾社区的一种宏观社会资本，推动着人们的合作和集体行动，使人们能够更快更好地消除灾害的影响，恢复正常生活。

五、结语

从以上有关自然灾害中社会资本作用的研究中我们可以看到，人们不仅可以依靠经济发展和技术进步来预防和控制自然灾害，而且可以利用诸如社会资本这样的社会资源来减轻灾害带来的损失。在个人层面上，人们可以依靠自己的社会网络关系获取有关灾害的信息，得到救援帮助、物质支持和精神鼓励等实质性资源。在群体层面上，公众自愿组成的公民组织、人际信任以及合作与利他的社会规范可以使受灾社区及受灾居民更积极地参与到灾后重建工作中来，齐心协力应对灾害的挑战。

社会资本还是一种有可能在灾害中得到更新和补充的资本。根据社会冲突论的基本原理，面临着外来威胁时，群体内部的整合程度反而会提

---

① Wisner, 2003.
② Barton, 1970.
③ Quarantelli and Dynes, 1977.

高，这意味着适度的外在压力将有利于社区的成长。这也意味着在灾害中，社区和个人的社会资本反而有继续增长的可能性。科尔曼曾形象地比喻道："一个新的城镇、一个刚出现的社区很像一个婴儿——不面临一些困难、不碰到一些挑战，它就不能成长。每次成功地解决一个困难都会使它积累起一些情感和组织经验，而这些积累会有助于社区解决更多的问题。"[1] 自然灾害就是这样一种挑战和困难，当地的居民和社区在这种挑战中可以积累起更丰富的社会资本，从而为应对未来的灾害做好更为充分的准备。

认识到社会资本在灾害中的作用，对制定灾害风险的治理政策有着特殊的参考价值。过去谈到灾害治理政策时，人们首先想到的可能是以指令和控制为主的政府计划，但这种自上而下的计划管理体制往往是不利于当地的社会资本发挥作用的。因此，在制定灾害治理政策时，应认识到社会资本的作用，充分利用当地已经存在的社会网络、公民组织和社会规范，调动社区和公众的参与积极性，让他们自发地组织和行动起来，共同重建美好家园。

参考文献

[1] 黄育馥. 社会学与灾害研究. 国外社会科学，1996年第6期

[2] 张文宏. 社会资本：理论争辩与经验研究. 社会学研究，2003年第4期

[3] 赵延东、罗家德. 如何测量社会资本：一个经验研究综述. 国外社会科学，2005年第2期

[4] Aguirre, E. 1988. "The Lack of Warning before the Saragosa Tornado". International Journal of Mass Emergencies and Disasters. 6: 65–74

[5] A guirre, E., Wenger, D., Glass, T., Diaz-Murillo, M. and Vigo, G.. 1995. "The Social Organization of Search and Rescue: Evidence from the Guadalajara Gasoline Explosion". International Journal of Mass Emergencies and Disasters. 13: 93–106

[6] Barton, A. 1970. Communities in Disaster. Garden City, NY: Anchor, Doubleday

[7] Bates, F., Fogelman, C., Parenton, V. and Tracy, G.. 1963. The Social and Psychological Consequences of a Natural Disaster——A Longitudinal Study of Hurricane Audrey. National Research Council Disaster Study No. 18. University of Georgia

[8] Beggs, J., Haines, V. and Hurlbert, J.. 1996. "Situational Contingencies Surrounding the Receipt of Informal Support". Social Forces. 75 (1): 201–22

[9] Burton, I., Kates, R. and White, G.. 1978. The Environment as Hazard. New York: Oxford University Press

[10] Coleman, J. 1961. "Community Disorganization". pp.573–74 in Merton, R. and R. Nisbet (eds), Contemporary Social Problems: An Introuduction to the Sociology of Deviant Behavior and Social Disorganization. New York: Harcourt, Brace, and World

[11] Drabek, T., Taminga, J., Kilijanek, T. and Adams, C.. 1981. Managing Multiorganizational emergency Responses: Emergent Search and Rescue Networks in Natural Disasters and Remote Area Settings. Boulder: Institute of Behaivor Science, University of Colombia

[12] Drabek, T., and Key, W.. 1984. Conquering Disaster: Family Recovery and Long-Term Consequences. New York: Irvington

[13] Dynes, R. 1974. Organized Behavior in Disaster. Columbus: Ohio State University, Disaster Research Center. Serial No.3

[14] ——. 2005. Community Social Capital as the Primary Basis for Resilience. University of Delaware, Disaster Research Center. Preliminary paper No. 344

---

① Coleman, 1961: pp.573–574.

[15] Fitzpatrick, C. and Mileti, D.. 1994. "Public Risk Communication". pp. 71-84 in Dynes, R. and K. Tierney (eds). Disasters, Collective Behavior, and Social Organizations. Newark, DE: University of Delaware Press

[16] Fritz, C. 1961. "Disaster". pp. 651-94 in Merton, R. and R. Nisbet (eds), Contemporary Social Problems: An Introudiction to the Sociology of Deviant Behavior and Social Disorganization. New York: Harcourt, Brace, and World

[17] Haines. V., Hurlbert, J. and Beggs, J.. 1996. "Exploring the Determinants of Support Provision: Provider Characteristics, Personal Networks, Community Contexts, and Support Following Life Events". Journal of Health and social Behavior. 37 (3): 252-64

[18] Hobfoll, S. and Lerman, M.. 1989. "Predicting Receipt of Social Support: A Longitudinal Study of Parents' Recations to Their Child's Illness". Health Psychology. 8: 61-77

[19] House, J., Umberson, D. and Landis, K.. 1988. "Structures and Processes of Social Support". Annual Review of Sociology. 14: 293-318

[20] Hurlbert, J., Haines, V. and Beggs, J.. 2000. "Core Networks and Tie Activation: What Kinds of Routine Netowrks Allocate Resources in Nonroutine Situations?" American Sociological Review. 65 (4): 598-618

[21] ——. 2001. "Social Networks and Social Capital in Extreme Environments". pp. 209-32 in N. Lin, K. Cook, and R. Burt (eds). Social Capital: Theory and Research. New York: Walter de Gruyter

[22] Kaniasty, K. and Norris, F.. 1995a. "In Search of Altruistic Community: Patterns of Social Support Mobilization Following Hurricane Hugo". American Journal of Community Psychology. 23: 447-77

[23] ——. 1995b. "Mobilization and Deterioration of Social Support Following Natural Disasters". Current Directions in Psychological Science. 4 (3): 94-98

[24] Kasperson, R., Renn, O., Slovic, P., Brown, H., Emel, J., Goble, R., Kasperson, J. & Ratick, S.. 1988. "The Social Amplification of Risk: A Conceptual Framework". Risk Analysis. 8 (2): 177-87

[25] Kessler, R. and Mcleod, J.. 1985. "Social Support and Mental Health in Community Samples". pp. 219-40 in Cohen, S. and Syme, S. (eds). Social Support and Health. New York: Academic Press

[26] Kreps, G. 1984. "Sociological Inquiry and Disaster Research". Annual Review of Sociology. 10: 309-330

[27] Lechat, M. 1989. Corporal Damage as Related to Building Structure and Design. Center for Research on the Epidemiology of Disaster, Catholic Universtiy. Belgium: Lovain

[28] Mileti, D. 1999. Disasters by Design: A Reassessment of Natural Hazards in United States. Washington: Joseph Henry Press

[29] Nakagawa, Y. and Shaw, R. 2004. "Social Capital: A Missing Link to Disaster Recovery". International Journal of Mass Emergencies and Disasters. 22 (1): 5-34

[30] Portes, A. 1998. "Social Capital: Its Origins and Applications in Modern Sociology." Annual Review of Sociology, 24: 1-24

[31] Putnam, R. Making Democracy Work: Civic Traditions in Modern Italy. Princeton: Princeton University Press

[32] Quarantelli, E. and Dynes, R.. 1977. "Response to Social Crisis and Disaster". Annual Review of Sociology. 3: 23-49

[33] Sauri, D., Domingo, V. and Romero, A.. 2003. "Trust and community building in the Doñana (Spain) toxic spill disaster". Journal of Risk Research. 6 (2): 145-62

[34] Scott, J. 1991. Social Network Analysis: A Handbook. London: Sage Publications Ltd

[35] Stalling, R. 2002. "Weberian Political Sociology and Sociological Disaster Studies". Sociological Forum. 17 (2): 281-305

[36] Tierney, K. 1989. "Disasters and Mental Health: A Critical Look at Knowledge and Practice. pp. 158-77 in Quarantelli, E. and Pelanda, C. (eds), Proceedings of the Italy-United States Seminar on Disasters. Newark, DE: Disaster Research Center, University of Delaware

[37] Wisner, B. 2003. "Disaster Risk Reduction in Megacities: Making the Most of Human and Social Capital". pp. 181-96 in Kremier, A., Arnold, M. and Carlin, A. (eds), Building Safer Cities: The Future of Disaster Risk. Washington D.C.: The World Bank

组织社会资本、国际资源获取与中小企业国际化绩效

——一个综合理论分析框架*

[摘要] 随着经济全球化的不断深入,越来越多的中小企业加入到激烈的国际化市场中。国际化资源短缺已经成为我国中小企业发展的主要"瓶颈"。本文基于国际化的社会资本理论,分析了组织社会资本对国际化经营的信息、知识和资金等资源的获取,从而对我国中小企业的国际化绩效产生重要影响。本文提出发展企业社会资本是推动中小企业国际化进程、提升国际化绩效的重要途径。

[关键词] 组织社会资本;中小企业;国际化绩效;资源获取

一、问题的提出

随着经济全球化进程的加快,我国中小企业迅速成长已经成为推动国民经济和社会发展以及构建和谐社会的重要力量。据有关部门统计,仅"七五"和"八五"期间,我国中小企业的出口交货值年均增长速度分别为45%和63.5%,已占全国出口总值的1/3。至2007年底,我国的外贸总量排世界第三位,其中中小企业的出口总额占全国总量的60%。

但我国中小企业尚处于国际化经营初级阶段,国际化经营程度较低,绝大多数中小企业未直接对外投资,几乎没有任何形式的品牌营销,更多的是通过贴牌生产把产品通过中间商卖到国外去。仅有的对外直接投资也主要集中在香港地区,新加坡以及东南亚一带的周边国家。更为严重的是在全球市场占有重要地位的"中国制造"正面临着巨大挑战,从有毒的宠物食品、儿童玩具、牙膏到存在安全隐患的轮胎,2007年,"中国制造"接连在海外市场出现质量问题,特别是2008年的"毒牛奶事件"。境外一些媒体和人士纷纷对"中国制造"提出严重质疑,对中国产品进行扩大化的抵制和调查,中国产品面临着严重的信任危机。

研究我国中小企业如何在激烈的国际市场竞

---

* 作者简介:周小虎:生于1962年,江苏南京人,南京理工大学经济管理学院教授、系主任,研究方向:企业战略管理、组织理论、人力资源管理;王竹:生于1981年,重庆人,南京理工大学硕士研究生,研究方向:企业战略、绩效管理;李海舰:生于1975年,山东寿光人,南京大学商学院副教授,研究方向:企业战略管理、组织理论。
基金资助:本文国家自然科学基金"组织社会资本对企业国际化影响"项目阶段成果(批准号:70672087)。
通讯方式:南京孝陵卫200号,南京理工大学经济管理学院,邮编:210094;E-mail:njuzxh@gmail.com。

争中稳步发展，如何成功实现国际化经营已是亟须解决的重要问题。事实上，我国中小企业的国际化经营的发展能力较差，主要是体现在企业对资源的获取、整合、利用能力（董春，2007）。因此，及时地获取资源已成为中小企业提高竞争力的关键因素之一。如果企业拥有良好的社会资本，就可以通过企业的各种社会联系，从相熟的、信任程度较高的部门或企业那里以相对较低的成本获得各种信息、知识（Davidsson & Benson Honig, 2003）以及资金等资源（Guiso, 2001）。因此，研究中小企业能从哪些关系资本中获取资源，同时这些资源中，又主要是哪些方面对中小企业的国际化绩效发挥作用将是个十分重要的理论课题。

本文力图从社会资本视角探讨资源获取和国际化绩效间关系。在对中小企业国际化的研究中，较著名的有国际化阶段理论，该理论认为企业国际化过程是一个不断积累经验、知识等资源的过程（Johanson & Vahlne, 1977）；另外还有中小企业国际化网络理论，该理论认为企业国际化过程就是企业建构、发展和利用国际社会网络的过程（周小虎，2006）；以及国际化的资源基础论，该理论认为中小企业进入海外市场的能力与其累积的有形、无形资源储备有直接关系（Bloodgood, 1996）。从现实意义上讲，这几种理论并不是相互排斥而是各有侧重点。而社会资本角度的研究是对企业国际化几种理论的深化和补充（Johanson & Mattsson, 1988），因为社会资本在知识、信息等各种资源的获取与共享、集体行动和相互交往的网络中的作用是非常明显的（Flora, 1993; Malecki, 2000）。

本文首先提出研究问题，第二部分对中小企业国际化的社会网络理论进行了回顾；第三、四、五部分从组织的横向关系、纵向关系和社会关系论述了组织社会资本对国际资源获取的影响；第六部分综合论述资源获取对国际化绩效的影响；最后提出了一些相应的政策建议。

二、中小企业国际化的社会资本理论

近年来，基于社会资本理论的中小企业国际化研究，是对国际化过程网络理论的深化（Johanson & Mattsson, 1988），也是国际化领域的热门话题之一（Johanson & Vahlne, 2003; Ibeh, 2003; Davenport & Kohli, 2001）。

（一）企业国际化与社会网络

根据中小企业国际化网络理论，企业的国际化机会和决策都受制于企业的社会资本（Iindell & Karagozoglu, 1997; Madsen & Servais, 1997）。Johanson 和 Mattsson 指出，行业系统构成了企业间的关系网络，它由众多从事供应、生产、销售和服务的企业群体构成。企业在行业网络中的地位决定其市场力量。这种网络地位是由企业与其他企业的相互关系、在行业中扮演的角色和对其他企业的重要性这三个方面所决定的，企业国际化过程就是企业建构、发展和利用企业社会网络的过程。

Sherman Cochran（2002）通过对 19 世纪后期至 20 世纪前期西方、日本和中国的各大公司在中国市场上遭遇"关系网"的经历的研究，总结出企业三种各具特色的模式：西方的、日本的和中国的。第一种是西方式的模式。钱德勒认为，西方历史上 19 世纪末期和 20 世纪初期成功的企业都从个人资本主义（以社会关系网络为基础）发展到了经理人资本主义（经理层级结构运作）。第二种是日本式的模式。这种模式更强调集体主义精神，企业中管理层级结构运作层次一直延伸到最低层。"日本企业经理层结构运作的层次比美国企业内的层次更低。与此（美国企业的经理层级）相比，日本公司的经理层级向下延伸到各经营单位。受薪经理们首先在该单位作员工，然后才担任单位内某一部分的领导"（瑞依，1989）；一些社会学家研究了"二战"以来中国台湾、香港地区和东南亚地区华人企业的成功之路，得出了企业获得成功的第三种模式，即中国企业凭借社会关系网络而不是企业层级结构达到了可与西方和日本企业媲美的效率。

（二）社会资本与国际化资源获取

N.E.和H.J.Munro（1995）在对25家创业型的高科技企业的国际化调查中发现，国际市场选择和进入的动机都来自于正式和非正式的社会网络创造的机会，他们发现网络关系促进了快速增长，并积极影响着小型企业的国际化进程和成长模式。Holm-lund.M和S.Kock（1998）在对122家中小企业的研究调查后发现，国内的网络关系会影响中小企业的国际化，使得中小企业获得信息和资源，并使其进入外国的业务网络，其中，中小企业的市场信息十分依赖于企业的社会网络。

H.Yli-Renko，E.Autio和H.J.Sapienza（2001）从社会资本理论出发，用企业与其最大的客户之间的关系（其中包括社会互动、关系质量和网络联系三个分指标）来测度企业的社会资本，通过对180家英国高技术企业的实证研究后证实，新创企业从核心客户获取外部知识的量取决于社会资本关系中的三个方面：企业之间的社会交流水平；关系的质量，即友好的信任和相互利益；通过关系而创造网络联系的水平。知识获取则通过新产品开发、技术的独特性以及销售成本效率促进企业获取竞争优势。作者指出，社会资本使得核心客户关系中的外部知识的获取变得容易，并且这种知识可以协调社会资本和为获取竞争优势的知识利用之间的关系。

也有学者提出了中小企业的国际化过程还受到了企业内部网络的影响，企业内部网络通过作用于企业资源结构，从而影响企业对于国际化过程的市场、时机和速度等方面的决策（Lei Li & Dan Li，2004）。

Jensen通过1991~1997年银行业市场进入的调查发现，原有的企业间关系和企业网络地位可以为企业进入新的市场提供便利，企业的市场关系和网络地位也可以部分转移到新的市场中。因此，Jensen提出中小企业市场的选择和进入模型的决策，根本上取决于新市场对于网络资源的有效利用程度，即两者之间在网络关系与网络地位上匹配性程度。一些中小企业国际化研究进一步支持Jensen的观点，Prashantham（2004）通过对班加罗尔地区软件企业的调查，发现企业在当地的网络资源可以通过企业声誉、产品品质以及网络结构来影响企业国际化过程；Chen等人提出亚洲中小企业是以企业间的网络化而闻名，他们快速的国际化过程主要根源于他们在新的市场中充分利用了其社会网络关系，特别是那些知识密集型企业（Chen，2003；Redding，1995；Coviello & Munro，1997；Prashantham & Berry，2004）。

Meyer和Skak（2002）研究发现，在中小企业国际化的初期，及时获得决策所需的市场信息能够加快企业国际扩张的速度。在总结国外学者的研究时周小虎（2006）发现，有利于中小企业国际化的社会网络在两个方面影响企业国际化过程：①创造出新的国际化经营的机遇，例如通过客户关系进入了新的市场；②获取了企业国际商务的信息和意见。

(三) 社会网络、国际化资源与企业绩效

Gulati 等人 (2000) 从战略网络的角度阐释了企业社会性质问题及其与外部组织之间的社会关系对企业行为和经营绩效的影响。他们认为，企业所处的战略网络不同，则各个企业所处战略网络中的节点之间的关系密切程度和信任程度也各不相同。因此，各个企业的网络资源或关系资源也就不同，同时，各个企业管理关系网络的能力不同，因而其对网络资源或关系资源的利用效率和整合能力也各有所异，从而影响了企业生产管理行为和经营绩效。

Lages (2000) 认为，企业高层管理团队的教育背景、经验和技能能影响企业国际化的绩效，这里认为企业家或高层管理团队的行为因为嵌入于组织的社会行动之中，其社会资本的构成首先表现为由关系网络的数量和质量组成，这些网络按照类别来分可以划分为企业家与顾客、供应商、销售商等构成的市场网络；与股东、员工、合作伙伴等构成的内组织网络；与政府、银行等组织构成的环境网络；企业家个人的血缘网络、地缘网络、学缘网络组成的个人网络等。

周小虎 (2002) 认为，企业家的社会资本从信息作用、组织作用以及交易作用三个方面影响企业绩效。他认为，企业家的关系网络是信息资源配置的有效机制；并通过信任机制，使员工、合作伙伴、顾客联系起来，共同构建着企业的愿景；同时社会资本也为企业节省了信息收集、询价的费用，网络成员之间的交易也因相互之间的信任、长期合作而节省了讨价还价、契约制订和执行费用。

贺远琼、田志龙等学者 (2006) 通过对400多家企业的实证研究发现，企业高管的社会资本通过企业对外部环境的适应能力从而对企业经济绩效有显著的提升作用。他们在研究中发现，社会资本可以为企业带来准确的信息资源以及相关知识，从而使企业能制定相应的战略来适应外部环境，进而提升企业绩效。张方华 (2005) 在对知识型企业的调查中发现，知识型企业的社会资本对其技术创新绩效有着显著影响，进而这样的技术创新绩效会提升企业的国际化经营绩效。

所谓的组织社会资本就是组织社会网络给组织行动带来的便利。这种组织社会连带最主要表现为：纵向联系、横向联系和社会联系 (边燕杰、丘海雄，2000)。所谓纵向联系是指上游供应商和下游顾客间联系；横向联系指的是同业企业间的联系；社会联系是指企业与上级领导机关、政府部门和其他企业部门的联系。已有研究表明，影响企业国际化的最核心资源是缺乏国际经营的信息与知识，以及中小企业特有的资金短缺问题 (张方华，2006)。组织社会资本正是通过这些社会连带对信息、知识与资金获取的影响，作用于国际化绩效的。迄今为止的研究虽然已经从企业自身社会资本带来的资源来研究对国际化绩效的影响；也没有针对我国中小企业这个特定群体的国际化进行相关的实证性研究。但他们的研究开始综合展现出在国际化经营中，企业社会资本对获取国际资源，特别是信息、知识和资金获取的制约作用，而这些资源的占有直接影响着企业的国际绩效。

三、纵向关系资本与资源获取

在激烈的国际市场中，能及时捕捉到关键的信息无疑能极大地为企业提供国际市场的竞争力。Karagozoglu研究表明，44%的中小企业存在收集国际市场信息的困难，32%的中小企业与国际竞争者相比存在资源获取方面的困难，他从而认为资源的限制是小型企业进行国际竞争面临的主要困难（Karagozoglu & Lindell，1998）。

中小企业的社会资本为企业获得及时而准确的信息提供了非常好的渠道。它能够为企业直接提供信息、知识和互补的资源（Hagedoorn，1993）。网络成员之间由于信任可以促进信息传递，比纯市场交易中的典型价格数据更加细致、隐忍和整体化（Brian Uzzi，2002）。与供应商和客户之间保持紧密的联系可以增加它们作为创新信息来源的重要性（Hakansson，1982；von Hippel，1986；Siegel等，1993）。中小企业通过与领先用户的交流与合作，企业可以在动态变化的环境下及时捕捉顾客的需求变化，适时调整自己的市场战略，开发出各种满足顾客需求的产品，从而在日趋激烈的市场竞争中不断赢得竞争优势（von Hippe，1978；Kanter，1989）。

也有研究指出，企业还可以从供应商那里获取市场需求信息（Rothwell，1992）。因此，我们认为在中小企业国际化过程中，通过客户与供应商获取到及时的国际市场需求信息、产品最新技术信息以及政策信息等。这些信息为中小企业的国际化提供了指导方向与市场机会。通过社会网络，企业从客户与供应商获取的国际市场需求信息主要包括：国际市场当地的环境信息，如社会总购买力、人均收入水平、文化传统、消费能力等信息；当地市场的消费者偏好变化的信息，例如随着人们收入水平的提高以及消费意识的改变，他们的消费需求也在不断变化着，企业必须及时掌握消费者的偏好信息，就能及时调整企业战略，在国际市场中抓住机遇；国内外产业调整升级时所带来的市场机会信息，例如国际市场的能源行业，由于石油等能源的天然储量限制，致使行业中许多企业认识到探索开发新型能源是大势所趋，因此许多企业开始探索开发太阳能、风能等新型能源；供应商生产要素的供给信息等。企业也能从客户与供应商获取的国际最新技术信息，例如从客户需求中获悉客户偏好的产品新技术、新功能，能促使企业采用新技术开发新功能；从供应商处获取有关行业内新型生产材料、原材料等生产要素的技术信息，从而使企业采用更符合行业趋势的新型原材料。企业还能从客户与供应商处获取当地市场的一些政策信息，包括相关法律政策信息、税收信息、贸易信息、价格信息等，例如当地政府鼓励和支持发展的产业或产品以及其限制发展的产业或产品，这些都直接影响着企业国际化绩效和企业国际化的成功与否。

此外，企业通过客户与供应商还能获取国际化所需的知识。H.Y li-Renko, E.Autio 和 HJ. Sapienza（2001）指出，社会资本使得核心客户关系中的外部知识的获取变得容易。企业间长期建立和培育起来的关系资产，如信任、熟悉和共识，使交往的各方都愿意向对方提供有价值的知识（Tsai & Ghoshal，1998）。企业之间的信任度越高，知识的获取量就越大（Ring 和 Van de Ven，1994；Dyer 和 Singh，1998；Lane 和 Lubatkin，1998）。特别是，由于隐性知识的难以表达和获取，因此研究者和实践者们一直认为信任是分享隐性知识的先决条件，信任是知识交换最为重要的先决条件之一（Olivier Boiral，2002）。由于对用户需求的快速反应是企业在国际市场的激烈竞争中获得成功的一个关键因素，领先用户对产品创新的重要性越来越受到企业界的重视，这也是国外企业非常重视客户关系管理（CRM）的一个重要原因。企业的社会网络中，与客户与供应商的关系，就是建立一种与产品或技术的最终使用者（尤其是领先用户）之间的交流和信息沟通，它作为一个共存的技术支持机制，可以作为产品的使用者，对生产者提出技术要求。因此，企业从客户与供应商处获取的知识主要包括国际市场知识、技术知识以及国际化管理知识。企业在获取了国际市场信息后，得到了进入或在国际市场取得成功的商机，但是仍然需要知道如何去开发国际市场、满足客户多样化需求的方法，这里的国际市场知识也是将企业所得到的市场信息，加以整合、筛选、联系，最后将其运用起来并取得成功的方法。技术知识是企业通过具体的研究和开发而进行技术改进、创新或产品生产的所需的知识。许多研究表明，新产品早期的采用者和领先用户是创新组织与使用者网络之间最重要的联系桥梁（von Hippel，1986）。同时，企业可以从客户和供应商处获取国际市场所需的管理知识，例如当地市场所重视的某方面的质量管理体系、环境管理体系，企业为了得到在当地市场或行业认可，需要对企业自身进行或加强这方面的管理来获取客户认可。企业也可以通过与供应商的交流与协作，加强供应商管理，以加强企业供应链在国际市场的竞争力。

企业在国际化市场中，如果拥有良好的社会资本，与客户、与供应商保持良好关系，通过加深互相的信任，能有效降低信息的获取成本（Burt，1992），网络成员之间的交易也因相互之间的信任、长期合作而节省了讨价还价成本、契约制订成本和执行费用（周小虎，2006）。同时，与客户或供应商之间的信任，可以促进一系列难于定价却能丰富组织竞争及克服困难能力的财富交换（Brian Uzzi，2002）。例如，Uzzi 在调查研究中谈到，一家服装公司需要它的长期合作的承包商购买一种新型机器来完成这项工作，但是承包商会担心这种新购买的机器是个风险，一旦这次工作完成，如果服装样式不受欢迎，以后的市场很可能不会再使用这种机器。因此，承包商要求这家服装公司共同承担购买机器的风险。由于长期的合作和彼此的信任，服装公司最终为新机器的购买承担了部分的资金。同样的，也有国内研究调查表明，企业可能会对长期合作的供应商或客户进行部分资金上的支持。例如，当信任的供应商陷入暂时的资金周转困难时，合作企业可能会缩短支付周期，采用提前支付的方式解决供应商的困难。因此，我们认为企业的纵向关系资本也能对资金获取产生影响。

总结以上观点，本文提出以下假设：

H1：组织的纵向关系资本对中小企业的资源获取有正向作用；

H1a：组织的纵向关系资本对中小企业的信息获取有正向作用；

H1b：组织的纵向关系资本对中小企业的知识获取有正向作用；

H1c：组织的纵向关系资本对中小企业的资金获取有正向作用。

四、横向关系资本与资源获取

企业的横向关系资本是考察企业与竞争对手、其他企业的关系。现有研究表明企业除了可以从客户处获取市场需求信息,也可以从竞争对手(Chiesa,1996)、其他国内企业(Alter & Hage,1993)、合作伙伴(Abernathy,1993)那里获取市场需求和技术发展方面的信息。企业从竞争对手、其他企业处获取的信息,可以是行业产品信息、行业技术发展信息、行业政策信息、市场份额信息、市场成长信息以及竞争对手的生产规模、生产能力、技术水平、营销策略等信息,企业及时掌握这些信息,有利于企业从竞争的角度做出相应的战略调整及决策,从而影响企业的国际化绩效。

知识通常都具有较强的隐性与社会复杂性等特点,很难被其他企业模仿(Barney,1991),但是企业可以通过在社会网络学习的过程中,不断发现、吸收、整合网络知识,创造和开发新知识。企业在网络中可以通过不同形式的相互交流和了解,例如学识研讨会、产品发布展览会以及技术交流等活动来获取新知识。有研究认为,研发人员可以利用网络成员的技术共同体进行技术交流和共同解决问题,并从中创造出新的知识(Nonaka,1991)。企业间的知识转移可以是供应商、客户、竞争对手、相关企业和其他互补性企业之间的价值转移网络(Etzkowitz,1997)。通过与其他企业(如与竞争对手)的技术合作和合作创新,将企业外部资源内部化,共享知识和专业技能,并减少外部环境的不确定性,已经成为当前企业提高国际竞争力的一种重要机制。有研究表明,绝大多数知识属于隐含知识,很难快速而有效地转移,而企业间的技术合作则通过他们之间的紧密结合,可以加速信息的沟通与共享,从而促进知识和技术的有效转移(Teece,1986;Mowery,1988)。

中小企业自身特点是规模小、自身资源较为匮乏,但是也通过与客户、供应商等外部组织甚至竞争对手的合作,不仅使企业可以有效地获取外部信息和知识,还可以通过各种技术合作、生产合作或联盟的形式分担技术创新上的财务负担,或突破自身生产规模的局限,共同联合承接国际项目,开发国际市场,从而间接地为企业获取了企业技术研发(Harrigan,1985)或市场开拓所需的资金投入。例如,企业可以通过与其他企业(其中包括供应商、竞争对手和其他经营主体等)的合作扩大整体规模与优势,以合作共同体形式来获取其他企业的投资(Rothwell,1992;Alter & Hage,1993);企业也可以通过与竞争对手、其他企业的合作开发或合作生产的形式来分担其财务负担或财务风险。

基于以上分析,本研究提出以下理论假设:

H2:组织的横向关系资本对中小企业的资源获取有正向作用;

H2a:组织的横向关系资本对中小企业的信息获取有正向作用;

H2b:组织的横向关系资本对中小企业的知识获取有正向作用;

H2c:组织的横向关系资本对中小企业的资金获取有正向作用。

五、社会关系资本与资源获取

中小企业在其社会网络中，除了与客户、供应商、竞争对手以及其他企业之间关系会为其带来信息、知识与资金以外。与大学和科研机构、中介组织、政府部门、行业协会（Swan & Newell, 1995）、金融机构、风险投资的关系也会通过网络为企业带来信息、知识以及资金等资源。

通过与大学科研机构的良好关系，例如成立技术合作机构等，能有效为企业带来行业最新的技术信息与知识，同时合作的开发新技术、新产品，也为企业降低了风险，间接减少了企业成本。而与中介组织的良好关系，对我国中小企业来说非常重要，许多中小企业在进行国际化之初，往往是通过中介组织传达的信息与知识，才推动企业走上了国际化道路，同时中介组织也可能为企业带来海内外的风险投资、金融机构的相关信息与知识，从而间接为企业的国际化提供了资金。而与行业协会的良好关系，可以使网络内成员加强相互的信息、知识的沟通与交流，同时也可能作为成员组织最终建立技术或生产合作关系的中介或担保。

此外，在社会关系资本中，企业与政府部门的良好关系可以促进企业各方面的资源获取。例如，优先的海外市场信息、政府对行业技术的政策性扶持或帮助，特别是政府部门对中小企业的资金投入一直是我国中小企业在技术上进行创新、改革的主要来源（许庆瑞，2002），同时也推动了我国许多中小企业的国际化经营。例如，国家每年有针对中小企业的科技创新基金、商业部的外资发展基金、中小企业国际市场开拓资金项目计划以及出口信贷等。政府部门的政策性扶持也可以使企业较容易地从金融机构获取资金。

其他的金融机构与风险投资也是中小企业获得资金支持的重要来源。虽然从理论上说，只要是有经济利润的企业都能以一个比较有竞争力的价格获得银行贷款（Petersen & Rajan, 1994），但是有研究发现，并不是所有企业都能以最低的成本获得资金支持，由于企业与金融机构、风险投资机构之间存在着较大的信息不对称与道德风险（Hart, 1987），企业获取资金的成本往往都非常高（Enne & Binks, 1995）。因此，为了减少这种信息的不对称现象，企业应该加强与金融机构、风险投资机构之间的联系，通过长期的交往来培育相互间的信任关系。而这种信任关系能够影响到企业从金融机构获得贷款的数量（Mintz & Schwartz, 1985; Baker, 1990; Podolny, 1993）。企业的社会关系网络会对哪一家企业获得外部资金以及以何种成本获得资金产生显著的影响（Petersen & Rajan, 1994; Arrow, 1998）。如果企业拥有良好的社会资本，则更容易从正式的金融机构获取各种资源（Guiso, 2001）。风险投资由于是职业金融家投入到新兴的、迅速发展的、有巨大竞争潜力的企业中的一种权益资本，它能极大缓解企业的资金短缺压力，从而有力地促进企业的国际化经营。但是，由于风险投资的风险比较高，风险投资机构对欲投资对象的要求也非常高，在双方缺乏沟通与合作的情况下，企业是很难获得风险投资机构的支持的。因此，企业要通过与风险投资机构建立长期的、良好的交流，并获得风险投资机构的信任和认可，如此才能获得企业经营活动所需的资金。正如Greene和Brown（1997）所指出的那样，与风险投资机构的良好关系是为企业获得风险投资提供条件。Shane和Cable（1998）

也认为，拥有较高程度社会资本的企业则比拥有较低社会资本的企业更有可能从风险投资家那里获得资金支持。

因此，基于以上分析，本研究提出以下理论假设：

H3：组织的社会关系资本对中小企业的资源获取有正向作用；

H3a：组织的社会关系资本对中小企业的信息获取有正向作用；

H3b：组织的社会关系资本对中小企业的知识获取有正向作用；

H3c：组织的社会关系资本对中小企业的资金获取有正向作用。

六、资源获取与中小企业国际化绩效

不管是国际化阶段理论Uppsala模型，还是国际化的网络模型或国际化资源基础论，都认为信息、知识等各种资源的获取对企业的国际化经营有着重要作用。不同的是，Uppsala模型主要用于解释任何规模的企业国际化过程，包括传统的国际化过程。而国际化的网络模型或资源论都主要用于解释近年来不少中小企业可以在成立初或成立不久就展开国际化活动的现象。两个理论都认为，企业的国际化过程是企业不断丰富自身，积累经验、知识等各种资源的过程。国际化的网络模型认为企业的国际化是企业在国际市场网络中建立、发展网络关系的过程。中小企业处于天然的网络之中，其国际化经营必然受其所处的企业网络中的其他参与者国际化程度的影响。为了开展国际化经营，并进行拓展、渗透与整合，中小企业必须与其供应商、客户、竞争对手及政府组织等建立并保持持续、动态的联系。这些企业的国际化经营可以被看做一个"共同学习的过程"，一个资源积累的过程。通过国际化经营，中小企业会与国外的对应企业建立并保持关系，从而培育自己的网络能力。特别是中小企业可以运用这些网络资源来弥补企业自身的不足，为企业带来国际化所需的信息、知识、资金等资源，从而影响企业的国际化绩效。国际化的Uppsala模型中，该模型假设企业缺乏完全的国际市场信息，其国际化程度会随着国际化经验和知识的累积而逐步提高。因此，企业国际化过程是一个渐进的过程。这里认为的国际化经验和知识的积累则包括了国际化过程中信息与知识的获取。特别是在中小企业国际化的初期，及时获得决策所需的市场信息更能够加快企业国际扩张的速度（Meyer & Skak, 2002）。

同时，针对我国中小企业国际化的研究发现，国内的经济环境也直接影响中小企业国际化绩效。特别是在我国中小企业国际化程度普遍不高的情况下，据对温州民营企业国际化经营的调查，大概63%的民营企业处于积极出口阶段（任建雄，2005）。因此，对我国中小企业来说，除了在信息、知识、人才方面的不足外，还存在资金不足，政府和社会的环境的服务体系支持也还不够。虽然我国政府和各级机构目前成立了许多中小企业的专项项目来扶持企业国际化经营，但中小企业在规模小、信用度较低、国际化风向较高的情况下，如何获取资金的支持也会影响我国中小企业的国际化经营。因此，我国的中小企业通过自身社会资本，与网络成员保持良好关系，获取资金的支持也是影响企业国际化经营绩效的因素之一。

所以，基于上述分析，本研究提出以下理论

假设：

H4：在其他条件不变的情况下，组织的资源获取对我国中小企业国际化绩效有正向作用；

H4a：在其他条件不变的情况下，组织的信息获取对我国中小企业国际化绩效有正向作用；

H4b：在其他条件不变的情况下，组织的知识获取对我国中小企业国际化绩效有正向作用；

H4c：在其他条件不变的情况下，组织的资金获取对我国中小企业国际化绩效有正向作用。

因此，综合已有的国内外学者有关中小企业国际化绩效的分析和研究的基础上，本文认为中小企业的组织社会资本是通过对信息、资金和知识这三个因素的获取来影响企业国际化绩效。

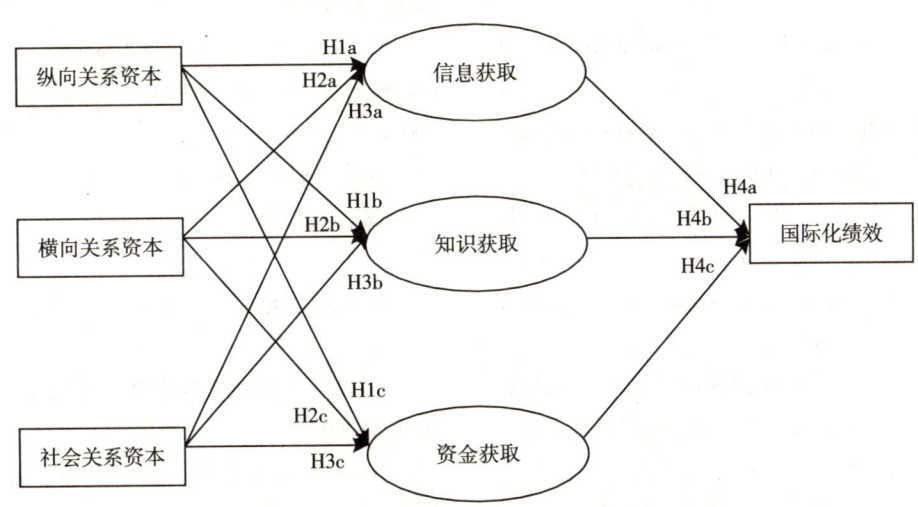

组织社会资本对我国中小企业国际化绩效影响模型

七、研究的启示和建议

上述分析结果显示，对中小企业的国际化经营而言，组织的社会资本确实能够促进企业通过社会网络获取各种自身所需的资源，进而推动企业的国际化绩效。这一结论不仅丰富了我国中小企业国际化的研究，同时也对中小企业的管理实践具有一定的指导意义，可能的启示主要有以下几方面：

（1）对中小企业而言，企业的社会资本如同企业的其他资本如资金资本、人力资本等一样重要，都可以作为企业发展的关键资源，可以为企业的国际化经营产生效益。因此，企业应重视组织社会资本的培养。特别是根据我们的研究结果，加强与客户关系、供应商关系，以及竞争对手、其他企业、大学科研机构、行业协会、政府部门以及各种金融机构的关系，构建良好的组织社会资本，增进网络中企业间的相互信任与合作，在国际市场中，以整体网络的优势参与竞争，就能克服中小企业的先天规模较小、资源不足等劣势，在激烈的国际市场中得到发展，并取得成功。

（2）加强对通过社会网络获取的资源的重视。从实证分析的结果看，信息获取对我国目前尚处于国际化初级阶段的中小企业最为重要，其次是知识获取、资金获取。对于大部分尚在出口加工阶段的中小企业来说，得到及时的市场需求信息、最新的国际技术信息以及相应的政府政策信息等，对中小企业的国际化绩效有着决定作用。因此，中小企业应充分重视信息获取的重要渠道，他们按重要性依次是纵向关系（客户与供应商）、社会关系（大学科研机构、政府部门、行业协会、中介组织、金融机构等），以及横向关系（竞争对手以及其他企业）。企业应分析自身目前国际化经营状况，针对不同的网络关系，加强某一方面的信息获取。另外，对于知识获取和资金获取，中小企业也可以通过分析自身国际化经营状况，审视企业的组织社会资本，充分利用好网络优势，获取优势资源，从而推动自身的国际化经营。

参考文献

[1] Burt. R.S, Structural holes: The social structure of competition

[2] Burt. R.S, The con tingent value of social capital, Administrative Science Quaterly, 1997, 42: 339-365

[3] Eric, W.K.T., Duc, T.N, & Krishna, E. Knowledge acquisition and performance of international jiont ventures in the transition economy of Vietnma. Journal of international Marketing, 2004, 12 (2): 82-103

[4] Adler, P.S.& Kwon, S. W., Social capital: Prospects for a new concept, Academy of Management Review, 2002, 27 (1): 17-40

[5] Zahra, Ireland, Hitt, International expansion by new venture firms: International diversity, mode of market entry, technological learning, and performance, Academy of Management Journal, 2000

[6] Shameen Prashantham, Social capital and the international growth of young firms: A temporal perspective, International Business Unit Working Paper, 2005 (4)

[7] Helena Yli-Renko, Erkko Autio, Harry J. Sapienza, Social capital, knowledge acquisition, and knowledge exploitation in young technology-based firms, Strategic Management Journal, 2000, 10

[8] Mitja Ruzzier, Robert D. Hisrich, SME internationalization research: past, present, and future, Journal of Small Business and Enterprise Development, 2006, Vol.13 No.4

[9] Maria Forsman, Susanna Hinttu, Internationalization from a SME perspective, Work-in Progress Paper

[10] Jane W.Lu, Paul W.Beamish, SME internationalization and performance: Growth vs. profitability, J Int Enterpr, 2006, 4: 27-48

[11] Jane W.Lu, Paul W.Beamish, The internationalization and performance of SMEs, Strategic Management Journal, 2001, 22: 565-586

[12] AndrewC.Inkpen, Social capital, networks, and knowledge transfer, Academy of Management Review, 2005, Vol.30, No1

[13] 布尔迪厄. 文化资本与社会炼金术. 上海：上海人民出版社，1997

[14] 科尔曼. 社会理论的基础. 北京：社会科学文献出版社，1999

[15] 贝克. 社会资本制胜. 上海：上海交通大学出版社，2002

[16] 弗朗西斯·福山，信任——社会美德与创造经济繁荣，海南：海南出版社，2001

[17] 罗伯特·普特南. 使民主运转起来. 南昌：江西人民出版社，2001

[18] 罗家德. 社会网分析讲义. 北京：社会科学文献出版社，2005

[19] 李惠斌，杨雪冬. 社会资本与社会发展. 北京：社会科学文献出版社，2000

[20] 张其仔. 社会资本论. 北京：社会科学文献出版社，1997

[21] 张其仔. 社会资本与国有企业绩效研究. 当代财经，2000年第1期

[22] 张其仔. 社会资本的投资策略与企业绩效. 经济管理，2004年第16期

[23] 林南. 社会资本：争鸣的范式和实证的检验. 香港：社会学学报，2001年第2期

[24] 林南. 建构社会资本的网络理论. 国外社会科学，2002年第8期

[25] 边燕杰. 社会资本研究. 学习与探索, 2006 年第 2 期

[26] 边燕杰, 丘海雄. 企业的社会资本以及功效. 中国社会科学, 2000 年第 2 期

[27] 赵延东, 罗家德. 如何测量社会资本：一个经验研究综述. 国外社会科学, 2005 年第 2 期

[28] 周小虎. 企业理论的社会资本逻辑. 中国工业经济, 2005 年第 5 期

[29] 周小虎. 企业家社会资本及其对企业绩效的作用. 安徽师范大学学报（人文社会科学版）, 2002 年第 1 期

[30] 周小虎. 基于社会资本理论的中小企业国际化战略研究综述. 外国经济与管理, 2006 年第 28 期

[31] 周小虎, 陈传明. 企业社会资本与持续竞争优势. 中国工业经济, 2004 年第 5 期

[32] 张文宏. 中国的社会资本研究：概念、操作化测量和经验研究. 江苏社会科学, 2007 年第 3 期

[33] 陈劲, 李飞宇. 社会资本：对技术创新的社会学途释. 科学学研究, 2001 年第 3 期

[34] 陈劲, 张方华. 社会资本与技术创新. 杭州：浙江大学出版社, 2002

[35] 刘林平. 企业的社会资本：概念反思和测量途径——兼评边燕杰、丘海雄的《企业的社会资本及其功效》. 社会学研究, 2006 年第 2 期

[36] 郑杭生, 奂平清. 社会资本概念的意义及研究中存在的问题. 学术界（双月刊）, 2003 年第 6 期

[37] 薛求知, 朱吉庆. 中国企业国际化经营：动因、战略与绩效——一个整合性分析框架与例证. 上海管理科学, 2008 年第 1 期

[38] 冯正强, 李玉亮. 我国民营企业国际化经营绩效内部影响因素研究. 科技与管理, 2007年第 6 期

[39] 樊增强. 中小企业国际化理论：一个文献综述. 西安交通大学学报, 2005 年第 6 期

[40] 赵优珍. 资源基础论视角的中小企业国际化. 国际贸易问题, 2003 年第 10 期

[41] 赵优珍. 中小企业的国际竞争力分析. 生产力研究, 2004 年第 7 期

[42] 王华, 陆艳. 基于社会资本理论的中小企业持续竞争优势研究. 工业技术经济, 2007 年第 5 期

[43] 王夏阳, 陈宏辉. 基于资源基础与网络能力的中小企业国际化研究. 外国经济与管理, 2002 年第 6 期

[44] 王国顺, 胡莎. 企业国际化与经营绩效：中国制造业上市公司的实证研究. 系统工程, 2006 年第 12 期

[45] 陈扬, 张骁. 企业家特征、企业家网络与中小企业国际化. 经济管理, 2006 年第 23 期

[46] 夏清华. 我国企业的国际化战略与绩效. 中国软科学, 2003 年第 7 期

[47] 李怀祖. 管理研究方法论. 西安：西安交通大学出版社, 2004

[48] 郭志刚. 社会统计方法-SPSS 应用. 北京：中国人民大学出版社, 1999

[49] 侯杰泰, 温忠麟, 成子娟. 结构方程模型及其应用. 北京：教育科学出版社, 2004

[50] 尤宏兵. 中国民营企业国际化经营研究与实证分析. 南京理工大学博士学位论文, 2004

[51] 张方华. 知识型企业的社会资本与技术创新绩效研究. 浙江大学博士学位论文, 2004

[52] 谢军. 中国制造企业进入国际市场的行为模式及国际化绩效研究. 暨南大学博士学位论文, 2007

[53] 陶立力. 中小企业社会资本、国外市场知识及出口绩效的关系研究. 浙江大学硕士学位论文, 2007

社会资本对创业的影响研究*

[摘要] 本文总结了1985年以来国内外关于社会资本对创业影响的主要文献,并在此基础上进一步探讨了社会资本对创业机会、创业融资、创业资源与创业营销等方面的影响。社会资本不仅有利于提高创业者发现创业机会的能力,而且有助于创业者评估与利用创业机会。社会资本决定了创业者更倾向于通过熟人网络进行创业融资,而且熟人网络可以有效缩短融资时间。与关系和网络资源缺乏的创业者相比,具有广泛社会关系网络的创业者能够占有和利用更多的创业资源,而且他们在行业与战略选择上都存在显著差异。创业者的社会资本不仅可以帮助他推销自己的创业构想,而且能够在提高新创企业产品营销机会和顾客满意度方面起到积极的推进作用。

[关键词] 社会资本;创业机会;创业融资;创业资源;创业营销

一、文献回顾

社会资本对创业影响的研究始于20世纪80年代。Casson(1982)认为,创业者专于对稀缺资源的判断,因为他们取得信息的渠道和能力优于别人。[1] Birley S.(1985),Aldrich H. & Zimmer C.(1986)等学者从社会资本角度理解创业活动的产生及其绩效。[2][3] Burt(1992)集中论述了那些连接相互分离的群体的企业家所获得的权力利益;[4] Aldrich & Reese(1993)指出,企业家网络使新生企业家接触不同的新思想、世界性观点,从而为他们对潜在创意或产业的选择提供了参考;[5] Krackhardt & Hanson(1993)指出,因为一致性利益的存在,信任型网络能够比其他类型的网络传递更丰富、更敏感的信息。[6] Brown & Rose(1993)特别指出了创业者的财务网络、信息网络与信任网络对影响和形成创业战略的重要作用。[7] D'Arcy & Giussani(1993)认为,就企业创立与发展来说,其关键因素包括地域性企业家精神、社会网络、创新环境、产品因素的灵活性和制度结构。[8] Abell, Crouchley & Mills的实证分析表明,许多对创业成功产生影响的因素均可以纳入企业

---

*作者简介:刘兴国:1972年生,湖南武冈人,副教授,管理学博士,主要从事组织理论与中小企业管理方面的研究;沈志渔:1954年生,浙江宁波人,中国社会科学院工业经济研究所研究员,博士生导师,主要从事国有企业改制方面的研究;周小虎:1962年生,江苏南京人,教授,管理学博士,主要从事企业战略与中小企业国际化方面的研究。
基金项目:本论文受国家自然科学基金项目"组织社会资本对企业国际化战略的影响:中国中小企业的实证研究"(70672087G0201)、江苏省教育厅高校哲学社会科学基金项目"科学发展观指导下的中小企业组织创新研究"(06SJD630010)资助。
通讯地址:南京理工大学经济管理学院,邮政编码:210094;E-mail:njust1953@hotmail.com。

家个人社会资本的分析范围。[9]

20世纪90年代中后期,部分学者开始更加理性地看待企业家社会资本的作用,他们开始关注社会资本的负面作用。Portes(1998)指出,社会资本可能产生"搭便车"现象,从而阻碍创业活动的开展。[10] Murray B. Low & Eric Abrahamson(1998)指出,在萌芽期产业、成长期产业以及成熟期产业中,企业家创业需要具备不同类型的网络;在萌芽期产业中,为了获得合法性,企业家需要与两个或更多的非重叠网络保持强联系;在成长期产业中,企业家需要与地位高的个体保持广泛的联系以便迅速利用资源;而在成熟期产业,成功的创业者是那些具有广泛的产业知识和社会联系的人,他们能够提高运作效率,识别细分市场。[11] Burt(2000)认为,"对大多数创业者来说,他们最重要的资源是错综复杂的个人网络"。[12] Jianwen Liao & Harold Welsch(2003)研究了社会资本的结构维度、联系维度和认知维度对技术型企业家与非技术型企业家成长欲望的不同影响。[13] Jianwen Liao & Harold Welsch(2003)将行业变量作为情境变量,研究了网络特征对技术型企业家与非技术型企业家创业的不同影响。[13] Carolis & Saparito(2006)建立了一个关于社会资本、企业家认知和创业机会三者联系的模型,他们认为社会资本的某些内容会导致企业家过度自信、控制幻觉、代表性等非理性特质,而这些特质降低了企业家对风险的认知,正是这种较低的风险认知导致企业家更容易发现、利用创业机会。[14] Davidsson & Honig(2003)对居住在瑞典的30427人进行了大样本的、长达18个月的跟踪研究,他们认为,创业者的社会资本与成功完成企业创立活动呈正相关关系。[15] Natalia Weisz、Roberto S. Vassolo & Arnold C. Cooper(2004)将动态因素引入定量研究中,研究了在企业孕育阶段不同类型社会资本对创业团队表现的影响。[16] Ikenna Uzuegbunam(2006)利用认知法与社会网络方法,对创业者所识别的机会如何在他的网络中创造其他利基机会的问题进行了研究。[17] Wouter Stam & Tom Elfing(2008)将企业创办时间与企业规模作为控制变量,研究了社会资本在创业倾向与创业表现之间的调节作用。[18]

国内关于社会资本与创业关系方面的研究相对较少。周奎君(2006)研究了在中国特定社会资本结构环境中,创业者在资金筹措、信息获取等方面的途径选择问题;[19] 李霞等(2007)研究了社会资本对创业导向和创业绩效的中介效应,得出了社会资本与创业导向、企业绩效正相关的结论。[20] 萧伟森、鲍琼利用对17个创业者进行深度访谈的12个案例,探讨了中国创业者如何认知并诠释其关系网络,以及他们在创业过程中如何管理并发展其关系网络,还证明了中国的社会、经济、制度、文化环境会对创业者网络行为产生重要的情境化影响。[21] 中山大学的王珺、姚海琳、赵祥把社会资本区分为个人关系资本和集群网络资本,研究了在相对静态条件下两种资本与获得创业成功之间的关系。[22] 香港科技大学Zweig教授的有关研究也发现,海归的社会资本对海归创业的成功有很重要的相关性。社会网络在发现机会、检验构想以及为构建新组织积累所需资源等方面相当重要。尤其在我国转型期背景下,市场经济制度尚不够完善,关系网络是社会资源配置的重要方式之一。[23]

二、社会资本对创业机会的影响

所谓创业机会，即商业机会或市场机会，是指有吸引力的、较为持久的和适时的一种商务活动空间。Eckhardt & Shane（2003）将创业机会定义为一个人经由重新组合新资源来创造一个新的方法——结果（Means-ends）架构，并相信能够从中获取利润的行为。[24] 一般认为，创业机会来自五个方面：问题、变化、创造发明、竞争、新知识新技术的出现。Shane & Venkataraman（2000）认为，创业的本质就在于发现、获得并开发机会。[25]

大量研究证实，创业者的社会关系网络是其创业机会的主要来源；个人社会资本存量影响潜在创业者对创业机会的发现、判断与利用。Aldrich & Zimmer（1986）认为社会网络联系着创业者、创业机会与创业资源。[3] Christensen & Peterson（1990）认为，除深厚的市场与技术知识以外，社会交往中发现的问题是创业机会的主要来源。[26] Hills（1997）等发现，50%的创业者通过其社会关系网络发现了创业机会。[27] Shane & Venkataraman（2000）发现创业者是否开发所发现的创业机会，受其所感受到的来自相关关系网络支持程度大小的影响，因为个人社会网络能增强创业者抗击创业风险的信心与能力。[25]

（一）社会资本有助于创业者发现创业机会

从创业者的角度来说，社会资本提供的是便于发现创业机会的网络。社会资本观视角的创业研究认为，价格机制失灵而导致的不确定性和不完全信息给创业者留下了更广阔的创新空间，创业者可以利用自己的社会关系网络更方便地从中获取相关信息，从而抢先识别和把握创业机会。创业机会的识别受到创业者现有知识、对创业机会相关信息的了解程度等因素的影响，创业者个人社会资本显然对知识与信息的获取存在直接影响。

创业者的知识并非与生俱有的。知识是通过在特定社会网络环境中长期生活与学习而积累起来的，特别是那些感性认识中的隐性知识，更是直接来自其各种关系网络之中。创业者卷入社会关系网络的程度，决定了他可能从该网络中获取知识的内容与范围。创业者参与特定网络的程度越深，可能从该网络获取的知识也就越多；而网络内部的隐性知识，往往仅限于在网络核心成员之间进行传播。因此，创业者的社会关系网络越是发达，他所能获得的创业机会信息与决策支持信息也就越多，从而能够帮助他正确做出创业与否的决策，并降低创业的风险。海归人员之所以表现出更强的创业倾向，不仅仅是因为他们带回了发达国家的先进技术和管理理念；他们在海内外所建立起来的社会关系网络为他们的创业活动提供了重要的知识与信息基础。与缺乏海外经历的本土人员相比，海归人员更热衷于参加各种社团、商会与行业组织、校友会、同学会与创业园区组织等。① 这些机构的参与，帮助海归人员编织了广泛而紧密的社会关系网络，有效拓宽了海归人员的知识获取渠道和知识范围。深厚的知识积淀提高了海归人员分析市场信息和准确判断市场机会的能力，从而帮助他们更好地识别创业机会。

对创业机会相关信息的了解程度，对创业机

---

① 王辉耀. 海归创业成功因素之七：参与社会网络. 原文刊载于全球品牌网（http://www.globrand.com/2008/80641.shtml）。

会的识别也有积极的影响。具有丰富创业机会相关信息的潜在创业者，具有一般人所不能比的机会敏感性，从而能快速识别与捕捉创业机会。当创业者深度卷入到特定行业网络中时，网络中基于信任而形成的特定的知识与信息传播机制使他能够从中获得关于行业发展趋势、行业生产技术与诀窍的知识，从而促进创业者对创业机会相关信息的深入了解，帮助他准确地从纷繁复杂的信息中识别该领域所存在的创业机会。创业者先前的个人关系、工作背景等显然决定了他所可能进入的社会关系网络的性质与内容，决定了他所可能获得的创业机会信息的内容。因此，创业者总是更倾向于进入那些自己比较熟悉的社会关系或与其原来职业相关的行业，因为他可以从中获得更多、更全面的创业机会相关信息。所以，具有丰富工作经验和复杂个人关系网络的创业者更容易发现创业机会。

（二）社会资本有助于创业者评估与利用创业机会

社会资本不仅可以帮助创业者更好地发现创业机会，社会资本也通过提供和扩散关键信息以及其他一些重要资源对创业机会的评估与利用产生积极影响。创业机会的识别只是为创业者提供了创业的可行基础，创业者还必须慎重、全面地对创业机会进行评估。对创业机会进行评估前，创业者需要收集与创业机会有关的各种信息，包括与创业机会相关的市场需求信息、价格与成本信息、技术变化趋势信息和行业政策信息等。创业者也许可以从公开的外部渠道获得一些这方面的信息，但一个包括该行业人员在内的网络，尤其是管理层网络，可以提供更为全面的信息。当前在创业者深度卷入到行业网络中时，他能够及时获取评估创业机会所需要的相关信息，对创业机会的利用前景做出准确的判断，从而尽可能降低创业风险和避免创业活动的失败。而且，基于网络内部的信任关系，创业者个人关系网络内的成员往往成为其创业计划酝酿阶段讨论与咨询的对象，这些网络成员的意见显然有助于创业者更全面有效地对所识别的创业机会进行评估。

一个有前途的创业机会，并不会对所有人都表现出相同的利用价值。真正能够利用创业机会的，往往只是那些具有特殊机会利用能力的创业者。这种特殊的机会利用能力往往与创业者的社会资本具有密切的正向联系。尤其是在我国当前的经济环境中，社会关系网络作为一种特殊的创业资源，常常对创业机会的利用有着重要影响。[28] 一般来说，创业者的机会利用能力受到以下几个方面的综合影响：首先，创业机会利用能力取决于创业者在创业机会利用过程中所能控制和调度的资源；其次，创业机会利用能力受到创业者在机会利用过程中所可能获得的外部支持的影响。创业者所能支配的创业机会利用资源越丰富，创业机会利用能力也就越强；创业者在创业机会利用过程中所可能获得的外部支持度越高，其表现出的机会利用能力也越强。创业者卷入社会关系网络的程度，显然对创业者支配创业资源和获取网络成员的帮助具有正向的促进作用。因此，具有较多社会关系网络资源的创业者，能够对创业机会进行更为有效的利用。特别是对高新技术型新创企业而言，由于其很多知识都无法从外部公开市场获得，并且在使用过程中仍然对技术的提供者存在有很强的依赖性，创业者与技术提供者之间网络关系的紧密程度对创业机会的利用显得更为重要。

三、社会资本对创业融资的影响

创业者在创业过程中会遇到资金问题，在新创企业发展过程中也会遇到资金问题。新创企业的成功与否，在很大程度上受到发展资金的影响。为了解决创业与新创企业发展的资金问题，创业者必须开展融资活动。在当前经济环境中，创业者进行创业融资的途径包括以下五个方面：银行贷款、风险投资、民间资本、典当融资[①]和融资租赁。

在创业融资活动中，一个突出的现象是外部资金主要来源于创业者既有的社会网络成员。张玉利和杨俊（2003）的调查研究发现，在成功创业者的融资渠道选择上，单一融资方式中源于企业家社会关系网络的融资比率显著高于其他融资方式，如风险投资和金融机构融资等。[29] 全球创业观察2005年的报告显示，在34个参与调查的国家和地区中，2003年新创企业的外部资金提供者有49.4%来自紧密的家庭成员，26.4%来自朋友和邻居，7.9%来自同事，6.9%是其他亲戚，6.9%是陌生人。Shane & Cable（2002）考察了202名从事种子期投资的创业投资者和创业者，以及他们之间的社会关系对投资决策的影响。研究证明，拥有高紧密度网络的创业者更能推动金融投资决策；横向研究发现，同创业者与投资者没有建立过直接关系的新创企业相比，投资者更可能投资于与创业者以前有直接关系的新创企业；如果新创企业的创业团队与同创业投资者有关系的第三方预先已建立过关系，则更有可能为他们的新创企业取得外部融资。[30] 可见，社会网络对创业融资活动影响很大。

（一）社会资本对创业融资渠道的影响

如何有效拓展新创企业的融资渠道，一直以来都是政府政策和学术研究所关注的重要课题。大量创业实践表明，创业者的社会资本对新创企业融资渠道选择具有决定性的影响。创业者社会关系网络的内容，决定了创业者将会向谁寻求融资支持。当创业者的社会关系网络仅仅局限于亲戚朋友时，他更多地倾向于利用基于信任的亲朋网络筹措创业资金；而当创业者的社会关系网络中包含了金融机构或其他投资机构的决策人或影响者时，创业者将会更多地选择从机构渠道融资，亲朋网络则退居次要地位。

由于缺乏信用记录，创业者通常无法赢得风险投资家和金融机构的信任。即使是在金融体系非常发达的美国，也只有不到千分之一的新创企业能够在创立期筹集到所需要的风险资本（Bygrave & Hunt，2005）。[31] 大多数创业者在耗尽自身的经济资本后，不得不求助于其家庭、朋友和熟人为新创企业的运营提供资金支持。也就是说，创业者的社会关系网络成为其募集创业资金和新创企业发展资金的主要来源。一项调查研究表明，基于家庭关系的社会资本是创业资金的主要来源，占全部非自有资金的51%；其次是基于关系网络的社会资本，占全部非自有资金的38%。对创业者来说，在创业资金筹措过程中，说服个人社会网络内成员进行投资通常要比说服陌生投资者的

[①] 目前应用面最广的典当融资项目是创业融资宝。创业融资宝主要针对希望自主创业的社会青年群体，允许其通过将自有合法财产或在有关法规许可下将他人合法财产进行质（抵）押的形式，获得创业所急需的开业资金、运转资金和经营资金。

效率高很多。在创业筹资过程中，即使与创业者有直接关系的网络成员无法提供资金，创业者也可以继续挖掘这些网络成员所认识的其他人中是否有合适的投资者，并争取获得网络成员的推荐；因为这种推荐关系往往能够为被推荐的潜在投资者提供关于创业者的信任基础。

（二）社会资本对创业融资时间的影响

在当今复杂的经济环境中，创业机会稍纵即逝。对创业者来说，发现机会固然重要；但创业的成功与否还同时受到创业者对创业机会的准确把握与利用的影响，其中时间是一个关键因素。随着时间的快速流逝，原来的创业机会很可能已经变成了可怕的创业陷阱。从时间角度看，程序烦琐的金融机构与风险投资家往往并不是创业者的最佳创业融资选择，等他们完成考察、评估、讨论与决策的复杂程序以后，创业者所发现的创业机会往往早已流逝。因此，为了快速把握和利用创业机会，创业者总是主动寻求来自手续简单、快捷有效的亲朋网络的融资支持。

社会资本除了直接表现为人与人之间所构建的社会关系网络之外，网络内部各成员之间的彼此信任也是社会资本一种具体表现。信任是一种鼓励，是一种力量，也是最值得珍惜的稀缺资源。显然，与向网络外部融资相比，网络内部的信任机制提高了创业者的可信度和可接受性。因此，创业者利用其以社会关系网络形式存在的社会资本来获取创业资金，一方面，跨越了难以从机构渠道获得借贷资本或风险资本的障碍，解决或部分解决了创业或企业发展资金短缺问题；另一方面，由于网络内部的信任，基于创业者社会关系网络的资金筹措方式能够简化创业融资手续。显然，这将有助于缩短创业者的融资时间，降低融资交易费用，从而确保创业者能够在最短的时间内筹集到必要的资金以迅速组建和发展企业。

四、社会资本对创业资源的影响

创业资源包括人力资源、技术资源、财务资源、信息资源、关系和网络资源等。创业者在创建新企业时，必须考虑是否可以获得创业所需的这些资源，或者是否具备获得这些资源所必需的能力以及如何去获得所需的资源。关系和网络资源是所有创业资源中最为关键的一种资源，因为它不仅是一种重要的创业资源，而且对其他各类创业资源的获取存在有明显的促进作用。与关系和网络资源缺乏的创业者相比，具有广泛社会关系网络的创业者能够占有和利用更多的其他创业资源。

（一）社会资本对创业资源获取的影响

Coase（1988）认为，某些资源和能力是创业者自身所固有的，而其他的资源和能力则需从市场上获得。[32] 也就是说，由于创业者不可能拥有创业所需的全部资源，而资源本身又是稀缺的，因而创业者必须借助其他渠道来获取创业资源。作为在生命成长过程中逐步建立起来的个人社会网络，其中所隐含的专有信息、情感、信任甚至利他精神，对受资源约束的创业者来说显然是一项极具开发价值的财富。

创业者个人社会网络不仅在发现创业机会与检验创业构想方面有积极作用，在创业者为构建新组织积累所需资源方面也相当重要。尤其在我国转型经济环境中，市场经济制度尚不够完善，关系网络是社会资源配置的重要方式之一。[23] 林南(1981)等认为,那些嵌入于个人社会网络的社会资源,如财富、权力和声望,可以不是个人直接拥有的东西,但可通过其直接或间接的社会关系从他人处获取;[33]而且,在一个分层的社会结构中,如果弱关系对象处于比工具性行动的行动者更高的地位,那么行动者所拥有的弱关系将比强关系给他带来更多的社会资源。Kristiansen(2004)通过对坦桑尼亚港口城市坦噶(Tanga)的木材业中12家小型新创企业案例的研究发现,社会网络的质量对创业者取得创业资源的能力具有明显影响,广泛、多样化和动态的社会网络能为创业者提供获取不同种类资源的通路。[34]

无论是人力资源与技术资源,还是财务资源和信息资源,对企业创设和发展都具有重要的影响。企业创设与发展是一项烦琐复杂的工程,而这往往不是依靠创业者一个人就可以独立完成的。作为一个企业,不仅仅需要创业者,还需要有人从事财务管理与资本运作,需要有人从事营销管理与市场开发,需要有人提供技术支持。创业者需要有其他人员为他提供创业支持,并和他一起去实现自己的创业构想。显然,创业者的社会关系网络有助于他寻找志同道合者,有助于他获取创业与新创企业发展所必需的人力资源。技术约束被认为是制约我国中小企业,尤其是新创企业发展的重要"瓶颈"。在新创企业本身缺乏技术资源的前提下,创业者的社会网络有可能能够帮助他从企业外部获得技术支持,从而解决企业的技术约束问题。庞大、复杂的社会关系网络延伸了新创企业的信息触角,使得企业能够很方便、快捷地从各个渠道、层面获取企业运营与发展所必需的各种信息,从而可以帮助企业确立市场竞争的主动权和提高企业对市场的快速反应能力。

各种创业资源,包括资金资源,都对新创企业的未来发展有着重要影响,但其中最为关键的显然是创业者所拥有的关系和网络资源;因为它不仅构成新创企业发展的资源基础,同时也对其他创业资源的获取有着积极的促进作用。个人社会关系是获取社会网络资源的推动因素。组织成员所具有的社会资本和外部关系构成了企业重要的资源,而有些资源,尤其是一些稀缺资源,只能通过特殊个人关系才能获得。由于个人社会地位对他所拥有的社会资本有很大影响,那些处于社会网络结点和中心地位的个人对创业或新创企业发展过程中获取创业资源尤为重要,发挥着不可替代的作用。因此,创业者必须通过个人社会关系网络来获取这些关键人员的支持,从而提升创业者和新创企业获取各种创业资源的能力。

(二) 社会资本对创业资源利用的影响

创业资源的获取能力决定了新创企业的发展潜能;创业者对创业资源的利用则决定了新创企业的发展方向与前景。创业者的社会资本影响着他对创业资源的占用状况,而不同的创业资源占用状况则影响着创业者对创业资源的利用方式。从创业实践看,创业者对创业资源的利用差异表现在两个方面:首先,创业者可能会采取不同的创业导向战略;其次,创业者可能会将创业资源利用于不同行业。

从创业者的创业导向战略看,当其个人社会关系网络中包含有较多国际关系内容时,创业者将有可能利用国际创业资源,进行国际化创业,将企业产品出口到国际市场,或直接在国外进行创业投资。相反,如果创业者只能通过个人社会关系网络利用国内创业资源时,创业者将更倾向于选择本土化创业,为本国消费者提供产品或服务;即使有产品出口,但出口也并不占重要地位。从创业者创业资源行业利用看,具有不同社会关系网络的创业者由于其可以利用的创业资源内容与数量的不同,创业者可能会选择进入不同的行业领域。尤其是在存在有制度空隙的我国经济环境中，创业者个人社会关系网络对其进入行业的选择发挥着关键性作用。一般而言，拥有弱关系网络的创业者通常只能支配有限的创业资源，因而更多地选择进入竞争性行业，如日常工业品和小五金类产品；与之相反，拥有强关系网络的创业者则可以支配更多地创业资源，因而更倾向于进入一些具有垄断性和高资源投入的行业，如房地产、金融、电信等。

五、社会资本对创业营销的影响

社会资本在营销领域的应用研究，仍然处于引入阶段，有关的研究结论也仅仅是一些对社会资本作用的肤浅认知。传统的营销手段依然是现代营销工作的基础，绝大多数的营销工作都依赖于传统营销手段来完成。但社会资本的介入，无疑可以更好地促进企业的营销工作和提高企业的营销绩效。从营销角度看，社会资本是帮助企业获得更低廉的物资供应、开发更优良的产品、提供更快速的销售渠道和更早获得竞争情报的一种资源，尤其是其中以社会关系网络为载体的社会资本，对企业营销活动更是起着十分关键的推动作用。刘兴国和周小虎（2008）研究了社会资本对企业营销活动的影响，指出了社会资本对企业营销的促进作用和消极影响。[35] 社会资本可以促进创业企业开放式营销组织治理模式的构建和营销组织工作效率的提高，但更为重要的是，社会资本可以给创业企业提供更多的营销机会和提高顾客的满意度，从而确保新创企业的成功运营。

（一）社会资本对创业构想营销的影响

创业构想是一个创业者关于自己未来创业行动的总体设想。如果创业者并不准备独自经营企业，他必须想办法吸引自己所需要的共同创业者来与他一起创业；而共同创业的前提就是让共同创业者接受他的创业构想。因此，对创业者来说，他必须向其他人来推介自己的创业构想，并期望其中某些人能够接受与认同自己的创业构想。在创业构想的推介过程中，创业者的社会资本可以提供重要的帮助。首先，个人社会关系网络能够帮助创业者更准确地确定创业构想的推介范围，减少推介工作的盲目性，有效缩短创业构想的推介时间和提高创业构想推介工作的效率。其次，网络内部所建立起来的信任基础，有利于提升潜在合作者对创业构想的评价，提高创业构想的接受度，从而推进创业构想的营销，帮助创业者快速组建创业团队和完成创业行动。

（二）社会资本对创业产品营销机会的影响

产品营销是企业实现利润的唯一渠道；创业者必须把企业产品推销出去，新创企业才能实现持续的经营。创业者的社会资本对新创企业的营销活动有着非常重要的作用。在当前中国的经济环境中，社会关系网络对企业产品的销售表现出尤为明显的正向促进作用。在同等供应条件下，用户尤其是组织用户，更倾向于购买使用熟人网络成员所提供的产品；甚至于在某些特定情形下，用户愿意接受来自于熟人网络所提供的较低质量水平的产品。社会资本不仅可以帮助新创企业获得正式渠道的信息，它还是非正式渠道信息的主要传播媒介；社会资本可以从广泛的渠道向新创企业提供商业情报。能够先于竞争对手获得商业情报就能抢占先机，从而给企业带来直接经济收益。创业者通过其与政府、社会组织或其他企业建立的社会关系网络，可以更快获取市场需求信息，帮助企业提早做出反应，进而获得更多的产品营销机会。社会关系网络不仅可以促进网络成员及其所属组织对新创企业产品的使用，而且可以通过熟人网络的推介进入到网络成员所属的其他网络，从而通过网络的扩张效应显著增加新创企业产品的营销机会。

信任对于企业产品的营销促进作用也是显而易见的。就最终消费者而言，信任不仅可以减弱消费者的防备心理，而且可以提高消费者对产品的认知与忠诚，从而提高消费者的购买意向，并对潜在消费者产生积极的影响。就经销客户来说，经销客户对新创企业及其产品的信任，有助于新创企业强化与经销客户之间的合作关系，快速建立起自己的分销渠道，共同把产品销售给最终用户；同时，这种信任还将影响到潜在经销客户对新创企业的接受度，刺激潜在经销客户与企业的合作，从而进一步拓展新创企业的分销渠道。所以，社会资本中的信任将可以显著增加新创企业的营销机会，从而增强新创企业的生存能力。

（三）社会资本对新创企业顾客满意度的影响

顾客满意度是最常用的关系判断标准，用来衡量企业与顾客之间的关系质量。从个人层面上讲，顾客满意度是顾客对产品或服务消费经验的情感反映状态。Williamson（1985）认为，顾客可能从与公司的良好关系中获得价值，因而对其产生信赖与满意。[36] Kotler（2000）认为，顾客满意度是一个人所感觉愉悦程度的高低。[37]也就是说，新创企业与顾客之间所建立起来的关系的质量，对其顾客满意度具有决定性的影响作用；而这种关系显然可以被纳入到社会资本的分析范畴。

如何赢得顾客和战胜竞争者，关键就在于有效满足顾客需要和让顾客满意。为了提高顾客满意度，新创企业所能做的并非仅仅是改进产品；增加在社会资本方面的投资也是新创企业提高顾客满意度的一个重要手段。社会资本对顾客满意度的提高具有直接作用。社会资本对提高顾客满意度的贡献既可以通过建立和发展新创企业与消费者之间的社会关系网络来实现，也可以通过新创企业与经销商之间社会资本的积累来实现。新创企业的社会资本投资有助于企业建立、发展其与经销客户和消费者的合作关系，并提高这一关系的质量。社会关系网络的质量，直接决定顾客对企业产品或服务的评价，以及消费后的愉悦感。与一般的外部顾客相比，作为网络成员的顾客将会不自觉地产生对网络成员企业的好感，从而倾向于高估其所提供产品或服务消费后的评价。

社会资本对顾客满意度的影响还表现在社会资本对新创企业产品与服务的改进上。在一定的搜寻成本与有限知识、灵活性和收入等因素限制下，顾客是价值最大化的追求者，他们会形成特定的价值期望并根据这一价值期望采取行动。新创企业借助于与顾客的交流来把握顾客的价值期望，可以更好地为顾客提供产品与服务；通过与经销商的沟通，可以使本不属于企业整体的经销商充分体会、领悟企业的经营理念，从而在销售过程中，体现出与企业一致的经营理念，为企业提供迎合消费者喜好的产品改良建议与销售信息，从而帮助企业更好地满足顾客需要。此时，客户关系管理技术成为新创企业积累社会资本的重要手段；客户关系管理技术的有效应用将帮助新创企业更好地、及时地把握顾客需求的变化，从而改进企业产品或服务，改善顾客消费评价，提高顾客满意度。

六、结论与展望

国内关于创业和社会资本的研究，无论是从时间上，还是在论文研究范围与质量上，都与西方学术界有着一定的差距。社会资本对创业究竟起着什么样的作用，发挥着何种程度的影响，究竟以何种方式产生影响，这些问题都没有得到一个很严谨的结论。

本文尝试着从定性的角度出发，就社会资本对创业影响问题进行深入的归纳分析。对潜在创业者来说，社会资本最为重要的影响表现在创业机会的识别。为更好地推进个人创业，潜在创业者显然需要主动建立、维持与发展个人社会关系网络。创业资金是创业发展攸关生死的基础，缺乏资金的支持，新创企业将迅速走向夭折。创业者的社会关系网络可以有效帮助创业者解决其所面临的资金短缺问题，创业者可以利用亲朋网络为创业和新创企业的发展筹集资金。新创企业的发展离不开对各种创业资源的有效利用；创业资源，包括资金资源，对新创企业的未来发展有着重要影响，但其中最为关键的显然是创业者所拥有的关系和网络资源；因为它不仅构成新创企业发展的资源基础，同时也对其他创业资源的获取有着积极的促进作用。创业营销的目的是推销创业者的创业构想和新创企业的产品，各种促销手段的确可以有效帮助企业实现销售的目的，但社会资本的参与，将通过拓展营销机会和提高顾客满意度来显著提高新创企业营销工作的绩效。

参考文献

[1] Casson M.. The Entrepreneur: An Economic Theory [M]. Totowa: Barnes & Noble Books, 1982

[2] Birley S.. The Role of Networks in the Entrepreneurial Process [J]. Journal of Business Venturing, 1985, 1: 107-117

[3] Aldrich H. & Zimmer C.. Entrepreneurship through Social Networks. In D. Sexton, & R. Smiler. (Eds.), The Art and Science of En-trepreneurship [C]. Ballinger: Cambridge MA, 1986: 3-23

[4] Burt R.S.. Structural Holes: The Social Structure of Competition. Cambridge [M]. MA: Harvard University Press, 1992

[5] Aldrich H.E, Reese P.R. Does Networking Pay off? A Panel Study of Entrepreneurs in the Research Triangle [C]. Wellesley, MA: Babson College.1993: 325-339

[6] Krackhardt, David & Jeffrey Hanson. Informal Networks: The Company behind the Chart [J]. Harvard Business Review, July-Aug, 1993: 104-111

[7] Brown Jonathan, Rose Mary B. Entrepreneurship, Networks and Modern business [C]. Manchester and New York: Manchester University Press, 1993

[8] D'Arcy & Giussani. Local Economic Development: the Role of the Development Ethos [C]. Paper presented at the 33th European Congress, Regional Science Association, Moscow, Russian Federation, 24-27. August 1993

[9] Abell R. Crouchley & C. Mills. An Exploration of Self-Employment in Great Britain: In Search of Social Capital [J], Rationality and Society

[10] Portes A.. Social capital: Its Origins and Applications in Modern Sociology [J]. Annual Review of Sociology, 1998, 24

[11] Low Murray & Abrahamson Eric. Movements, Bandwagons, and Clones: Industry Evolution and the Entrepreneurial Process [J]. Journal of Business Venturing, 1997, 12: 435-457

［12］Burt R.S.. The Network Structure of Social Capital［M］. In: Sutton R.L., Straw B.M. (Eds), Research in Organizational Behavior. JAI Press, Greenwich CT, 2000

［13］Liao J.W. & Welsch H.. Social Capital and Entrepreneurial Growth Aspiration: a Comparison of Technology- and non-technology-based Nascent Entrepreneurs［J］. Journal of High Technology Management Research, 2003: 149-170

［14］Carolis D.M.D., Saparito P.. Social Capital, Cognition and Entrepreneurial Opportunities: a Theoretical Framework［J］. Entrepreneurship Theory and Practice, 2006: 41-56

［15］Davidsson & Honig, B. The Role of Social and Human Capital among Nascent Entrepreneurs［J］. Journal of Business Venturing, 18(3), 2003: 301-331

［16］Natalia Weisz, Roberto S. Vassolo & Arnold C. Cooper. A Theoretical and Empirical Assessment of Nascent Entrepreneurical Teams［J］. Academy of Management Best Conference Paper, 2004

［17］Stam Wouter & Elfing Tom. Entrepreneurial Orientation and the New Venture Performance: The Mediating Effect of Network Strategies［J］. The Academy of Management Journal, Volume 51, Number 1, 2008: 97-111

［18］Ikenna Uzuegbunam. Entrepreneurial Capabilities and Creative Destruction: An Analysis of Entrant Actions on Incumbent Capabilities［J］. SPRU 40th Anniversary Conference-The Future of Science, Technology and Innovation Policy

［19］周奎君.论社会资本与创业道路的选择［J］.沿海企业与科技, 2006(8): 189-191

［20］李霞等.社会资本对企业创业导向和创业绩效的中介效应［J］.经营与管理, 2007(6): 42-43

［21］鲍琼, 萧伟森.中国高科技创业网络——创业网络能力研究［C］.2006年创业研究与教育国际研讨会会议论文

［22］陈忠卫, 王志成.基于社会资本视角的企业成长模式研究［J］.科技创业, 2006(4): 42-44

［23］林剑.社会网络视角下的创业融资［J］.上海金融, 2006(7): 8-11

［24］Jonathan T. Eckhardt & Scott A. Shane. Opportunities and Entrepreneurship［J］. Journal of Management, 29(3), 2003: 333-349

［25］Shane & Venkataraman. The Promise of Entrepreneurship as a Field of Research［J］. The Academy of Management Review 25, 2000: 217-226

［26］Christensen & Peterson. Opportunity Identification: Mapping the Sources of New Venture Ideas［M］. Frontiers of Entrepreneurship Research. Wellesley MA: Babson College, 1990

［27］Hills, Lumpkin & Singh. Opportunity Recognition: Perceptions and Behaviours of Entrepreneurs［M］. Frontiers of Entrepreneurship Research. Wellesley. MA: Babson College. 1997

［28］姜彦福, 张帏.创业管理学［M］.北京: 清华大学出版社, 2005

［29］张玉利, 杨俊.企业家创业行为调查［J］.经济理论管理, 2003(9): 61-66

［30］Shane & Cable. Network Ties, Reputation, and the Financing of New Ventures［J］. Management Science, 48(3), 2002: 364-381

［31］Bygrave & Hunt S.A. Global Entrepreneurship Monitor: 2004 financial report［M］. Babson Park, MA: Babson College, 2005: 17

［32］Coase R.H. The Firm, the Market, and the Law［M］. Chicago: The University of Chicago Press, 1988

［33］Lin N, Ensel W.M. & Vaughn J.C.. Social Resources and Strength of Ties: Structural Factors in Occupational Status Attainment［J］. American Sociological Review, 1981, 46

［34］Stein Kristiansen. Social Networks and Business Success. The Role of Subcultures in an African Context［J］. American Journal of Economics and Sociology, 63(5), 2004: 1149-1171

［35］刘兴国, 周小虎.社会资本对企业营销的影响研究［J］.经济管理, 2008(3): 32-35

［36］Williamson. The Economic Institutions of Capitalism［M］. Free Press, 1985

［37］Kotler. Marketing Management［M］. 10th. New Jersey: Prentice-Hall Inc., 2000

社会资本视角下上市公司终极股东控制权问题研究*

[摘要] 亚洲金融危机过后,"剥夺型公司治理问题"越来越受到研究者的高度关注,并掀起了公司治理研究热潮。本文通过对上市公司终极股东控制权问题的研究脉络进行细致梳理,不仅将国内外研究文献系统归类,而且还指出了当前以"股权控制链"为主线的研究范式的局限。基于此,本文尝试运用社会资本理论,构建起"社会资本控制链"分析框架,并对上市公司终极股东控制类型及其动态演变进行深入的归类分析,为上市公司终极股东控制权问题的研究开辟了一条崭新道路。

[关键词] 终极股东;控制权;社会资本;控制链

20世纪90年代以来的三次公司治理浪潮,使公司治理问题备受全球关注,并不断掀起公司治理研究热潮。特别是作为两类公司治理问题之一的"剥夺型公司治理问题",[①]越发引起国内外诸多学者的浓厚兴趣,终极股东控制权[②]问题与中小投资者保护问题业已成为公司治理领域的研究热点。

一、上市公司终极股东控制权问题的研究脉络梳理

通过对国内外研究文献的细致梳理,我们发现,关于终极股东控制权问题的研究分为理论研究和实证研究两大类,并且理论研究领域成果相对较少,而实证研究领域成果颇丰。

(一)理论研究

1. 公司终极股东控制权问题产生的动因——控制权私利

Barclay 和 Holderness(1989)将控制权私利定

---

* 作者简介:高闯:生于1953年,辽宁沈阳人,辽宁大学工商管理学院院长,教授,博士生导师,研究方向:企业理论与公司治理。
关鑫:生于1981年,辽宁沈阳人,辽宁大学工商管理学院,博士研究生。E-mail: guanxin1981@163.com。
基金项目:国家社会科学基金项目"我国上市公司终极股东控制问题研究"(项目号07BJY016);辽宁省人文社科基地项目"辽宁装备制造企业国际竞争力的提升路径研究——基于全球价值链创新的视角"(2008JD32);辽宁省软科学计划"科技型创新企业的评价问题研究"。
① 宁向东(2005)将公司治理问题分为两类:一类是代理性公司治理问题,关注股东与董事、董事与经理之间关系问题;另一类是剥夺性公司治理问题,涉及股东间的利益关系,关注如何防止控制股东对中小股东利益的侵害问题。
② Berle 和 Means(1932)将公司控制权定义为"通过行使法定权力或施加影响而对董事会及其多数成员的决定权"。La Porta 等人(1999a)认为与公司控制权不完全相同,终极股东控制权是指股权控制链条的最终控制者通过直接和间接持有公司股份而对公司拥有的实际控制权。

义为"企业控股股东利用自身优势地位，挪用公司的资源或者独占其他股东不能共享的公司利益"。Ehrhardt 和 Nowak（2003）将控制权私利分为金钱方面的（如自立性交易、过高的薪酬、转移公司资源、以主观性价格转移资产、低息贷款和抵押、股权稀释行为、内部人交易、渐进性购并、排挤或歧视小股东和低价发行新股等）和非金钱方面的（如精神愉悦、影响公众的判断、社会声望和提升亲信等），其中金钱方面的控制权私利又被 Jahnson 等（2000）称为"隧道挖掘"（Tunneling），并成为研究者的关注重点。可以说，由于控制权与现金流权偏离，使终极股东追逐控制权私利，这是终极股东控制问题产生的根本原因。

2. 终极股东控制或剥削结构

按照其终极控制方式，可以将剥削结构大致分为金字塔控股结构、交叉持股和类别股票三种。La Porta 等（1999）指出，利用金字塔控股结构、交叉持股和类别股票等方式可使股东对公司的控制权和现金流权产生偏离，使终极股东可以以较小的持股比例达到实际控制公司的目的，从而产生小股大权或同股不同权效应。

3. LLSV（2002）的投资者保护假说

LLSV（La Porta, Lopez-de-Salines, Shleifer 和 Vishny 四人名字首字母组合）（2002）建立了用以详细分析控制权私利、投资者保护和公司价值三者间关系的理论模型，并得出两个有意义的结论：一个国家的投资者保护机制越完善，公司价值越高；公司的终极控制人持有的现金流权越高，攫取控制权私利的动机越低，公司价值越高。

（二）实证研究

1. 控制权私利或控制权溢价的实证研究

度量控制权私利主要采用大宗股权交易法、表决权溢价法和大小宗股权交易差异法。例如，Barelay 和 Holderness（1989）通过分析 1978~1982 年期间在美国证券交易市场发生的 63 笔私下协议的大宗股权交易价格，发现该交易价格要明显高于消息公告后的市场价格，平均溢价水平达到 20%（中值为 14%），如此巨大的溢价说明多数公司存在正的控制权私利；Smhti 和 Amoak. Adu（1995）利用多伦多证交所上市公司的数据进行了表决权溢价的实证研究，发现在存在接管可能性的情况下，上市公司具有投票权的股票大约可以获得 4.17% 的溢价；施东辉（2003）沿用 Hanouna 等（2001）的研究方法，考察了我国沪、深两市 1997~2001 年发生的 702 宗股权转让事件（其中大宗交易 243 宗，小宗交易 459 宗），发现我国上市公司的控制权溢价平均约为 24%，稍高于国际平均水平。

2. 上市公司终极股东类型的实证研究

例如，La Porta 等（1999）最早针对全世界 279 个富有经济体的上市公司进行股权结构研究，并按不同控制权标准，将上市公司区分成股权分散和具有最终所有者两种类型，同时将最终所有者细分成家族或个人、政府、股权分散的金融机构、股权分散的公司和杂项（如合作社或无单一控制投资者的群体）五种类型；Claessens 等（1999）和 Faeeio 等（2002）参考 La Porta 等的研究方法分别探讨东亚九个国家和欧洲的上市公司终极股东的类型。刘芍佳等（2003）、叶勇等（2005）和赖建清（2007）分别对中国上市公司终极股东的属性进行实证研究，并一致发现，我国上市公司终极股东以国家为主。

3. 上市公司终极控制权、投资者保护与公司业绩之间关系的实证研究

例如，Lins（2002）以 18 个发展中国家的 1433 家上市公司为样本，用 Tobin Q 值衡量公司价值，发现当终极股东控制权超过现金流权时，公司市场价值下降。同时，金字塔控股结构、外部大股东对公司价值的影响取决于一国对投资者的保护程度，在投资者保护程度较差的国家里，金字塔控股结构将更显著地降低公司价值，同时外部大股东的积极作用（降低公司的代理成本）也更明显；Cleassens 等（2002）通过对东亚八个经济体中 1301 家上市公司的实证研究发现，终极股东控制权与现金流权偏离导致公司代理成本上升，公司绩效下降，即存在"隧道挖掘"效应；杨兴君等（2002）、苏启林和朱文（2003）及张华等（2004）通过对我国民营上市公司的实证研究得出与 Cleassens 等相同的结论。此外，叶勇等（2005）以 ROE 作为企业业绩衡量指标，通过对 2003 年沪深两市 A 股 1260 家上市公司控制权属性与业绩间的关系进行实证研究，结果发现由不同类型终极股东所控制的上市公司的 ROE 差异并不是很大。

4. 控制权转移与公司业绩间关系的实证研究

例如，赖建清（2007）以我国沪深两市在 2001~2003 年期间发生控制权转让事件的国有上市公司为样本，通过对控制权转让前后公司绩效的比较发现，在国有上市公司转让控制权的前后四年间，公司本身的绩效并未发生显著变化。

二、我国上市公司终极股东控制权问题研究思路的局限

目前，越来越多的研究者深入到终极股东控制权的实证研究中，然而通过对上市公司终极股东控制权问题研究脉络的梳理，可以看出，研究者主要是通过股权控制链或直接依据年度财务报告来识别上市公司的终极股东。如图 1 所示，根据 2005 年深圳证券交易所披露的上市公司年报，中国重型汽车集团济南卡车股份有限公司（G 重汽）的终极股东是山东省人民政府。山东省人民政府通过其独资公司中国重型汽车集团所持有的 63.79%G 重汽的股份，成为 G 重汽的终极股东，这是一种典型的金字塔控制结构，但其控制权与现金流权未出现分离。而在图 2 中，不仅出现了复杂的交叉持股现象，而且还存在亲缘关系（罗韶宇和罗韶颖系兄妹关系）。此时，如果只是简单地从股权控制链来考察，很容易认定重庆市迪马实业股份有限公司的一个终极股东为自然人罗韶宇，并可以相应地计算出他对重庆市迪马实业股份有限公司的最终投票权为 70.5%（即 48%+7.5%+15%），现金流权为 48.07%（即 68.1%*32.69%+[(68.1%*99%*25%+68.1%)*73.58% + 68.1%*99%*62.64%*17.95%]*7.5%+68.1%*99%*15%）。但是，当考虑到罗韶宇和罗韶颖兄妹的血缘关系时，重庆市迪马实业股份有限公司的实际终极股东变为罗韶宇和罗韶颖兄妹，他们对重庆市迪马实业股份有限公司的最终投票权为 70.5%（即 48%+7.5%+15%），但是他们的现金流权却变为 54.22%（即 68.1%*32.69%+[(68.1%*99%*25%+68.1%)*73.58% +68.1%* 99% *62.64% *17.95%]*7.5% + 68.1%*99%*15%+8.2%*7.5%），[①] 控制权和现金流

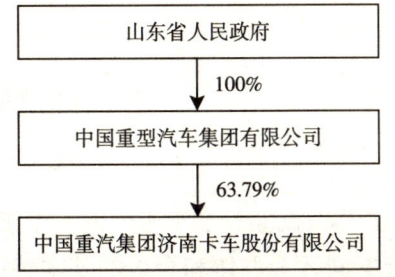

图 1 中国重汽股份有限公司的控股权结构

---

① 考虑到重庆东原房产开发有限公司对江苏江动集团有限公司持股比例 1%太小，故在计算现金流权的过程中将其忽略不计。

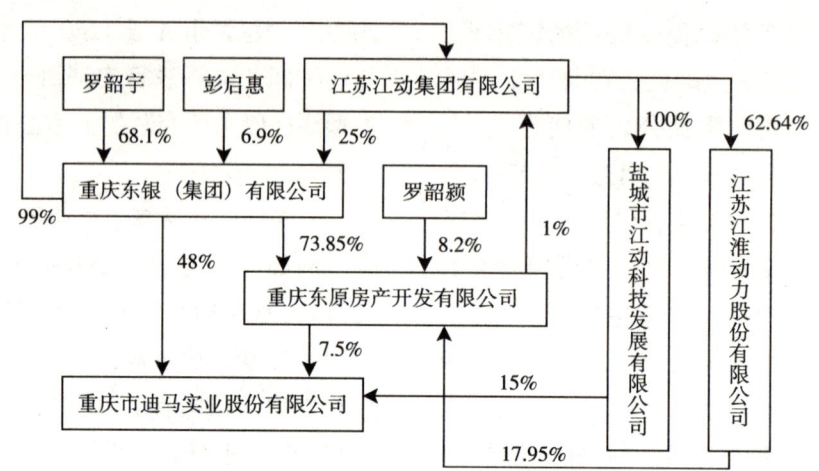

图 2　重庆市迪马实业股份有限公司和江苏江淮动力股份有限公司的控制权结构

权的偏离约为 77.4%。由于交叉持股关系的存在，罗韶宇兄妹对重庆市迪马实业股份有限公司的控制权链条多达 7 条。

第二个例子实际上说明了在识别上市公司终极股东时，单依靠股权控制链容易产生偏差，甚至造成所找到的终极股东与实际控制人之间大相径庭。由此可见，这种方法具有一定的局限性。特别是在股权相对较为分散的情况下，运用股权控制链识别上市公司终极股东产生的偏差会更大。例如在图 3 中，当 A、B 两公司之间不存在较高的社会资本时（假定只有当企业间社会资本达到一定程度后才可能利用这种社会资本改变原有控制权结构），当 a≤49 时，上市公司 C 的终极股东为 A 公司，当 49<a≤51 时，上市公司 C 的终极股东

为 B 公司。不过，一旦当 A、B 两公司之间存在较高的社会资本时（假定在共同利益的驱使下，双方之间的社会资本足以保证他们在表决时将股份合在一起，即改变控制权结构），公司 A 和公司 B 实际共同成为上市公司的终极股东。基于此，笔者认为，在识别上市公司终极股东时，应该把股权控制链这条"明线"与社会资本这条"暗线"相结合，一明一暗，相得益彰，以保证识别结果的客观准确。

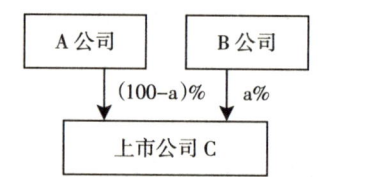

图 3　一个简单的存在社会资本的控制权结构

三、社会资本理论视角下的分析逻辑

社会资本最初是社会学范畴的一个核心概念，用于分析不同社会群体和个人的基本特征与发展轨迹。后来渐渐被经济学和管理学领域广泛采用，特别是对企业网络组织的分析，社会资本理论对交易费用经济学分析范式进行了重要的修正，并

开始成为理论分析的主流。

（一）社会资本的基本内涵

法国学者 Bourdieu（1977）较早地提出社会资本的概念，认为社会资本是现实或潜在的资源的

集合体，这些资源与对某种持久性的网络的占有密不可分，这一网络是大家共同熟悉的、得到公认的，而且是一种体制化关系的网络。他定义的社会资本较注重社会系统的整体层面，认为社会资本是个人或团体所拥有的社会连带的加总，而社会资本的取得，则需要连带的建立、维持与资源交换。Coleman（1990）认为，社会资本可以由其功能来定义，它是由社会结构的某些方面所组成，①且有利于处于结构中的个人的特定行动，一旦人们之间的联系发生了有利于行动的变化时，社会资本就产生了。特定行动只是被看作社会资本的结果，而非社会资本的一种形式。Coleman 的定义扩大了社会资本的范围，加入非正式制度（如社区规范）及制度化的社会连带（如组织），并得到了研究者们的广泛认同和引用。

综上可以看出，资源、社会连带和动员构成了社会资本概念的核心。即社会资本本身是一种现实或潜在的资源，它是从嵌入于社会网络的资源中获得的，根源于处在社会结构中"某些方面"有助于"特定行动"的社会连带，借助于这种社会连带或连带的结构，行动者可以涉取或动员这些现实或潜在的资源。

（二）社会资本的类型

按社会资本的主体来划分，社会资本可以分为个人社会资本和组织社会资本。个人社会资本是个体通过动员其社会网络连带或自我中心社会网获得的。目前被普遍接受的网络连带类型划分有两种，一种是 Granovetter（1973）根据其提出的连带力量的概念将连带分为强连带和弱连带，②另一种是 Krackhardt（1992）在强、弱连带基础上将网络连带分成情感网络连带、咨询网络连带和信息网络连带。③在图 4 中，自我中心社会网是差序结构的，其中，家人连带和熟人连带（通常称为朋友、好朋友或熟朋友）大多属于强连带，而与生人（绝非陌生人，而是认识但并不十分熟悉的人）的连带属于弱连带。由于个人之间的差异，自我中心社会网具有不同的网络规模（成员的多少）、网络成分（成员的类型）和网络密度（成员间联系的紧密程度），这些都决定了个人社会资本的多少。然而，在个人社会资本中，最重要的、对经济行为影响最深刻的是信任。

关于组织社会资本，我们沿循 Adler 和 Kwon（2002）对社会资本的分类方式，④将组织社会资本分为组织内部社会资本和组织外部社会资本两种。①组织内部社会资本。包括信任和网络连带两种重要的形式。组织内的信任包括两两信任、对领导者的信任以及对整个组织的信任。②组织外部社会资本。组织外部社会资本是组织作为网络中的一员利用其所占据的网络结构位置以及与网络中其他组织（如企业、科研机构、政府和非政府组织）间的关系所获得的一种资源。就本质而言，组织外部社会资本源于组织外部的社会连带，并可分为两类：一类是通过组织与其他组织间的连

---

① 关于社会结构的某些方面，Coleman（1990）提出了以下六种主要形式来诠释社会资本的内涵：（1）个人的义务与对他人的期望；（2）获得信息的潜力；（3）权威连带；（4）群体规范与有效惩处；（5）群体内部自发性的公民组织；（6）有工作目标的组织。

② 1973 年，Granovetter 在 "The Strength of Weak Ties" 一文中，从互动频率、感情力量、亲密程度和互惠互换四个纬度测定关系强弱。互动次数多、感情力量强、亲密程度高、互惠互换多且广，则为强关系；反之则为弱关系。他认为，强关系是在性别、年龄、教育程度、职业身份、收入水平等社会经济特征相似的个体之间发展起来的，而弱关系则是在社会经济特征不同的个体之间发展起来的。

③ Krackhardt 指出，情感连带是一种强连带，在一个情感网络中的中心位置可以拥有非正式权利，即如果一个人拥有很多情感连带，就可以影响他人去完成自己的目标，从而享有非正式权利为其带来的资源。而咨询连带是一种工作场所内主要的弱连带，尽管咨询连带并不一定包含情感支持，但却可以带来员工完成日常工作所需的资源（如知识、经验、信息等）。

④ Adler 和 Kwon（2002）通过回顾社会资本的相关文献，发现关于社会资本的研究通常关注于两个不同的方面：一是某个行动者与其他行动者维持的外部联系，二是一个群体当中行动者之间的内部关系结构。他们把关注外部联系、信息不对称、权力利益的观点称为桥观点，对应的社会资本称为联外社会资本；把关注内部联系、团结、信任的观点称为结点观点，对应的社会资本称为聚内社会资本。

带产生的组织间社会资本。依照 Tsai 和 Ghoshal 的观点，组织间社会资本也包括结构面社会资本——社会互动（中介中心性）、关系面社会资本——信任和认知面社会资本——分享愿景。另一类是组织中的关键人员（高管层主要领导）的个人对外连带，亦即自我中心社会网或人脉的一部分，并能够被动员且为企业带来资源，此处不再赘述。遵循边燕杰等（1999）提出的对企业社会资本测量方式，可采用企业关键人员的社会网络连带代表企业社会资本，这就与个人社会资本在逻辑上形成一致。

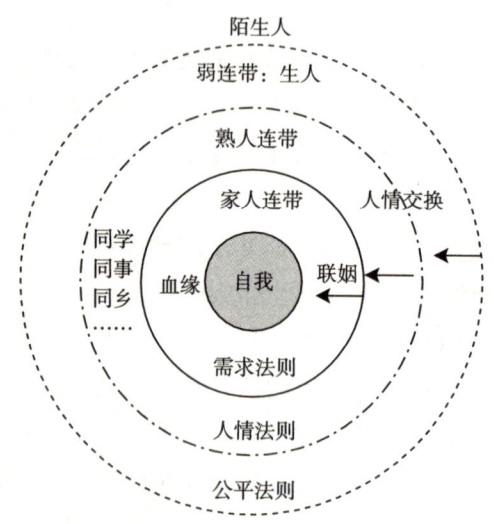

图 4 差序结构下的个人自我中心社会网
资料来源：罗家德、叶勇助：《中国人的信任游戏》，社会科学文献出版社，第64页，略有修改。

（三）上市公司终极股东控制权新的分析逻辑

通过以上分析，不难看出，社会资本最直接、最明显的度量坐标是网络连带，而最核心、最本质的内容是信任。根据 Hosmer（1995）、Mayer 和 Schoorman（1995）、Hardin（2001）对信任的阐释，可以将信任定义为一种预期的意念（即交易者对其交易伙伴是值得信赖的一种预期）和由此表现出来的行为倾向或实际行动，并且，交易者通过这种行为倾向或实际行动来表明自己的利益依赖于交易伙伴的未来行为。

通常，弱连带更多地充当获取信息和知识的"桥"，而强连带则不仅可以降低不确定性，更重要的是还能产生较强的互信，为连带双方提供更加广阔的交易契约的选择空间。一般而言，连带形式的不同会导致连带强度的不同（如家人连带的连带强度要高于熟人连带），连带强度的不同又会造成信任程度的不同（如家人间可以不谈对等交换，而采取"各尽所能、各取所需"原则，而熟人之间信任是建立在情感交换或工具性交换基础上的），信任程度的不同将最终影响交易者之间交易方式的选择。因此，本文对上市公司终极股东及其控制权进行追寻的逻辑起点是大股东①的社会网络连带，在细致地识别其社会网络连带的基础上，探寻其是否通过动员这些社会资本（特别是信任）获取上市公司的实际控制权，从而实现对上市公司的实际控制，成为上市公司终极股东（见图5）。

按照股权控制链追寻上市公司终极股东与按照社会资本链追寻上市公司终极股东既有区别，又有联系。股权控制链追踪更为直观、简捷，只需对上市公司大股东的控股或持股股东（上行）和其控股或持股公司（下行）进行层层追溯，就能厘清其控制权结构与相应的现金流权，因此，这种方法易于操作。比较而言，社会资本链多为一种网状结构，比股权链复杂得多，而且很多连带并不像股权链那么清晰，需要经过细心考察才能够发现。此外，社会资本的定量度量也很难操

---

① 例如，我国上市公司财务报表中披露的前十大股东，这些股东可能是企业法人，也可能是自然人。如果是企业法人，按照边燕杰等的观点，可以使用其关键人物或核心控制团队的个体自我中心社会网测量其社会资本。因此，亦可使用这种方法来识别其社会网络连带。

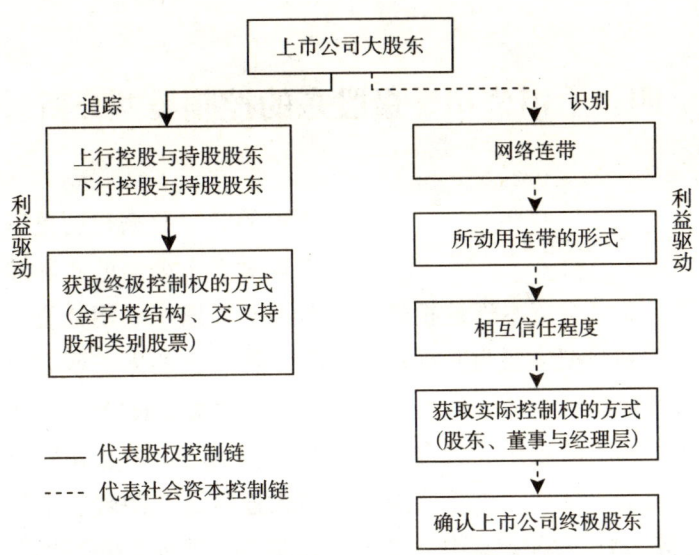

图 5 上市公司终极股东的识别逻辑图

作,且动态性较强,甚至还要求研究者对其形成与演变的历史进行回溯。尽管股权链和社会资本链有很大区别,但二者在某些情况下可能发生重合,甚至是完全重合。例如,那些层级较少的典型金字塔控制结构,就像图1中列举的那样,终极股东仅通过控制上市公司的控股股东的方式实现对上市公司的终极控制。

当然,大股东动用社会资本实现其对上市公司的终极控制是有前提的,一是他们必须拥有可以动用的社会资本,二是通过动用社会资本以取得上市公司终极控制权给各网络连带主体带来的收益必须大于或等于他们的动用成本(动用社会资本是有成本的),即 $\triangle R_1 \geqslant \triangle C_1$, $\triangle R_2 \geqslant \triangle C_2$, …, $\triangle R_n \geqslant \triangle C_n$,其中 R 代表各连带主体所获收益,C 代表各连带主体所付成本。这样才能满足他们的参与约束。另外,上市公司大股东动用社会资本有时还会受到证券监管机构和公众监督强度的影响。如图 6 所示,当外部监管力度较强而大股东的对外连带隐蔽性较低时(很容易为公众所知,

如家人连带),大股东是不会轻易动用这种社会资本的。反之,当外部监管力度较低而大股东的对外连带隐蔽性较高时,大股东通常会积极地动用这种社会资本来加强对上市公司的控制,甚至通过这种连带进行隧道挖掘,侵害中小股东的利益。本文后面的分析与讨论都将围绕社会资本控制链展开,这是以上市公司大股东在获取终极控制权过程中动用了社会资本为假设前提的。如果上市公司大股东并未动用其社会资本,则回归理论研究的主流——股权控制链分析方法。

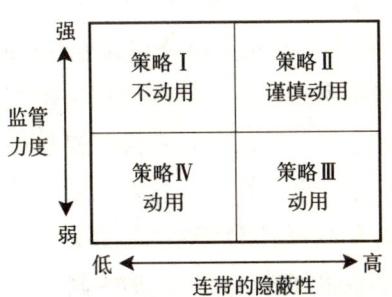

图 6 不同监管条件下上市公司动用社会资本的策略集

四、上市公司终极股东的控制类型分析

（一）终极股东控制上市公司的元类型

遵照前面的分析逻辑，在社会资本理论视角下，上市公司终极股东的控制类型主要与其动用的社会资本的形式和获取实际控制权的方式密切相关。一般而言，在差序结构下所动用的社会网络连带的形式主要有家人连带（且称之为家族连带，用F表示）和熟人连带（A）两种，其中，熟人连带中又可分为外显型（EA）和隐藏型（HA）两种。再将其获取实际控制权的方式划分为股东层（S）、董事层（D）和经理层（M）三个层次，那么，这两个维度上的对应变量两两组合，就形成了九种实际控制的元类型（见表1）。

表1 股东实现对上市公司实际控制的9种元类型

连带形式＼控制方式	股东层	董事层	经理层
家族连带	FS	FD	FM
外显型熟人连带	EAS	EAD	EAM
隐藏型熟人连带	HAS	HAD	HAM

从纵向看，第一列中的三种元类型是大股东动用社会资本实现对上市公司的绝对控股。例如，FS就是利用家族连带，将家族成员持有的上市公司股份集中在一起，进而取得控股地位，以此实现对上市公司的实际控制。第二列中的三种元类型是大股东动用社会资本实现对上市公司董事（包括内部董事和外部董事）的控制。[①] 例如，EAD表示在某种利益驱动下，大股东利用其与上市公司董事间的熟人连带，且这种熟人连带是为公众所知的，以此来控制董事会，获取决策权，进而实现对上市公司的实际控制。第三列中的三种元类型是大股东动用社会资本实现对上市公司经理层的控制，亦即获取上市公司的经营权和剩余控制权。例如，HAM表示在某种利益驱动下，大股东利用其与上市公司经理间的熟人连带，且这种熟人连带非常隐蔽、不为公众所知，与经理层一起获得公司的经营权和剩余控制权。

（二）终极股东控制上市公司的一般类型

当然，现实中股东对上市公司的实际控制类型要远比以上9种元类型复杂得多，股东往往是通过对股东层、董事层和经理层三个层次的混合控制来获得对上市公司更强的实际控制。如果定义 $B_1=\{FS, EAS, HAS\}$、$B_2=\{FD, EAD, HAD\}$、$B_3=\{FM, EAM, HAM\}$，则终极股东控制上市公司的一般类型就是从三个组合中分别取一个变量，再将取出的三个变量重新组合（如公式（1）所示），这样就形成了27个一般类型（统一用T表示），即FS*FD*FM、FS*FD*EAM、FS*FD*HAM、FS*EAD*FM、FS*EAD*EAM、FS*EAD*HAM、FS*HAD*FM、FS*HAD*EAM、FS*HAD*HAM、EAS*FD*FM、EAS*FD*EAM、EAS*FD*HAM、EAS*EAD*FM、EAS*EAD*EAM、EAS*EAD*HAM、EAS*HAD*FM、EAS*HAD*EAM、EAS*HAD*HAM、HAS*FD*FM、HAS*FD*EAM、HAS*FD*HAM、HAS*EAD*FM、HAS*EAD*EAM、HAS*EAD*HAM、HAS*HAD*FM、HAS*HAD*EAM 和HAS*HAD*HAM。

[①] 此处除了考虑大股东通过法定的股权比例或投票权比例所选派的董事，更重要的是考察其动用社会资本控制其他董事情况，并以此来定义上市公司大股东对董事会的控制类型。

一般表达式为：

$$T = C_{B_1}^{1} * C_{B_2}^{1} * C_{B_3}^{1} \quad (1)$$

其中，FS*FD*FM 表示上市公司大股东通过动用家族连带不仅获得过半数的投票权，实现了控股，而且还控制了董事会和经理层，这种典型的家族控制较为常见；而 FS*EAD*HAM 则表示上市公司大股东通过家族连带获得了过半数的投票权，实现控股，但却通过公开的熟人连带控制了更多的董事，进而强化对董事会的控制，并通过隐蔽的熟人连带控制了经理层，获得公司日常经营权和剩余控制权；HAS*HAD*HAM 表示上市公司股东动用其各种隐蔽的熟人关系取得对股东大会、董事会和经理层的控制，成为上市公司的终极股东。

此外，按照控股股东性质加以区分，以上 27 种一般控制类型中凡是含有 FS 的，如 FS*FD*FM、FS*FD*EAM、FS*FD*HAM、FS*EAD*FM、FS*EAD*EAM、FS*EAD*HAM、FS*HAD*FM、FS*HAD*EAM、FS*HAD*HAM，可统一定义为家族控制型上市公司，其他 18 种则属于非家族控制型。

（三）终极股东控制上市公司的特殊类型

在委托—代理框架下，董事会一直是公司治理的核心，向上代理股东，向下监督经理，因此，股东和经理层争相通过控制董事会来获得公司的战略决策权，并以此强化对公司的控制。我国上市公司董事会通常被控股股东或内部人控制。2002 年，我国上市公司的终极股东几乎都向董事会派驻了过多的董事，国有控制人平均向上市公司董事会多派了 1.82 个董事，而非国有控制人则平均向上市公司董事会多派了 2.8 个董事。另外，我国上市公司大股东控制董事会的另一个显著特征是董事会与管理层的高度重合，许多上市公司的董事长或总经理来自控股股东。胡天存和杨鸥（2003）对 78 家国有上市公司进行调查，结果发现 84%的上市公司董事长、68%的上市公司总经理直接来自第一大股东，第一大股东在董事会投票权过半数的达 64%。但是，在公司治理实践中，也存在着股东并未获得控股权或未能控制经理层，但却通过控制董事会实现其对上市公司的终极控制，这种特殊情况可能与股权控制链下的终极股东大相径庭。

此处沿用前面对变量的定义，只是重新给出组合 B_1 和 B_3 中变量的取值条件。如公式（2）所示，上标取 0 表示上市公司大股东未取得对该层面的控制，取 1 表示取得对该层面的控制。

$$PT = C_{B_1}^{i} * C_{B_2}^{1} * C_{B_3}^{k} \quad (2)$$

其中，i、k ∈ [0，1]，且 i、k 二者中至少有一个为 0。

这样，除了前面 27 种所有上标都取 1 的一般类型，还存在 21 种特殊控制类型，如 FD、EAD、HAD、FD*FM、FD*EAM、FD*HAM、EAD*FM、EAD*EAM、EAD*HAM、HAD*FM、HAD*EAM、HAD*HAM、FS*FD、FS*EAD、FS*HAD、EAS*FD、EAS*EAD、EAS*HAD、HAS*FD、HAS*EAD 和 HAS*HAD。其中，FD、EAD 和 HAD 为元类型，具体含义前面已经介绍；FD*FM、FD*EAM、FD*HAM、EAD*FM、EAD*EAM、EAD*HAM、HAD*FM、HAD*EAM 和 HAD*HAM 九种类型表示的是大股东动用社会资本实现控股和控制董事会的目的，成为终极股东，但并未控制经理层；FS*FD、FS*EAD、FS*HAD、EAS*FD、EAS*EAD、EAS*HAD、HAS*FD、HAS*EAD 和 HAS*HAD 这九种类型则表示大股东动用社会资本控制了董事会和经理层，并以此成为终极股东，但却未实现控股。

此外，现实中大股东取得实际控制权的方式可能会更为复杂，如大股东同时动用家族连带和熟人连带来获得更多投票表决权，或控制更多董事。那么，这种特殊混合类型（用 PT' 表示）将涵盖更多的元类型，如公式（3）所示。由于这种特殊混合类型形态众多，复杂程度也很高，本文暂且不做过深讨论。我们将在后续的案例研究中详细说明这种特殊混合型控制方式。

$$PT' = C_{3_{B_1}}^i * C_{3_{B_2}}^j * C_{3_{B_3}}^k \quad (3)$$

其中，i、k $\in$ [0，1，2，3]，j $\in$ [1，2，3]，且 i 和 k 不能同时等于0，i、j、k 三者不能同时等于1。当 i 和 k 中有一个变量取 0 时，另一个变量和 j 不能同时取 1。

五、上市公司终极股东控制权的动态演变

上市公司终极股东控制权并非是一成不变的。在传统的股权控制链分析范式下，当发生股权转让、大股东撤资、企业资产重组等情况时，企业的实际控制权都可能发生转移。根据东方高圣投资顾问公司对国有上市公司并购事件的统计，2001~2003年期间共发生了34起终极股东控制权转让事件，终极股东由国资部门、国有资产运营公司或国有独资企业集团转变为非国有企业或自然人。而就非国有上市公司而言，发生控制权转移现象的频率则更高。据统计，2000~2003年期间共有108家上市公司通过协议转让的方式发生实际控制人变更，其中非国有上市公司占近七成。

相应的，在社会资本视角下，上市公司终极股东控制权同样会发生变化。按照社会资本控制链的分析逻辑，如果终极股东与其他股东、董事和经理发生更多互动，他们之间连带强度会增强，社会资本（尤以信任为主）会增加，在共同利益或竞合博弈中更高收益的驱动下，其他股东、董事和经理层可能与终极股东联手。一旦他们合谋，终极股东在投票权、决策权、经营权与剩余控制权等方面的实际控制力就得到增强，控制权就发生了正向"量"变。反之，如果其他被终极股东控制的股东、董事和经理与终极股东之间出现信任危机或利益冲突，他们将会在投票表决过程中背离终极股东，这样就削弱了终极股东对上市公司的实际控制权。此时，控制权就发生了负向"量"变。一旦控制权被弱化在警戒水平以下，就有可能会发生控制权转移。例如，某上市公司的终极股东通过股权控制链拥有的投票表决权在50%以下，且比另一大股东仅高出一点点。原先终极股东可能会通过动用其社会资本来得到其他小股东的支持，进而获得更多实际表决权和委派更多董事的权利，甚至直接委任总经理，他的控制权因此得到加强。但后来，终极股东通过隧道挖掘侵损了其他股东的利益，而且此信息被公开披露，那些小股东对其丧失了信任。他们与另一大股东之间的互动逐渐增多，并产生了很高的信任，一旦他们间的社会资本足以被动用并能保证小股东愿意将投票表决权委托给该大股东（控制权也随之转移），那么，该大股东就成为新的实际控制人，控制权因此发生"质"变。

这里，我们将上市公司终极股东控制权的正向"量"变称为控制权的强化，将负向"量"变称为控制权的弱化，将"质"变的情况称为控制权的转移（如表2所示）。关于控制权的动态演变，我们也是既遵从股权控制链分析范式，同时又坚持社会资本控制链分析方法的补益之功。控制权的强化或弱化既可以通过股权增持和减持直接实现，也可以通过动用社会资本的方式间接实现。而对于控制权的转移，这可能与股权转让相一致（如前面统计的上市公司），也可能会出现背离（争取小股东支持的例子）。

表2　上市公司终极股东控制权的动态演变

演变形式 \ 控制方式	股东层（投票表决权）	董事层（战略决策权）	经理层（经营权和剩余控制权）
控制权的强化	+**	+	+**
控制权的弱化	-**	-	-
控制权的转移	- - -	- - -	- - -

注：加"**"表示该项可以保持原来状态，不发生相应变化，也可以发生相应变化。
"- - -"表示控制权被削弱到不足以支持其成为终极股东的水平。

六、结语

本文通过对上市公司终极股东控制权问题的研究脉络进行细致梳理，不仅将国内外研究文献系统归类，而且还指出了当前以"股权控制链"为主线的研究范式的局限。在现实中，由于社会资本存在并发生作用，上市公司年报中公布的实际控制人及其控制程度可能会与实际情况有所出入，甚至出现较大背离。基于此，笔者创造性地运用社会资本理论构建起上市公司社会资本控制链分析方法，即对上市公司终极股东及其控制权进行追寻的逻辑起点是大股东的社会网络连带，在细致地识别其社会网络连带的基础上，探寻其是否通过动员这些社会资本（特别是信任）获取上市公司的实际控制权，从而实现对上市公司的实际控制，成为上市公司的终极股东。这种全新的分析方法能够很好地弥补股权控制链的不足。如果在研究上市公司终极股东控制权问题时两种方法并举，则可取长补短，相得益彰，有效地降低分析误差，还原其真实面目，以利于问题的解释与解决。因此，该方法具有较高的理论价值和深远的现实意义。

本文依据上市公司大股东动用社会资本取得实际控制权的不同方法，对上市公司终极股东控制类型进行全新划分，其中包括27种一般类型和21种特殊类型，此外，还有诸多特殊混合类型。并根据上市公司大股东通过动用其社会资本造成实际控制权强度的改变，分析了上市公司终极控制权的动态演变，提出了控制权的"强化"、"弱化"和"转移"三种演变方式。本文对上市公司终极股东控制类型或实现方式及动态演变的研究，改变了对终极股东控制权的传统认识，也为后续研究开辟了一个全新理论视角。

笔者清楚地意识到，本文的分析思路过多地停留在理论层面，而对于社会资本控制链分析方法的实际操作性讨论不足。同时，也没有对我国沪深两市的上市公司进行系统的、较有代表性的实证研究和案例分析，很显然，这会在一定程度上影响本文所构建的理论模型的解释力和说服力。因此，笔者将在后续研究中着力瞄准我国上市公司，通过对上市公司经典案例的进行全方位、多角度的剖析，检验和修正现有的理论模型，并不断丰富和完善上市公司终极股东控制权问题研究的理论体系。

参考文献

[1] Claessens, S., S. Djankov, J. Fan and L. Lang. Disentangling the incentive and entrenchment effects of large shareholdings, Journal of Finance, 2002, 57 (6): 2741-2772

[2] Claessens, S., S. Djankov, J. Fan and L. Lang. The expropriation of minority shareholders: Evidence from East Asia corporation, Policy Research Paper, Washington, D.C. World Bank, 1999

[3] Claessens, S., S. Djankov, J. Fan and L. Lang. The separation of ownership and control in East Asian corporations, Journal of Financial Economics, 2000, 58: 81-112

[4] Denis, Diane K. and McConnell, John J. International corporate governance, Journal of Financial and Quantitative Analysis, 2003, 38 (1)

[5] La Porta, R., F. Lopez-de-Salines, A. Shleifer and R. W. Vishny. Legal determinants of external finance, Journal of Finance, 1997, 53 (1): 1131-1150

[6] La Porta, R., F. Lopez-de-Salines and A. Shleifer. Corporate ownership around the world, Journal of Finance, 1999, 5 (2): 471-517

[7] La Porta, R., F. Lopez-de-Salines and A. Shleifer. Investor protection and corporate governance, Journal of Financial Economics, 2000, 58: 3-27

[8] La Porta, R., F. Lopez-de-Salines, A. Shleifer and R. W. Vishny. Agency problems and dividend policies around the world, Journal of Finance, 2000, 55 (1): 1-33

[9] La Porta, R., F. Lopez-de-Salines, A. Shleifer and R. W. Vishny. Investor protection and corporate valuation, Journal of Finance, 2002, 42 (3): 1147-1170

[10] Shirley, Mary and Patrick Walsh. Public vs. private ownership: the current state of the debate, Working Paper, Washington, D.C. World Bank, 2000

[11] Shleifer, Andrei and Robert Vishny. Large shareholders and corporate control, Journal of Political Economy, 1986, 94: 461-488

[12] Shleifer, Andrei and Robert Vishny. Politician and firms, Quarterly Journal of Economics, 1994, 9 (4): 381-402

[13] Zingales, L. What determines the value of corporate votes? Quarterly Journal of Economics, 1995, 110: 1047-1073

[14] Wayne E. Baker and Robert R.Faulkner. Social networks and loss of capital.. Social Networks, 2004, 26 (4): 91-111

[15] 青木昌彦. 比较制度分析 [M]. 上海: 上海远东出版社, 2001

[16] 威廉姆森. 治理机制 [M]. 北京: 中国社会科学出版社, 2001

[17] 郎咸平. 公司治理 [M]. 北京: 社会科学文献出版社, 2004

[18] 宁向东. 公司治理理论 [M]. 北京: 中国发展出版社, 2005

[19] 罗家德, 叶勇助. 中国人的信任游戏 [M]. 北京: 社会科学文献出版社, 2007

[20] 赖建清. 所有权、控制权与公司绩效 [M]. 北京: 北京大学出版社, 2007

[21] 陈小悦, 徐晓东. 股权结构、企业绩效与投资者利益保护 [J]. 经济研究, 2001 (11)

[22] 邓建平, 曾勇. 大股东控制和控制权私人利益研究 [J]. 中国软科学, 2004 (10)

[23] 董秀良, 薛丰慧. 股权结构、股东行为与核心代理问题研究 [J]. 经济评论, 2003 (4)

[24] 刘芍佳, 孙霖和刘乃全. 终极产权论、股权结构及公司绩效 [J]. 经济研究, 2003 (4)

[25] 徐晓东, 陈小悦. 第一大股东对公司治理、企业业绩的影响分析 [J]. 经济研究, 2003 (2)

[26] 叶勇, 胡培, 何伟. 上市公司终极控制权、股权结构与公司绩效 [J]. 管理科学, 2005 (4)

[27] 叶勇, 胡培, 刘波. 上市公司终极股东侵害度及实证研究 [J]. 系统工程理论方法应用, 2006 (4)

[28] 张文宏. 社会资本: 理论争辩与经验研究 [J]. 社会学研究, 2003 (4)

网络群体的社会资本*

[摘要] 网络群体就是在网络社会空间中的界域内通过以计算机为媒介的互动且有共同目标和具有某种联系的人群。网络群体由网络空间、网络角色、网络群体目标构成，且有三种类型。网络群体社会资本是指以虚拟空间为依托，通过以网缘为互动纽带建立以信息符号为主要资源形式的，以网络群体为受益目标的资本形式。

[关键词] 网络群体；结构要素；社会资本；网络群体的社会资本

随着互联网的日益普及和虚拟现实技术的快速发展，人类活动领域已向网络和网络化的方向扩展。并由此催生出一个新型的社会——虚拟社会。与此相对应，一种与现实社会群体既相联系又有区别的新生群体——网络群体应运而生。正如社会学者林南老师预测的，计算机的普及、互联网的方兴未艾，为社会资本研究者提供了另一个重要阵地。这种新出现的制度和文化为人力资本和社会资本间的互动提供了一种新的基础。在他看来，所有形式的资本发展的全部范围和效用都可以在计算机网络中考察到，计算机网络基本是关系和嵌入性资源，迫切需要做的工作是理解计算机网络是如何建立和分割社会资本的，可见，社会资本是扩张的和全球的。[1] 因此，笔者以网络群体的社会资本为题进行探讨，以加深对社会资本研究。

一、网络群体的含义与分类

何为网络群体？笔者认为，所谓网络群体就是在网络社会空间中的界域内通过以计算机为媒介的互动且有共同目标和具有某种联系的人群。网络群体是一种真实的社群存在方式。虽然网络群体与现实群体存在差别，但网络群体与现实群体一样具备群体的特征。与现实群体的直接的、面对面的交往不同，网络群体的生存空间非常分散，但由于网络群体成员之间的交往可以跨越空间的隔断，实现即时的交往，成员之间的关系仍然非常密切。可见，网络社会是现实社会人们交往空间与环境的拓展和延伸，网络环境中虚拟群体的产生，是以其作为网络社会运行中基本结构

---

* 作者简介：王琪：生于 1975 年，山东科技大学讲师，研究方向：网络社会学、社会资本和社会网，联系方式：青岛经济技术开发区前湾港路 579 号山东科技大学文法学院，电子邮箱：wangqi726@163.com；孙冬青：生于 1974 年，山东科技大学讲师，联系方式：青岛经济技术开发区前湾港路 579 号山东科技大学文法学院。

的"要素"被人们所认知的,并为社会学研究社会群体提出了新的课题。学者郝华德·雷因哥德（Howare Rheingold）也提出了"虚拟社群"（Virtual Community）一词,并指出:它是"为网络衍生出来的社会群聚现象,也就是一定规模的人们以充沛的感情进行某种程度的公开讨论,在网络空间中形成的个人关系网络"。随着网络的普及,人们不再把它简单地看做一种技术,而是看做一种社会网络。

网络群体的类型一般有三种:第一是话语型。话语型网络群体是指现在的许多网络社区中围绕着某个话题而形成的社会群体。从网络群体的文本内容来看,网络群体结构的特征是依赖话题而形成的,文本中的话语主题是群体结构的中心指向。在群体的演化过程中,结构是根据主题在互动中所发生的内容分化而不断改变结构中承担关系的中心节点的,也就是说网络群体结构的稳定性是由承担结构中主要关系的成员的动态变换来维持的。群体结构的作用过程并不是直接通过成员间的互动来实现的,而是通过主题（或话题）在二者之间的连接来实现的。群体规模、群体成员间的关系不是决定群体活动效率和活力的限制性因素。由文本情境所规制的成员互动方式是群体活动表现出特定形式和动态结构的基础条件。

目前研究最多的是通过BBS形成的小群体。比如,学者认为"BBS网络社会群体是一个由话题组织起来的有核心力量的群体"。[2] 在此群体中,群体成员都有相对固定的ID,对该论坛的规范有较一致的认识,在一段时间内,能够保持持续交往,已经形成了比较明确的成员关系。BBS不同于聊天室等个人网络交流工具,它的成员之间主要不是进行私人内容的交流,其发展目标就是给网民提供一个能够有组织的讨论话题、交流观点的平台。在这里,不同板块依其内容吸纳不同的成员,成员间可以通过发帖就共同关注的问题进行自由的讨论。这在一定程度上使同一群体的成员都有着相同的志趣,有利于成员间的信息沟通,产生更多的共同语言,进行更深刻的思想交流。因此,BBS网络群体在网络世界中有着相对较强的凝聚力,即使是在虚拟社区中,群体成员也能产生较强的归属感。特别是长期在某一板块交流讨论的成员,久而久之就形成了几乎和现实生活中一样的情感,都视自己为群体中的一分子,维护群体的利益,对在论坛中捣乱的人进行声讨。

第二是任务型。这种类型的网络群体是以任务作为统摄而在网络中形成的群体。它的形成过程一般有这样几步。首先网上在发帖发布某个消息,然后,在信息的导引下形成某种任务,在目标任务正义性的号召下,形成网络群体。此种群体具有临时性,但随着任务的结束而消失。但在任务实施过程中,具有很强的号召性和影响力。如被称为中国"网上第一案"的"黄静案"。2003年4月9日,黄静的一个网友为黄静建立了一个网上墓园"天堂花园",之后将"黄静案"的材料、法医鉴定书、湘潭警方的结论贴上,之后,"天堂花园"的访问量超过了21万人次,越来越多的网民对黄家表示同情和支持,并对警方不立案等种种作为表示不满和抗议,公安部最后介入。网络民众的声讨促使案件走入了司法程序,更甚者,促使了2005年我国司法鉴定制度的改革。这是典型的任务性网络群体。以实现任务为自己的目标,一旦任务完成,网络群体解散。天仙妹妹、二月丫头、××姐姐、流氓燕等网络红人。近两年来,各具特色的网络红人层出不穷,让网民目不暇接,反映出网络群体的力量。

第三是工作组织型的网络群体。最为流行的是被称为虚拟团队（Virtual Team）的一种现代生产模式。虚拟团队是一个崭新的概念,它的定义、地位、功能、运行机制及其管理,还有一个认识深化的过程。笔者在此立足社会学群体的概念,认为虚拟团队是以工作任务为目标，以 Internet 为主要沟通手段，由拥有不同知识、技能、信息的一流人才所组成的契约式的依赖型互动群体。虚拟团队的出现极大地提高了工作效率，是一种依靠虚拟形式（网络通信），创造实在价值（效率、服务质量、客户满意）的工作模式。虚拟团队具有如下特点：首先，它以任务为中心。不同的任务结构，需要不同的人员角色。不同的人员角色，在实现任务目标的过程中，所发挥的作用、所承担的职能是不同的。任务开始，虚拟团队形成；任务结束，团队自然解体，即虚拟团队是一个动态群体，换句话说就是虚拟团队的边界的模糊。其次，它以 Internet 为主要沟通手段，是建立在 Internet 基础上的团队。虚拟团队的成员，是以任务为中心的集合体，具有时间和空间的距离，Internet 是成员与成员之间、成员与企业之间的主要的沟通渠道和手段，这是虚拟团队区别于传统团队的主要特征之一。再次，它是一个异质群体。即虚拟团队的成员具有不同的知识、技能、信息、在任务结构中，扮演着不同的角色。最后，它是一个一流人才网络体。虚拟团队仿佛就是集体作战。虚拟团队的管理者其目标就是把分散的众人凝聚成同一屋檐下的集体，促进相互信任，增进团队友谊，产生共同愿景，长期的工作能让员工感到踏实和集体感。

二、网络群体的结构要素

群体的结构是指群体成员之间比较稳定的关系框架或关系模式。现实群体结构包括地位、角色、规范、责任和权力等重要范畴。作为网络群体通过网络形成的群体结构，一般由网络空间、角色和群体目标构成。

（1）网络群体的生成空间——虚拟空间。虚拟空间又称网络空间，是虚拟实践的主体在计算机网络技术与虚拟现实技术融合的基础上，通过虚拟实践活动创造出来的以光、电、声、色、影为表现形式，以网络交往形成的社会关系为其框架，依托人类以往文明成果，对现实世界和非现实之物进行的数字化编码而建构起来的人文空间。它既是虚拟现实技术和虚拟实践活动的结果，又是虚拟实践活动的基础。它是人类交流信息、情感释放、知识生产的新型社会空间，规定着主体虚拟实践活动的方式。

（2）网络角色又称为网名。是指个体参与网络空间中某项活动时所注册的虚拟的主体身份。网名可以由参与者自己任意选取，看似随意但在有关的实证研究中认为网名实际上是网络空间中的一个"主体"，在其中也同样有角色管理的作用，比如一个注册为女性的网名主体，可能在现实生活中，其真实性别为男性，所有可供他人查询的个人信息资料都可以是"虚构"的，使用某一具体网名的目的是为了吸引他人注意，或者只表示自己的某种意愿、偏好，而且在参与过程中可以更改自己的名称。不管其如何，只要一个网名下的"参与主体"有相应的"行为表现"（在网络空间中主要以信息、符号发布的形式体现）就认定为它是一个网络行为的"主体"，也就是网络群体中的一个角色。

（3）网络群体的目标。是指在一个网络群体中由各个群体成员所共同关注的主题，一个具体的网络群体的形成也就是由目标作为引领契机而出现的。在网络群体中，目标类是群体任务或者是群体的象征，它把群体成员吸引在一个主题之下进而形成各成员之间互动。比如在话题型网络群体中，话题是网络群体成员进行互动的共同指向，一个"主体"要想得到他人的回应，在某一主题线索下，只有保持与主题内容相关才有可能，也就是说"主体"的行为只能借助话题来实现。主话题随着群内交流互动的发展还会随着讨论的深入分化为若干个分话题，这就是通常所说的群内"关系群"。通过抽取文本中的核心词汇可以清晰地发现一组语义群、群内互动是以话题为线索的。

三、网络群体的社会资本

（一）网络群体资本的含义

一般对于现实社会资本有个体和群体社会资本之分。罗家德和赵延东将社会资本分为"个体社会资本"以及"集体社会资本"两种类型。集体社会资本之内部社会资本或公共物品，除了宏观的群体内部的社会联结和互信外，也包括群体的结构是否可以促成集体行动并创造资源。[3] 同样，网络群体的社会资本是一种基于网络结构而形成的群体社会资本。又如边燕杰指出，"社会资本是社会关系网络，资本的原始状态是资源，行为者为获取收益和回报，将其投入增值导向的努力之中"。[4] 在以上基础上，笔者认为网络群体社会资本是指以虚拟空间为依托，通过以网缘为互动纽带建立以信息符号为主要资源形式的，以网络群体为受益目标的资本形式。网络群体资本与现实社会资本之间具有很多共通之处：首先，都是关系资源。不管是现实社会资本还是网络社会资本都力图通过建立一种人与人之间的信任关系从而获得资源。其次，都有一定的周期。作为一种社会资本，二者都需要通过一定的维护才能使资源得到延续。最后一个共同之处在于不管是现实的社会资本还是网络社会资本的建立都是为了一个目的，即使资本拥有者从中获利。即便资本拥有者并没有意识到这一点，这种资本的存在依然是一种获利的工具。这种利益既可能是金钱等物质利益，也可能是权力、威望等非物质形态的利益，以后者居多。虽然，网络社会资本多多少少仰仗了现实社会资本，但二者仍有不同之处。首先，媒介不同，现实的社会资本往往通过血缘、业缘等关系建立；而网络社会资本的建立则以网缘为纽带。其次，贬值期限不同。现实的社会资本因为媒介上的稳定性即维护上的便利性往往可以长期有效，甚至随时间的流逝而不断增值；而网络社会资本因为媒介的不稳定性、维护上的费时费力及竞争的激烈性，贬值得更快，往往不过数月甚至数天就贬值。再次，资源的外在形式不同。虽然同为关系资源，但网络社会资本则表现一种"符号关系"、"数字联系"。

（二）网络群体社会资本的特征

网络群体社会资本的流动性。卡斯特在《网络社会的崛起》一书中认为，网络空间同现实空间一样，也是人类活动营造的结果。但与现实空间不同，网络空间不再局限于地理上的限制，而在结构上发生了基本的变化，他用"流动空间"这一概念，具体解释了网络社会空间在结构上的基本变化。卡斯特指出，网络社会流动性的物质基础："流动性的第一个物质支持，由电子交换的回路所构成（以微电子为基础的设计、电子通信、电脑处理、广播系统，以及高速公路等基础设施）它们决定了流动空间的运作，以及它与其他空间形式与过程的关系，共同形成了网络社会的策略关键过程的物质基础。流动空间由互动的网络所组成，在这网络中，没有任何地方是自由自存的，因为位置是由流动交换界定的"。[5] 网络群体社会资本流动性基于其网络实践中虚拟主体与虚拟客体之间是建构与被建构的关系。传统的主客体之间主要是刚性的对峙关系，改造与被改造和征服与被征服是对峙关系的主要表现形式。这种对峙性关系归根结底源于客体的预先存在性，这决定着人类为自己的生存必须去变革现实世界，从而满足自己的需要。而主体往往由于对客观规律的无知，在改造世界的过程中造成对原有世界的破坏，而虚拟实践客体是主体根据自己的意愿运用虚拟手段与工具的数字化创建出来的。整个虚拟社会的建立基础是虚拟实践，所以客体在现实中具有的客观现实性被数字符号彻底消解，它的生成使之与虚拟主体存在着内在的一致性，从而使虚拟实践客体具有很强的适应性特点，并且它可以随着与主体的"对话"不断地调整自己，使之更符合主体的需要。在这个过程中，网络群体社会资本运行的明显优势在于流动性。虚拟主体命令通过"数字包"的形式流动到虚拟客体上，虚拟客体在发生相应改变后以信息的形式返流给虚拟主体，实现主体与客体的即时互动。流动的机制成为连接虚拟主体与客体的纽带，将虚拟主体与客体融合在一起，构成了实践方式的动态链条，从而以流动性克服了现实实践活动的主客体的对抗性以及实践构成因素空间上的分割和时间的间隔等局限性。

网络群体交往纽带的网缘化。交往纽带与生存方式紧密相连。在农业社会里，农耕生存方式限制了活动的范围，居住地的稳定和生活的封闭使宗族血缘关系成为维系社会的纽带；进入工业化时代，劳动者的流动性冲破地域和血缘的桎梏，通过工作之间的交往而形成的业缘成为主要交往形式。总之，以往社会中人们的交往往往是基于血缘、地缘、业缘关系之上建立起来。网络社会中的交往则彻底地打破了传统的血缘、业缘、地缘空间，大量陌生的、不同地域、不同行业、不同民族语言的人，在网络社会中实现了自由自在平等的交往。正是在这种交往中，人们建立起了一种新型的社会关系——网缘关系。在这种网缘关系中，双方以获取信息和情感交流为目的，以心理认同和兴趣一致为黏合剂。这与以角色化、面具化、规范化和模式化为特征的现实生活交往形成鲜明的对照。网络群体内交往是处于一种脱域的在场状态，用符号和网络语言建构自己身份和角色。虚拟交往主体和交往手段的符号化屏蔽了部分甚至全部的主体在现实世界里的真实身份，自由选择自己呈现给他人的面貌。这就决定着虚拟主体必须重新建构自己在虚拟社会中的角色。虚拟社会中角色的建构不会对现实主体产生实际影响，更无社会政治、宗教、道德的限制，所以可以使人的情感、思想、信念得到最大限度的展露，剔除了个人过度社会化对人的遮蔽后，人的"本真"状态得到真实展露。网络交往主体的血缘、地缘、业缘关系，主体的职业性质、社会地位、经济状况、文化背景、政治态度、居住地域等的差异不再是影响交往的前提。与以网缘为纽带的网际交往相伴而生的是与现实群体组织模式不同的人类新的群体组织模式即"网络社区"。网络社区把庞大的工业社会打散，在世界范围内重塑人群，——让人们按其兴趣、需要、价值观念、文化等，改变人们现实交往方式和互动关系。作为网络社区，它不具备普通社区含义中的物理空间上的地域、业缘、血缘特征，而代之是以人群在网络空间里通过精神交往形成的共同归属感为其群体的鲜明特征。它往往以符号为表现形式来代表一定数量的人口（网民），通过各种形式的电子网络以及电子邮件、新闻群组、聊天室或论坛等方式达到以沟通、交流、分享、获取信息和情感交流的目的，心理认同和兴趣一致成为社区得以维持的黏合剂。不仅如此，单个主体可以同时变换多种角色与多个对象交往，形成一对一、一对多、多对多、多对一的各种交往形式，这就使交往主体之间的关系呈现为多维度交叉和非中心化的状态，使网缘关系烙上了松散性、变动性和多样性的痕迹。

网络群体中信任。在现实社会中，人们生存方式的稳定性、物理时空的有限性限制了主体活动范围，社会角色的固定化僵化了人的自主创新能力，现实生活秩序性、规范化束缚了人的主体性的发挥，所以，在现实生活中，主体往往有超越自我的冲动，而建立在互联网基础上的网络群体恰恰解除了这些对主体性的束缚。网络群体时间虚化的核心在于脱离具体的空间参照而形成全球性的统一时间，而空间虚化的核心则在于空间（Space）从地点（Place）、场所（Location）中抽离，使空间不再被简单地理解为一种物理环境中的地理位置，而成为一种脱离具体地点、场所的抽象存在。其结果是时空的高度压缩，即在虚拟实践活动中由于信息以光速在网络中进行传输，极大地延伸人类虚拟活动空间的同时，也使虚拟实践活动的时间与场所大大压缩。不仅如此，网络群体主体还具有隐匿性。我们知道，互联网是由互联协议提供的单一无缝通信系统，连接其上的任意一对计算机都可以进行通信，而对方却不知其物理网址。除此以外，在虚拟社会中，主体通过符号来标识自己的存在，在这里主体就是符号，主体的在场就是符号的在场。事实上在网络中，没有人用自己的真名，经常选用具有网络语言特征的名字来代替真实的自我。而以往的法律与道德对人的控制是以现实生存方式的稳定性、社会角色的确定化、身体的在场性、居住场所的固定化、民族国家疆域与主权的存在为前提，从而保证控制手段的有效性。而今虚拟社会的特点却使现实控制手段效力化为乌有。主体随意地驰骋于虚拟社会的各个站点，面对的不是与个体活动密切相关的场景而是一个个陌生的符号，无地域、无角色、无身体在场、无归属的境界使主体感觉不到时空与社会的真实存在，失去理性约束的自主性与创新性往往发生畸变。

虚拟实践在为主体性的发挥搭建了一个新的平台的同时，却又刺激了主体性的膨胀。在网络交往中，虚拟主体可以很好地把自己隐蔽起来，而交往的对方却较难发现其真实的地址，更不用说其真实的身份。网络时空里主体可以以不同的角色瞬间访问虚拟社会的任何地方，从而使虚拟主体无处不往、无处不在。因此，在传统控制手段弱化，网络约束和网络伦理还未成熟的情况下便极易产生主体意志的膨胀，从而做出不道德或违犯法律的事，把在现实社会中理性交往的压抑通过虚拟实践发泄出来。计算机病毒的泛滥、网络犯罪的激增、黑客群体的出现是最明显的佐证。网络群体的信任危机也有日益加重的趋势。在虚拟社会的内部，虚拟实践的交往方式完全依赖于二进制的电脑语言符号，网络主体用符号代替自己，真实的自我无法得知，任何一个主体见到的不是活生生、有血有肉、有情有义的人，而是一堆堆砌出来的有特殊意义的符号，经常会出现真假不分和虚实难辨的现象。虽然人在现实世界中遇到挫折时更倾向于从网络中寻找慰藉，但那只不过是寻找感情宣泄的对象，而不是真情的付出。感情宣泄后一个人龟缩于个人的小天地里，越发感到无奈、孤独、悲凉，甚至出现网络孤独症。诺曼·尼（Norman Nie）认为，"互联网可能成为使人们孤独的技术，使人们减少参与社会活动的时间，其程度超过电视。"整个社会陷入深深的冷漠之中，不用说人情的淡薄、世态的炎凉，就连人之所以为人的本性——社会性也荡然无存。

网络群体的边界确定与不确定性。对于网络群体，由于其缺少诸如现实群体中的权威、角色规范、地位以及其他可以作为整合力量的资源、利益（特别是物质、经济利益）关系等要素，因而成员对群体的一致性认同较低，同时群体对于成员的吸引力也不如现实群体对其成员的高强力，也就是说网络群体的低凝聚力尚不足以使成员保持其整体性，这里群体对成员是无条件"准入"和"退出"，成员难以产生对群体的忠诚感。若此种情况出现于现实群体，则意味着群体行将离散、消解。但我们看到网络群体在上述条件下，"进入"和"退出"机制发挥了至关重要的作用，任何人可以随意加入也可随时退出。这一"机制"结合网络群体的空间性质使群体结构以多种形式应变群体内部的"不规则"变化。网络参与者可以无限地参与到一个群体中去，理论上可以有无限多的群体成员。群体成员的多少并不能对群体的活动产生影响，不论参与者的多少，随着"进出"机制的过滤作用，群体总是围绕相应活动期间的主题表现出特定的主题依赖结构。在考察整个群体的过程中，一个群体可以有众多的参与者，甚至很大规模，但在特定的话题阶段，即采用分时段分析，一个群体的"实时"互动规模是很有限的。另外值得说明的是，在时间上，网络群体对任一成员的活动参与来说，也是无边界的，在网络空间中，群体无时无刻都处于开放状态，人们可以在任意时间参与群体中来。从这一点来说群体无时间尺度概念。而在现实群体中，群体的活动参与都是有时间间隔，至少时间是决定群体能否活动的因素，尤其是在正式群体中。

因特网传递信息的过程，有些类似全通道式，每个节点都能获得信息。现实社会网络中的信息传递不但依靠点与点之间的传递，还要通过网络层次结构，传递路径基本固定，而且每个节点自主地对信息进行衰减或加强。在因特网中，信息通过的路径也要通过网络中的若干节点和层次结构，使用一定的网络工具可映射出完整的传递路径。但由于电气信号的零衰减性，使得信息的发送者和接收者往往可以忽略中间层。另外一个忽视中间层的原因在于信息传递路径的不确定，这是与社会网络中的信息传递极大的不同。在网络传输协议的控制下，信息包自动选择最畅通的通路来传送。两个节点间不同时点的信息传输所遵循的路径是完全不同的。这种路径不确定是为了网络信息传输的稳定性而产生的。连接两个节点的网络中的关键节点只要有一个没有被堵塞则信息传递仍然是畅通的，客观上减少了关键点，导致了"结构洞"较少。

（三）网络群体社会资本的影响

网络群体社会资本的上述特征带来了一系列的影响。首先，社会阶层不平等性弱化。因特网产生的目的是为了更好地进行信息共享。在因特网上，不会因为使用者的种族、性别、年龄的不同而产生使用上的差异，也不会因为使用的网络设备的不同存在区别对待。从理论上说，因特网上的资源对于所有节点都是公开的。不过，由于安全和商业上的原因，采取防火墙、口令门禁等方式来限制进出，使得不平等性仍然存在。其次，因特网将传递性发挥到极致。由于网络技术的标准化，节点与节点之间都可识别的，只要正确地按照网络协议，就可以畅通无阻。因为网络主页可以利用超级链结进行跳转连接，所以相同语言、相关内容的网页相互链结的可能性要比无关网页要大很多。因特网打破了时间和空间上的限制，也没有社会网络中关系与结构层次的影响，信息传递不产生衰减。而且，因特网覆盖范围广，一个小的信息可以很容易地引起大的信息连锁反应。到目前为止仍然没有对因特网有统一的法律规则。现在各国所制定的法律既不适应因特网的发展，也只能辖盖所属国的因特网。所以，在因特网上，任何人可发出想发出的信息，也可以得到想要得到的所有信息。这在客观上为黄色、反动信息的传递创造了条件。最后，因特网使社会不确定因素进一步增强：第一，信息包在因特网上传递时自动选择路径，使得传递路径随机；第二，网页的相互链结，使得内容搜寻不确定因素很大。即使是上网时间长，已建立起一定的因特网使用路径，但随着网页链结的不断更新，仍会被引导到以前从没到过的网站上去。

参考文献

［1］林南. 社会资本——关于社会结构与行动的理论. 上海：上海人民出版社，2005：208-209

［2］彭小川. BBS群体特征的社会网分析. 青年研究，2004（4）：39-40

［3］罗家德. 社会资本的层次及其测量方法. 社会学理论与经验. 北京：社会科学出版社，2005：100-101

［4］边燕杰. 社会资本研究. 学习与探索，2006（2）：46-47

［5］卡斯特. 网络社会的崛起. 北京：社会科学文献出版社，2001：443-444

基于社会资本视角的企业关系价值分析*

[摘要] 本文从社会资本的研究视角，对企业关系价值进行分析。本文认为，企业拥有的社会资本是其获取关系价值的关键，从剖析社会资本三个维度间内生性联系着手，给出了一个企业社会资本和关系价值的关系模型，并在企业与客户、企业间和企业与政府三种不同类型的关系背景下，探讨了社会资本三个维度对企业关系价值的贡献。

[关键词] 社会资本；关系价值；关系模型；价值来源

一、引言

价值是买卖双方在商业活动中获利大小的衡量指标，是买卖双方都关注的对象。价值是企业市场的基石，所有的事业关系都应该建立在价值创造上（Anderson 和 Narus，1999）。价值创造和分享可以被视为顾客和企业合作关系的提升（Payne 和 Holt，1999）。"关系营销"理论认为："关系"对企业十分重要，企业必须持续不断运用一系列有效手段，改善、维持与顾客之间的关系，同时还要建立和维持与其他关系方的关系并期望从这种关系中获得最大利益。[1] 关系价值正是在关系营销背景下被提出来的概念。在 1992 年 Webster 就认识到交易行为已不再是纯粹交易，[2] 而是逐步演变为互惠伙伴关系，甚至是策略联盟的组织形式关系。Wilson 和 Jantrania 最先从战略视角对关系价值进行定义，关系价值是提高双方竞争能力的合作关系的结果。[3] 此后，其他学者也纷纷开始了对关系价值的研究。

自关系价值概念被提出以来，学者们对关系价值的研究主要从企业同顾客、制造商同供应商的关系视角进行概念、构成维度的界定，在实证研究的基础上进行评价。本文旨在探讨企业在不同关系网络中形成的社会资本，并以此为基础进行企业关系价值来源分析。

---

* 作者简介：陈红：中国矿业大学管理学院教授，研究方向：组织行为学；刘晶：中国矿业大学管理学院硕士研究生，企业管理。通讯地址：中国矿业大学管理学院，邮政编码：221116；E-mail：ljjchxx2002@163.com。

二、相关概念的界定

（一）社会资本

20世纪50年代，美国经济学家Schultz和Baker提出"人力资本"的概念后，"资本"概念不断向广义扩展，成为一切可以带来价值增值的资源。此后，学术界资本概念不断泛化，政治资本、文化资本、组织资本、体制资本等概念应运而生。社会资本正是在这种背景下被提出来的。

最早使用"社会资本"这个概念的是经济学家Glen Loury（1977），他在《种族收入差别的动态理论》中首次使用了社会资本这一概念。但真正将"社会资本"作为一个明确概念提出并运用于学术研究领域，则是20世纪70年代之后的事情。西方社会学家Bourdieu、美国社会学家Lin Nan和Coleman等将社会关系和社会结构纳入资本分析的范畴，提出了社会资本的概念。

Anderson和Jack指出，社会资本原本是描述构成人际关系网的相关资源，但是随后更宽泛的概念被提出，社会资本是嵌入在业务关系中的一系列资源。[4] Bourdieu将社会资本定义为"实际或者潜在资源的集合，这些资源与由相互默认或承认的关系所组成的持久网络有关，而且这些关系或多或少是制度化的"。[5] Alejandro Portes认为，社会资本是指处于网络或更广泛的社会结构中的个人动员稀有资源的能力。Coleman和Putnan则是以功能和特性特征定义社会资本。Knoke（1999）认为社会资本作为一个过程，通过参与者们创建和调动他们的网络，连接组织内部和组织间从而获得其他参与者的资源。

尽管不同的学者对社会资本的定义各异，但是其理论内核仍然是一致的，社会资本是镶嵌在社会关系网中的一种资源。社会资本是企业与相关者间建立起关系网，并通过这种网络来获取企业发展所需资源，这种资本正是企业获取关系价值的来源。我们不难看出"关系"是可以产生收益的，是一种企业的潜在资产，这种潜在性资产有其自身的价值，即关系价值。任何一个企业发展壮大的过程其实就是一个"关系"不断增加和"关系"不断转化为收益的过程。[6]

（二）社会资本维度

Nahapiet和Ghoshal区分了社会资本的三个基本维度，即结构维度（Structural Dimension）、关系维度（Relational Dimension）和认知维度（Cognitive Dimension）。[7]

所谓结构维度是指行动者之间网络的构造，体现了行动者和外部联系的数量。这一维度关键在于关系的连通性、中心性和结构空洞的构造。所谓关系维度反映的是关系的质量，如信任和可信度（Granovetter，1992；Moran，2005）。认知维度指的是提供不同主体间共同理解的表达、解释与意义系统的那些资源，如语言、符号和文化习惯。认知维度的社会资本促进了对集体目标和相互影响的恰当方式的共同理解。认知维度对于组织智力资本的产生和积累具有重要意义（Nahapiet和Ghoshal，1998）。

三、企业社会资本和关系价值的关系模型

Griffith 和 Harvey 提出有三种类型的参与者构成企业业务网络中关键关系：客户、业务伙伴和政府机关。[8] 关系价值的来源并非一成不变，也会随关系类型的变化而变化。

在社会资本的三个维度中，结构维度表现为社会交往，它可以促进成员之间的相互信任，提高成员的可信赖程度；企业随着交往的增加，将有可能逐步从以合约信任为基础的弱连带连接逐渐过渡到以认同信任为基础的强连带连接。[9] 认知维度表现为共同的价值观和共享愿景，可以促进双方信任关系的发展。认知维度和结构维度在同一关系中能够清楚地区分开来，在不同关系类型下表现也大不相同。由此，我们认为结构维度和认知维度是关系维度的基础，对其有着重要影响。本文将从结构维度和认知维度来分析关系维度，阐述关系价值的来源。

企业业务网络中三种关键关系即企业与客户、企业间和企业与政府。企业与各类关系方建立起互动合作关系，随着业务的不断开展，企业社会资本得到累积，其中认知性社会资本和结构性社会资本共同作用于关系性社会资本，这两个维度的价值表现则共同构成了企业的关系价值。企业与关系方之间拥有的认知性社会资本可以使企业与客户间达成理念内涵等认识上的一致；使企业间共享愿景；使企业与政府间达成规划的契合。此外，结构性社会资本可以提升客户忠诚度和声誉；使企业间实现资源互补、知识共享、互惠服务；使企业从政府得到强有力的扶持和政治影响力。其中，认知性社会资本和结构性社会资本共同作用于关系性社会资本，前二者间接贡献于企业关系价值，而后者则是直接贡献，是企业获得关系价值的关键支撑维度。

由此我们建立一个企业社会资本和关系价值的关系模型（见图1）。

四、基于社会资本的企业关系价值分析

在本文构架中，社会资本的认知维度和结构维度是进行关系价值分析的基础，基于三种不同的关系背景，从企业的角度对关系价值逐一展开讨论。

（一）企业与客户间关系价值

当企业与客户间拥有认知性社会资本时，二者对产品或服务理念、内涵及形式等方面上认识理解的统一拟合，这种资源是二者间建立和维持营销关系的基础。从企业角度来看，认知资本使企业更好地理解相关客户信息，如客户喜好、对客户信息筛选、客户的消费层次等；使企业更好地执行客户业务流程；使企业获得更好的产品评价，不断改进产品，提升品牌价值；使企业准确把握市场脉搏，迎合客户需求；促使二者间的互动更频繁有效。

当企业与客户间拥有结构性社会资本时，二者间关系构造更合理，更有利于双方获利。对企业而言，占据结构空洞和中心性，使企业获得更多、更准确的市场数据资料，及时调整营销策略；

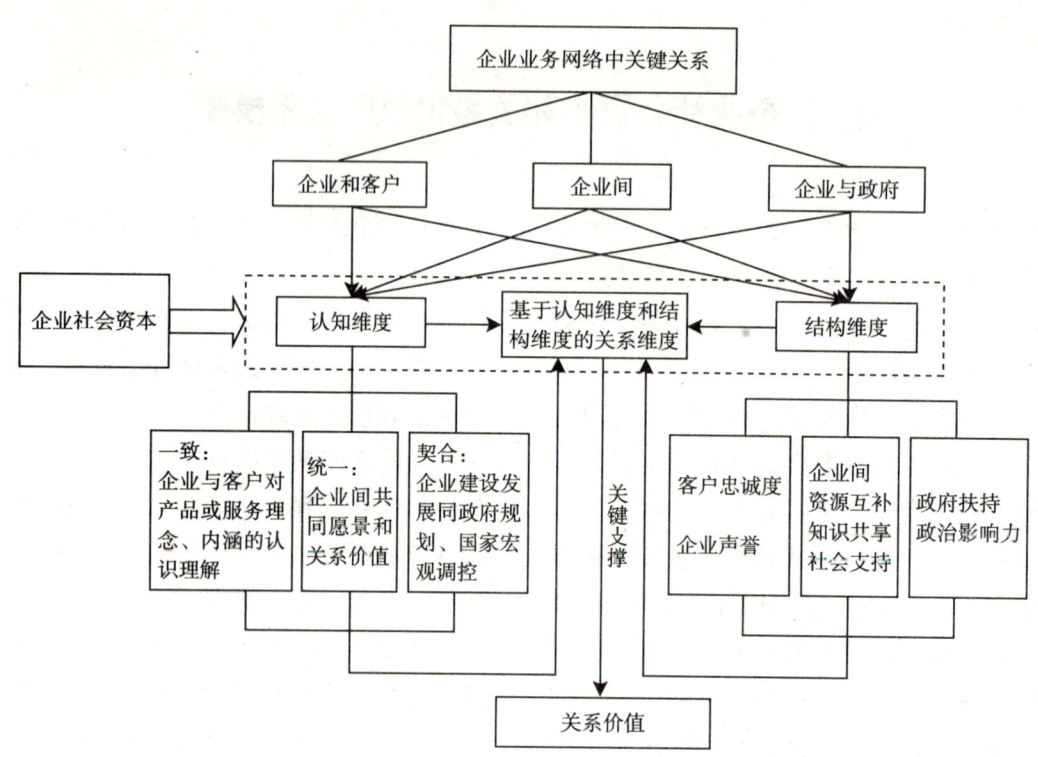

图1 企业社会资本和关系价值的关系模型

使企业客户来源和分销渠道得到扩展，市场占有更有质量，获取更多市场份额；为企业培育更多忠诚客户，赢得更高的客户忠诚度；最终，为企业带来好信誉和高声望。

从以上两个维度的分析可知，在认知维度中，产品和服务的品质是创造关系价值的基石；在结构维度中，企业应用的营销策略是关系价值来源的主要途径。因此，我们认为企业和客户间的关系价值是由企业高品质（品牌和质量）产品和服务及灵活有效的营销策略这两个关键因素带来的。

（二）企业间关系价值

当企业间建立起认知性社会资本时意味着双方共享愿景，对该企业发展有着共同价值取向。认知资本将有助于企业更全面认知关系者的相关信息，主要包括关系者的竞争优势、价值取向、未来愿景、信誉；有助于企业找寻互补性资源，合理开展投资合作项目；有助于企业间建立起以认同信任为基础的强关系。

当企业间建立起结构性社会资本时，有助于企业间工作流动、人员互换；有助于企业间提供核心产品和技术，进行合作开发，激发企业创新能力；有助于企业间共享市场信息，开展协同设计；有助于企业间资源互补，实现知识共享，同时，业务单位间强连接能促进复杂知识的转移；有助于企业获取更多的社会支持。

从以上两个维度的分析可知，在认知维度中，企业间共同价值取向及愿景是创造关系价值的基础；在结构维度中，企业间进行协同合作是基于企业自身拥有的核心竞争力（企业能力的价值、稀有、独特和不可替代性），进而创造出关系价值。因此，我们认为企业间的关系价值是由企业价值取向、未来愿景及核心竞争力这两个关键因素带来的。

(三) 企业与政府间关系价值

当企业与政府间拥有认知性社会资本时，企业的建设发展是和政府规划、国家宏观调控契合的。此时，认知资本会给企业带来准确把握政府部门职责、充分理解部门业务流程以及相关法律法规、政策和优惠，甚至可以参与制定相关政策。随着认知资本的不断维护和积累，企业将会不断提升信誉度，从而在政府相关业务中获取优先权。

当企业与政府间建立起结构性社会资本时，企业将会成为政府合作或委托业务的优先选择对象，获得政府大力支持；由于这种结构资本的存在，企业或企业中的关键人物将会拥有一些组织头衔，获得权利和政治影响力；企业契合政府宏观调控，为社会创造财富，提供就业，这也促使企业会从政府获得更大扶持力度。

在企业与政府的关系情境中，企业获取关系价值是基于企业的高社会贡献率以及企业发展规划与政府宏观调控相契合两个关键因素。同时，企业中有能力的关键人物（出色的社交能力、人格魅力、影响力）也是关系价值得以提升的重要因素之一。

综上所述，在企业与客户的互动中，企业主要是通过自身产品品质、优质服务以及有效的营销战略，从客户群体中获得关系价值，主要表现在企业得到详尽如实的客户信息，准确把握客户需求和市场数据资料，从而获取更大市场份额，企业品牌价值和声誉不断提升，拥有更高客户忠诚度。在企业竞争合作中，企业主要是以自身核心竞争力和能力价值的不可替代性从互动中获取关系价值，主要体现在关系方之间的资源交换（物资和人力资源）；促进知识共享，业务单位间的强联结还有助于复杂知识转移，以开展技术合作、激发创新，尝试战略拟合，得到互惠性服务和强有力的社会支持，提升合作信任度。在企业与政府的沟通合作中，企业关系价值主要通过企业发展战略与政府规划，国家宏观调控契合程度，企业的社会贡献、效应，以及企业中关键人物来获得，这集中体现在企业对政府部门的职能，工作流程的熟识，并充分理解相关法律法规以及相关优惠政策；政府对企业的高信任度可以为企业带来超越商业本身的权利和政治影响力，企业的关键人物可能获得一些组织头衔，推动企业进一步发展。我们将企业关系价值来源分析进行汇总，如表1所示。

表1 企业关系价值来源分析

价值来源 关系类型	社会资本		
	基于认知维度的关系价值（间接贡献）	基于结构维度的关系价值（间接贡献）	基于关系维度的关系价值（直接贡献）
企业与客户 关系价值	1. 翔实的客户信息 2. 熟识业务流程 3. 提升品牌价值 4. 准确把握住顾客需求 5. 促使互动更频繁有效	1. 提高客户忠诚度 2. 获取更大市场份额 3. 提高声望 4. 准备市场数据资料 5. 灵活的营销策略	通过产品品质和营销战略获取关系价值
企业间 关系价值	1. 翔实的关系者信息 2. 深层次的业务合作 3. 提高信任度	1. 企业间工作流及人员互换 2. 资源互补、知识共享 3. 互惠服务 4. 进行战略拟合 5. 开展技术合作开发 6. 激发创新 7. 获得社会支持	通过企业价值取向和未来愿景，以及企业核心竞争力（企业能力的价值、稀有、独特和不可替代性）获取关系价值
企业与政府 关系价值	1. 准确把握政府部门的职能 2. 充分理解相关法律法规和优惠政策	1. 获取权利、政治影响力 2. 获得组织头衔 3. 提升政府扶持度	通过企业社会贡献率、效应（影响力）和关键人物来获取关系价值

五、启示与研究展望

综观现有文献,关系价值还没有一个被广泛接受的概念,其研究的维度也是分散和零乱的,没有形成一致的观点。在已有研究中关系价值研究都还存在不足之处,有待进一步发展和完善。从社会资本视角对此问题的研究鲜有涉及,本文对这一课题进行初步探讨。在社会资本视角下,在三种不同关系中,对企业关系价值的来源进行分析。在参考文献和案例研究的基础上,我们认为企业社会资本是其关系价值存在的基础。从社会资本三个不同维度来看,结构和认知维度在很大程度上影响着关系维度,共同决定着关系质量。

从国内外学者关于关系价值的研究来看,我们在未来关系价值的研究中,从以下几个方面展开进一步的探索:

（1）国外学者对关系价值进行了卓有成效的研究,但要注意在不同文化背景下,关系价值存在差异性。因此,我们应该在符合本土文化传统的背景之下,依据中国人的人文特征、社交方式和个性特征等方面,展开具有中国特色的关系价值内涵、构成维度以及管理模型和测度的探析。

（2）关系价值研究视角的拓展。当前对于关系价值的研究多是基于关系营销视角展开讨论,可以尝试从不同的视角解析这一概念,本文中社会资本的视角就是一个有益的尝试。此外,对关系价值的探讨多是从客户角度来看待顾客关系价值,但在现实中企业开展业务获取关系价值,是同许多利益相关者密切相关的,因此,在未来可以考虑将关系价值引入整个企业关系网中,进行关系价值网的研究,这样对关系价值的研究才能更加透彻,更有理论价值和应用价值。

（3）关系价值实证研究的深入。在不断拓展新视角解析关系价值时,我们应在选定的方向及研究领域中,通过实证分析进一步对关系价值的构造进行检验与界定。

参考文献

[1] 张国新.关系营销[M].北京:经济管理出版社,2000

[2] Webster.F. E. The changing role of marketing in the corporation [J]. Journal of marketing, 1992, 56 (3): 1-17

[3] Wilson. D. T., Jantrania. S. Understanding the value of a relationship [J]. Asia -Australia Marketing Journal, 1994, 2 (1): 55-56

[4] Anderson. A. R., Jack. S. L. The articulation of social capital in entrepreneurial networks: A glue or lubricant? [J]. Entrepreneurship and Regional Development, 2002, 14: 193-210

[5] [法] 皮埃尔·布尔迪厄,包亚明译.文化资本与社会炼金术[M].上海:上海人民出版社,1997

[6] 吴开亚,邸允柱.企业"关系价值"研究[J].价值与创新,2003 (6): 28-30

[7] Nahapiet. J., Ghoshal. S. Social capital, intellectual capital, and the organizational advantage [J]. Academy of Management Review [J], 1998, 23 (2): 242-266

[8] Griffith. D. A., Harvey. M. G. The influence of individual and firm level social capital of marketing managers in a firm's global network [J]. Journal of World Business, 2004, 39: 244-254

[9] 张波.战略联盟中的社会资本及其培育[J].软科学,2003 (4): 24-27

第三篇 产业网络

基于复杂网络演化模型的集群网络演化研究[*]

[摘要] 本文从复杂网络视角研究集群的演化，应用一个小世界演化模型与选择价值函数演化模型相结合的双重网络演化模型，研究集群网络的演化特征和集群网络的演化过程。此模型可以反映集群网络从形成期到成熟期的演化进程，应用这个模型对集群网络形成期和成熟期的网络密集性、连通性、中心性进行了仿真试验，对集群网络的形成机制给出了解释和分析。文章得到结论，小世界网络模型模拟的集群网络具有集群形成期网络整体密集性和连通性剧烈变化的特征，而个体选择价值函数模型可以解释集群网络的成长、成熟期的密集性和连通性趋于稳定的特征，将两种演化规则相结合，可以反映集群网络从形成期到成熟期的各生命周期特征，为进一步从整体上对集群网络的结构、功能及行为的研究做好理论上的准备。此外，文章由小世界和价值函数演化机理出发，给出集群网络演化进程中生命周期各阶段的内因解释和政策启示。

[关键词] 复杂网络；演化模型；集群网络；小世界；个体选择价值函数

一、引言

产业集群是指依托地理优势，由邻近的相互独立且关联的企业和机构所形成的垂直分工、水平竞争、弹性专精的网络。[1]产业集群并非仅仅是大量企业的简单聚集，更重要的是在这些企业之间形成密切合作关系。产业集群具有地理接近性和关系接近性双重特征（Keeble et al, 2000），[2]而长期以来的研究中集群组织间的关系接近性被忽略了，直到 Granovetter（1985）[3]提出"嵌入性"理论以及社会网络分析方法的兴起，产业集群的关系接近性才被重新引起学术界的关注。嵌入性思想对于产业集群研究的启示在于：仅仅从地理层面分析产业集群的产生、发展远远不够，对集群的分析要重新置于对社会关系的分析的基础上。[4][5][6]

产业集群具有典型的网络形态特征。首先，集群内产业间是相互关联的，波特[7]的钻石模型强调了产业间相互依赖关系是集群竞争优势的重要构成因素。此外，各种类型组织间存在广泛的互动关系，GREMI[8]小组在考察了欧洲高科技集群发展的基础上指出，科研机构与企业、大型企

---

[*] 作者简介：曹宏铎：中山大学管理学院副教授；李昊：中山大学管理学院副教授，通信地址：中山大学管理学院，邮政编码：510275，E-mail: mnsliy@mail.sysu.edu.cn。
基金项目：本文受国家自然科学基金资助（项目号70801066）。
本文已另刊发表，如需引用，请与作者联系。

业与小企业之间的互动关系在集群发展中发挥着突出作用。并且，从更为微观的角度来看，这些连接是建立在个体组织间关系互动基础上的。

在产业集群网络关系的研究中，Andersson(2004)[9]提出产业集群的生命周期与集群网络的形态演化之间存在某种联系，如图1所示。

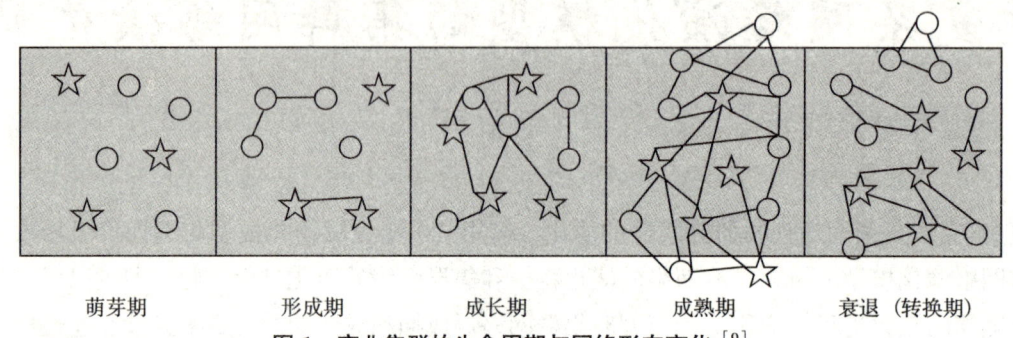

萌芽期　　　形成期　　　成长期　　　成熟期　　衰退（转换期）

图1　产业集群的生命周期与网络形态变化[9]

图1中星形节点和圆圈代表了不同类型的组织，由图1可以看出，集群网络在生命周期的不同阶段，集群中的企业联系经过了一个动态变化过程。在网络的萌芽期，网络内的节点和节点之间几乎没有任何连接。随着网络内节点之间联系的加强，节点间在网络形成期开始形成少量连接；在步入成长期后，网络中的连接开始显著增加；进入成熟期的网络组织间的连接从范围和频率两个方面明显增强。最后，在网络衰退的过程中，网络被各个不同的节点联系分割，导致网络被隔离成互不相连的部分。

社会经济系统可以被描述为网络结构，但原来研究网络结构的规则图和随机网络理论，距离现实的复杂系统太远，只反映了众多系统两头的极端情况。大多数复杂社会经济系统是动态演化的，是开放自组织的，是规则和随机伴行的，既非完全规则也非完全随机。单纯应用规则网络和随机网络理论对普遍存在的这些复杂系统不能进行实质的分析研究。近几年来，复杂网络的成果反映了大多数复杂系统的这些基本特性，使得对这些系统的研究取得了实质性的突破。

产业集群作为一个由不同经济主体组成的复杂经济网络，各经济主体之间存在着广泛的知识、信息、技术及中间产品等社会和经济联系。集群网络结构反映了群内企业如何连接、连接多寡及网络流向等网络变量，是网络主体产出或功效、水平的关键决定因素之一。所以可以将群内企业等经济主体抽象为节点，主体之间的联系（中间产品、劳动力、信息和知识、资金等）抽象成节点之间的连接，采用复杂网络分析方法，以复杂网络中的相关概念作为集群网络的结构变量，分析在不同的演化规则下集群网络演化的情况，以此来分析集群网络产生演化的原因，以及集群网络的发展模式。

通过对目前的集群网络已有研究的分析，认为主要存在着以下问题：第一，集群的社会关系网络的研究侧重于集群网络的功能特征分析，缺乏对于集群形成的深入分析；第二，在集群组织的网络结构分析中，强调集群网络演化的局部特征，缺乏集群作为一个整体表现出的特征的分析；第三，关于集群网络关系的研究更多的是实证研究，关注某个产业集群，缺乏集群网络演化模型的研究。

鉴于此，在本文中，我们从复杂网络演化模型出发，以复杂网络演化模型模拟集群网络的形成演化过程，通过两种演化规则的试验，最后得到一个适合于集群网络演化特征的演化模型，可以模拟集群网络周期变化的特征，并通过模型的仿真实验对集群网络的演化机理进行分析。

二、复杂网络演化模型

复杂网络研究正在蓬勃兴起，人们发现在不同领域的宏观层面和微观层面，都可以应用复杂网络对各种复杂系统进行观察和研究。因此，物理学家、经济学家、社会学家及其他各领域的学者对诸如互联网、万维网、金融网、经济学中的博弈网络、能源供应网络、交通网、电力网络、电话网、细胞神经网络、食物链网络、生物网络及流行病传播网络[10]等这些现实存在的复杂网络进行研究，发现了若干具有普适性的规律和特征，为进一步网络协作机制的设计、动力特性的控制提供了理论上的依据。

复杂网络的方法可以很好地描述复杂系统，其原理在于面对一类复杂性问题时，以提炼最原始的单位为基本元素，研究各元素之间的关联关系以及系统的结构特征，进而研究结构与功能之间的关系及系统行为。在复杂网络中基本元素被作为节点，相应的关联关系被看做边。复杂网络之所以区别于传统网络而称为"复杂"，主要在于这类网络规模巨大并且连接方式上的复杂。一般认为复杂网络的基本几何参数包括节点、边、度、度分布、平均最短路径长、聚集系数、介数等。[11]其中，最主要的度的分布 P（k）指网络中度为 k 的节点的密度，是描述网络连接特征的重要参数；平均最短路径长就是网络中任意节点间连接的平均最小边数；而聚集系数是用来定量描述网络形成聚集效应的小圈子的趋势的强弱。大部分真实网络具有三个特点：小世界（Small World）、标度自由（Scale Free）和局部聚集（High Clustering）。小世界网络指网络具有较小的平均最短路径，确切地说就是一个网络的直径随网络节点个数 N 的增加的增长速度小于节点个数 N 的对数的增长速度，即 d<logN 或 d~logN，则称网络具有小世界的性质。标度自由指节点度的分布 P(k) 按指数规律减少，P（k）也在<k>附近最大，当 k> <k>时，P(k) 按 Power-law 规律减少，P(k)~k$^{-\alpha}$。局部聚集指网络具有相对较大的聚集系数，有很强的形成集团的趋势。来自各个专业的学者提供了相当多的例证说明现实中的数学家合作网、万维网、互联网、演员合作网等都是标度自由网络且具有小世界特征和高聚集特征。

复杂网络形成机制的研究着眼于复杂网络的内在生长机制。实际上是希望发现复杂网络之所以表现出各种有趣的特征的内在原因，并由此而发展出各种复杂网络演化模型。复杂网络的演化模型研究帮助人们认识各种网络的微观形成机理，为进一步预测网络系统的行为做好了准备，[12]因此受到相关学者的关注，复杂网络的演化模型研究得到了很快的进展。包括 Paul Erdös 和 Alfréd Rényi 的 ER 模型（随机图模型），[13] Watt 和 Strogatz 的 WS 模型（小世界模型），[14] Albert, Jeohg 和 Barabási 的 BA 模型（偏好依附模型）[15][16]及 DB 模型等。WS 模型是一种具有小世界和局部聚集性质的网络模型；BA 模型解释的是 Scale Free 网络的形成机制，指出偏好依附是 Scale Free 网络的核心机制；DB 模型表示 Deactivation Model 中的 Model B，也是一种进化方式的网络模型，网络也是通过一个不断加入新节点的过程来构造。此外，还有以社会经济网络为基础的社会网络模型等。

本文的集群网络演化模型主要涉及小世界模型和基于个体选择的社会经济网络模型,下面分别介绍。

(一) 小世界网络模型

WS模型结合了规则网络较大的簇系数和随机网络较小的平均最短距离的特征,很好地描述了真实网络的小世界特性。很多国内的复杂网络研究都倾向于将社会经济系统网络描述成小世界网络进行相应的研究。[17]

WS模型是一种具有小世界和局部聚集性质的网络模型,它按照如下方式构造:网络的初始状态为一个环形的规则图,节点均匀分布于一个圆周上,每一个节点都与自己最近的K个邻居相连(两边各K/2个邻居),每个节点的度都为K。然后随机改变网络中每条边相连的节点,每条边被改变的概率都是p,并且相互独立。如果出现一条边的两端都与同一个节点相连或者这条边的相连的两个节点与另一条边的节点相同,即出现重边,则重新改变与这条边的相连的节点。[18]

随着概率p的增加,网络的节点平均距离l和聚集系数C都将减少,但是两者减少的规律不同,存在p值使得网络的平均距离非常小,但同时网络的聚集系数依然处于很大的状态,这样就得到了一个具有大聚集系数的小世界网络。WS网络模型不是标度自由网络,度的分布也不满足指数下降规律,其表达式非常复杂,这与现实中网络的拓扑性质不同。

在WS模型被提出不久后,Newman和Watts对WS模型作了改进,提出了NW模型。[19] 该模型不经过重连过程,直接在节点之间以一定的概率p加边,对充分小的概率p和充分大的N,该模型等价于WS模型。NW模型简单容易实现,同时避免了WS模型中由于重连而可能产生孤立点的发生。

1999年,Kasurirangan[20]提出了WS模型的一个替代模型,该模型同样始于环状格,然后在格中间增加节点与格上的节点随机进行连接,这些随机连接的边充当了WS模型中"长程连接"的角色。得出的结论时只要在网格中间增加一个新节点并连接到网格边缘足够多的节点上,网络就呈现出小世界特性。Dorogovtsev和Mendes[21]对这一情况进行了精确的求解。为了进一步研究小世界特性,在二维方格基础上,Kleinberg[22]提出了一种在环状网络上构建Small-World网络的模型,这个模型的平均路径长度是可调的。

(二) 基于个体选择的社会经济复杂网络模型

1996年,Jackson和Wolinsky提出了基于社会经济网络的网络模型,并根据这一模型研究了网络的稳定性以及网络的稳定性与网络效率之间的关系,为以后的社会经济网络提供了一个基础性的框架。在此基础上,Dutta、Mutuswami又进一步研究了网络的稳定性形成的机制。[23] 2001年,Watts[24]根据Jackson和Wolinsky提出的模型,用动态的方法分析了网络的形成,将社会经济网络模型演化扩展到动态演化,但是仅仅研究了一个特殊的动态过程。2003年,Liben-Nowell和Kleinberg[25]提出了社会网络中边预测的问题,即给定某时刻的网络结构,预测它之后时刻边的变化,它的重点在于网络演化的动力机制如何确定以及在此机制下网络如何演化的问题。

在2006年,Jackson和Rogers[26]发表了一篇题为"Meeting Strangers and Friends of Friends: How Random are Social Network?"的文章,可以称作是研究社会网络演化的最新成果。文章的贡献可以概括为三点:首先,根据节点的连接规律建立了一个普适的大型社会网络;其次,网络模型中参数是可变的,从而可使已构造的网络结构发生变化，与实际网络更加接近；最后，文章研究了网络参数的变化是如何影响网络效率的。文中设定的节点连接规律分两种：完全随机连接（Random Meeting）和根据现有的网络结构连接（Network-based Meeting），此种连接规律构造的网络保证了复杂网络的三个特点：节点的度分布并不完全随机（包括大和小两种情况）；网络中的平均路径长度短；簇系数高。

目前关于社会经济模型演化模型研究的一个重要方向就是基于个体选择的社会经济网络模型。

1989年，Aumann和Myerson[27]第一次从个体之间关系选择的角度分析网络的形成，并首次将博弈的概念应用到网络演化模型中，开创了基于个体选择的社会经济复杂网络研究的先河。随后Slikker和Nouweland[28]在Aumann和Myerson模型的基础上，考虑了一阶段连接的形成以及支付函数的形式，改进了基于个体选择的社会经济复杂网络模型。而Bala和Goyal[29]则从网络动态形成的角度关注个体选择对网络演化的影响，关于网络的形成规则，他们建立的网络是直接连接网络，即一方不经过另一方同意就可以产生连接，比如发送电子邮件以及发送广告等。Jackson和Watts[30]对Bala和Goyal的模型进行了修正，他们的模型中，只有两个节点都同意连接或者是一个单独的节点为另一个节点提供连接，连接才能形成，而衡量节点是否形成连接的依据是收益和支付函数。他们设计了一条网络演化路径（Improving Path），即后面的网络是前面的网路发展形成的，发展的表现是节点的增加和删除，而且这些节点的增加和删除都会使网络中的个体受益。网络的最终演化结果是形成稳定的网络或者是循环，稳定的网络是指再没有两个节点相连接，也没有单独的一个节点提供连接；循环则意味着一定数量的网络被不断重复形成。这篇文章的贡献在于：第一，建立了一个适用于社会经济网络的网络模型，并且在模型中考虑了随机可能出现的错误和变化；第二，文章将模型与现实相匹配，体现了一定的应用价值，但文中节点进入网络和离开网络的依据都仅仅是依据部分信息，非全局信息。另外，在讨论节点的增加和删除上，每次只讨论一个节点的变化。

三、基于复杂网络的集群网络演化模型

在Jackson和Rogers[31] 2006年发表的文章中，他们提出了一种新的社会经济网络演化思路，他们将节点的连接分为随机连接（Random Meeting）和基于网络的连接（Network-based Meeting）两种连接方式，比较了依照两种连接方式的网络演化情况，最后发现当网络的演化依照50%随机连接方式和50%基于网络的连接方式时，网络演化的结果最终符合社会经济网络的五条性质：①两个节点间的平均距离以及任意节点间的最大距离都很小；②在社会经济网络中簇系数比随机形成的网络的簇系数大；③在社会经济网络中存在度分布的长尾现象（Fat Tails）；④在社会经济网络中度分布高的节点倾向于与度分布高的节点相连；⑤社会经济网络中，当一个节点的周围是度较低的节点时，这样的节点更倾向于被连接。

受以上思路的启发，本文应用两种网络演化规则，分别进行下面四个演化进行试验模拟：试验1：小世界演化模拟；试验2：个体选择价值函数演化模拟；试验3：两种演化规则的对比分析；试验4：小世界网络基础上的个体选择价值函数演

化模拟。

通过观察演化过程中的网络参数变化，发现网络功能的变化规律，通过对依据个体价值选择的复杂网络模型与小世界网络模型的对比分析，判断不同演化规则下的网络结构变化，给出一个集群网络演化机理分析。杨波等（2004）[17]曾做过基于个体选择的小世界网络结构研究，其重点在于研究小世界网络的结构演化特性，而我们则侧重于对集群网络的演化成因的思考。

（一）基础网络的构建

本文由规则网络开始观察网络演化情况，由规则网络开始演化对于模型构建的理论意义在于：在复杂网络的演化模型研究中，大都是从规则网络开始，因为这样的变化过程能反映不同的网络演化规则对于网络结构的影响，并可以进行规则网络向其他类型网络转化过程的研究。对于集群网络而言，其现实意义在于刻画了网络初建到网络成熟期的变化，并分析了一种动因（网络演化规则）对于网络结构的影响，进而得出了个体行为对于网络整体的影响。例如，产业集群网络在初始的形成过程中基本遵循规则网络来连接，随着其他企业的不断加入，产业集群会由最初的规则网络开始发生相应的演化；再比如企业内部的组织网络在最初构建的过程中一般也是符合规则网络的特性，但随着企业管理理论的不断深化，企业组织网络会进行相应的职能调整，而经过调整原有的规则网络会发生一定的变化。

环状规则网络的构建形式是选择 N 个节点，并规定每个节点与其相邻的 k 个节点相连，重复如此的过程，即可形成环状规则网络。在规则网络中，每个节点具有相同的度和簇系数。节点的度分布为 δ 函数，即 $p(k) = \delta(k - K)$；节点簇系数为 $C = \dfrac{3(k-2d)}{4(k-d)}$（d 为网络维数），聚集程度较高。一维规则网络的平均路径长度 L 较大，与节点数成线性比例关系，即 L~N/2K。

1. 初始网络连接

本模型中先构成简单环状网络连接，仿真网络的规模为 N=32，k=4，如图 2 所示。

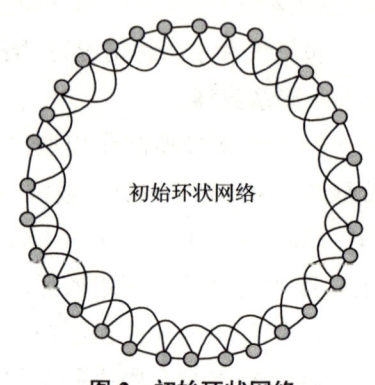

图 2　初始环状网络

一般的网络演化包含四种操作：加点、加边、去边、去点。本文为了方便对网络演化结果的研究，在原始环状规则网络的基础上根据网络演化规则对网络结构进行构造，所以在研究演化过程中，不考虑加点和去点的情况，保持网络的节点数目不变，考虑加边和去边的情况，对节点之间的连接进行调整。

用矩阵表示网络，任意无向连通图可以用图论符号表示为图 G (N, V)。其中，N = $\{x_1, x_2, \cdots, x_n\}$ 为节点集，V = $\{I_1, I_2, \cdots, I_n\}$ 为边集。图 G 表示矩阵设为 S = $\{S_{ij}\}$，其中 $S_{ij} = x_{ij}$，当节点 i，j 不相连时，$x_{ij} = 0$；若当节点 i，j 相连，x_{ij} 根据连接的情况被赋值。若在网络 G 中，节点 i，j 形成连接，则网络表示为 g+ij；若节点删除连接，则网络表示为 g-ij。

2. 对于企业节点属性问题的假定

在集群网络中，每个企业就其自身的生产情况而言都会有自己的特点，因此，集群网络中的每个节点都是不一样的，它们之间存在一定的差异。但是为了解释在初始网络条件下节点的连接情况相同的特征，同时考虑模型的通用性和实际应用性，模型中设节点的初始权相同。在后面的演化过程中在体现演化规则作用于网络中节点对节点的影响时，初始权节点发生变化。

3. 节点的连接方式

节点的连接方式采用分配模式函数，"分配"一词来源于Newman[32]定义的"分配模式"，是衡量度分布之间的相关性的几何量，意思是考察度值大的点倾向于和度值大的点连接，还是倾向于和度值小的点连接。在这里引用是用来描述顶点如何选择与其相连的另外节点。

匹配的函数用 $Y_i(g, v)$ 表示，表示网络G中的节点i用价值函数v得到的收益，可以被看做是社会经济网络中的交易或者生产过程中获得的收益的分配情况。若v是固定的，可写作 $Y_i(g)$。分配的过程是保证增加连接和切断两个节点的连接要求必须至少存在一个节点从这一过程中受益。表述如下：

$$g_{k+1} = g_k - ij \quad Y_i(g_k - ij) > Y_i(g_k)$$
$$g_{k+1} = g_k + ij \quad Y_i(g_k + ij) \geq Y_i(g_k)$$

4. 对于集群网络中企业间合作关系的假定

企业之间的合作途径是多种多样的，可以是产品的交换关系、资金的流动关系，而且这种关系是双向的，本文从建模角度出发，将这些合作抽象为集群网络中节点间相互作用的连接键，没有种类的差别，初始条件下，各点之间的连接是相同的。这些连接键的强度根据演化规则进行调整，用来体现不同演化规则对于集群网络中企业的影响，从而分析网络的整体变化情况。

（二）基于小世界规则的网络演化

在经典的小世界网络建模中，选出一个节点和到这个节点最近邻节点的边，以概率p重连到其他节点，目标节点在整个网络中以同样的概率选出，若两点间已有边则放弃此次操作，变化过程中不改变总节点数和总边数，处理完所有节点算一次循环。然后考虑到这个节点第二邻节点的边，重新连接的方法同上，当所有的边被处理过以后，停止循环。

根据小世界演化规则建立的动态连接规则如表1所示。

表1 小世界连接规则

变量	变量描述	变量意义	取值范围
加键	为网络中的节点增加新的连接	在原有关系保留的同时与其他企业合作完成特定任务	通过调整节点数目来实现
断键	对原有连接进行中断	剔除原来效率较低的联系	
远程连接	以概率p对距离远的节点新增连接	反映集群网络企业间合作概率的变化情况	[0, 1]

本文中用小世界网络演化规则作为集群网络的演化规则的意义在于：

（1）根据以往对于集群网络的研究，小世界网络演化规则很好地描述了集群网络的高度集团化和较好连通性的现实特征，具有良好的理论基础和现实意义。

（2）在集群网络的初始形成阶段，集群内企业的连接具有一定的随机性和不确定性，小世界网络演化规则描述的连接过程符合集群企业初始阶段连接的规律，对于研究集群网络具有良好的应用意义。

（三）基于个体选择价值函数的网络演化规则

本文选择的价值选择函数是Jackson和Wolinsky1996年提出的合作者模型（The Co-author Model）中使用的价值选择函数。[33][34][35][17]具体函数形式是：

$$Y_{i(g)} = \sum_{i \neq j \subset G} \left[\frac{1}{n_i} + \frac{1}{n_j} + \frac{1}{n_i n_j} \right]$$

$n_i > 0$；当 $n_i = 0$，$Y_{i(g)} = 1$

网络中边 ij 表示节点 i 与节点 j 共同合作一个项目，由于每个节点拥有的资源有限，因此 i 用在某一项目的资源负相关于 i 所参与的项目数目 n_i，而项目的成功与否与用在这个项目的资源成正比，并且与项目参与双方在执行项目时的协调程度成正比。[17]

在动态连接规则的选择上，参照 Tichy (1979)[35] 的社会网络观点，将组织视为各种不同关系所联结起来的标的物，由交易内容、联结属性、结构特征三个特点来分析网络内的组织关系。

表2 个体选择价值函数连接规则

变量		变量描述	变量意义	取值范围
交易内容		产品（服务）交换	两个节点之间是否存在交换是节点连接的标准之一	[0, 1]
		情感表达	用连续取值表示，描述企业性质	[0, 1]
		权利与影响力运作	连续取值表示，描述企业性质	[0, 1]
联结属性		连接强度	节点之间的连接强度影响节点连接	[0, 1]
		互惠程度	节点之间的互惠关系会对节点之间的连接产生影响	[2, 3]
		期望的明确程度	连续取值表示，描述企业性质	[0, 1]
		联结的多重性	连续取值表示，描述企业性质	[0, 1]
结构特征		开放性	节点企业能够与不同类型企业进行合作	[2, 5]
		稳定性	节点企业对集群其他企业的作用较固定	[1, 4]
		可达性	连续取值表示，描述企业性质	[0, 1]
		集群性	连续取值表示，描述企业性质	[0, 1]

本文中用基于个体选择价值函数作为集群网络的演化规则的意义在于：

（1）在复杂网络的研究中，从规则网络到随机网络，再到小世界网络和无标度网络及众多的扩展无标度模型，人们探索的焦点在于现实网络是如何形成的问题，而给予个体选择价值函数抓住了现实网络中个体选择的利益最大化特征，很好地描述了社会经济网络的形成机理，具有一定的理论意义和现实应用意义。

（2）在集群网络中，随着集群网络的逐步完善，根据帕累托最优原理，集群中的企业必然都会选择最利于自己的连接，因此，用基于个体选择价值函数作为集群演化规则可以很好地模拟集群形成演化过程中的现象。

（四）两种演化规则结果的对比分析

目前的大多数研究都是用一种演化规则作用于网络，缺少网络演化规则的比较研究，分析两种演化规则结果是为了对两种演化规则进行对比研究，找出两种网络演化规则作用于同一网络的过程中网络会发生的结构和功能上的变化，从而找到分析集群网络最适合的演化规则。

1. 集群网络的密集性分析

网络的密集性用来度量集群内企业的联系程度，在复杂网络研究中，用复杂网络的平均合作路径长度 L 表示。

L 的值越小，在复杂网络中表示两个企业合作的距离越短，也就表示集群网络中的企业节点联系程度越高，即企业间的合作越紧密。

两种网络规则 L 变化对比图给出了两种网络

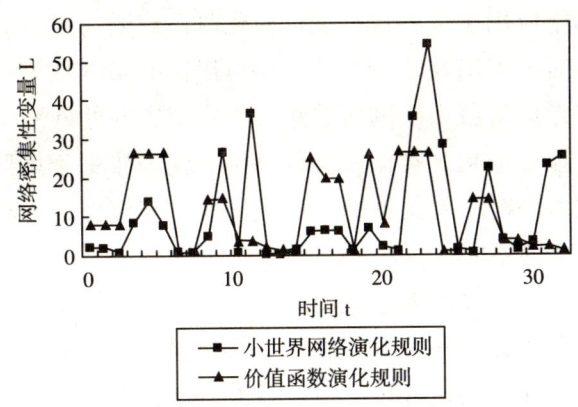

图3 两种演化规则 L 变化对比图

演化作用下 L 变化的总体趋势,方便我们对其进行对比研究。由分析可以看出,根据小世界演化规则的网络 L 的变化多次出现峰值,变动幅度较大;根据价值函数演化规则进行演化的网络 L 值比较稳定,且多次出现低值。

图3根据时间进行了划分,在时间段10之前(阶段1),看到两种演化规则各出现了两次较大值,说明在初始时间,两种演化规则对网络的 L 变化影响比较一致;在时间段10~20(阶段2),可以看到小世界演化规则和价值函数演化规则分别在该时间段的开始和结束出现一次峰值,两种演化规则对网络的 L 的变化影响开始出现差距;在时间段20~30(阶段3),两者的差异越来越大,数值的差异和影响时间的差异都开始加大。

结合集群网络的内涵,我们得到以下结论:

阶段1:网络中的企业根据小世界演化规则和价值函数演化规则进行节点的选择和连接时,对于集群网络的紧密型影响比较平均,集群企业之间的连接由规律性变为有条件连接需要一段时间来适应,在这段时间内,两种演化规则的影响没有太大差别。

阶段2:当集群网络中的企业依照小世界连接规则时出现峰值,而价值函数连接的作用依然比较平均,这说明在经过一个阶段,集群网络中的企业适应有条件连接后,小世界规则以一定的概率新增远程企业连接对集群网络的整体功能影响明显,也就是说企业之间的新增连接大大改变了集群网络整体的紧密性,使得集群网络中的企业连接平均距离开始迅速产生变化。

阶段3:价值函数作用下的网络出现第四次较大值,之后趋于平缓,说明当集群中的企业根据价值函数选择连接时,会使得企业连接的距离出现比较平缓的趋势,变化较慢,集群中的企业合作的状态比较稳定。

整体来说,当集群网络根据小世界演化规则进行演化时,集群整体的紧密性在较短时间内变化较大,与现实生活中的集群对比可知,在集群产生的初期阶段,集群整体的紧密性比较不稳定;当集群网络根据价值函数进行演化时,即集群中企业节点选择合作伙伴的方式是自身利益最大化的函数,会使得集群的 L 值较小并且保持相对平稳的状态,也就是说使得集群网络的紧密性保持平稳并且企业之间的合作距离较短,与现实生活的集群对比,这些特征体现于发展到一定时期较成熟的集群。

2. 集群网络的连通性分析

集群网络的连通性用来度量集群内企业节点的互动情况,连通性的意义在于,网络中节点信息之间的传递依赖于网络节点的连接程度,在模型指标说明中,根据社会网络的连通性度量定义进行了公式推导,可以看出在复杂网络模型中,可以用簇系数 C 来进行集群网络连通性的定量分析。

总体可以看出,两种演化规则作用下的网络连通性相差不大。总体上说,小世界演化规则对网络连通性的影响要大于个体选择价值函数,可以由图中小世界规则作用下的 C 值较大看出。

图4的时间划分中,在时间段10之前(阶段1),小世界演化规则作用下的网络 C 值出现了三次峰值,而价值选择函数的峰值出现了两次,并且小世界演化规则的前期立刻出现了较大 C 值,

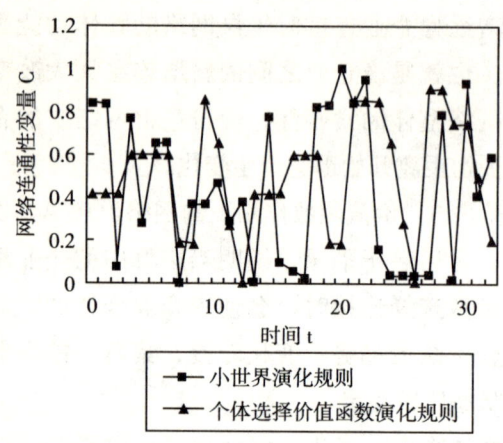

图4 两种演化规则C变化对比图

说明网络中的节点在进行远程连接和断键重连的过程中，网络整体的连通性变化在很短的时间内就能够体现；在时间段10~20（阶段2），价值函数作用下的网络呈阶梯形变化，表现出一定的规律性；在时间段20~30（阶段3），小世界演化规则和价值函数作用下的网络都出现两次重复变化，出现的时点基本一次，且变化的方向相同。

结合集群网络内涵，我们得到以下结论：

阶段1：在集群网络的初始变化阶段，当集群内的企业根据小世界演化规则进行远程连接和断键重连时，网络的连通性迅速出现了变化，显著下降然后上升，说明网络中节点之间的信息物质传递在经过短暂的不适应重新连接的过程后，连接开始紧密起来；而根据企业节点本身的收益进行选择后，网络中节点的密集型明显上升。

阶段2：价值函数作用下，集群网络中的企业信息物质交换的程度呈阶梯形规律变化，说明集群中企业根据价值函数进行连接的选择时，到一定阶段，会出现集群网络整体紧密性变化的规律性。

阶段3：集群网络中的企业根据两种演化规则进行演化到一定程度，会出现两个不同的集群网络整体紧密性变化趋势的相同性，两者极为相似，且出现时间类似。

通过两种演化规则的对比，可以看出当集群网络应用小世界规则进行演化时，连通性在较短的时间内出现了较大的变化与现实的集群网络初期形成阶段由于网络关系的不稳定出现的网络中企业交流较少类似；当价值函数规则作用于集群网络中时，对集群网络的连通性影响较稳定，与集群网络成熟期的特征相似。

3. 集群网络的群体中心性分析

在集群网络中，群体中心性用来衡量网络中节点连接的偏好性，根据前面所述，本文采用网络中节点度的平均I来定量分析集群网络的群体中心性。I的值越大，说明网络的群体中心性越突出，即集群网络中出现的核心企业（许多企业与其建立连接）越多。

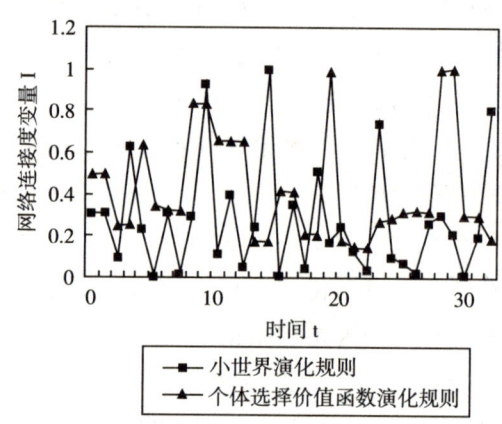

图5 两种演化规则I变化对比图

由图5可以看出，在时间段20之前（阶段1、阶段2），小世界演化规则和价值函数演化规则对于集群网络中心性的影响相似，到了时间段20~30（阶段3），价值函数表现出与小世界规则不同的作用，具体表现在对网络群体中心性的影响加大，明显高于小世界规则的影响。

当集群网络中的企业用小世界演化方式选择合作企业时，可以看到对整个网络的中心性影响小于用价值函数的方式进行选择，也就是说，集群网络企业根据各自的利益最大化函数进行选择时，会出现集群中心的明星，即集群中拥有很多合作企业的核心企业。

(五) 两种演化规则的小结

根据两种演化规则演化结果的对比分析可以看出，小世界演化规则使得网络的特征更符合集群网络初期形成过程中的特征，模拟了产业集群网络在初始形成的过程中，网络结构变化不稳定，表现出网络紧密性不稳定、连通性较差、企业之间缺乏交流、合作的平均距离较大、网络的核心企业不固定等特征。而个体选择价值函数的演化则使得网络呈现出一种较稳定的变化趋势，表现在网络间企业的交流活动较多，合作频率增加，出现了一些集群中的核心企业等。集群中的企业在谋求自身利益最大化的同时，形成了一个稳固的具有小世界特征的网络。

由此，我们得到以下结论：在研究集群网络演化行为时，可以使用小世界与个体价值选择结合的双重网络模型，即首先用小世界规则作用于初始规则网络，演化若干时间后，再将个体选择价值函数规则作用于已形成的具有小世界特征的网络，观察网络整体结构的变化，并对其进行相关分析。这样的网络模型可以模拟集群网络从初始期到成熟期的整个变化过程，从理论上预测和解释集群网络的行为。

四、集群网络演化机制分析

我们可以进一步从模型角度分析集群网络从形成期到成熟期中生命周期各阶段的内在演化机制。

在集群网络形成阶段，集群各主体由于受到诸如需求集聚、资源整合、交易成本、收益递增、集体学习等驱动力的影响，在初始的简单聚集中逐渐有选择地加强彼此的联系而形成具有一定连接结构的网络形态，并不断演化。小世界演化规则中的远程连接和断键重连，实际上是出现了新的导向因素，导致了远程主体之间的重新选择，寻找新的合作伙伴，产生了新联系，但这种重新选择具有实验性，因此，在这个阶段，网络的连通性出现迅速变化，显著下降然后上升，说明网络结构处于不稳定状态，网络整体功能会产生剧烈变化，但网络中节点之间的物质信息传递在经过短暂的不适应后，连接又开始紧密起来，说明企业主体的重新选择实际上提升了整个网络的连通性，网络在"自组织"中得到了"自加强"。同时，网络中节点的密集性明显上升也显示了集群网络整体性的强化。这时，虽然集群网络规模在扩大，即节点在不断加入，集群的紧密性和连通性都得到增长，使得集群网络作为整体的优势得以体现。集群网络开始实现一种有效率的交易结构和制度安排。集群网络形成后，企业主体之间的信息共享、信念认同和相互信任的信任机制降低了交易费用，减少了市场摩擦，并实现了资源共享、优势互补，但基于个体利益的驱动，网络会继续依据个体选择价值函数进行演进。我们看到按照价值函数演化规则进行演化时，网络中的企业合作平均距离趋于稳定，企业间开始出现比较密切的连接。因为当集群网络的雏形具备后，随着信息、技术和知识在企业间传递障碍的减少，便于企业根据自身利益最大化的原则选择合作伙伴，功能强的企业有更多的机会被选择，从而产生更多的连接，集群内部开始形成核心企业，符合集群网络生命周期理论中成熟期的特征。所以，价值函数演化规则可以解释集群网络的成长、成熟期，即集群网络的成长和成熟根源在于个体价值优化的结果。在步入成长期后，网络的密集性和连通性都大大增加，组织间的连接范围和连接频率两个方面明显增强，集群网络的变化趋于稳定。此时，网络中企业希望自己的合作伙伴保持固定，各主体在网络中的地位比较确定，网络内各相关主体之间相对忠诚，彼此信任，关系平衡，竞争与协作相互牵制，这一时期网络的整体功能稳定优良，具有持久性。

但我们尤其要注意的一点是，在集群网络基于个体价值函数进行演化时，网络内各主体的连接演化规则是出于自身利益的考虑，并没有存在一个从网络整体宏观层面的控制规则，而网络的紧密性和连通性趋于稳定的事实却告诉我们，虽然集群网络内部的结构还在不断变化，但网络整体属性却是稳定的，实际上网络内各主体在选择自身利益最大化的同时，使得整个网络实现了整体结构的优化，微观层面的变化与宏观层面的稳定共存，这也应该看做是一种自组织的结果。所以，在我们制定针对产业集群的政策时，没有必要为保持集群状况稳定而制定让各企业主体进行某些妥协的政策，因为各主体进行本身利益最大化的结果就可以保持集群网络现有功能的稳定。应当注意的是，个体选择价值函数带来的演化结果相对于小世界演化策略不能让网络变得更加紧密，这其实在告诫我们，如果不能有效地引导集群网络内部竞争，不能有效地促进创新机制的生成，集群网络功能无法继续提升，无法进入更高层次的状态。只有继续引入新的创新机制，引导集群网络内各主体的重新思考和选择，才能进一步提升整个集群网络的功能，创造更加强大的核心竞争力，不断获得新的优势。

五、结论

集群网络演化研究是集群网络研究发展的一个重要方向，但目前集群网络的研究中多注重集群网络演化的局部特征，且多着眼于实证而缺少集群网络演化模型的研究。因此，本文应用复杂网络演化模型，构造一个集群网络演化模型，可以对集群网络生命周期进行定量研究，通过对网络密集性和连通性的度量，从整体的角度解释了集群网络演化的过程。

小世界网络演化规则的原理是基于远程连接和断键重连，即一定的概率与原先并不邻近的节点相连，从而形成小世界的网络结构。在现实的集群形成过程中，我们看到很多都是特殊的智力资源或自然资源吸引了原来并不相邻的相关产业的空间靠拢（例如硅谷、中关村等），所以小世界演化规则从理论上分析，可以看成是对产业集群网络形成原因的一种模拟。本文模拟了小世界演化规则应用于集群网络的演化过程，用小世界网络特性解释了集群网络形成期企业合作的不稳定性，用集群网络整体的紧密性和连通性概括了集群网络初期的整体特征，集群网络紧密性和连通性的变动幅度较大，但总体有减小的趋势，说明集群网络的形成加强了企业间的合作，虽然在初期这种合作还不稳定。

而产业集群进行发展时，企业会根据各自不同的需要选择合作伙伴，通过协作分工实现外部经济，促使集群规模扩大，加速集群的形成，这一过程可以用基于个体选择的价值函数演化规则来说明，我们看到依据这一演化规则，网络中的企业合作平均距离趋于稳定，企业间开始出现比较密切的连接。当集群网络的雏形具备后，随着信息、技术和知识在企业间传递障碍的减少，企业开始根据自身利益最大化的原则选择合作伙伴，集群内部开始形成核心企业,即当网络的各个参与者根据自身最优利益形成关系网络时,集群网络开始进入成熟期,即网络参与者的联结方式对集群网络的生命周期产生重要影响。所以,价值函数演化规则可以解释集群网络的成长、成熟期。在步入成长期后,网络的密集性和连通性都大大增加,组织间的连接范围和连接频率两个方面明显增强,集群网络的变化趋于稳定。

根据两种演化规则演化结果的对比分析可以看出,小世界演化规则模拟了产业集群网络在初始形成的过程中,网络紧密性不稳定,连通性较差,企业之间缺乏交流,合作的平均距离较大,网络的核心企业不固定等特征;而个体选择价值函数的演化则使得网络呈现出一种较稳定的变化趋势,表现在网络间企业的交流活动较多,合作频率增加,出现了一些集群中的核心企业等。需要注意的是,集群网络内各主体自身利益的最大化,并没有破坏集群网络的整体形态,内部微观层面连接结构的变化并没有影响网络宏观层面功能的稳定。

小世界基础上的价值函数的演化规模模拟了集群网络从形成期到成长、成熟期的整个过程中网络结构的变化,通过集群网络结构的变化可以看出,集群网络在形成期网络结构比较不稳定,企业间的合作关系以及企业之间的联系程度变化较大,随着集群网络进入成长、成熟期,网络整体的结构情况开始趋于稳定,企业希望自己的合作伙伴保持固定,这种稳定性也解释了现实中产业集群的稳定性和持久性。

当集群中企业依据个体选择价值函数进行连接时,保持了网络的稳定性,但是在网络的紧密程度上,小世界连接规则作用下的网络具有更紧密的网络结构,说明当集群内的企业追求自身利益最大化的时候,如果没有相应的创新机制主导,内部和外部风险可能会被放大,时间越长,网络的结构会出现松散,集群网络的聚集力受到影响,即旧的集群会解体。小世界演化规则和价值函数演化规则说明了集群网络由形成到成熟发展的内因。

在针对成熟期的产业集群制定政策时,并不一定为保持现有集群而强调所谓的集群整体利益,而影响各企业主体对自身利益最大化的考虑和选择,而是应在集群成熟期后,鼓励新的"断键重连",即鼓励各主体依照适当的竞争机制实现新的"远程连接",以促进网络整体功能的进一步提升,促进集群网络核心竞争力的不断加强,实现集群网络新层次上的跨越。

本文旨在研究网络整体演化行为,因此在研究中假设个体间的联系是同质的,也就是没有考虑不同联结(如知识扩散、技术模仿等)在演化中的变迁。同时,本文着眼于网络的演化规律,因此对个体在演化过程中的变化没有进一步探讨,这也是进一步研究的主要工作。

参考文献

[1] 孙伟,赵益. 基于产业集群的社会网络理论研究综述. 工业技术经济,2006,25(9):55-57

[2] Keeble D, Wilkinson F.High-Technology Clusters, Networking and Collective Learning in Europe [C]. Aldershot: Ashgate Published Limited,2000

[3] Granovertter M. Economic Action and Social Structure: The Problem of Embeddedness [J]. *America Journal of Sociology*,1985,91:481-510

[4] 蔡宁,吴结兵. 产业集群企业网络体系:体系建构与结构分析,重庆大学学报(社会科学版),2006,12(2):9-14

[5] 蔡宁,吴结兵. 产业集群组织间关系紧密型的社会网络分析,浙江大学学报,2006,36(4):58-65

[6] 蔡宁,吴结兵. 产业集群复杂网络的结构与功能分析,经济地理,2006,26(3):378-382

[7] 迈克尔·波特. 国家竞争优势 [M]. 北京:华夏出版社,2002

[8] Bramani A and Maggioni MA 1997: The Dynamics of Milieux: The Network Analysis Approach. In Remigio R. Alberto B. and Richard. G. (ed) The Dynamics of Innovative Region: the GREMI approach. Brookfield: Ashgate

[9] Andersson T, Schwaag-Serger S, Sorvik J et al. The Clusters Policies Whitebook [M]. Hombergs: IKED, 2004

[10] R. Albert, A.-L. Barabási 2002 Reviews of Modern Physics. 74, 47-97

[11] Newman M. E. J. The structure and function of complex networks [J]. S IAM Review, 2003, 45: 167-256

[12] P Erdös, A Rényi. On The Evolution of Random Graphs. Bulletin of the Institute of International Statistics, 1961

[13] Watts, D. J. and Strogatz, S. H. Collective Dynamics of Small-world Networks. Nature, 1998, 393: 440-442

[14] A.-L. Barabasi, R. Albert and H. Jeong. Mean-field Theory for Scale-free Random Networks, Physica A, 1999, 272: 173-187

[15] A.-L. Barabási, R. Albert. Emergence of Scaling in Random Networks, Science, 1999, 286: 509-512

[16] 杨波，陈忠，段文奇.基于个体选择的小世界网络结构演化.系统工程, 2004, Vol.22, 2004 (12)

[17] R. Albert, A.-L. Barabási. Statistical Mechanics of Complex Networks. *Reviews of Modern Physics*, 2002, 74: 47-97

[18] Newman M. E. J, Watts D J. Scaling and Percolation in The Small-world Network Model. Phys Rev E, 1999, 60: 7332-7342

[19] R. Kasturirangan, cond-mat/9904055

[20] Dorogovtsev S N, Mendes J F F. Exactly Solvable Analogy of Small-world Network. Europhys. Letters, 2000, 50: 1-7

[21] Kleinberg J. The Small-world Phenomen: On Algorithmic Perspective [A]. 32nd ACM Symposium on Theory of Computing, Portland, USA, 2000

[22] M.O.Jackson, A.Wolinsky. A Strategic Model of Social And Economic Networks J.Econ. Theory 71 (1996) 44-74

[23] B.Dutta, S.Mutuswami. Stable Networks J.Econ. Theory 76 (1997) 322-344

[24] A. Watts. A dynamic Model of Network Formation GameEcon.Behav. 34 (2001) 331-341

[25] D Liben-Nowell, J Kleinberg. The Link Prediction Problem For Social Networks Proc. CIKM, 2003-theory.lcs.mit.edu

[26] M.O.Jackson, Brain W.Rogers. Meeting Strangers and Friends of Friends: How Random are Social Network? kellogg.northwestern.edu

[27] R J Aumann, RB Myerson. Endogenous Formation of Links Between Players And of Coalitions: An Application of The Shapley Value. Essays in Honor of Lloyd S. Shapley, 1989, 175-191

[28] M Slikker, A van den. Nouweland. A One-Stage Model of Link Formation and Payoff Division, Nouweland-Games and Economic Behavior, 1999

[29] V Bala, S Goyal. Self-organization In Communication Networks Econometrica, 2000, 68: 1181-1229

[30] M.O. Jackson, A Watts. The Evolution of Social And Economic Networks. *Journal of Economic Theory*, 2002-merlin.fae.ua.es

[31] M.O. Jackson, Brain W. Rogers. Meeting Strangers and Friends of Friends: How Random Are Social Network? kellogg.northwestern.edu

[32] Newman M. E. J. The Structure And Function of Complex Networks. SIAM Review, 2003, 45: 167-256

[33] M. O. Jackson The Evolution of Social And Economic Networks [J]. *Journal of Economic Theory*, 2002, 106: 265-295

[34] M. O. Jackson A Survey of Models of Network Formation: Stability And Efficiency [R]. California Institute of Technology W P1161, 2003

[35] Tichy, N. M. et al. Social Network Analysis for Organizations. Academy of Management Review, 1979, 4 (4): 507-517

中国汽车零部件产业的复杂网络建模与分析*

[摘要] 复杂网络为研究产业内大量企业的关系提供了一个新的理论工具。本文建立了754个企业节点和229个产品节点的二分网络（BBN），发现两类节点的度都符合广延指数分布，企业和产品的节点度具有明显的异质性，但两类节点的集聚系数都很小。然后将BBN向企业节点投影得到754个企业节点的中国汽车零部件企业间的布尔竞争关系网络，发现竞争关系呈现出同质性、高集聚性和小世界性。接着分析了其他网络的静态结构属性。最后本文解释了两个模型的相关产业组织意义。

[关键词] 复杂网络；二分网络；竞争关系网络；汽车零部件企业

一、引言

1998年，Watts与Strogatz在Nature上发表《"小世界"网络的群体动力行为》[1]和1999年Barabási与Albert在Science上发表《随机网络中标度的涌现》，[2]标志着复杂网络的研究进入了一个新的时代。复杂网络（Complex Networks）在自然界中普遍存在，研究表明，生物网络、技术网络、信息网络和社会网络等实际网络都是复杂网络。[3]

企业本身就生存在一个复杂的竞争网络环境下，企业的竞争是通过生产的产品（包括有形产品和无形的服务）占领市场和选择配套企业提供产品和服务来达到的。复杂网络为我们研究产业组织提供了一个新的研究思路。已有的实证研究表明，广州软件产业集群、[4][5][6][7]佛山陶瓷产业集群[7][8]和广东家电市场[9]的布尔竞争关系网络（Boolean Competitive Relationship Network，BCRN）都具有小世界特性和无标度特性，并且它们的产业组织符合择优连接的演化机制。

根据BCRN模型的定义，竞争关系网络模型关注的是企业之间的竞争性"关系"，而不是某些特定企业的竞争性"行为"，并且这些关系不是企业直接选择竞争对手的结果，[4~10]而是产业内各个企业对产品或子市场选择的结果。本质上，BCRN模型就是相应的企业—产品二分网络投影形成的单粒子节点的网络。[7][9]本文通过2005年6月底中国汽车工业协会统计的全国汽车零部件工

---

* 作者简介：李得荣：1982年生，男，硕士生，汉，江西九江，lidy1983@163.com，主要从事复杂网络与动态竞争的研究；杨建梅：1946年生，女，博士，博士生导师，汉，陕西西安，fbajyang@scut.edu.cn，主要从事复杂网络，系统工程和比较制度分析的研究；周恋：1985年生，女，硕士生，汉，湖南岳阳，主要从事复杂网络与动态竞争的研究。通讯地址：华南理工大学工商管理学院，邮政编码：510640。

基金资助：国家自然科学基金项目（70773041）。

业发展的统计数据，建立零部件企业与产品的二分网络模型（Boolean Bipartite Network，BBN），然后把二分网络模型投影到企业节点上，根据不同的投影规则得到汽车零部件企业间的布尔竞争关系网络。在此基础上，研究两个网络的拓扑结构，并分析汽车零部件产业的产业组织意义。

二、汽车零部件企业—产品 BBN

（一）网络定义

BBN 包含两类节点，[7][11][12] 在本文中，底部节点是汽车零部件企业，又称企业节点，顶部节点是汽车零部件产品，又称产品节点；当企业 $\perp_i$ 生产产品 T_j 时，企业节点 $\perp_i$ 和产品节点 T_j 之间存在边的连接。反之，企业节点 $\perp_i$ 和产品节点 T_j 之间不存在边的连接。BBN 可以用集合系 G（T, $\perp$, E）表示，其中，T 是顶部节点集合，即汽车零部件产品集合，$\perp$ 是底部顶点集合，也就是汽车零部件产品集合，E 是顶部节点与底部节点之间连边集合，也就是零部件企业与产品之间的关系集合。BBN 也可以用邻接矩阵表示，这个矩阵的行列数分别等于底部节点个数和顶部节点个数，各个元素的数学表达式是：

$$e_{ij}=\begin{cases} 0 & T_j 与 \perp_i 之间没有连边 \\ 1 & T_j 与 \perp_i 之间有连边 \end{cases} \quad (1)$$

其中，T_j 表示顶部节点集合 T 中第 j 个产品，$\perp_i$ 表示底部节点集合 $\perp$ 中第 i 个企业。

（二）网络的拓扑属性

1. 顶部节点度及度分布

BBN 中顶部节点（产品）的度，定义为二分网络中连接该顶部节点的边数。其表达式为：$p_j = \sum_{i \in \perp} e_{ij}$。计算出顶部节点度最大值为 117，最小值为 1，平均值为 7.9。在双对数坐标下顶部节点的累计度分布和度分布如图 1 所示。通过极大似然估计[13]对顶部节点度分布进行拟合，得到指数为 $\gamma=3.0$，$X_{min}=14$，通过检验 $p=0.718>0.1$，顶部节点度服从广延指数分布（Stretch Exponential Distribution, SED，也就是幂律尾部分布），指数截断的值为 4。由于度分布的幂指数在 2~3，顶部节点中存在一定量的 HUB 节点，例如产品编号为 132、229、60、160、122 和 191 都是 HUB 节点，对应的度分别是 117、61、58、49、32 和 30，这一类的产品数很少，但是其对应的度都比较大，它们对网络的影响很大。

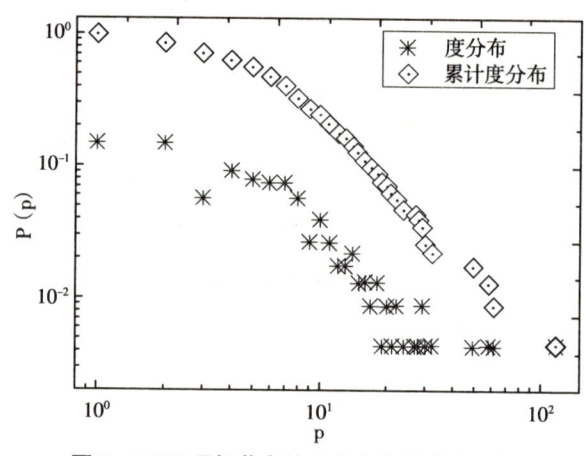

图 1　BBN 顶部节点的度分布与累计度分布

2. 底部节点度及度分布

BBN 中底部节点（企业）的度，定义为二分网络中连接该底部节点的边数。其表达式为：$q_i = \sum_{j \in T} e_{ij}$。计算出底部节点度最大值为 16，最小值为 1，平均值为 2.399。在双对数坐标下底部节点的累计度分布和度分布如图 2 所示。通过极大似然估计对底部节点度分布进行拟合，得到指数为 $\gamma=$

3.5，$X_{min}=4$，通过检验 p=0.39>0.1，底部节点度服从 SED，指数截断的值为4。由于幂指数大于3，与顶部节点的度分布比较，底部节点的度分布出现一定的随机性和同质性，只存在很少量的 HUB 节点，例如编号为115、148和154的节点，对应的度为16、14和13，这类节点数量很少，但是对应的度比较大。

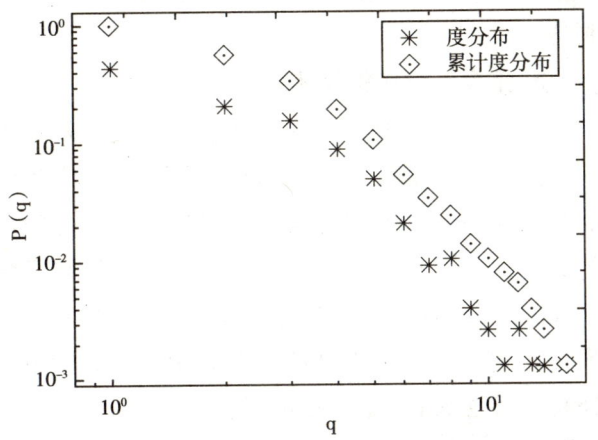

图2 BBN底部节点的度分布与累计度分布

3. 集聚系数

在经典的复杂网络中，集聚系数表示网络中实际的三角形个数占可能的三角形个数的比例。用社会语言来描述，集聚系数就是我的朋友的朋友仍是我的朋友的概率。但是在二分网络中，只有两类不同的节点之间才有可能连边，在二分网络中不能形成三角形，所以也就不能用经典的集聚系数来刻画二分网络。Pedro等（2005）根据二分网络的基本单元是四边形，提出二分网络的集聚系数定义为实际四边形的个数占网络中可能的四边形个数的比例。[14] 对于给定的节点i，实际四边形的个数为节点i的邻居有共同邻居的个数；可能的四边形的个数为节点i的邻居对有可能有共同邻居个数之和。用社会语言来说，集聚系数表示我的两个朋友除了我还有其他共同朋友的概率。张鹏等在 Pedro 基础上提出了改进的集聚系数算法来更好地刻画了二分网络的集聚性质，[15] 其表达式为：

$$C_{4,mn}(i) = \frac{q_{imn}}{(k_m - \eta_{imn}) + (k_n - \eta_{imn}) + q_{imn}} \quad (2)$$

其中，邻居节点 m 和 n 是节点 i 的邻居对，q_{imn} 是包括节点 m、n 和 i 在内的四边形的个数。$\eta_{imn} = 1 + q_{imn} + \theta_{imn}$，其中，如果邻居节点 m 和 n 之间有边连接，则 $\theta_{imn}=1$；如果邻居节点 m 和 n 之间没有边连接，则 $\theta_{imn}=0$。计算二分网络的平均集聚系数结果如表1所示：

表1 BBN中底部顶部节点的平均集聚系数

	底部节点	顶部节点
平均集聚系数 C_4	0.076	0.131

三、汽车零部件企业间 BCRN

（一）网络定义

将汽车零部件企业—产品 BBN 向底部节点投影得到汽车零部件企业 BCRN，BCRN 的节点代表汽车零部件企业，边表示相应两个企业之间存在竞争关系，即两个企业存在共同产品。BCRN 可用集合形式表示为 G=（F，A），其中 F 表示汽车零部件企业的集合，集合中的每个元素 F_i 代表一个零部件企业，A 表示零部件企业竞争关系的邻接矩阵，矩阵里的元素按下面的公式赋值：

$$a_{ij} = \begin{cases} 0 & \text{如果 } set_i \cap set_j = \phi \\ 1 & \text{如果 } set_i \cap set_j \neq \phi \end{cases} \quad (3)$$

其中，set_i 表示零部件企业 i 的产品集合。公式（3）表明，至少有一种共同的产品的零部件企业之间存在竞争关系。这种表示存在与不存在竞争关系的网络就称为BCRN。基于本文样本数据构建的中国汽车零部件企业BCRN，网络中有5个孤立的节点，编号分别是277、592、518、602和693，它们没有和网络上任意节点连边，而且5个节点互相之间也没有连边。同时，还有两个节点534和535之间互连，但与其他任意节点都没有连边。因此，去除这7个节点后，BCRN的最大连通子图只包含747个节点，本文以下的最短路径、紧密度等拓扑指标也是在这747个节点的最大连通子图上计算出来的。

（二）网络的拓扑属性

1. 节点度及分布

BCRN节点度是该节点与其他节点之间的连边数，其表达式为：$k_i = \sum_{j \in N} a_{ij}$。去除度为0的5个孤立节点外，BCRN节点度最大为317，最小为1，平均值为47.19。通过极大似然估计对BCRN的节点度分布进行拟合时，发现p=0 < 0.1，度分布不是完全符合幂律分布。在单对数坐标下，BCRN节点累计度分布曲线如图3所示。通过OriginPro7.5软件对节点累计度分布进行拟合，得到累计度分布的幂指数为γ=0.009（可决系数R^2=0.943），因此，BCRN的节点度服从指数分布，说明节点的度值呈现明显的随机性和同质性。

2. 平均路径长度与小世界效应

顶点之间的最短路长称为顶点之间的距离。[1] 汽车零部件企业BCRN中，除5个孤立节点和2个互相连接的节点外，节点之间的距离最短为1，距离最长（即网络的直径）为6，网络平均最短路径长度为2.493。这个平均距离数值说明任意两个企业之间，平均经过竞争关系定义的3条边就可到达。

3. 集聚系数与集聚特性

BCRN节点的集聚系数被定义为：与它所有相邻节点之间连边构成的三角形的数目占以它为中心与它所有相邻节点之间所构成的三元组的数目的比例。[3] 通过计算得到BCRN的平均集聚系数为0.842，该值较大，说明BCRN是一个具有高集聚性质的网络。上文已计算出BCRN平均最短路径长度是2.494，按照Watts的定义，如果网络的平均集聚系数较高，同时平均最短路长较小，则具有小世界效应，[1] 因此，本文构建的汽车零部件企业BCRN是一个具有明显小世界性质的网络。

4. 网络节点的全局重要性

（1）紧密度。紧密度表示顶点处于网络地理中心的程度，用顶点与网络中所有其他顶点的距离之和表示。[5] Freeman (1979)[7] 首先提出了"紧密度"(Closeness)的概念：如果一个点处于与其他点的最短距离位置，这个点就是整体中心。这样的点在图形中就与其他的点比较紧密，在实际中用总距离来表示，即图形中与所有点最短距离值的总和最小的点，也就是总距离最小的点。BCRN中，节点115和234的紧密度值最小，分别为6470和6546，它们就是BCRN的地理中心。

（2）节点介数。节点介数为通过该节点的最短路之条数，表示节点控制信息流及其他影响流的能力，也是显示节点全局重要性的指标之一。[5] 汽车零部件企业BCRN中，节点115和234的介数

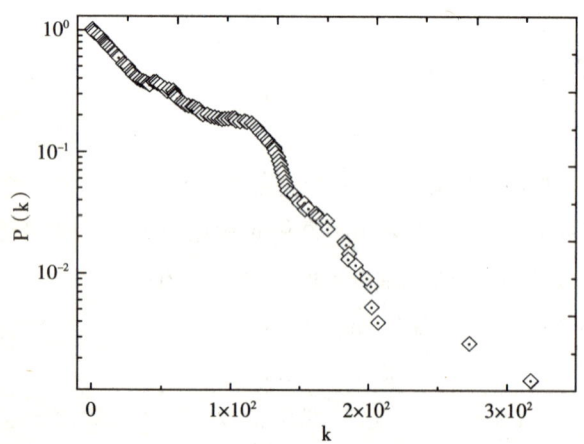

图3 BCRN节点的度分布与累计度分布

值最大，分别为 23195 和 16207，并有 356 个节点的介数为 0。结合企业节点编号为 115 和 234 的度和紧密度等指标来看，115 和 234 都是汽车零部件企业间 BCRN 的重要企业。

四、产业组织意义解释

（一）宏观产业分析

从宏观上来看，BBN 的静态的拓扑指标可以说明整个产业中的企业和产品的分布特性。通过企业节点度分布可以知道整个产业中企业生产产品种类的分布情况：754 家企业中，生产产品数为 1~16 个的产品种类数的比例。度的最大值是 16，对应的节点（企业）是合肥昌河汽车零部件有限责任公司。该企业是由合肥昌河汽车零部件有限责任公司、浙江乐清永安汽车电器厂、合肥昌河汽车有限责任公司、成都蓝天实业公司、合肥市国有资产控股有限责任公司共同投资组建的股份制企业，生产空气滤清器、消声器、稳定杆、坐椅总成、车门铰链、继电器、金属油箱、发电机调节器、成型地毯、车门护板、其他发动机零部件、其他底盘零部件、其他车身零部件、其他电器件、随车工具、其他通用及其他件 16 种产品。企业节点度的幂律分布说明了个别企业生产的产品种类很多，而大多数企业生产的产品数较少。经计算，75.6% 的产品由 10 个以下的企业生产，这样导致企业在市场竞争中无法通过多市场相互制衡来防止其他的恶性攻击。

通过产品节点度分布可以知道整个产业中生产同一个产品的企业数的分布情况：229 种产品中，生产同一种产品的企业数为 1~117 个的企业数的比例。产品节点度的幂律分布说明了个别产品有很多的企业在生产，而大多数产品只有较少企业在生产。经计算，89.4% 的企业生产的产品数小于 5。从汽车零部件产业本身来解释，造成汽车零部件配套市场大部分产品生产厂家数少、只有少量产品生产厂家多的原因，我们的分析主要有两方面：一方面是与我国汽车零部件产业的发展有关。由于我国的汽车零部件产业主要是依附整车产业发展的，零部件产业中势力较强、规模较大的企业大部分都是从整车厂脱离或是整车厂控股、参股的企业，因此，整车厂大部分零部件的采购还是集中于这些与整车厂有千丝万缕联系的少数零部件企业，并没有完全放开采购。因此，大部分的细分市场上主要还是这些少量的大型零部件企业，一些像发动机、变速器、燃油喷射系统、车内主被动安全系统等关键零部件及总成还有很多要依靠进口。另一方面，近年来，我国零部件市场发展较快，吸引了较多的民营企业等进入该市场，由于大部分零部件产业在生产工艺、加工技术、生产设备、研发水平的要求上较高，特别是对配套市场来说，大部分对生产精度、质量要求较高的产品进入整车厂的配套市场很难。因此，新进来的企业一般都集中于生产少量对加工精度要求较低的产品，如后车桥总成，或非关键的产品，如车身上的塑料件、低端电子产品等，造成这些产品细分市场的企业数较多。

（二）竞争关系分析

从宏观来看，BCRN 的静态拓扑指标可以说明整个产业的竞争关系数量的特性。通过节点度分布可知整个产业竞争对手的分布情况：754 个企业中，竞争对手为 0~317 个的企业数比例，从具体数据来看，有 78.9% 的企业竞争对手在 10~200 个，有61.5%的企业竞争对手在10~100个。这说明单单从竞争对手数量来看，零部件产业内的竞争比较均衡。节点度的负指数分布说明汽车零部件企业间的竞争关系数量呈现随机性和同质性。软件产业的进入壁垒较低，新企业的进入非常容易，广州软件产业具有"衍生"的特性，一个母企业可以衍生第二代、第三代的很多新企业，也就是说1个人或1个团队在某个软件企业工作一段时间后，就很可能自己出去"单干"，成立新的软件公司，但由于"路径依赖"的特性，这些新公司的产品往往与母公司相近，从而构成竞争关系。[4]与广州软件企业间BCRN中存在着衍生关系不同，由于汽车零部件产业的进入壁垒，例如生产规模、标准认证、技术研发、配套渠道等方面的壁垒很高，导致汽车零部件企业间很少出现衍生关系。新企业进入时，一般也会根据自身的特色和优势，来选择生产什么产品，并不会对该产品目前已有多少企业在生产等问题给予太多的考虑，因此，从整个零部件产业来看，新企业进入时的产品种类就具有一定的随机性，从而导致新企业与老企业之间的竞争关系也具有一定的随机性，造成整个产业内各企业面临的竞争对手数量在一定程度上是随机决定的，所以会呈现同质性。

从BCRN的集聚系数与平均最短路可知网络属于小世界网络，具有小世界性，产业局部竞争局势的变动会快速地波及整个产业，从而使整个产业结构形态的演变也加快。在竞争关系网络中，对手—朋友关系是依次交错出现的，距离为奇数的顶点之间是对手关系，距离为偶数的顶点之间是朋友关系，而且这个关系的强度随距离的增加而降低，当距离增加到一定程度时，此关系的强度就可以忽略。[4]最短路除了可以决定企业之间的关系性质之外，还指出了相邻企业实际的竞争也即对抗发生后，对抗信息及影响波及其他企业的路线，网络平均最短路也指出影响范围一般在距离为3的企业之内。通过集聚系数随着企业生产的产品种类增加而减少的情况，说明企业产品种类的增加可以减少企业让竞争对手也成为对手的反向"组团"的能力，进而遏制企业间的恶性竞争。另外，与广州软件企业间BCRN的集聚系数相比，[4][5]产业内的产品数越多，导致产业内企业间的竞争关系网络的集聚系数下降（见图4），进一步说明了产业内产品的多寡对企业间的竞争有一定的影响。通过平均距离还可知大多数企业经过3步就可连通，这样在进行竞争波及分析时，就可局限于与目标企业距离为3的范围之内。通过密度，可知从竞争对手数目来看的整个产业的竞争强度。

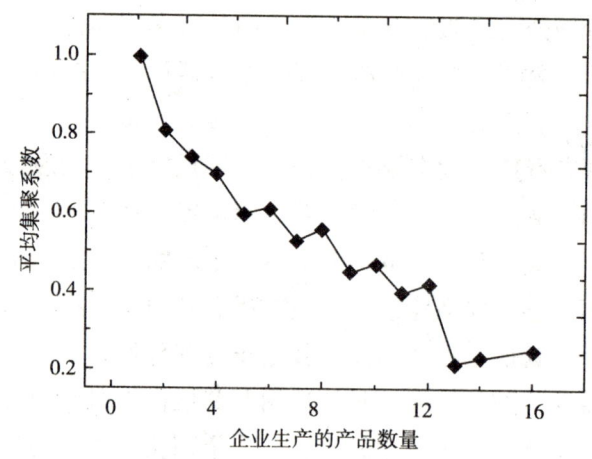

图4 节点平均集聚系数随着产品数的变化

从BBN的集聚系数来看，本文计算出企业节点的平均集聚系数为0.076；产品节点的平均集聚系数为0.131。这两个平均集聚系数较小，表明在汽车零部件产业中，与某个企业生产两种以上共同产品的其他企业较少。同理，与某个产品有两个以上共同企业生产的产品数量也较少。这在一定程度上说明，汽车零部件产业中的多市场接触程度还不是很高，大量企业之间同时在两个以上的产品市场上进行竞争的情况很少，导致企业为了维持自己的市场份额很少在多市场中采取相互制衡的策略。在 BBN 中，与某个企业存在两种以上共同产品的只有 382 个企业，占总企业数的 50.7%；与某个企业存在 3 种以上共同产品的更少，只有 184 个企业，占 24.4%。这表明汽车零部件市场的多点竞争状况不是很激烈。

从微观来看，BCRN 的静态拓扑指标反映了各个企业的特性。比如通过顶点的度值，可了解到各企业的竞争对手数目。通过紧密度与介数分别可知某企业在竞争网络中的地理中心度以及对信息、竞争波动的控制能力等，例如企业节点 115（合肥昌河汽车零部件有限责任公司）和 234（重庆大江工业（集团）有限责任公司）都是汽车零部件企业间 BCRN 的重要企业，它们对企业间的竞争关系扩散有很大的影响；通过各对顶点间的距离可知各对企业竞争关系的性质，从 BCRN 的集聚系数，可知该企业让竞争对手也成为对手的反向"组团"的能力以及产品种类的多寡；从 BBN 的集聚系数，也可知企业与竞争对手在多市场接触的多寡等。

五、结论与展望

本文基于复杂网络理论的最新进展，对中国汽车零部件产业的样本数据进行了研究，从新的方法、新的视角为汽车零部件产业的现状、企业间的竞争关系等问题提供了新的洞察力。

本文通过 2005 年 6 月底中国企业工业协会统计的全国汽车零部件工业发展的统计数据，首先构建了汽车零部件企业与产品间的 BBN 模型，发现企业节点和产品节点的度都服从 SED，但节点的平均集聚系数都很低。然后将 BBN 向企业节点投影，得到汽车零部件企业间 BCRN 模型。研究表明，在汽车零部件企业间 BCRN 中，企业间竞争关系强度呈现出随机性、同质性、高度集聚性和小世界效应，企业间的竞争关系强度扩散很快。

对 BBN 和 BCRN 模型的拓扑指标的产业组织意义分析发现，在汽车零部件产业中：①少数产品有很多的企业在生产，而大多数产品只有较少企业在生产。②少数企业生产的产品种类较多，而大多数企业只生产较少量品种的产品。③大部分企业面临相近数量的竞争对手。④与某个企业生产两种以上共同产品的其他企业较少；同理，与某个产品有两个以上共同企业生产的其他产品数量也较少。这表明汽车零部件产业中的多市场接触程度还不是很高。⑤企业的竞争关系比较紧密，因此产业局部竞争局势的变动能够快速地波及整个产业，从而使整个产业结构形态的演变也加快。

但是，这只是一个初步的探讨，仅仅研究了 BBN 和 BCRN 的统计特性，这些并不能全面地解释汽车零部件产业的特性，需要进一步研究它们的动力学演化机制，以及这些机制对产业组织的影响。另外，在上述的研究中，我们没有考虑到企业间的差异，可能导致研究结果与实际的现象存在差异，下一步主要以企业的销售额作为权重来构建加权二分网络和加权竞争关系网络模型，通过考虑企业的规模，进一步研究它们的统计性质和演化动力机制。

参考文献

[1] Watts, Strogatz. Collective Dynamic of Small World Network [J]. *Nature*, 1998, 393: 440-442

[2] Barabási, Albert. Emergence of Scaling In Network [J]. *Science*, 1999, 286: 509-512

[3] Newman M. E. J. The Structure And Function of Complex Networks [J]. *SIAM Review*, 2003, 45: 167-256

[4] Yang, J.M., Lu L.P., Xie W.D. Analysis of The Competitive Relationship Network in Software Industry in Guangzhou, China (in Chinese) [J]. *Proceedings of the Second National Forum on Complex Dynamical Networks*, Beijing, China, 2005: 616-619

[5] Yang, J.M., Lu L.P., Xie W.D., et al. On Competitive Relationship Networks: A New Method for Industrial Competition Analysis [J]. *Physica* A 2007, 382: 704-714

[6] Yang J.M., Zhuang D., Chen G.R., The Theory of Smax Graph Does Not Seem to Work in A Real Case Study [J]. *Dynamics of Continuous, Discrete and Impulsive Systems, Series B: Applications and Algorithms*, 2006, 13 (3): 401-412

[7] Zhuang Dong, Yang Jianmei, Pan Xiangdong, et al. The Bipartite Network Based Growth Mechanisms of Complex Company Competitive Relationship Networks [J]. *Proceedings of 2006 IEEE Asia-Pacific Conference on Services Computing*. 2006, 12: 247-252

[8] YANG Jian-mei, HUANG Xi-zhong, ZHUANG Dong, et al. The Complex Network Analysis of Competitive Relationships between Manufacturers in Foshan Ceramic Industry Cluster [J]. *Proceedings of 2006 International conference on Management Science & Engineering (13th)*, 2006, 2 (10): 1020-1023

[9] Zhuang Dong, Yang Jianmei. Simulation of Rivalry Spread Effect over the Competitive Pressure Network [J]. Pro. IEEE, SMC, 2008

[10] 杨建梅.企业间竞争关系与对抗行动的二层复杂网络分析思路 [A]. 2006全国复杂网络学术会议（CCCN'06）论文集 [C], 2006

[11] José J., Ramasco l., Dorogovtsev S.N., et al. Self-organization of collaboration networks [J]. Physical Review E, 2004, 70, 036106

[12] 张培培,何阅,周涛等.一个描述合作网络顶点度分布的模型 [J]. 物理学报, 2006, 55 (1): 60-67

[13] Laherrère J., Sornette D. Stretched exponential distributions in nature and economy: "fat tails" with characteristic scales [J]. The European Physical Journal B, 1998, 2: 525-539

[14] Lind P.G., González M.C., Herrmann H.J. Cycles And Clustering in Bipartite Networks [J]. Phys. Rev. E 2005, 72: 056127

[15] Zhang P., Wang J.L., Li X.J., et al. The Clustering Coefficient And Community Structure of Bipartite Networks [J]. arXiv: 0710.0117

复杂产业网络的信息熵评价与实证分析*

[摘要] 技术创新过程促使企业与相关组织机构发生各种各样的联系,形成了包括产业链网络和服务网络在内的复杂产业网络。复杂产业网络的有序性是度量其复杂程度的一个重要指标。基于网络中信息传递与扩散的特点,本文首先给出了网络关联结构的信息时效熵和信息质量熵的概念,进而给出了网络有序度的定义。根据集成电路产业的产业链网络和服务网络,本文给出了复杂性分析,如无标度、集聚系数和最短平均路径以及信息熵的评价分析。最后给出了研究结论。

[关键词] 复杂产业网络;信息熵;集成电路;实证分析

一、引言

随着我国产业经济的日益发展,技术创新也已成为推动产业进步和企业绩效提高的关键驱动力;企业活动的本质在于资源配置,企业进行技术创新的过程也就是不断优化资源配置、提高核心竞争力的过程。在技术创新过程中,企业与各种服务机构发生各种各样的联系,如咨询、投资、技术转让等,这些错综复杂的联系形成了覆盖整个产业技术创新活动的网络,即技术创新社会化服务网络。伴随着产业内资源的优化配置,产业链各个环节上的企业也逐渐形成了产业链网络。如集成电路产业的产业链网络(由设计、制造和封测等环节的企业构成)和服务网络(由设计服务、设备材料、行业协会、中介机构、金融机构和政府部门等构成)。

现实世界中许多系统都可以用复杂网络来描述,当然产业链网络和服务网络也不例外。网络节点为系统元素(即企业或组织机构),边为元素间的相互作用和相互联系(即关系)。近年来,由于复杂网络在理解现实网络的复杂行为方面有着重要的作用,复杂网络的研究已经引起了许多相关领域研究人员的关注,这些网络包括语言结构网、科研合作网、Internet 和 WWW、电力网、食物链网、化学反应网、新陈代谢和蛋白质网等。[1]这些网络的高度非齐次性拓扑结构主要表现在三个方面:节点度分布(Degree Distribution)、集聚系数(Clustering Coefficient)和平均最短路径

---

* 作者简介:李守伟:1970 年生,男,汉族,山东临沂人,管理学博士,江苏大学工商管理学院副教授,研究方向:技术创新与复杂网络;彭本红:1969 年生,男,湖北潜江人,管理学博士,副教授,研究方向:技术经济。通讯地址:江苏大学工商管理学院,邮编:212013;E-mail: lsw@ujs.edu.cn。
基金项目:国家社会科学基金重点项目 (07AJL014)、国家社会科学基金项目 (07CJY014)、上海市博士后科研资助计划项目 (08R214111)、江苏省高校哲学社会科学基金项目 (07SJB630003)、江苏大学高级人才基金项目 (06JDG054)。

(Average Shortest Path)。事实上，现实世界中各种网络都具有这三种特性，他们的区别在于度量值的大小。通常情况下，网络中任意两个节点之间拥有较小的平均路径长度和较大的集聚系数的网络被称为小世界网络（Small World Network）；而无标度网络（Scale Free Network）中任意节点具有 k 个连接的概率 $p(k)$ 服从幂律分布 $p(k)-k^{-r}(2<r\leqslant3)$ 的特性被称为无标度特性。[2]

从本质上讲，复杂网络的无标度性就是一种非同质性，是网络涌现出的一种"序"。[3]在无标度网络中存在极少数具有大量连接的"核心节点"（Hub-node）和大量具有少量连接的"末梢节点"。这样的网络是不均匀的，或者是"非同质的"，表现在连接分布上就是连接度分布曲线是不断递减的，其特征是幂律分布，即任何节点恰好与其他 k 个节点相连接的概率正比于 k^{-r}。

复杂网络性质的度量是复杂网络研究的关键，它直接影响到复杂网络模型的建立以及复杂网络行为的研究。熵（Entropy）理论是应用范围非常广泛的一门科学理论。[5]熵既是一个物理学概念，又是一个数学函数，也是一种自然法则。在统计物理学中，熵是系统微观态数目多寡的量度；在信息论中，熵是一个随机事件不确定性的量度；对于一个广义的系统来说，熵可作为状态的混乱性或无序性的度量。熵不但是系统能量的度量，而且是系统信息量的度量，也是复杂系统无序性的度量。[4]作为系统无序的度量，熵由于其独特的内涵和渗透力被广泛应用。近来，熵作为描述复杂系统结构的物理量，在复杂系统理论中受到越来越多的关注，成为研究复杂系统的一个重要工具。[6]熵是衡量宏观状态有序程度的重要参量，一般而言，熵值愈大，对应的宏观状态愈加无序。因此，可以利用熵来评价复杂网络的有序程度。

许多研究者已经将熵应用于复杂网络的研究，主要集中在最大熵原理的应用方面。文献[7]通过应用将最大熵原则赋予加权网络，构造了具有任意度分布的随机网络模型；文献[8]信息熵的最大化导致大范围的度分布类型；文献[9]将最大熵作为复杂最优网络和幂律分布出现的设计准则。

经过近 50 年的发展，世界集成电路产业已经演化成一个包括设计、制造、封装、测试和与之密切相关的材料、设备，以及系统整机在内的庞大的复合产业，各个环节之间相互影响、互为依存。目前除了英特尔、AMD 这些芯片巨头仍然采用设计、制造一体化（IDM）模式外，全球集成电路行业已普遍走向设计与制造分立运行的 F&F 模式，即 Fabless（无生产线芯片设计）+Foundry（代工）。集成电路产业垂直分离的趋势预示着整个产业朝着一种网络的形式发展，这是由产业的经济特性和社会特性所决定的。集成电路产业的网络化发展促使其技术创新服务体系也朝着网络化、社会化的方向发展。[10]

本文第二部分从网络的关联结构出发，给出了信息时效熵和信息质量熵的定义；第三部分首先给出了集成电路产业的产业链网络和服务网络的复杂性结构分析，进而给出了信息熵评价的实证分析。

二、复杂产业网络关联结构的信息熵

熵是对系统状态的一种定量化描述，它表征着系统状态复杂与有序的程度。信息的流动对于技术创新社会化服务网络的创新能力有着重要的影响，从而影响着技术创新社会化服务网络对产业发展促进作用的效率。本节从信息传递的角度给出复杂产业网络关联结构的熵评价方法。

对于复杂产业网络而言，网络中信息传递的速度与信息传递的准确性是评价系统有效性的重要指标。[11] 信息传递的速度可以用时效性来表示，信息传递的准确性可以用质量来表示。[12][13]

（一）复杂产业网络的信息时效

复杂产业网络的信息时效反映了信息在企业间传递时效性的大小，而信息时效熵则反映信息在企业间流通时效性的不确定性大小。

定义1 假设复杂产业网络共有 n 个企业节点，称 S_{ij}^T 为节点 i、j 之间关联的信息时效熵，如果

$$S_{ij}^T = -p_{ij}\ln p_{ij} \tag{1}$$

$$p_{ij} = l_{ij}/N_1 \tag{2}$$

$$N_1 = \sum_{i=1}^{n}\sum_{j=1}^{n} l_{ij} \tag{3}$$

其中，l_{ij} 是节点 i、j 之间的最短路径长度。

定义2 假设复杂产业网络共有 n 个企业节点，称 S^T 为网络的信息时效熵，如果

$$S^T = \sum_{i=1}^{n}\sum_{j=1}^{n} S_{ij}^T \tag{4}$$

对 S^T 应用拉格朗日乘数法，可以求得最大网络信息时效熵 $S_{max}^T = \ln N_1 = \ln \sum_{i=1}^{n}\sum_{j=1}^{n} l_{ij}$

定义3 称 R^T 为复杂产业网络的信息时效，如果

$$R^T = 1 - S^T/S_{max}^T \tag{5}$$

（二）复杂产业网络的信息质量

信息质量反映信息在企业间流通时准确性的大小。复杂产业网络的信息质量熵描述复杂产业网络中信息质量不确定性的大小；企业的信息质量熵描述该企业在信息传递过程中出错机会的不确定性，与该企业的关联数有关。

定义4 假设复杂产业网络共有 n 个企业节点，称 S_i^M 为节点 i 在信息传递过程中的信息质量熵，如果

$$S_i^M = -p_i\ln p_i \tag{6}$$

$$p_i = k_i/N_2 \tag{7}$$

$$N_2 = \sum_{i=1}^{n} k_i \tag{8}$$

其中，k_i 是节点 i 的度，也就是与节点 i 相关联的企业数。

定义5 假设复杂产业网络共有 n 个企业节点，称 S^M 为网络的信息质量熵，如果

$$S^M = \sum_{i=1}^{n} S_i^M \tag{9}$$

对 S^M 应用拉格朗日乘数法，可以求得最大网络质量熵 $S_{max}^M = \ln N_2 = \ln \sum_{i=1}^{n} k_i$

定义6 称 R^M 为复杂产业网络的信息质量，如果

$$R^M = 1 - S^M/S_{max}^M \tag{10}$$

从定义1和定义4可以看出，信息传播的时效和质量与复杂产业网络的关联结构密切相关，从而信息的时效熵和质量熵可理解为复杂产业网络中关联结构的复杂性与多样性。对于复杂产业网络而言，多样性意味着复杂性，也意味着稳定性。

（三）复杂产业网络的信息有序度

基于信息时效和信息质量，就可以度量复杂产业网络的复杂性结构的有序程度。为此，我们有：

定义7 称 R 为复杂产业网络关联结构的信息有序度，如果

$$R = f(R^T, R^M) \tag{11}$$

其中，$f(\cdot,\cdot)$ 表示 R^T、R^M 的函数关系式。

通常情况下，假设 R、R^T、R^M 三者满足线性关系，也就是说，R 是 R^T 和 R^M 的线性组合，即

$$R = \alpha R^T + \beta R^M \tag{12}$$

其中，α、β 分别为信息时效和信息质量关于复杂产业网络的权重系数。

三、复杂产业网络信息熵评价的实证分析

从中国集成电路产业的发展和现状来看,基于技术依赖的设计(Fabless)、制造(Foundry)和封装测试(Packaging & Testing)构成的产业链网络在中国已经初步形成(如图1所示)。集成电路产业是高技术、高投资和高风险的现代产业,技术创新是其不断发展的核心动力。事实上,集成电路产业中技术创新频繁发生,而且每项技术创新都是在众多企业和服务机构的参与下共同完成的。集成电路产业的技术创新服务机构主要有设计服务(Chipless)、设备材料(Equipment & Material)、高校科研机构、行业协会、政府机构、中介机构、金融机构等。在技术创新过程中,集成电路企业与服务机构之间的联系主要有:共同开发(Co-develop)、代工服务(Foundry Service)、授权(License)、技术/工艺转移(Transfer Technology/Process)、持股投资(Share Holder/ Investment)等。这些错综复杂的联系形成了集成电路产业的技术创新社会化服务网络(如图2所示)。

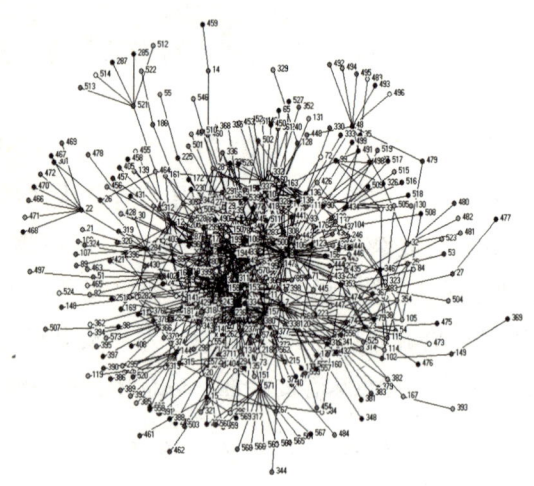

图1 集成电路产业链网络图

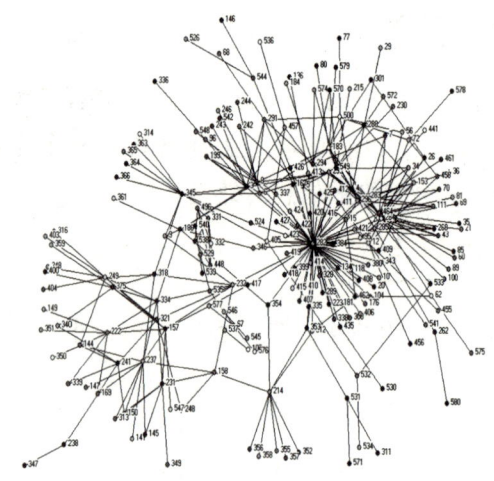

图2 集成电路产业的服务网络

(一) 网络的复杂性结构分析

1. 无标度特性分析

根据图1和图2所给出的复杂网络的拓扑结构,图3和图4分别给出了双对数坐标下的网络节点度分布图。

可以看出,产业链网络和服务网络都具有无标度特性(Scale Free)。无标度特性表明网络节点度的异质性具有非常高的水平,也就是说,网络中的连接在节点之间分布极不均匀。在服务网络中,关联数较大的节点是服务类企业和科研院所,如信息产业部软件与集成电路促进中心、上海市集成电路设计研究中心(ICC)、北京大学微电子学院、复旦大学微电子研究院等,因此,他们在服务网络中的地位非常重要。这些关联数较大的机构或组织的研发能力和良性发展直接影响到整个集成电路产业的创新能力和发展。

2. 集聚特性分析

根据图1和图2所给出的复杂网络的拓扑结构,图5和图6分别给出了双对数坐标下企业节

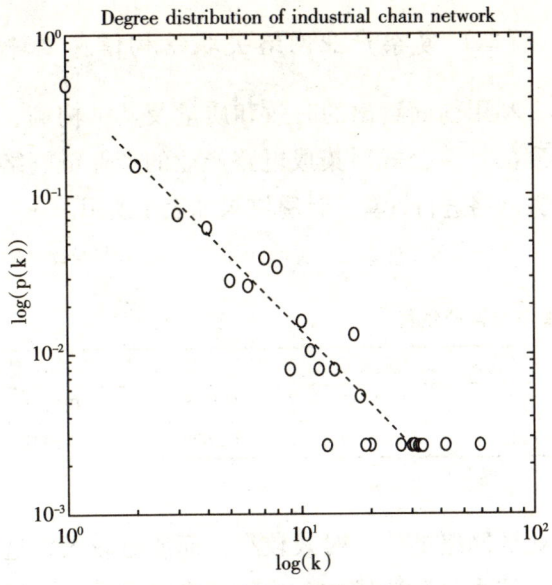

图3 产业链网络的节点度分布

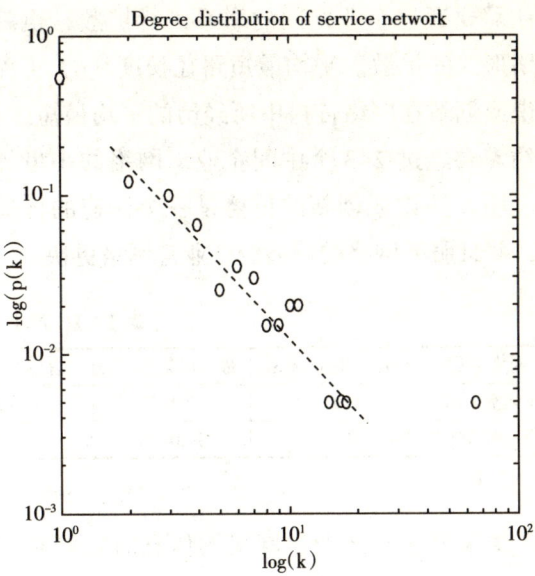

图4 服务网络的节点度分布

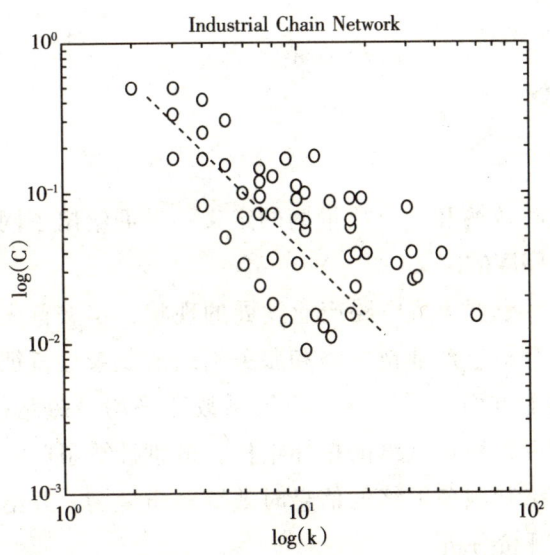

图5 产业链网络的集聚系数分布图

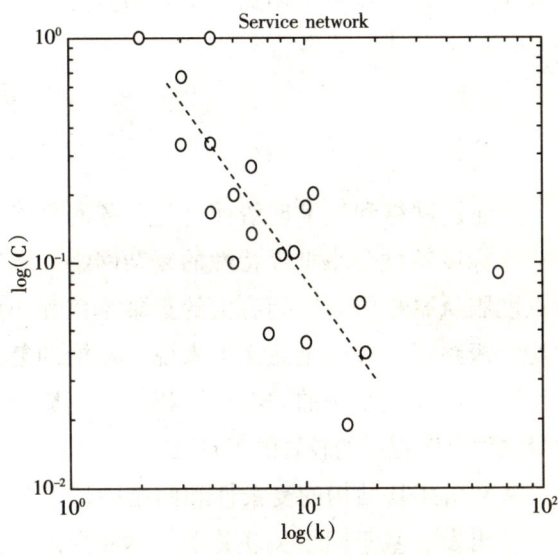

图6 服务网络的集聚系数分布图

点的集聚系数 C 与其度 k 的关系。

由于分工和研发能力不同，使得组织之间的集聚系数差异较大，且集聚系数也较强地依赖于组织的关联数。不同组织的集聚系数的不同，说明了知识和信息在与其关联的组织中被分享的程度的不同。通过组织在网络中集聚系数的大小，可以看出其在服务网络中参与知识和信息分享的作用和地位。

3. 小世界特性分析

通过分别对集成电路产业链网络和服务网络（图1和图2）的计算，我们得到：产业链网络的平均最短路径长度为 $\langle d \rangle = 3.864$，而服务网络的平均最短路径长度为 $\langle d \rangle = 3.711$，说明网络中的任意两个企业平均通过 2~3 个中间企业就能发生联系。

新知识和新技术不会马上被众多企业所掌握，

往往需要通过企业之间的联系进行扩散,也就是网络形式的扩散。平均最短路径长度〈d〉可测量知识或创新在网络传播中所经历的平均最短距离,大约需要经过2~3个中间企业。网络的小世界特性表明,知识或创新的传播是一个快速的传播过程,并且服务网络的传播较产业链网络更快。

(二) 复杂产业网络关联结构信息熵评价

利用前面给出的时效和质量及其结构熵、有序度的计算公式对集成电路产业的产业链网络与服务网络进行计算,计算结果如表1所示。

表1 IC产业关联结构的信息熵评价结果

网络类型	信息时效熵 S_1	最大时效熵 S_{1m}	信息时效 R_1	信息质量熵 S_2	最大质量熵 S_{2m}	信息质量 R_2	信息有序度 R
产业链网络	11.0072	12.4057	0.1127	5.296	7.2696	0.2715	0.1921
服务网络	9.6666	11.0436	0.1247	4.7022	6.4394	0.2698	0.1972

注:$R = (R_1 + R_2)/2$

结果显示,产业链网络的信息时效熵和信息质量熵均高于服务网络,说明产业链网络中关联的类型与结构比服务网络更为复杂与多样。但是产业链网络的信息时效较小,而质量较大,这是由于技术分工造成的企业间合作时间短、执行质量高。

四、结论

产业链网络和技术创新社会化服务网络都是具有无标度特性和小世界特性的复杂网络,即其节点度服从幂率分布,拥有大的集聚系数和小的平均最短路径。在一定意义上来说,网络的复杂特性表现出复杂系统的"有序"程度,而熵则是度量这种有序程度的较好的工具。

从网络拓扑结构的复杂性和网络中信息扩散的角度出发,基于网络关联关系,本文提出了信息时效熵和信息质量熵的定义,进而给出了网络有序度的定义。

根据集成电路产业发展的现状,本文首先对比分析了产业链网络和服务网络的复杂性特征的三个方面:无标度、集聚系数和平均最短路径。然后,根据网络的拓扑结构,分别计算了产业链网络和服务网络的信息时效熵和质量熵,并给出了评价分析。

参考文献

[1] 车宏安,顾基发. 无标度网络及其系统科学意义 [J]. 系统工程理论与实践, 2004

[2] Xin-Jian Xu, Zhi-Xi Wu, and Ying-Hai Wang. Statistics of weighted complex networks. arXiv: cond-mat/0504294, 2005

[3] 来源,季福新,毕长剑. 基于结构熵模型的指挥控制系统组织结构评价 [J]. 系统工程, 2001

[4] 谭跃进,吴俊. 网络结构熵及其在非标度网络中的应用 [J]. 系统工程理论与实践, 2004

[5] 姜璐. 熵——系统科学的基本概念 [M]. 沈阳:沈阳出版社, 1997

[6] 陈建军,曹一波,段宝岩. 结构信息熵与极大熵原理 [J]. 应用力学学报, 1998 (12)

[7] Michel Bauer and Denis Bernard. Maximal Entropy Random Networks With Given Degree Distribution. arXiv: cond-mat/0206150 (2002)

[8] G. Wilk and Z. Wlodarczyk. Nonextensive Information

Entropy for Stochastic Networks. arXiv: cond–mat/0212056 (2002)

[9] Venkat Venkatasubramanian, Dimitris N. Politis, and Priyan R. Patkar, Entropy Maximization As A Holistic Design Principle for Complex Optimal Networks and the Emergence of Power Laws. arXiv: cond-mat/0408007 (2004)

[10] 李守伟, 钱省三. 产业网络复杂性及其实证研究 [J]. 科学学研究, 2006, 24 (4): 529-533

[11] 吕坚, 孙林岩, 朱云杰, 顾元勋. 组织结构有序度的结构熵评价研究 [J]. 预测, 2003, 22 (4): 72-74

[12] 艾新波, 张仲义. 组织扁平化的熵模型分析 [J]. 科技管理研究, 2005, 25 (3): 118-119

[13] 刘铁忠, 李志祥, 彭学君. 基于结构熵模型的企业安全管理系统组织结构评价方法 [J]. 科技管理研究, 2005, 25 (2): 148-150

基于结构视角的中小企业网络组织效率改进研究*

[摘要] 中小企业网络组织是目前被中小企业广泛采用的一种避免自身竞争劣势的重要手段。本文对其基本特性进行了分析,然后把常见的中小企业网络组织划分为五种类型,即单中心结点型、无中心结点型、多中心结点型、链式和层级式中小企业网络组织。最后,基于结构视角,运用社会网络和复杂网络理论分析了中小企业网络组织结构与效率的关系,提出了中小企业网络组织的效率改进措施,并给出了相应的中小企业能力提升建议。

[关键词] 中小企业网络组织;结构;效率改进;社会网络;复杂网络

一、引言

20世纪80年代以来,随着网络组织形式的广泛应用,这方面的研究文献也大量出现,一般认为网络组织介于科层组织和市场组织之间,其特性也是介于科层组织的特性和市场组织的特性之间,但绝不是两者特性的简单综合,而是呈现出一些新的特性。[1][2][3] Grandori(1987)较早地总结了网络组织的形态和类型,他认为控股或合资、特许经营、转包、卡特尔联合体、董事互派、族系和社会关系是存在于独立法人之间的网络组织形态,但随着专业化分工的深化和信息网络的延伸,各种新型的网络组织形式不断涌现,并在生产活动中发挥着重要作用。中小企业是社会经济中的弱势群体,采取网络组织这种形式可以节约交易成本,共享网络资源,深化分工与专业化,创造与共享企业核心能力。作为网络组织的一种特殊形态,中小企业网络组织最近越来越多地受到关注。中小企业网络组织是指一批相互联系又各自独立的中小企业为了生产经营的需要,通过信任关系、承诺或契约所建立起来的一种相对稳定的交易关系。[4] 这种交易关系可以是垂直联结,也可以是水平联结,在保持网络组织内中小企业结点高度灵活性的情况下,通过协作追求规模经济和范围经济,并分享由中小企业网络组织带来的网络经济性。中小企业广泛采用的网络组织形

---

* 作者简介:沈运红:杭州电子科技大学管理学院副教授、博士,研究方向:网络组织;王核成:杭州电子科技大学教授、博士、院长,研究方向:企业能力;杨波:杭州电子科技大学讲师、博士,研究方向:复杂网络。通讯地址:杭州电子科技大学管理学院;邮政编码:310018;E-mail:syhkjf@163.com。

基金资助:本文受浙江省科技计划面上项目资助(项目号2008C25G2040006),同时受国家自然科学基金面上项目资助(项目号7087028)。

式主要有：战略联盟、虚拟企业、中小企业集群、分包制、企业集团和供应链协作网络等。[5] 中小企业网络组织的结构与效率之间往往存在着密切联系，深入分析中小企业网络组织的内部结构特征，可以帮助我们发现效率与结构的内在关系，为网络组织中中小企业的成长和区域政府制定政策提供借鉴。

二、中小企业网络组织的特性分析

以中小企业为主构成的网络组织，是中小企业避免竞争劣势的一种有效手段，它既有网络组织的一般特性，同时又与一般网络组织不完全相同，呈现出一些自身的特性。

（一）资源互补性

与大型企业相比，中小企业在资金、人才、技术等方面存在着明显的劣势，选择网络组织形式可以实现资源共享，充分发挥各自现有的优势，提高核心竞争能力。所以资源互补性是中小企业网络的一大特点，也是中小企业网络组织存在的前提。

（二）边界模糊性

网络组织中，许多项目或功能是跨越企业边界的，需要多个企业或单位配合来完成，这一点在中小企业网络组织中体现得更加明显。在中小企业网络组织中，企业边界变得更加模糊，项目共同参与的企业更多，成果被更多的企业共同所有。同时中小企业的边界也更具时变性，随着任务的不同，合作伙伴的不同，合作时期的不同，企业边界也不断变化。边界模糊时变性是中小企业网络组织保持竞争力的关键。

（三）动态选择性

中小企业网络组织内外部环境总是处于变化之中，外部技术或市场具有不确定性和不可观测性，网络内中小企业破产、被兼并等现象不可避免，所以中小企业网络组织虽然在一定时期内具有相对稳定性，但随时都有可能为了适应内外部变化而重新进行选择，一方面，网络结点不断变更，新结点会不断进入，原有结点也有可能退出；另一方面，原有网络关系也随时有可能改变，所以中小企业网络总是处在不断的动态选择之中，动态选择性是中小企业网络组织实现自我更新的基础。

（四）平等互利性

在中小企业网络组织中，无论是中小企业与中小企业之间，还是中小企业与大型企业之间，只有建立起柔性、平等、独立的合作关系，才能使网络组织更好地实现信息交流与共享。互惠互利、平等共享是成员企业长期合作的基础。那些受到核心经济主体控制、以强凌弱、不能合理分配合作成果的网络组织，一般很难保持长期稳定。平等互利性是中小企业网络组织和谐运行的条件。

（五）复杂演化性

这一特征在中小企业网络组织中体现得很突出，首先是环境复杂性。小企业合作的目标之一便是通过集体的力量应对环境变化，取得与其他大企业、企业网络相当的竞争优势地位。中小企业网络组织中众多结点的交互作用形成了一个大维数的网络结构，也大大提高了中小企业网络组织的结构复杂性。另外,中小企业网络组织是在整个宏观文化的规制下,通过结点之间的互动推动中小企业网络组织的演进,体现出中小企业网络组织的自学习、自组织特征,从而将复杂性特征显著地体现在结点的个体行为、群体行为及整个中小企业网络组织行为上,揭示了中小企业网络宏观文化对结点行为的约束机制、群体动力机制以及中小企业网络组织自组织演进、创新涌现等特征。[6]

三、中小企业网络组织的基本类型结构

中小企业网络组织按联系关系的均匀性可以分为单中心结点型、无中心结点型、多中心结点型、链式和层级式中小企业网络组织五种情况,每一种类型的中小企业网络组织间存在着明显的结构差异,也显现出不同的功能特性。

(一) 无中心结点型中小企业网络组织

中小企业之间相互存在较强的联系,但并不存在一个中心企业,相互之间存在多边合作关系(图1),这种类型中小企业网络组织的典型代表是单纯由中小企业构成的集群。

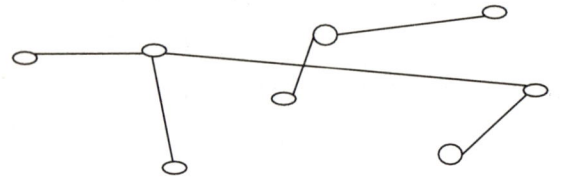

○ 中小企业或服务机构 —— 企业间联系
图1 无中心结点型中小企业网络组织示意图

(二) 单中心结点型中小企业网络组织

这种类型在传统产业中很常见,中心企业往往是拥有较多资源的大中型企业,周边企业对中心企业有着较多的依赖关系,或其他企业为中心企业提供原材料、配件、物流、销售渠道或其他相关服务等构成的网络,称为单中心结点型中小企业网络组织(图2)。这种类型的中小企业网络组织的典型代表是一个大型企业的服务网络。

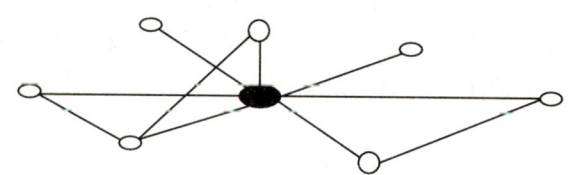

● 中心结点企业 ○ 中小企业或服务机构 —— 企业间联系
图2 单中心结点型中小企业网络组织示意图

(三) 多中心结点型中小企业网络组织

这种类型表现为中小企业网络内有多个中心结点,每个中心结点周围都有多家中小企业为其提供配套服务,这样构成的网络我们称为多中心结点型网络(图3)。这种类型的典型代表是大中型企业之间的战略联盟以及跨国公司在各地的分公司组成的网络。

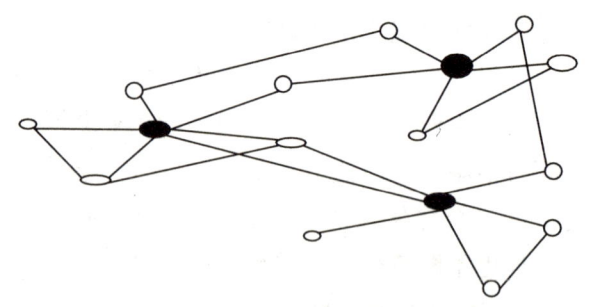

● 中心结点企业 ○ 中小企业或服务机构 —— 企业间联系
图3 多中心结点型中小企业网络组织示意图

(四) 链式中小企业网络组织

这种类型的中小企业网络组织之间的联系存

在着明显的上下游关系，构成一个供应链，有的企业处于上游位置，有的则处于下游位置，有的企业处于中间位置，对于某些企业属于上游企业，对于另外一些企业则属于下游企业。这种网络组织形式最大的特点就是企业之间的联系呈现出直线链式连接，上下游特征明显（图4）。链式连接关系一般出现在一些生产流程高度可分割以及技术上相互依赖的产业。显然这种中小企业网络组织的典型是供应链网络。

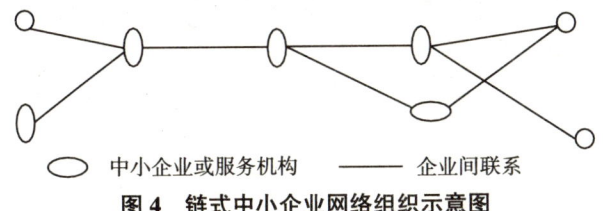

图4　链式中小企业网络组织示意图

（五）层级制中小企业网络组织

这种类型的中小企业网络组织表现出明显的层级关系，每一级结点只和上一级结点发生联系，而同级结点之间没有明显的合作关系。这种中小企业网络组织常常出现在任务可层层分包的企业网络中，如建筑施工行业等。

层级制中小企业网络组织与单中心结点型中小企业网络组织是有一定区别的，单中心结点型中小企业网络组织一般是与中心结点建立合作关系的企业相对较多，但并不排除其他结点之间建立起相互的连接关系。而层级制中小企业网络组织的底层结点之间一般是竞争对手，相互之间合作较少。底层结点有可能同时是一个或几个层级网络的底层结点，即同时接受几家不同企业的分包任务（图5）。

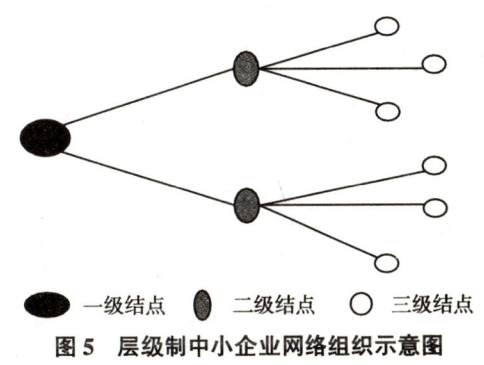

图5　层级制中小企业网络组织示意图

四、中小企业网络组织的效率改进分析

（一）基于社会网络理论视角的分析

社会网络理论的研究为中小企业网络组织的正式和非正式合作网络的研究提供了理论基础。一般来说，对于中小企业网络组织，参与的成员企业越多，异质性越强，社会资本越雄厚，则中小企业能够从社会网络中摄取的资源就越多，获取的信息也就越丰富。

1. 基于弱连接理论的分析

林南在其代表著作《社会资本——关于社会结构与行动的理论》一书中，把人的行动分为两种：一种是表达性行动，用于维持资源，这种行动本身就是其目的，行动和目的是合一的。期待的回应主要是表达性的：承认自己的财产权或分享自己的情感。另一种是工具性行动，用于寻找和获得额外有价值的资源，行动被视为实现目标的手段，目标是增加资源。[7]

根据Granovetter（1973）的弱连接理论和林南等学者的研究成果，[7][8]我们知道强连接关系对表达性行动有效，关系越强，获取的社会资本越可能正向地影响表达性行动的成功；而弱连接关系对工具性行动有效，关系越弱，在工具性行动中越可能获取好的社会资本。

所以，中小企业不应该把所有的精力全部放

在维持和加强现有网络联系上，那些不经常联系的企业有可能成为今后企业创新中的重要源泉。中小企业在与现有的合作伙伴建立紧密的合作关系的基础上，还要注意搜索新的资源，随时掌握最新技术动态，加强与其他地区、其他网络的连接。中小企业核心竞争力的大小往往与其拥有的社会资本的多少成正相关关系。

2. 基于结构空洞理论的分析

Burt研究认为，处于结构空洞处的企业与其他企业相比有着更多的机会，两个网络之间的连接都需要通过空洞处的企业进行连接，这些处于空洞处的企业被称为"桥梁"企业。[9]这一理论告诉我们，中小企业在网络中的初始位置越好，则越可能获取和使用好的社会资本。所以，中小企业在网络组织中要争取占据优势地位，争取成为网络联系的"桥梁"结点，越靠近网络中的"桥梁"，中小企业获取更多社会资本的机会就越大。想占据网络"桥梁"位置，可以从两方面出发：一是努力向现有网络"桥梁"靠近，加强与"桥梁"结点的直接联系，争取早日超过并取代现有"桥梁"结点；二是要不断发现新的机会，建立起新的"桥梁"关系，在新关系中占据"桥梁"位置。

同时，我们还应该注意到，中小企业的网络位置强度视桥梁所连接的资源不同而存在差异。如果连接的资源丰富，异质性大，能够为中小企业网络带来巨大资源，则中小企业应密切加强与此"桥梁"结点的联系；但如果"桥梁"结点连接的资源不够丰富，异质性小，则中小企业应适当降低在此结点的投入力度。

（二）基于复杂网络理论视角的分析

1. 基于WS模型的分析

许多中小企业网络组织被证实有着较大的集群系数和较小的平均路径长度。[10][11][12]一般认为中小企业通过合作关系构成的网络关系是小世界网络。从小世界网络的特性我们可以得知，在网络中建立一些"捷径"就可以大大提高网络的集聚系数，降低平均路径长度，从而提高中小企业网络组织的效率。在中小企业网络组织中所谓的"捷径"，就是小世界网络中的"长边"，是相对而言的，如果多数企业只和邻近的几家企业有联系，则企业A与企业B建立的合作关系就被称为"捷径"（图6）。"捷径"在提高连接"捷径"的结点企业效率的同时，也大大提高了整个中小企业网络组织的效率。

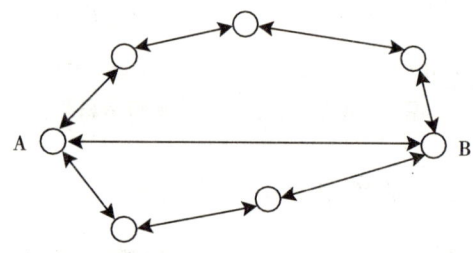

图6 企业合作关系的"捷径"示意图

"捷径"可以建立在同一网络内部不同中小企业之间，也可以建立在不同中小企业网络组织之间，还可以是企业家之间的沟通与交流，这些连接（或联系）就是"边"，各企业（或企业家）就是"结点"。

所以，中小企业在发展过程中，在条件允许的情况下，对于一些自己需要经常联系却常常通过其他企业进行代理的交易，可以适当改变以前的策略，直接同最终产品的生产或服务企业建立联系，不但会大大减少本企业的交易环节，降低成本，而且也可能会吸引有相同需求的其他企业与本企业建立起合作关系。

需要指出的是，这种"捷径"并不是越多越好。一方面，中小企业的时间精力毕竟有限，不可能与所有需求的最终产品企业建立起联系；另一方面，建立过多的合作关系，反而有可能会造成过高的维系成本，有些得不偿失。所以中小企业应该选择那些对本企业的经营活动影响最大、最关键的企业建立起必要的联系。比如本企业主要原材料的采购企业，关键技术的主要合作伙伴，最关键的客户企业等，这些企业在中小企业时间精力允许的条件下，最好能建立起"捷径"关系。

如果是站在政府的角度来考虑，善于发现、鼓励、引导中小企业建立起网络"捷径"，则可以有效改善本地区中小企业网络组织的合作效率，产生更大的协同效应，加快地区经济良性发展。

2. 基于 BA 模型的分析

从现实生活中我们发现，中小企业网络组织的结点存在着"富者更富"的现象，即越是活跃的结点被别人连接的概率也越大，这与 BA 模型中的择优连接机制是一致的，因此，中小企业网络组织也具有无标度特性。[13] 中小企业建立的合作关系越多，则越可能成为其他企业的合作伙伴，从而更加有利于企业的发展，那些缺少和其他企业联系的企业则有更大的可能失去原有的合作伙伴，这也从另一个侧面解释了"赢者通吃"现象的产生机理。所以站在中小企业发展的角度来看，中小企业应该尽可能地选择"度数"较高的活跃结点，与那些拥有广泛合作伙伴的企业进行深入合作。当然，合作的前提是这些活跃结点愿意与本企业合作。

同时，由于多数企业往往把注意力集中在那些度数比较大的活跃结点上，所以，与度数大的活跃结点建立了有效联系的中小企业，被其他企业连接的概率也相对较大。

需要注意的是，由无标度网络针对随机攻击的鲁棒性以及针对蓄意攻击的脆弱性可以知道，这些关键活跃结点的经营情况对整个网络的影响是很大的，如果活跃结点企业倒闭，整个网络组织的连接关系有可能发生巨大变化，依赖与其合作的一系列中小企业的合作关系及生产经营也会受到重大影响。所以中小企业在选择与活跃结点企业建立密切联系的同时，也要注意保持和其他结点企业的合作关系，不要完全依赖于某一活跃结点，以防止活跃结点企业生产经营活动的波动对本企业生存产生的重大影响。

五、结论

作为网络组织的一种特殊形式，中小企业网络组织的相关研究仍有广阔的空间。本文引入中小企业网络组织的概念，分析了中小企业网络组织的五个基本特征，即资源互补性、边界模糊性、动态选择性、平等互利性和复杂演化性。把常见的中小企业网络组织划分为单中心结点型、无中心结点型、多中心结点型、链式和层级式中小企业网络组织五种类型。同时基于结构视角，运用社会网络和复杂网络理论分析了中小企业网络组织结构与效率的关系，深入分析了每一种网络理论或模型对中小企业网络组织的启示，提出了中小企业网络组织的效率改进机制及相应的中小企业发展策略。政府可以致力于改善中小企业网络组织的结构，中小企业则可以充分利用网络组织中的位置或关系变迁，来提升自身能力。

参考文献

[1] R.E. Miles, C. C. Snow. Network Organizations: New Concepts for New Forms [J]. *California Management Review*, 1986, 28 (3): 62-73

[2] H.B. Thorelli. Networks: Between Markets And Hierarchies [J]. *Strategic Management Journal*, 1986 (7): 37-51

[3] 沈运红, 王恒山. 国内外网络组织研究及其新进展 [J]. 科技进步与对策, 2007, (3): 198-200

[4] 李维安等. 网络组织: 组织发展新趋势 [M]. 北京: 经济科学出版社, 2003

[5] 刘东等. 企业网络论 [M]. 北京: 中国人民大学出版社, 2003

[6] 林润辉. 网络组织与企业高成长 [M]. 天津: 南开大学出版社, 2004

[7] Lin Nan. Social Resources and Instrumental Action [M] In Marsden and N. Lin eds, Social Structure and Network Analysis, Sage Publications, 1982

[8] Granovetter M. The Strength of Weak Ties [J]. *American Journal of Sociology*, 1973, 78 (6): 1360-1380

[9] Burt R. Structural Holes: The Social Structure of Competition [M]. Cambridge MA: Harvard University Press, 1992

[10] D. J. Watts, S. H. Strogatz. Collective Dynamics of 'Small-world' Networks [J]. Nature, 1998, 393 (6): 440-442

[11] Li X., Jin Y. Y., Chen G. Complexity And Synchronization of The World Trade Web [J]. *Physica A*, 2003, 328: 287-296

[12] 李凯, 李世杰. 装备制造业集群网络结构研究与实证 [J]. 管理世界, 2004 (12): 68-76

[13] A. L. Barabási, R. Albert. Emergence of Scaling in Random Networks [J]. Science, 1999, 286 (10): 509-512

乡镇企业集群化与乡村共同体演化*

——基于社会资本与社会网络视角的分析

[摘要] 乡镇企业的集群化已成为我国农村工业发展的主要形态，它与乡村共同体的社会结构之间存在着内在的联系和相互作用，乡镇企业集群根植于特定区域的乡村共同体关系结构，并与之融合，同时这种融合又促使传统乡村共同体向新型社区形态发生演化。

[关键词] 乡镇企业；产业群；共同体；社会网络；演化

对中国乡村经济与村落共同体之间的内在联系与互动演化，一直是许多国内外学者关注和研究的重要问题。最具有代表性的当属我国著名学者费孝通先生的"江村经济"[1]等一系列著作。此外，其他学者如旗田魏的《中国村落与共同体理论》[2]、施坚雅的《中国农村的市场与社会结构》[3]、杜赞奇的《文化、权利与国家：1900~1942年的华北农村》[4]、黄宗智的《华北的小农经济与社会变迁》[5]等，这些研究成果对认识我国早期乡村社会经济形态都具有启发性和建设性。

然而，中国改革开放以来，农村的经济与社会已经或正在发生根本性的变化，特别是中国乡镇企业的兴起和发展，以及由此引发的乡村工业化过程，它们与农村的社会结构尤其是乡村基层共同体的变迁，都明显处于同一个演化过程。对这些现象之间具有怎样的内在联系与互动作用，已经成为近些年来许多学者非常关注和不断探索研究的挑战性问题。比如，20世纪90年代陈吉元、何梦笔等对"中国村庄经济与村落文化"[6]的系统考察分析，折晓叶、陈婴婴对幸存工业化中"超级村庄"[7]的分析；21世纪以来，刘玉照对乡村"基层生产共同体"现象的考察，[8]李培林对农村现代化中"村庄终结"[9]的解释；胡必亮对如今乡村"关系共同体"特征的揭示；[10]等等。显然，他们的研究对认识和解释中国农村现代化进程中乡镇企业的兴起发展与乡村共同体变迁，无疑提供了非常有益和建设性的分析方法和理论观点。但值得注意的是，我国农村乡镇企业的发展如今已经处于新的阶段，即大量的中小型乡镇企业正在通过集群化的模式进入一种新的发展阶段。因此，对于农村乡镇企业的集群化与乡村共同体形态之间又具有怎样的内在联系与互动，非常有必要在以往研究成果的基础上作进一步的分析考察。

---

* 作者简介：康胜；男，杭州师范大学，副教授，硕士生导师，研究方向：产业经济与组织理论。
通讯地址：浙江省杭州市下沙学林街16号杭州师范大学政经学院，邮编：310036；E-mail：kangseng@sina.com。

一、乡镇企业、企业集群和乡村共同体的界定

本文将集中以乡镇企业及其集群化现象和乡村共同体为分析对象，为此，有必要首先对它们的基本含义加以界定。

（一）乡镇企业

根据以往的界定，乡镇企业主要是指"农村集体经济组织或以农民投资为主，在乡镇（包括所辖村）举办的承担支援农业义务的各类企业"。

如果依据目前的统计范围，乡镇企业则包括乡、镇、村各类组织和个人投资兴办和经营的各类、各种形式的企业。本文的讨论也将在这一含义基础上使用乡镇企业的概念。

（二）企业集群

企业集群的含义一般都是来自著名学者迈克尔·波特的界定，它是指"在特定行业领域中，一群在地理上邻近、有交互关联性的企业和相关法人机构，并以彼此的共通性和互补性相联结的企业体系"。[11] 虽然一些研究有时也将企业集群涵盖在一般的工业园区或企业虚拟网络，但本文将沿用以上波特对企业集群的定义，即严格限定在：它必须具有处在相关行业、形成地理集聚和企业分工协作基础上的互补共生等基本特性。

（三）乡村共同体

"共同体"（Community）这一概念一般包含三层含义：第一，它意味着是由不同个体组成的团体；第二，成员个体间存在共同利益；第三，成员个体间存在互动依存关系。[12] 共同体的概念可以在不同层次和不同的范围运用，大到世界性的国家间的组织，小到局部范围内各类个人或组织主体构成的基层社区。我们这里分析讨论的乡村共同体主要限定在村镇区域这种小范围"社区"层次使用这一概念。虽然对于什么是乡村基层共同体的内涵与外延，一直以来存在着不同的界定，比如，先期有日本学者的"村落共同体"[13]和美国学者的"基层市场共同体"[3]这两种不同解释；近年来又有我国学者进一步提出的"基层生产共同体"[8]和"关系共同体"[10]等新的见解。但是，这些只不过是分析视角或方法的差异，而出发点却都是把它作为乡村基层社区活动的基本组织单元。所以，我们将要分析的"乡村共同体"概念，就是指乡村活动的基层社区或基本单元，它们是由乡村特定范围内具有血缘、地缘或共同利益关系和互动依存关系的社会成员构成的群体。显然，它与以上所列各种不同类型乡村共同体的具体提法并不矛盾。

在中国的改革开放和经济发展中，由于乡镇企业、企业集群都是镶嵌在特定区域的基层乡村（镇）社会结构之中，因此，分析考察它们之中的任何一个方面，就必须在他们的内在联系和互动关系中加以把握。

二、根植于乡村共同体的乡镇企业集群化

中国改革过程中农村经济形态变化的一个明显标志，就是乡镇企业的兴起和不断发展。它们最初从国营企业的夹缝中寻求生存的机会，后来又从国内市场的拓展中得到发展机会而不断成长，如今又在经济全球化中通过集群化进一步赢得国际市场的发展空间。从乡镇企业后来进一步成长发展的历程来看，主要是两条路径模式：一条是通过自身的不断扩张发展成为具有很强竞争实力的大型企业集团，从而立足于行业的优势地位；另一条就是大量中小企业的集群化发展，由此形成的集群竞争力也同样取得了市场的优势地位。然而，由于受行业属性特征和经营方式的制约，乡镇企业能够发展成为大型集团化企业的毕竟是少数，而更多的乡镇企业主要是通过集群化优势这一路径获取进一步发展空间。如果说，乡镇企业最初的兴起和发展是依赖于当地血缘、地缘以及业缘关系这种社会资本，[14][15]那么，后来乡镇企业的集群化发展，就更是根植在以乡村共同体这种血缘、地缘以及业缘关系为基础的社会网络结构之中。

（一）乡镇企业的集群化

乡镇企业兴起后，在其进一步发展中之所以选择集群化模式，是因为集群化使得乡镇中小企业通过在地理上的集聚性、在行业上的相关性和互补性，以及企业间的分工协同性，形成共生依存、具有系统竞争优势的有机体系。其整体竞争优势特性就在于：

（1）作为一种组织形态，它介于市场交易和企业等级之间，比市场稳定，但又比大型企业灵活，在获得规模优势的同时又能具有很强的柔性和适应性。企业之间建立长久的交易关系不一定以正式契约来维持，而主要通过基于社会关系的信任和承诺来进行协作。

（2）作为一种生产体系，通过众多企业间基于社会资本的分工合作，可以节约生产和交易成本，使它们具有整体协同的集群规模效应。这种规模优势体现在对市场供应者和需求者的吸引力上，同时也体现在相对于外部竞争对手的整体竞争优势上。

（3）作为一种治理模式，它既存在着市场交易形式，从而受到价格机制的协调；同时，它又存在着基于血缘、地缘和业缘关系的社会网络，从而又受到信任机制的协调，它更像是内部市场和利益共同体。[16]

（4）作为一种社会网络，它有利于集体学习和信息及思想的互动交流，具有明显的创业和创新的氛围及知识学习与扩散效应。

正是因为这些特性，从而使得乡镇企业可以借助于集群化的系统协同作用，大大增强了中小企业在大市场中竞争的能力。

（二）乡镇企业集群化的根植基础

企业的集群化发展并非仅局限在乡镇企业，它作为一种普遍现象已经成为当今各种类型企业寻求集聚竞争优势的有效途径。然而，促成这种企业集群化的因素尽管有许多共同特性，但是，乡镇企业集群与一般集群所根植的社会基础却存在明显差异。一般企业集群的企业构成并不局限于地方性，它可能来自国外资本或全国各地资本的投资兴办；所处的地域并非存在传统的社区；这类集群更大程度上主要是依赖于经济因素集聚

而成，它们之间的社会结构和关系网络，是后来形成和发展起来的。然而，不同的是，乡镇企业集群的企业构成则主要是以当地人投资兴办为主，一般都是以特定的村社或集镇为中心集聚而成，也就是说，这些集聚而成的企业群落与所处的村社或集镇，在其经济、文化、地域、社区等多重空间的边界内存在紧密的融合。所以，乡镇企业集群化过程中新企业的不断创生和衍生以及现存企业间的关系网络，从一开始就在很大程度上牢牢"镶嵌"在其集聚村社或集镇的社会结构之中，虽然经济因素非常重要，但紧密的血缘、地缘和业缘这种社会网络关系在集群的形成以及维持过程中无疑发挥着极为特殊的影响（黏合作用）。

由于集群中的主体或核心企业，一般都是由同一村社或集镇范围内的各种原有社区成员兴办，在同村或同镇传统意义上紧密的血缘、地缘和业缘关系（强关系）作用下，具有很强的内聚力和牢固的信任与合作基础，这就如同相互关联中的润滑剂和黏合剂，大大降低了企业集群内的交易成本、生产成本、组织成本和交流与传递成本，这些无疑非常有利于企业集群作为生产体系的分工协作、作为中间组织的治理协调和功能适应、作为创新体系的经验和知识的学习、交流与传递等活动的展开。

三、乡镇企业集群化中的乡村共同体演化

乡村共同体是由当地经济、文化、行政、组织等诸多空间场域构成的集合体，每一个具体空间场域内发生着的社区互动都不同程度地向乡村共同体提供整合新型社区的黏合剂，同时也派生出不同形式的"社会关联"，从而决定着整个乡村共同体社会的属性和秩序状况。由于乡镇企业与特定乡村共同体社会结构的紧密镶嵌关系，[18]企业集群化的形成就会依赖于乡村共同体特有的社会网络关系的存在。但同时也正因为这种镶嵌关系，乡镇企业的集群化发展又必然会影响和改变原有乡村共同体的社会结构形态，从而促使乡村共同体属性特征的变迁演化。

传统的乡村共同体由于其农业生产组织方式和经济活动方式，决定了其内外联系与交往方式所具有的基本特性：比较固定的地理空间，比较固定的成员构成，共同体内外比较固定的联系，以及比较传统的交往方式等。他们要么是"因为边界而导致内聚"，要么就是"因为内聚而产生边界"。[8]所以，在这种条件下，这种传统意义上的乡村共同体就具有强烈的内聚性和明显的封闭性。旗田魏的"村庄共同体"、施坚雅的"基层集镇市场"也都是在这个意义上讨论乡村社区基本单元属性特征的。

然而，随着乡镇企业的兴起，促使原有乡村共同体在生产方式和经济活动方式上发生改变，最为明显的是，原先主要以农业生产为基本方式，已渐渐转变为主要以工业生产和商业贸易服务为基本方式。这种生产方式和经济活动形态的变迁，在更大程度上拓展了与外部市场主体的联系和交往，特别是一旦乡镇企业在一地区成长到一定阶段并进一步演变为集群化发展后，原来镶嵌于传统乡村共同体社会结构中的经济关系，就会发展衍生出更大范围的社会关系网络。此时的乡镇企业集群化模式就可能从整体上主导乡村经济和社区活动的基本方式和主要内容，从而促使原有的乡村共同体属性及结构发生实质性演化。

（1）乡村共同体成员构成发生实质性变化，从单一由村民构成演变为包括各类企业集群人员在

内的更加复杂多元化的社区成员,从而共同体的范围不断扩张。由于乡村工业化过程中乡镇企业的兴起和集群化发展,当地居民显然难以满足其不断扩张的大量企业技术、管理专业人才和劳动力的需求。这种条件下,大量外来的专业人才和劳动力作为企业集群成员落地为根,并且渐渐融入当地乡村社会而成为共同体的一员,结果是以原有共同体成员成为核心或极点,又在其周围凝聚发展而成为更大的共同体成员范围,从而使得乡村共同体成员的构成在身份上从原来的相对单一变得更加复杂和多元化,其构成范围也大大增加。

(2) 乡村共同体的社会结构发生实质性变化,从均衡性的社会结构演变为非均衡性的核心边缘化的"差序结构"。[1]在乡镇企业集群化经济模式的作用下,在促使原有乡村共同体成员构成发生很大变化的同时,也导致其成员之间互动联系的社会结构及其组织方式也随之演变。传统的乡村农业生产中,其组织的基本方式主要是以血缘为基础的家庭组合,在资源和能力禀赋上相差无几,因而就乡村共同体社会的结构而言,它们在其中的角色地位并不具有明显差异,从而其社会结构也相对均衡;但在乡村工业集群化模式中,原先纯粹以血缘为基础的家庭组合的组织方式,已经转变为家庭组合和契约性企业组合相结合的组织方式,并且,在乡镇企业集群化这种新的生产方式、组织形式以及经济模式作用下,乡村共同体成员由于其自身特质的差异,就决定了各自在经济结构关系中处于不同的角色和地位,从而在社会结构上也就形成了非均衡性的"差序格局"。

(3) 乡村共同体的联结方式发生实质性变化,从基于地缘、血缘关系的封闭性紧密内部关联,逐渐演变为基于经济关系的以内部关联为基础、趋向更加外向开放的发散性社会网络。乡村共同体的形成与维持在很大程度上取决于乡村社会的关联状态,而乡村社会的关联状态又取决于乡村公共空间的结构及其内部活动。所以,当原先以农业生产方式为主导的状态,转变为以乡村工业集群化模式主导当地乡村社会的公共空间结构和活动内容及方式时,这种模式转换下的经济关联将会打破旧的社会关联格局,促使新型社会关联的形成和发展。受传统生产方式和经济活动的局限,以往乡村共同体的联系和交往主要是基于乡村的地理接近性(地方性)和家庭的血缘亲缘关系,其社会关联比较紧密和具有内聚性。而在乡镇企业集群化模式中,一方面,共同体成员的广延性多元性不断增加;另一方面,集群内企业间分工协作以及经济交易虽然仍以地缘和血缘关系为基础,但已经打破以往的封闭性,向更加多元和广泛的普遍性社会关系网络延伸。所以,成员间的联结相比以往变得更加松散,同时,随着经济联系和交易的非地方化,特别是现代信息网络交往方式的迅速发展,人们的联系交往方式从以面对面交流向以现代网络手段方式拓展,集群化模式已经促使乡村共同体联结交往的社会网络突破地域空间和血缘亲缘的限制,向更加开放的更大外部空间延伸,从而更加广泛和多样化。

(4) 乡村共同体边界发生实质性变化,从封闭到开放,从静态到动态,从清晰到模糊。由于传统的经济活动、生产和交往方式的制约,传统的乡村共同体成员一般仅局限于基于地缘和血缘这种较小范围的村落居民,因此共同体范围较小,交往联系大多集中在共同体内部成员之间,所以,相互间的联系较为紧密,共同体及社会关系网络的边界也较为清晰,乡镇企业的兴起及其集群化发展也正是根植于这种原有乡村共同体这种"强关系"[17]的社会结构。但是,由于乡镇企业的集群化发展,大量外部成员融入其中,乡村共同体成员的身份更加复杂多元化,共同体的范围进一步扩张。此外,为增强集群活力和创新能力,更加需要经济联系和交易网络从内向外拓展,社会网络也需要向"弱关系"延伸。因此，交往联系也就逐步从地理空间走向经济和社会空间；从封闭走向开放，成员范围由于不断地流入和流出也就从静态转变为动态；并且，从总体的共同体构成上看，以原有社区成员为核心集聚而成的社会和经济结构具有差序格局特性，这样，不仅在经济的利益关系层面上，而且在社会关系的层面上，使得联结关系的内外属性都难以界定。因此，就乡村共同体的边界范围来说趋向更加模糊。正如齐格蒙特·鲍曼所指出的："一旦它（共同体）的条件开始崩溃，这种共同性就会发现自己已经陷入了困境之中，这时，曾经向内部交流倾斜的共同体'内部'与'外部'交流之间的平衡，就变得更加均衡了，因而也就模糊了'我们'与'他们'之间的区别。一旦内部人与外部世界的交流变得比内部人的相互交流更为频繁，并且承负着更多意义与压力，那么这种共同性也就会消失。"[18]

四、结论及有待进一步探讨的问题

总之，我国农村乡镇企业的兴起乃至以后的集群化发展，是根植于乡村的社会结构及其网络关系。但是，当随着乡镇企业集群化发展而使之逐渐成为一地乡村社会经济的主导模式时，它就又会从根本上影响乡村共同体的存在及运行方式，从而也在很大程度上决定了乡村共同体演化的路径取向，这说明，农村的经济发展模式对其乡村社会结构形态及其属性具有非常重要的影响。然而，农村经济发展存在多元化的路径，乡镇企业集群化仅仅是我国乡村工业化中经济发展模式之一，它与所根植的社会结构及其社会网络的互动，导致了其乡村共同体演化的特有取向和路径。所以，本文的研究还只是局限在这样一种模式的分析上，而且即使集群化模式及其互动影响，也还有需要深入思考的问题，比如，乡镇企业集群化导致的乡村共同体演化是否会最终走向使乡村共同体形式消失或终结？或者，当企业集群衰落、转移，这种社会结构及社区形态又会怎样变化？除此之外，其他发展模式与乡村社会结构的互动机理及其演化路径也需要进一步思考探析。又比如，如果一地乡镇企业的成长路径是非集群化，而是走上了大型企业集团化的路径，并且成为当地经济发展的主导模式，则其乡村的社会结构具有怎样的特征？其乡村共同体演化路径又会有怎样的取向？这些问题的进一步深入思考，无疑将会有助于我们对农村经济社会发展的理论认识和实践创新。

参考文献

[1] 费孝通. 江村经济. 南京：江苏人民出版社，1986

[2] 旗田巍. 中国村落与共同体理论. 东京：东京岩波书店，1973

[3] 施坚雅. 中国农村的市场与社会结构. 史建云、徐秀丽译. 北京：中国社会科学出版社，1998

[4] 杜赞奇. 文化、权利与国家：1900-1942年的华北农村. 王福明译. 南京：江苏人民出版社，1996

[5] 黄宗智. 华北的小农经济与社会变迁. 北京：中华书局，2000

[6] 陈吉元，何梦笔，胡必亮. 当代中国的村庄经济与村落文化丛书. 太原：山西经济出版社，1996

[7] 折晓叶，陈婴婴. 超级村庄的基本特征及"中间"形态. 社会学研究，1997

[8] 刘玉照. 村落共同体、基层市场共同体与基层生产共同体. 社会科学战线，2002

[9] 李培林. 村落的终结. 北京：商务印书馆，2004

[10] 胡必亮. 关系共同体. 中国社会科学评论，2004

[11] Michael E. Porter, Clusters and the new economics of competition [J]. Harvard Business Review, Nov/Dec, 1998: 77-90

[12] G.&C.Merriam. Company. Webster's Third New Internationnal Dictionary, Springfield, Massachusetts, 1976

[13] 平野义太郎. 会，会首，村长. 支那惯性调查汇报，第1-2号，东京，1944

[14] 胡必亮，胡顺延. 中国乡村的企业组织与社区发展——湖北省汉川县段夹村调查. 太原：山西经济出版社，1996

[15] 李静. 中国村落的商业传统与企业发展——山西省原平市屯瓦村调查. 太原：山西经济出版社，1996

[16] 康胜. 产业群：基于社会网络的利益共同体与内部市场. 杭州师范大学学报，2008（5）

[17] 马克·格兰诺维特. 镶嵌：社会网与经济行动. 罗家德译. 北京：社会科学文献出版社，2007

[18] 齐格蒙特·鲍曼. 共同体. 欧阳景根译. 南京：江苏人民出版社，2003

政府社会网络与现代农业产业发展*

——以德庆县发展柑橘产业为例

[摘要] 发展农业产业，生产资金、技术、农资质量及产品的销售是一个关键问题，为解决这些问题，德庆县委县政府利用政府的社会网络在总结当前农业产业化模式的基础上，创建了农业产业化"政府组织型"模式，并取得了可喜的成绩。为进一步认识和总结这一模式，本文将从政府的社会网络视角对之进行探讨，分析发挥政府社会网络作用的理论依据和德庆县拓展政府社会网络效用的经验及启示，提出德庆县发展柑橘产业是嵌入社会关系网络之中，这种关系结构制约着德庆县发展现代农业产业的行动。

[关键词] 政府；社会网络；农业产业；发展

一、发挥政府社会网络作用的理论依据

政府是一国经济和社会发展、实现社会公正和效率的重要制度安排。它在处理和解决公共事务时具有举足轻重的作用。正如世界银行1997年发展报告指出："如果没有有效的政府，经济的、社会的和可持续的发展是不可能的。"[①] 自20世纪80年代后期开始，我国已经开始探讨政府职能转变问题。中共十六届三中全会提出了构建"服务型政府"的政治命题，说明党中央已经开始重视并尝试解决这一问题。党的十六届六中全会通过的《中共中央国务院关于构建社会主义和谐社会若干重大问题的决定》明确要求建设服务型政府，强化其社会管理和公共服务职能。十七大报告指出，社会建设与人民幸福安康息息相关。必须在经济发展的基础上，更加注重社会建设，着力保障和改善民生，推进社会体制改革，扩大公共服务，完善社会管理，促进社会公平正义，努力使全体人民学有所教、劳有所得、病有所医、老有所养、住有所居，推动建设和谐社会。这就需要建设服务型政府，着力完善基本公共服务体系。按照均等化的原则，既不断增加公共服务的总量，向社会全体成员提供更多更好的公共服务，又着力优化公共服务的结构和布局，努力扩大公共产品和公共服务的覆盖范围，以发展社会事业和解决民生问题为重点，注重向农村、基层、欠发达地区

---

* 作者简介：龙镇辉：1964年生，男，广东封开人，肇庆学院经济与管理学院副教授，研究方向：流通与区域经济理论和政策。通讯地址：肇庆学院经济与管理学院，邮政编码：526061；电子邮箱：lzh2111858@126.com。

基金资助：本文受肇庆市2007年软科学基金资助（项目号2007F002）。

① 中国行政管理学会课题组：《服务型政府是我国行政改革的目标选择》，《中国行政管理》，2005年第4期。

倾斜，逐步解决公共服务总量不足和分配不均衡的问题，让公共服务的阳光普照共和国的每一寸土地、每一位公民。

何谓公共服务型政府，按照2005年中国行政管理学会课题组在《服务型政府是我国行政改革的目标选择》一文中的概念，是指"在公民本位、社会本位理念指导下，在整个社会民主秩序的框架下，通过法定程序，按照公民意志组建起来的，以为公民服务为宗旨并承担服务责任的政府"。政府管理方式从管制型到服务型模式的转变，实际是由政府本位、官本位和计划本位向社会本位、民本位和市场本位转变，从无限政府到有限政府的转变，把政府职能真正转到"经济协调、市场监管、社会管理和公共服务上"，①这就要求政府必须坚持有进有退、有所为有所不为的原则。对于在市场经济条件下政府应该干什么，不应该干什么，能够做什么，不能够做什么，必须有正确的认识，并在合理设定政府的权力边界的基础上有效地履行职责。从理论上讲，服务型政府应该是"阳光政府、创新政府、责任政府、法治政府"等交叉、综合和渗透的结果，如何适应新农村建设提出的"生产发展、生活宽裕、乡风文明、村容整洁、管理民主"的要求，创新农村公共服务内容、形式和方法，已经成为摆在各级政府面前的全新课题。正如国家发改委中国小城镇改革发展研究中心副主任袁崇法所言，建设新农村需要制度创新，这就要求各级党委和政府把主要精力用于建立服务型政府上，构建政府主导、农民主体、社会参与的长效机制，培养农民的民主参与意识和现代发展理念。十七大报告指出，统筹城乡发展，推进社会主义新农村建设，解决好农业、农村、农民问题，事关全面建设小康社会大局，必须始终作为全党工作的重中之重。要加强农业基础地位，走中国特色农业现代化道路，建立以工促农、以城带乡长效机制，形成城乡经济社会发展一体化新格局。坚持把发展现代农业、繁荣农村经济作为首要任务，加大支农惠农政策力度，深化农村综合改革，培育有文化、懂技术、会经营的新型农民，体现了中央以人为本、执政为民的理念。

政府是制度改革的供给人，不仅中央政府如此，地方政府也如此。很多改革举措是从地方政府的创举开始的。但是由政府发动的这种强制性的制度变迁最终要达到的结果，却是逐步地把自己逐出资源配置的势力范围，迫使自己向企业、向市场和社会还权。但是，受利益的驱动，很多人不会自觉地接受制度的约束，甚至会利用制度供给人的特殊身份，在改革的名义下谋求部门和个人利益，以阻碍甚至破坏市场的生成。结果，由于当事人不愿接受市场制度安排的约束，便使得旨在推进市场发育的新的制度资源供给不足，政府转型及其职能转换同样面临夭折的可能。这些问题说明解决政府转型中的深层次问题，只是就行政而行政，一味地在政府管理层面寻找解决的办法是不够的。许多表现在政府管理层面的问题，其成因或者解决都是行政自身无能为力的，必须站在更高的角度上，比如从政治制度、经济制度的高端角度来解决问题，才能有所收益。

社会网络分析是新经济社会学的基础，网络被认为是联结行动者（Actor）的一系列社会习惯（Socialities）或社会关系（Social Relations），社会网络由熟人圈子中的主要行动者和其他行动者之间的正式和非正式的关系构成。作为新经济社会学的代表人物，格兰诺维特（1985）继承了波兰尼（Polanyi）的"嵌入性"（Embeddedness）概念，认为经济行动是嵌入于社会关系网络之中的，不

---

① 江泽民：《在中国共产党第十六次代表大会上的报告》，《经济参考报》，2002年11月18日。

管从何种角度出发研究经济现象,都必须考察经济行动者所处的社会关系网络,以及个人与群体之间的具体互动,这种关系结构制约着经济行动。作为新经济社会学的另一代表人物,林南(1982)则把那些嵌入个人社会网络之中的资源称为社会资源。他认为,那些嵌入个人社会网络的社会资源,如财富、权力和声望,可以不是个人直接拥有的东西,而是个人通过其直接或间接的社会关系从他人处获取的资源。他认为,在一个分层的社会结构中,当行动者采取工具性行动时,如果弱关系的对象处于比行动者更高的地位,那么行动者所拥有的弱关系将比强关系给他带来更多的社会资源。

二、德庆县拓展政府社会网络效用的经验和做法

近年来,德庆县充分发挥本地优势,围绕做大做强主导产业,以抓好产前、产中、产后的服务为切入点,通过整合服务资源,创新服务方式,完善服务网络,拓宽服务渠道,全面创新政府服务,引导农民发展特色农业,帮助农民开拓市场,运用政府资源打造区域农产品品牌等,找到了政府发挥作用的有效途径,从而真正实现了政府从管理型向服务型的转变,也找到了一条市场经济条件下政府发挥作用的有效途径,实现了农户与市场、技术、资金的有效对接,走出了一条以发展农业生产性服务业推进现代农业的新路子,发展壮大了当地的特色农业与效益农业,带动了农户增产增收,加快了农业农村经济发展,促进了社会主义新农村建设,创造出创新政府服务的新路子。

(一) 创新社会网络服务理念

服务理念来源于干群的理想信念,理想信念要靠学习来确立,要靠实践来体现。德庆人以张德江视察德庆时提出要建设山区经济强县的奋斗目标为动力,并具体落实在打造"三个国家级强县"的目标上。同时,大力弘扬"别人能做到的,德庆人一定能做到;别人做不到的,德庆人也要创造条件做到"的德庆人精神,要求各项工作在市里争当排头兵,在省里争当先进,在全国争创一流。努力营造能干事、能干大事、能干成事的干事创业氛围,凝聚各级领导和党员干部在坚定共产主义远大理想的同时,脚踏实地为实现建设山区经济强县的各项具体目标努力奋斗,把追求德庆发展、人民幸福安康作为干部实现人生价值、体现理想信念的最好平台。创新社会网络服务形式,在建设山区经济强县实践中坚定各级领导和广大党员干部理想信念,他们的社会网络是为老百姓服务的。

(二) 创新整合社会网络资源方式

(1) 加快信息化建设。通过建设"一张网",相继启动"广播电视村村通工程"、"移动信息村村通工程"、"电信光纤进村工程",整合与重组现有的德庆信息直通车网、德庆山区信息网、德庆旅游信息网、德庆物流信息网、德庆柑橘信息网和德庆新农村商网等一系列信息网站。通过共享数据资源"一个库"新增建设了德庆县数字文化网(包括文化艺术、民间艺术、农业技术、时政新闻、博物天地、科普知识、医疗保健、生活百科等内容),把地方特色的小戏、曲艺、舞蹈、民间艺术、书画、摄影、文化遗产、历史名人、重要文献、史志等人文资料,进行整理收录,形成

了一个庞大的本地人文数字资源库。通过多方参与，实施信息服务"一条龙"，专门成立了"德庆农业科技信息发布工作领导小组"，负责组织、协调、指导县信息中心、县农业局、县科技局、县经贸局、县气象局、县物价局、县工商局等十多个信息提供服务点单位，根据本地生产实际，制订月度计划，提出一周每天信息发布内容，切实做好信息的采集、分类、整理、编辑工作，每天进行更新和发布，确保了广大农民每天都能收到所需的农科信息。

（2）积极进行市场拓展，并充分整合新闻媒体资源，由县委、县政府牵头连续四年到北京召开新闻发布会进行宣传推介，积极参加全国性的、国际性的各种果蔬展览会，为当地农产品组织宣传推介活动。

（三）创新社会网络服务体系

帮助农民发展柑橘产业提供全方位服务。根据德庆农民有八成种植柑橘的实际，整合全县相关行政资源和社会资源，构建柑橘产业发展的六大体系。一是完善优质高产的标准化种植体系。按照绿色无公害、出口欧美以及有机食品标准，完善柑橘标准化种植技术规程。二是进一步完善病虫害测报防治体系。重点做好"两病三虫"（即黄龙病、炭疽病，红蜘蛛、锈蜘蛛、潜叶蛾）的防控工作。三是完善食品安全保障体系。食品安全保障体系是保障德庆柑橘产业是否能够持续健康长久地发展下去，造福德庆人民非常关键的一步，他们严禁、售卖使用高毒、高残留农药、化肥，确保德庆柑橘安全。四是完善农资配送体系。按照"少品种，大批量，主渠道"这三句话搞好农资配送服务，确保广大果农用上放心肥、平价药。五是完善农民贷款服务体系。确保只要是调整结构和扩大生产的农民，都能及时得到农信社贷款支持。六是完善市场销售网络体系。建立防范伪劣柑橘仿冒德庆贡柑、砂糖橘的市场销售体系，并及时将销售重点定位为高端突破的策略，主要突出进超市，抓好特约经销，保护好中国柑王、中国橘王品牌。同时，积极筹划发展好优质蔬菜示范种植，抓好亩产6万斤冬瓜示范试点，多渠道增加农民收入，让德庆农民在全国率先致富。

（四）创新流通社会网络服务

在县委、县政府的指导和组织下，以"政府主导、农民参股，企业经营，市场运作，政府监管"的模式成立了农资配送有限公司，并在各镇设立分公司及门市部。农资公司按照农时季节及农户需要，根据农技专家提出用药施肥的意见，直接到品质、信誉好的厂家购进肥料农药，然后通过各镇网点配送到农户。这样既保证了农资质量好、价格合理，又促进了农技推广，特别是有利于推广贡柑、砂糖橘的标准化种植。采取这一经营方式后，德庆的农资价格比周边地区降低了10%以上。省农资总公司反映，该县的农资价格是全省最低、最稳定的。据估算，全县农民为此每年可直接减少支出2000万元以上。由于每个分公司（门市部）都配有3~5名农技员，指导农民科学施肥用药，此项增效措施也使全县农民减少支出500万元以上。

在农产品流通方面，则通过开通物流网站、建设专业交易市场，培育扶持流通龙头企业等方式，建立了较为完善的农产品流通销售网络。目前，全县已开通了县物流服务中心网站，为涉农企业、农户和流通组织等提供及时有效的物流信息服务以及物流货物库存、待运、在运、已运等全程服务。目前还计划与国家商务部合作，实现该中心网与商务部主办的新农村商网链接。同时，大力抓好市场建设和积极培育扶持各类流通中介组织。迄今已建有柑橘专业市场三个，年销售贡柑砂糖橘达3万吨以上。还扶持了五大果业公司和一大批专业从事柑橘收购、加工、销售的专业大户，有效地带动了该县的柑橘生产和流通。

为打造品牌和开拓市场，德庆县还围绕柑橘这一主导产业，连续四年到北京召开新闻发布会，每年有计划地到全国各地中心城市组织宣传推介活动，积极参加全国性的、国际性的各种果蔬展览会。近年，德庆的贡柑、砂糖橘先后获得了"中华名果"、"中国柑王"、"中国橘王"、广东省名牌产品、广东省著名商标称号，县里也先后荣获"中国贡柑之乡"、"中国柑橘十强县"、"中国果蔬无公害十强县"等称号。同时，还通过组织种果大户和销售大户到全国各地考察市场，与当地果商建立销售合作关系，请各地果商到德庆开展供销洽谈活动等，在全国100多个大中城市建立了几百个销售网点，销售渠道拓宽后，贡柑、砂糖橘出现了产销两旺的局面，价格也涨了一倍甚至两倍，加上产量的提高，每亩收益由过去的两三千元提高至上万元，甚至几万元，果农的增收效果十分明显。

（五）创新信息社会网络服务

一是建立县、镇、村三级互联网通道。开设了德庆信息网、德庆山区信息网、德庆柑橘信息网等涉农信息网站，建立和完善了1个县级信息服务中心、13个镇级信息服务中心和175个村级信息服务点。目前，全县镇级服务中心全部配置了4~6台电脑，行政村信息服务点也配置了1~2台电脑。同时，启动"农村千名信息化带头人培训工程"，按照标准对县、镇、村三级信息员进行培训，通过他们带动农民学习使用电脑上网查询。二是开通电视视频点播系统。在县有线电视台安排一个电视频道专门用于传播农科信息，使广大农民在家随时可点播收看所需农科知识。三是开通了手机"农讯通"系统。与移动公司合作开通了"农讯通"短信系统，把每天的天气预报和适时实用的农技知识、农产品市场信息等通过手机短信传递到农户手中。四是开设广播电台农科专栏。每天播两次，每次半小时，向农民广播农科信息。通过四路推进的办法，使农民方便、快捷、有效地获取需要的农科信息和市场信息，在指导农户科学种养、及时加强生产管理、防治病虫害和自然灾害、解决流通和销售问题等方面发挥了重要作用，尤其是较好地实现了农户与市场的对接，农户因为能及时了解市场信息，有了生产经营的自主权，降低了市场风险，从而增加了生产经营收益。

（六）创新技术社会网络服务

近年来，为强化公共服务职能，德庆县分别设立了县农技推广中心、畜牧水产技术推广中心、农机技术推广中心、柑橘产业发展服务中心和信息中心，以及镇、村两级的农技推广网点，形成了较为完善的县、镇、村三级农技推广服务网络。同时，还十分注重农技队伍和农户的科技培训工作，实施了农科技术人员培训工程和千名农民科技致富工程。重点抓好农科队伍和种养大户培训，计划用3年时间，由县财政出钱，对1000名种养大户和农科技术人员进行专门培训。通过邀请专家开设讲座，举办专题技术培训班、大型农科技术交流集市、农民绿色证书培训工程等形式，向广大农户普及推广农科知识和进行培训。2003年以来，共开设讲座42期，举办各类培训班、大型科技交流集市等活动560多期（次），受培训农民群众达25.1万人次。此外，还充分发挥各专业协会的作用，组织广大会员开展技术交流、技术培训和技术咨询等活动，推广先进适用的农业科技。县柑橘协会从2005年9月成立以来，每月均在一些重点镇举办一次科技集会活动，为广大果农提供技术指导和咨询服务，深受果农们的欢迎。另外，全面推广因土配方施肥，通过对全县土壤情况进行调查测验，根据科学种果要求提出了有针对性的施肥方案，为果农针对不同土壤施什么肥、施多少肥、怎么施肥提供了科学依据。

(七) 创新金融社会网络服务

为帮助农民解决贷款难的问题，德庆县从实际出发，出台了一系列支持农民贷款的政策。在各镇农信办事处成立"农民贷款咨询服务中心"，并聘请各村支书为农信协理员，提出"农民贷款找支书"的口号。促成县农信联社与农资配送公司建立信贷关系，以提高小额农资贷款标准，给予贷款支持。通过县农信联社的支持，使农资配送公司有实力支持农民，目前该县农资配送公司40%的营业额是赊销的，果农贷款2万元以下不用担保，超出2万元由农资配送公司担保，所贷款项存放于公司，实行封闭式运作，由公司按贷款量等额定时发放农资给果农使用，等收果时再用果款偿还贷款。通过这种方式，大大调动了农民种植柑橘的积极性。2006年，该县农信社支农贷款就达3.8亿元。

(八) 创新筹资社会网络服务

一是大力开展水利设施建设。政府筹集资金对全县39条淤塞损毁的千亩以上农田灌溉渠和50多个陂陀进行疏浚修复，至2007年上半年已完成60%工程量，下半年已全面完成，并启动了筹资3000多万元砌石加固工程。

二是大力开展交通设施建设。全县已全部实现村村通水泥路，投入3000多万元对75座危塌桥梁进行了重建和修复，使一些原来交通条件较差、农民采取粗放种植的地方也因条件改善而增加投入实行科学种植提高果品质量，被广东省委副书记欧广源称之为"村村通硬底化公路第一县"。

在政府有效组织服务下，德庆柑橘产业快速健康发展，柑橘面积由2002年的5万亩发展到23万亩，农民种植技术年年提高，平均亩产量由两三千斤提高到五六千斤，高的超万斤。销售价格由1元多提升到2元多，亩均收入由三四千元提高到超万元，高的甚至几万元，成为农民大幅稳定增收的支柱。

在推进社会主义新农村建设中，德庆县以发展现代农业为关键，以致富农民为根本，以提高农民素质为核心，充分发挥政府主导作用，创新政府社会网络服务方式，加强政府资源向农村投入，有效地促进了农村经济发展，大幅增加了农民收入，提高了农民生活质量，稳定了农村大局，加快了社会主义新农村建设。德庆创新政府公共服务方式的做法，在当地农民群众中产生了积极的影响，党委和政府在老百姓心目中的威信越来越高，党群干群关系大大改善。根据肇庆学院经济与管理学院于2007年7月到德庆的问卷调查显示，当地农民对政府在弱势群体的保障满意度达80%，对本地环境卫生的满意度达85%，对本地治安稳定的满意度达75.5%，对政府通过建设公共服务型政府、不断提高人民生活水平的满意度达77.8%，村民对政府的公共服务模式的满意度达85%，对政府为农民服务态度的满意度达80.1%。[①] 以上各项指标综合评价的满意度均在75%以上，有些甚至达到85%以上，这说明当地党委和政府的工作及工作方式确确实实得到了人民群众的认可和拥护。由此，在调查中当地农民普遍认为，近年是党委政府投入"三农"最多、社会各项事业建设最好、农民收入增长最大、群众享受公共资源最多、得到实惠最多、经济发展后劲最足、党委政府威信最高、党群干群关系最密切的时期。

---

① 资料来源：根据肇庆学院经济与管理学院"德庆社会主义新农村建设调研组"2007年提供的数据整理而成。

可以这样说，在德庆农业产业发展进程中，一条"主线"始终贯穿其中，那就是：政府利用社会网络、服务"三农"。正是这条"主线"，通过创造性地利用政府社会网络资源，把小农的积极性调动起来，把分散的资源整合起来，打造区域品牌，开拓外部市场，发展农村经济，克服了一个又一个新农村建设难题，并取得了引人注目的成就。

三、几点思考和启示

（一）政府社会网络服务要切合农村实际

这是创新政府服务的出发点。农业丰则基础强，农民富则国家盛，农村稳则社会安。当前，农业和农村发展仍然处在艰难的爬坡阶段。在新农村建设中必然出现许多难题，原因在于我国农村幅员辽阔、地区城乡差异很大，农业基础薄弱，农村生产力低下，农村经济社会体制性障碍，农民素质低，分散的土地无法实现规模效益。要破解这些难点，必须把消除体制障碍和发展农村经济有机结合起来，从根本上化解新农村建设的深层次矛盾。新农村建设本质上也是一个制度创新的过程。影响制度变革的因素有很多，但在不同的时间和空间内，影响制度变革的因素又会有所不同。在社会稳定和政府在社会集团中处于强势地位的情况下，影响制度变革的关键变量就是政府。和企业的服务创新不同，政府服务创新遇到的问题更多、改革的难度更大、服务的对象更广、评估的标准更为复杂。从1998年国家提出建设服务型政府以来，中央和各地方政府朝着这个目标进行了很大的投入和多种尝试。德庆县委县政府针对该县实际，着重从解决政府能否作为、应否作为、作什么为、如何作为的问题，充分发挥政府主导作用，创新政府服务方式，帮助农民解决了他们迫切需要解决而自身又无法解决的一系列问题。根据农民有八成种植柑橘的实际，德庆县委县政府整合全县相关行政资源和社会资源，构建完善发展柑橘产业的保障体系，为农民持续稳定增收提供有力保障。

（二）政府社会网络服务要转变思路和观念

这是创新政府服务的灵魂。转变观念公共服务能力的提升依赖于政府职能的准确定位，而职能的转变又有赖于思想认识的转变。德庆县一个产品致富一方农民的成功与政府服务的观念创新离不开。一是归位思维，从跳出"三农"发展乡镇企业转变为回到"三农"发展特色农产品主导产业，从政府管理转变为政府服务。二是逆向思维，从市场价高产品转变为市场价低产品选择主导产业。三是转变思维，从广泛发动农民种植转变为帮助农民推销达到加快壮大主导产业规模目的。四是战略思维，从对产业单项服务转变为构建主导产业发展保障体系。这些思路值得我们学习。

（三）政府社会网络服务要围绕主导产业

这是创新政府服务的落脚点。为发挥本地优势，德庆县选择柑橘作为本地农业的特色产业和主导产业，并从抓标准、抓质量、抓品牌等关键问题着手，采取农民群众喜闻乐见、易于接受的形式，围绕这一主导产业大力发展科技、信息、流通、金融等生产性服务，通过几年努力，终于做大做强了这一主导产业，取得了明显效益，带动了农民致富。在政府有效帮助下，德庆贡柑、砂糖橘已发展到 23 万亩，八成农户种植了柑橘，农民收入稳定增长，2006 年在柑橘投产面积只有 10 万亩而且有部分属初产期的情况下，全县农民人均贡柑、砂糖橘收入已达 2500 元，涌现了一批种柑橘年收入百万元的大户。全国各地只要充分发挥好本地优势，选准自己的特色产品和优势产品，加以引导和扶持，大力抓好生产性服务，也能抓出实效，培育出本地拳头产品和主导产业。

（四）政府社会网络服务要符合市场规律

这是创新政府服务的动力来源。市场机制是提高供给效率的基本手段。要把一个农业产业做大做强，受很多方面制约，由于千家万户分散生产，组织化程度很低，农民种出的果不易卖出，农业科技难以普及千家万户，私人农资门店时有售卖质次价高甚至假冒伪劣产品，农民要调整种植结构或扩大生产也受资金不足的制约。针对这些问题，德庆县创新政府服务，通过市场化手段，把千家万户的农民组织起来，对接市场，对接科技，对接农资，对接金融，帮助农民解决生产发展中迫切需要解决，但他们自身又难以解决的各种问题，使贡柑、砂糖橘产业在短短几年时间迅速发展壮大。近年来，德庆县经济持续快速增长，农民收入大幅增长，2004 年、2005 年、2006 年全县完成国内生产总值和农业总产值分别达 24.25 亿元、28.58 亿元、34.54 亿元和 11.28 亿元、12.06 亿元、12.99 亿元，年均增长分别为 15.1% 和 7.8%。农民人均年纯收入增长 7%，2006 年达到 5255 元，新购汽车入户 603 辆，当中近九成为果农购买，2007 年达到 5798 元。

（五）政府社会网络服务要构建平台和载体

这是创新政府服务的重要保障。按照强化公共服务职能、放活经营性服务的要求，政府的主要工作一方面是重点抓好科技服务、信息服务、流通服务等公共设施及公共服务；另一方面是积极扶持农业产业化经营组织、农业龙头企业、农民合作经济组织、中介组织等参与农业生产性服务，致力于打造农业生产性服务的平台与载体，形成了政府引导、以农村合作经济组织为基础、农业龙头企业广泛参与、分工协作、服务到位的多元化服务体系，创造了一个自我教育、自我管理、自我服务的实践平台。这对全国各地创新政府服务推进现代农业加快新农村建设具有普遍的指导意义。

参考文献

[1] 李路路. 社会资本与私营企业家 [J]. 社会学研究，1995 (6)：46-58

[2] 吕青. 社会网络及其对中国弱势群体的影响 [J]. 西北农林科技大学学报（社会科学版），2007 (5)

[3] 李久鑫，郑绍濂. 管理的社会网络嵌入性视角 [J]. 外国经济与管理 2002 (06)

[4] 罗家德. NQ 风暴：关系管理的智慧 [M]. 北京：社会科学文献出版社，2002

[5] 罗家德. 社会网分析讲义 [M]. 北京：社会科学文献出版社，2005

[6] 马汀·奇达夫，蔡文彬. 社会网络与组织 [M]. 北京：中国人民大学出版社，2007

[7] 周雪光. 组织社会学十讲 [M]. 北京：社会科学文献出版社，2003

[8] 马克·格兰诺维特. 镶嵌：社会网与经济行动 [M]. 北京：社会科学文献出版社，2007

[9] 林南. 社会资本：关于社会结构与行动的理论 [M]. 上海：上海人民出版社，2005

[10] 丁孝智，龙镇辉等. 破解十大难题——德庆社会主义新农村建设探索 [M]. 北京：新华出版社，2007

[11] 丁孝智，龙镇辉等. 政府组织型新农村建设模式研究——来自德庆的启示 [M]. 北京：新华出版社，2008

[12] D. M. Boyd, N. B. Ellison. Social Network Sites:

Definition, History, And Scholarship [J]. Journal of Computer-Mediated Communication, 13 (1), article 11, 2007

[13] S. Shane, D. Cable. Network Ties, Reputation, and The Financing of New Ventures [J]. Management Science, 2002, 48 (3): 364-381

[14] S. Shane, T. Stuart. Organizational Endowments and The Performance of University Start-ups [J]. Management Science, 2002, 48 (1): 154-170

[15] 胡新民. 金华市农业产业集群化发展问题研究 [J]. 浙江师范大学学报（社会科学版），2008（1）：49-55

[16] 李炳坤. 加快构筑现代农业产业体系 [J]. 农业经济问题，2007（12）：4-8

[17] 叶依广，纪漫云. 基于个案的区域农业集群成长思考 [J]. 南京农业大学学报（社会科学版），2006（7）：121-126

[18] 武云亮，董秦. 中外农业产业集群研究评述 [J]. 安徽农学通报，2007（19）：1-2

[19] 陈文玲. 现代流通与农业竞争力 [J]. 中国流通经济，2007（7）：10-12

[20] 广东省委、省政府. 关于加快建设现代产业体系的决定. 粤发 [2008] 7号

第四篇 其他

华人商业送礼行为[*]

[摘要] 本研究利用扎根理论初探华人商业送礼行为程序，有以下发现：在非完全竞争市场、非标准化产品、无客观衡量标准的产业属性下，贿赂行为特别容易发生。在商业送礼行为发生前，收、送礼双方都会对对方进行试探、观察等动作，但是，试探、观察的次数与时间并不多，且送礼前如果能找到熟识收、送双方的第三者居中牵线时，收、送礼双方的信任累积非常快速，送礼行为非常直接、大胆。而商业送礼的方式非常多，每一种商业送礼的方式会随着利益的大小而有不同，尤其是利益很大时，会伴随多种送礼方式一起送；而且通常送礼方式越多，其共利结构稳定度越高、利益越大。

再者，送礼方要增加共利结构的稳定度，不能只靠送礼，还要与收礼方增强彼此的情感关系；且送礼方更能利用送礼行为来降低自己与收礼者的权力差距。

最后，本研究提出了利益、权力、关系三构面的送礼行为模式，此模式清楚表达出了送礼方与收礼方之间的利益、权力与关系各种配对所对应的送礼行为模式。

[关键词] 商业送礼行为；红包；共利结构；关系

一、导论

研究者在进行一个虚拟企业策略外包研究时，为了能实际观察该虚拟企业的商业活动，与这位企业主达成让研究者担任其无偿司机兼特别助理两个月的协议，以便贴身观察该名企业主如何在没有实体资源的情形下与客户从行销接洽、谈判到完成交易的完整流程。在实际参与该企业主从拜访客户到案子成交的观察当中，研究者发现了几个十分有趣的现象：①该企业负责人每次到一个新客户公司的办公室时，他会先观察整个公司与办公室成员的位置分布，甚至会找时间快速地将该公司与办公室草图画下来；②见到承办人员后除了听取对方的需求与自己产品的介绍外，他会在言语当中测试对方承办人员的收礼意向；③在测试的同时其实也会进行送礼暗示的动作；④如果还是无法确定对方的意向，这时该企业主会开始找机会有意无意地问承办人员"你是哪里毕业的"、"你老家在哪里"、"你认不认识什么公司的谁谁谁"等套交情的词语。

回到公司以后该企业主会开始打电话问自己周遭的人，看看是不是能找到跟对方承办人员有

---

[*] 作者简介：郑孟育：逢甲大学企管系助理教授，研究方向：组织行为。
通讯地址：逢甲大学企管系，邮政编码：40724；E-mail: mycheng@fcu.edu.tw。

关系的朋友，如果找到，就开始询问此承办人员的习性、兴趣、为人、会不会收红包等问题，并央求自己的朋友看能不能将对方承办人员私下约出来；如果找不到，就开始思考该送什么礼物给对方，这时候该企业主会打开对方公司与办公室的草图，然后看着草图去决定送礼的数量与包装，这时候研究者总算知道草图的功用是什么了，举例来说：如果是大办公室型的布置，那见者有份，每一个对方该办公室的成员都要送礼，连柜台小妹都要送，而且包装要一致，当然内容物是不一样的；但如果是直接在施工工地，那不管是要送礼，还是请吃饭，就方便许多了，总之，不同情况有不同的送礼方式。

接下来，说也奇怪，凡是吃过饭、拿过礼或借由第三人介绍等情况之后，该承办人员与研究者所观察的企业主之间似乎就熟络许多，不会像一开始见面时那么生疏，讲话的语气频率和语气也不相同，但是谈话内容就"实际"许多，例如：现在有谁也在和你一起竞争、你也要去跟谁谁谁打招呼、昨天晚上那个地方不错等，但是其实这个由生疏转为较熟识的过程并不长，送礼次数也不会很多。最后案子即将完工前，后谢的礼物要赶紧到，因为完工后就要验收试车了，礼物到了验收时比较不会被刁难，请款也会顺利许多，一笔生意就这样完成了。

在参与观察中研究者发现，红包是经常被拿来运作的一个有力工具，甚至该企业主向研究者表示，曾经有过一个案子，总金额不过130万但红包就高达了45万之多，不过更令人好奇的是，该企业主并不觉得对方贪心，反而夸赞对方是一个有"贡献"的人。这整个商业交易的程序实在太有趣了，这个虚拟公司只有两个人，没有品牌优势，没有任何实体的资源，但是他的客户中仍有许多是国内数一数二的大集团，这位企业主靠着"做人"、"拉关系套交情"、"送礼物"、"塞红包"等手腕，把一笔笔订单拿下。

让研究者充满各式各样的问号。与研究者所认知到的各种理论都不全然适用，但这不正是每天发生在生活周遭的商业活动的真实面向吗？怎么一直没被管理学界正视呢？因此，本研究想做一探索性的质化研究，来了解我们华人做生意当中这种做人、送礼、塞红包的互动过程在整个商业活动中所扮演的角色。

根据以上亲自参与、观察个案以及访谈个案的经验，本研究利用商业往来与送礼的流程探讨以下几个问题：

（1）商业送礼行为的程序？
（2）商业送礼行为在商业交易中扮演何种角色？
（3）交易双方的关系随着收礼、送礼的行为产生哪些变化？

二、文献探讨

由于本研究所探讨的议题具有私密性，且在个人道德以及所对应的相关法律上都有不可对人言之顾虑，因此几乎找不到国内外的直接相关文献，在不可为而为之下仅能借用人类学、社会学、行销学与社会心理学部分有谈及送礼行为的文献，虽然这些文献所谈及的，大都是一般社会关系的送礼或爱情关系的送礼，与本研究的商业送礼不同，但是仍有一些具已成型的构念可以帮助研究者了解送礼行为的概观。

（一）送礼行为

1. 送礼动机

最早的送礼研究首推社会学家 Marcel Mauss（1953）出版的专著《礼物：旧社会中交换的形式与功能》，书中 Mauss 深入田野实地调查西北美洲印第安人、波利尼西亚、美拉尼西亚与澳洲土著等不同文化下不同形态的礼物交换的现象，而提出"全面性报称体系"（the system of total prestation）的说法，Mauss 认为在表面上看起来自动自发、慷慨无私的"报称"馈赠行为之后，事实上是有道德上身不由己的义务性和经济上的利己性做基础的。

另外，Sherry（1983）也提出三种不同的送礼动机构面：

（1）社会化构面：礼物的交换可以创造、维持、调整或中断个别或联盟间的关系，即反映出社会关系中的相对亲近程度。

（2）个人化构面：从送礼者送来的礼物感受到象征性的意涵（Douglas & Isherwood，1979），即送礼行为反映出送礼者和收礼者之间对于自己或是其他人的知觉（Neisser，1973；Shurmer，1971）。

（3）经济化构面：送礼动机中最直接的就是经济化构面，即期望收礼者的回礼。

而 Belk 和 Coon（1993）的研究中则是将送礼动机的经济交换模式与社会交换模式做如表 1 所示之比较。

表 1 经济交换模式与社会交换模式比较表

经济交换模式	社会交换模式
礼物具有经济效益价值	礼物具有象征性价值
对等或负向的互惠	慷慨的互惠
立即的交换	惊讶的交换
礼物是具有风险的投资	礼物可以延展人际关系
有价值的伙伴	礼物为伙伴成为彼此延伸自我情感的媒介
市场经济	道德经济

另外，Annamma（2001）在香港的研究中发现不同的送礼关系连续带上，会因为关系的亲密度和关系距离产生相对应的送礼动机，如表 2 所示。

表 2 不同社会关系下所对应的送礼动机表

关 系	动 机
罗曼蒂克关系	赢得对方的心
熟朋友关系	对对方的关心
一般朋友关系	表现出对对方的关心或建立关系
点头之交关系	建立和对方的网络关系

由上述的文献我们可以发现，送礼动机大都是利己性的，是为了和他人发展或维持出某种特定的人际关系，虽然在上述文献中皆未涉及商业关系间的送礼动机，但本研究认为在商业行为中其送礼动机绝对是更为利己且具有经济交换价值的。

2. 礼物定义

一般送礼行为（Gift-giving）的研究领域大都探讨的是一般社会关系间的送礼，如 Brunel 等人（1999）、Komter 和 Vollebergh（1997）、Levy 等人（1993）、Kim 等人（1992）或是爱情关系的送礼如 Belk 和 Coon（1991，1993），这些研究对礼物的定义不外乎是礼品、食物、寄宿、关怀、帮助、娱乐、自愿提供的货物或服务等，其中，又以 Sherry（1983）对礼物的定义最为人熟知："人们透过社会关系的媒介所传达的任何有形及无形的资源都可称为礼物"，上述研究共通的特点就是不涉及以金钱作为礼物，但这正是商业送礼行为与一般社会关系送礼行为的最大不同之处，在商业行为中买卖双方所建立的收送礼关系，应该是在建立一种对价的关系，在此过程中所交换的任何有形或无形的资源（例如：金钱、女人、做面子等），且无论礼物的价值或形态，背后显示的其实是买卖双方的关系，亦是本研究所欲了解的地方。

3. 送礼行为程序

Banks（1979）提出了送礼互动性模式，此模式的重点在于收送礼双方互动的关系是利用礼物的象征性意义来界定的，亦就是说在面对不同关系的收礼者时，送礼者所考虑的动机、心态皆不相同，且礼物所传达的象征性意义也有很大的差异，此互动模式包括下列四个阶段：①购买阶段；②互动/交换阶段；③消费阶段；④沟通/回馈阶段。四个阶段简述如下：

（1）购买阶段。送礼者进行场合之观察、购买礼物并包装礼物等工作，收礼者透过与送礼者的互动来暗示并预期可能到何种礼物。

（2）互动/交换阶段。实际的礼物交换，收礼者根据所收到的礼物，对送礼者隐含在礼物的用意进行解读，而送礼者则依收礼者的反应，判断其对礼物的喜爱程度，此阶段的互动对于将来的还礼将产生重大的影响。

（3）消费阶段。收礼者对礼物的使用或储存这会影响到送礼者对收礼者的心意解读。

（4）沟通/回馈阶段。收礼者会对送礼者及其他人进行明示或暗示的沟通，表明出其对礼物的喜恶。

虽然 Banks（1979）的送礼互动模式较早提出，但是其含义与贡献都不如 Sherry（1983）提出的送礼行为程序模型。

Sherry（1983）从人类学的架构结合社会构面、经济构面和个人构面来重新诠释送礼行为，此模型共有三个阶段：构思阶段、报称①阶段与重塑阶段，现将此三个阶段简单陈述如下：

（1）构思阶段。此阶段表达出礼物是如何成型，包含送礼动机、送礼考虑、礼物制作或取得，在此阶段中收礼者与送礼者的互动会决定最终礼物本身的形体与价值。

（2）报称阶段。此阶段是收送礼双方礼物实际交付的阶段，此阶段通常涉及收送礼双方礼物的对等交换。

（3）重塑阶段。在此阶段中收礼者对礼物有许多种处理方式，如消费、陈列、储存、交换或拒绝等，而这些对礼物的不同处理方式会成为送礼者与收礼者关系重塑的关键，最好的发展便是送礼角色的互换。

上述两个送礼行为模型，所对应的是一般社会关系的送礼程序，里面有很多的行为叙述或回馈在商业关系下并不成立且差异极大，举例来说：

（1）收礼者与送礼者的互动上比起一般社会关系，来得敏感且关系不对等，一旦处理不好彼此关系的修复非常困难，更有可能因此导致失去整笔交易。但是此敏感又不对等的性质，这两个模型皆未谈及。因此在商业送礼行为上，收送礼双方究竟如何互动？如何避免"敏感"，如何处理、改善、调整这些不对等关系？

（2）在商业送礼行为中，这些礼物多半是"见不得光"，送礼的方式上无法像一般社会关系的送礼那样正大光明，因此商业送礼的时间、场合、方式、仪式、种类等都是值得加以了解的地方。

（二）送礼行为与关系

许多的社会学家都是以社会交换理论来解释送礼的过程（Blau，1964；Gouldner，1960），就如同 Mauss（1953）所述：给予、接受和回报礼物的义务，表面上是物质上互通有无的经济现象，但是实际上它们是代表社会全面的、整体的、政治、社会、伦理、宗教等秩序的象征。从个人或团体的社会地位和权力可以通过这样报称性的馈赠而确定、加强甚至创造，因此我们可以说，在全面性报称体系之下的身不由己的义务性交换、馈赠，是社会中的阶层秩序、权力关系，亲属及各种义务团体的分类关系、秩序和伦理。

Annamma（2001）会将社会关系分成许多不

---

① 此翻译源自于何翠萍（2004）翻译 Mauss 在 1953 年所著《礼物：旧社会交换的形式与功能》一书。

同的种类，发现不同的关系所对应的送礼行为差异极大，如表3所示：

表3 香港之礼物连续带与相互作用表

谁	罗曼蒂克关系	熟朋友关系	一般朋友关系	点头之交关系
何时	1. 生日礼物 2. 特别的时机（如：情人节） 3. 自发性的 4. 正式的/礼俗上的送礼（如：中秋节）	1. 生日礼物 2. 特别的时机（如：出国旅行） 3. 自发性的 4. 正式的/礼俗上的送礼（如：新年）	1. 生日礼物 2. 维持性的礼物（如：旅行中的纪念品）	1. 生日礼物
礼物形态	能传达情感的	能传达情感的	能传达情感的/工具性的	工具性的
情感预期	高	高	中	低
选礼标准	不昂贵的（早期） 昂贵的（晚期） 不送礼（家人）	大部分是昂贵的	有一点昂贵的	不昂贵的
选礼的用心	满足需求（如：首饰）	满足需求（如：服饰）	象征性礼物（如：请吃饭）	象征性礼物（如：生日卡片）
礼物象征	时常出现	时常出现	偶尔出现	偶尔出现
送礼动机	赢得对方的心	对对方的关心	表现出对对方的关心或建立关系	建立和对方的网络关系
面子	社会性的（早期） 道义上的（晚期）	道义上的	大部分是社会性的	社会性的
风险	内疚的/丢脸的	内疚的/丢脸的	没面子	没面子

另外，黄光国（1987）在其人情与面子理论模式中认为，中国人和他人进行社会行为交往的首要机制在于关系判断，而后在选择采取适宜的行为准则。他将个人的社会关系分为三类：情感性关系、混合性关系、工具性关系，如下将简述此三种关系与其所对应的交往法则。

情感性关系通常都是一种长久而稳定的社会关系，像家庭、密友等原级团体中的人际关系都是情感关系之列，而情感性关系所对应社会交易和资源分配是"各尽所能，各取所需"的需求法则；工具性关系是个人在生活上和家庭外的与其他人建立工具性关系的目的，主要是为了获得他所希望的某些物质目标，更具体地说，个人和他人维持工具关系时，两者关系比较短暂不稳定，双方交往会根据比较客观的标准，估计双方所掌握之资源的价值，在彼此认为公平的情况下进行交易，这是所谓的公平法则；在中国社会中，混合性关系是个人最可能以"人情"和"面子"来影响他人的人际关系范畴，这类人际关系的特色是：交往双方彼此认识而且是有一定的情感关系，在时间上的延续性，必须借人与人之间的时常互动加以维系，所以这类人的交往过程会不断受到中国人人情法则的影响，何谓人情法则呢？主要来说，人情是指中国社会中人与人应该如何相处的社会规范，例如：有来有往，人在人情在，受人点滴当涌泉以报，这样的规范就是人情法则。

由上述文献我们可以知道，礼物的交换与人际的交往关系之间有许多不同的意义存在，而不同形式的礼物或是不同价值的礼物，所对应的人际关系也是不同。只是在商业的关系中，多半是如黄氏所说工具性关系，此时是否有可能透过礼物，而进入到混合性关系？即使可以，但是商业送礼行为跟"人情"与"面子"之间的关系又是如何？这些都是本研究欲探讨的地方。

三、研究方法与研究设计

对于华人做生意当中这种送礼互动的过程在整个商业活动中所扮演的角色这个议题,研究者尝试寻找相关文献,但是所得却非常有限,而且也都不直接与此议题相关,加上此研究议题涉及许多个人私密甚至可能有法律与研究伦理的问题存在势必不可能使用问卷调查等量化研究方法,而且我们对于华人商业送礼行为现象有关的一些概念皆没有完全被标明厘清出来,这些概念间的关系也还没有完全被了解,或是概念发展上也尚未臻于成熟,因此,本研究打算采取质化研究法中的扎根理论作为本研究的研究方法。

(一) 研究个案的选择与介绍

由于本研究所探讨的议题十分具有私密性,更是一般生意人能做不能说的公开秘密行为,因此在样本的选择上十分困难,研究者仅能采取立意抽样,从与研究本身十分亲近且充分信任研究者本身的样本开始,然后试着以滚雪球的方式再进行下一阶段的抽样。

也由于研究议题不是华人传统中年节的送礼或是情侣间的送礼而是局限在商业交易行为中的送礼,而且本研究希望厘清的是纯粹由商业互动关系所产生的变化,因此在挑选受访者时,有两点限制:

(1) 必须是商业交易的送礼/红包或收礼/红包本人。

(2) 必须是经常性的行为。

在扎根理论的要求中,研究对象的抽样必须达到所谓的理论饱和方能停止,但是本研究所探讨的议题可能会涉及许多隐讳的秘密、挂钩等,因此研究者无法找到那么多人愿意接受访谈,所以在研究对象的数量与理论的饱和上,可能必须站在此研究是探索性研究的角度而有所妥协。

表4为本研究个案的背景资料:

表4 个案背景资料表

受访者编号	受访者身份	访谈日期	所属行业	访谈次数	访谈时间	收、送礼
S1	董事长	1. 2005/8/7	环保工程	1	1.5 小时	送礼
S2	处长	1. 2005/9/27 2. 2005/11/8	食品	2	共4小时	送礼
S3	区域负责人	1. 2005/10/10 2. 2006/4/20	工程顾问	2	共3.5小时	收礼
S4	总经理	1. 2005/10/11	广告业	1	2小时	送礼
S5	总经理	2. 2006/4/24	工程顾问	1	1小时	收、送礼

资料来源:本研究整理。

由表4的个案背景资料,本研究发现,第一个个案是属于环保工程公司,这种行业的产品对一般公司来说不是生财器具,能省则省,如非必要不轻易购买,而且购买后更是不随意更换,所以个案一的客户,除非是集团式或是多厂房式的公司,否则重复性极低,也就是属于交易频率很低的行业,因此在大多数的情形下个案一与其他四个个案的送礼行为并不相同,所以将来在进行资料分析时会与其他四个个案分开来处里。

再者,本研究也发现,所受访个案所属的产

业有几个共同的属性，例如：量身定做、没有客观的衡量标准指针、非完全竞争市场等，本研究认为这些属性必须先行说明的原因在于本研究样本仅有五个，许多产业并不在本研究范围内，例如：高科技产业、金融业、服务业等，因此必须将研究分析结果的可适用性，限制在这几种产业属性中，避免不当的推论。

（二）资料收集

当 Struass 和 Corbin 谈到扎根理论时，他们认为扎根理论是透过有系统的搜集和分析资料的研究历程之后，从资料所衍生而来的理论，在此方法中，资料的搜集、分析和最终形成的理论，彼此具有密切的关系，研究中资料搜集与资料分析的步骤应该是紧密交织的过程，必须更迭进行，因为资料的分析可以引导资料的取样。借着分析资料，我们才知道哪些资料待搜集；而借着搜集资料，我们才知道哪些理论可以发展，来增加对现象的洞察，并逐渐掌握理论发展的重心（Struass & Corbin，1990）。虽然资料的搜集与资料的分析是同时进行的，但是为了能让大家容易阅读，本研究还是将资料的搜集与资料的分析分别说明较好。

以本研究而言，除第一个案能进行参与式观察外，其余个案仅能做深度访谈，但访谈次数上还需视研究者与个案的关系，关系越好的则有可能访问越多次，因此在本研究的研究策略上，会先针对关系较好的个案进行数次的深度访谈并且进行扎根理论法的资料分析程序，待主要概念成熟后，再进行其余无法进行多次访谈的个案，以免只能访谈一次，却漏掉重要资料。

（三）资料分析

在扎根理论研究法中，资料分析的基本动作是"译码"。译码又分为"开放性译码"、"主轴译码"和"选择性译码"。这一组分析的程序，是指把搜集到的资料打散、加以概念化，再以新的方式将资料重新放在一起的操作化过程；借此，理论得以由庞杂的资料中被建立起来。为了使扎根理论研究能达到其目标，分析过程中就必须不断保持创造性、严谨、持续性、理论触觉四者之间的平衡（徐宗国译，1997）。以下就三种分析程序做介绍：

1. 开放性译码

开放性译码就是借着仔细检验，为现象取名字或加以分类的分析工作。经过开放性译码后，我们才能将资料分解为一个个的单位，仔细观察，比较其间的异同，并提出问题；经此过程，我们才能针对研究者或别人的假设，提出质疑、探索，并进一步导出新发现（徐宗国译，1997）。

2. 主轴译码

做完开放性译码之后，研究者借一种译码典范——就是借所分析之现象的条件、脉络、行动/互动的策略与结果把各范畴联系起来（徐宗国译，1997），而所谓的主轴就是将范畴联系起来的历程（吴芝仪、廖梅花译，2001）。

3. 选择性译码

选择性译码的工作就在于发展核心范畴。核心范畴是指其他所有的范畴都能以之为中心，而结合在一起，Glaser（1978）指出，核心范畴必须具有"中央性"，也就是与最多范畴和特征相关；要不断发生在资料中，成为一个稳定的模式，它和其他很多范畴可以很容易地、很快地、有意义地有所连结（徐宗国译，1997）。

（四）本研究资料译码方法简介

第一，访谈稿的起始将有受访者的基本资料：从事行业、公司位阶、访谈地点与访谈日期。第二，每份访谈稿的左边皆会列出编号，如此可以方便研究者与读者找出引言处。第三，将资料逐字、逐句、逐段地研读、分解及概念化，而概念化的必须在译码簿上登录每一单位的概念及出处，在本研究译码簿的登录的标码方式如下，受访者代号—第几次访谈—包含列数，例如：

戴帽子 S5—1-133-A

上例中，S5 代表受访者编号；1 代表第一次访谈；133 代表这个概念是由访谈稿中的第 133 列译码出来的；A 则表示若以一概念或此一段落有一个以上的开放译码，则照顺序标上 A、B、C 等英文字母，这就是一开始的开放译码。之后便进行主轴译码与选择译码来萃取出理论。

四、研究结果

本研究将使用历程发展的叙述方法来呈现研究结果，亦就是说文章的铺陈会以整个送礼与交易的流程以及交易完成后双方关系的变化来表现。本研究一共收集到五个个案，除第一个个案是属于低交易频率的行业外，其余四个个案皆是属于高交易频率的行业，这两种不同属性的产业在送礼行为上，所呈现出来的除了送礼前的打听、找关系、试探、观察以及送礼的物品有少部分类似外；在心态、后续关系的建立、维持与送礼模式都有很大的异质性，所以本研究将会分开处理。

（一）送礼前阶段

1. 打听、找关系

在商业送礼行为程序上，一开始送礼方要了解收礼方是否是一个可以进行贿赂的对象，最常做的动作就是找关系打听收礼方，毕竟在双方接触不久的情形之下，彼此之间的信任是不足的，如果能借由双方熟识的第三者来居中牵线，可迅速地使交易的双方解除戒心、增加信任，谈起生意价格、红包价格与喝酒吃饭便来得自然许多，在打听时有几个重点是一定要问到的，例如：收礼方的生活习性、家庭状况、兴趣喜好以及收礼行为方面的记录，这样才不会做错事情、说错话、送错礼，不致于丧失此笔交易。

当然是要打听打听啊，对不对，这种事不能莽莽撞撞，等一下被人家说，你怎么这么瞧不起我，这种事要很小心的啊，不是那么简单，从他周边的人，与你周边的人旁敲侧击啊，你讲话还要有技术一点，对不对，包括他的生活方式、他家里的情况、经济好不好、他的乐子都在哪里 (S1-1-104-106)

……我们会通过关系去了解一个人，一开始他说他熟，我们可能会请他打个电话，说我们要去拜访，……所以我刚刚讲的，你经过朋友的询问以后，好像你做调查一样，他这个人会不会收礼，喜好是什么，你也可以征询你认识的朋友说，他会不会收礼，收这种回扣的事情，因为你为了拿这个工作，你还是要做出一些手段，你就会去询问朋友说，他会不会去收这方面的礼，他说会，那你当然就很敏感了，你自己就跟他提了，那因为他是朋友介绍，他也会比较坦诚地跟你讲 (S5-1-36-42)

2. 送礼方的观察与试探

每个人的关系网络总是有限的，不可能每一个交易对象都能找到关系去居中牵线，或是了解收礼方的收礼倾向，这个时候送礼方就必须依靠个人多年的经验去对收礼方进行观察与试探。

那你就要观察啊，你要观察这个人在公司是得志还是不得志，如果这个人在公司里面不得志，但是他又掌有采购权的话，那么这个人你一定可以送礼 (S1-1-9-11)

……像刚刚你提到说，你如何测试这个人会

不会去接受你这个，第一我先送礼我看他收下来的态度，用我自己的经验值去判断，他收下来的态度是拒绝得很严重，还是就是有一点半推半就，只要是半推半就那就都八九不离十了，那接下来就是说设一个饭局，……那他假如过来吃又不是很拒绝的话，然后就是再攀个关系让他觉得还 OK 这样子，那假如说他这两样都接受了，我再来私底下去拜访，那私底下去拜访的时候喔，我就是通常会测试他啦，就是在言谈中会问他说，你们一般这个之前都是怎么报账，那他可能会说我们有很多的账都报不了，所以我们恐怕发票上怎么样怎么样，那我们就听懂了，我们就跟他说那这没问题啦，那我们就你看怎么样，你觉得怎么开你能报，我全力配合嘛（S4-1-45-51）

3. 收礼方的暗示

由 Sherry（1983）的送礼程序模型我们可以知道有时收礼方会利用有意无意的行为来引导送礼者对礼物的搜寻与选择，简单来说：就是收礼方会利用各种明示或暗示的方法来告知送礼方，他希望得到什么样的礼物，此种引导行为在敏感的商业交易中依然存在。

理论上，其实我们没这么厉害，其实他们有一套很明确的暗示的方法啦，他对你的东西会习嘛，习东习西、习东习西嘛，一下这不行，一下那不行（S2-1-9-10）

像这次……也是啊，很多……身边的你知道吗，他一知道我们跟……搭上线，本来没他的事啊他就会故意在那旁边，我看喔那里恐怕还要做……，啊那里还要做一个什么，那我们就会了解他意思，他又在拉拢了，……就是可能一天打两次来关心，说那个我们那个……了吗、啊那里……吗，干你屁事啊对不对，可是关心到最后我们就必须要把行话讲出来了，……，我才跟他说那这样子好了啦，不好意思让你关心那么多喔，你觉得我应该怎么跟……结这些账啊，那他就说

没关系啊，你就看你怎样做你就怎样做，你方便就好啦（收礼者），我就说没有啦没有啦，其实也要感谢你，啊你没给我钱，也没这么多嘛，啊我会搭一份给你，啊免啦，不要这样你不要跟我那么客气啦（收礼者），讲这个没有用啦（收礼者），……就是要给了这样（S4-1-154-162）

（二）送礼模式及其意义

生意场上的送礼，就实质面来看可以分成两大类：一为财务型礼物；二为非财务型礼物。但是这样的区分方式，并没有社会意义与价值，因为在社会上或是商业上，不同的礼物，无论是有形、无形、财务型、非财务型等礼物，其礼物背后所代表的是收、送礼双方关系的不同。

而较一般送礼不同的是，商业的送礼通常是组合式的、连续的、有预期回报的，当中的形式与意义都非常的复杂，而且不同行业之间所玩的送礼游戏又不尽相同，以下根据两种不同的交易属性，所对应的送礼模式来进行探讨，这一些礼物的形式与背后所代表的意义。

1. 低交易频率行业送礼模式

S1 是属于环保工程公司，这种行业的产品对一般公司来说不是生财器具，能省则省，如非必要不轻易购买，而且购买后更是不随意更换，所以 S1 的客户除非是集团式或是多厂房式的公司，否则重复性极低，因此在大多数的情形下送礼方对于后续关系的维持，并不像高交易频率的行业那样用心，所以后续的维持关系性送礼也会越送越轻，几次之后就不再送礼也不再联系，在红包上则是比较赤裸裸、直接、一次打死，不啰唆。

不必暗示啊，大家讲明的啊，既然敢收钱敢送钱的话，大家就讲明的啊（S1-1-98）

送钱大家先讲好，多少给你，多少给我，像去年有一个 case130 万，我红包就包了 45 万（S1-1-93-94）

假设我的成本是10万,那我要赚40%,加上另外的一些营销,我会开15万,所以只要超过15万以上的,我会统统给他①(S1-1-90-91)

交易双方在这种互动之下,双方的关系仅能停留在黄光国(1985)所谓的工具性关系,双方资源的交换,依交往公平法则为准,明买明卖不涉及人情与面子,也就是说虽然承办员收了回扣,交易双方成为共利的结构或是俗话说的"同一只船的",但是这个结构是不稳定的。

我会越送越薄,最后就干掉了,没有了(S1-1-69)

因为你没有利用的价值了啊(S1-1-71)

所以 case by case 你现在有利用价值,我当然送给你,你没有利用价值我干吗送给你,这种事情很现实的啊,没有人可以说因为这样,所以我跟你说,因为这样子而变成好朋友,不可能(S1-1-83-84)

2. 高交易频率行业送礼模式

俗话说,做生意是长长久久,大多数人进行交易都希望是长期而稳定的,在本研究搜集个案的过程中,也发现大多数的商业交易都是高交易频率的,而高交易频率的交易行为,所对应的人际交往较为多样,所衍生的送礼行为更趋复杂,其中除了所谓的财务型礼物(红包、回扣)外,还有许许多多非财务型的礼物交参其中,为的就是要能与收礼方建立良好关系成为好朋友,在这种互动的状态之下,交易双方的情感关系与所送礼物的意义都不断地改变,为了能将这种关系与礼物变化表达清楚,以下本文研究利用交易双方互动的历程与互动来叙述。

3. 建立信任期之互动与礼物形态

刚开始交易双方都是不熟识的,所以刚刚见面伴手礼是少不了的,见了一两次面之后,送礼方可能就会通过关系或是用试探的方式来对收礼方进行饭局的邀约,这时候送礼方对收礼方会进行许多的观察与测试,例如收礼意图、兴趣喜好等。

一开始要想跟他发展朋友关系,最先是连约都不容易约到人,约到人一定是吃喝玩乐啊,啊慢慢我们一定会借题去了解他这个人的倾向的兴趣在哪里,不见得是我们出面,可能是我们的员工出面也有,啊比较了解他那个,啊在言谈之中稍微带一下,那因为你言近、气近就很容易沟通起来(S2-1-107-110)

当双方有些许认识之后,反过来有可能是收礼方测试与观察送礼方,毕竟收礼这种事情一旦"出事",对收礼方造成的伤害会非常大,所以通常收礼方必须进一步评估送礼方将来出卖他的可能性高不高,另外一种情形则是因为牵涉到送礼方能力的问题,举例来说:如果送礼方的能力很差或是说产品很差,收礼方未经过一些试用,满脑子只想到红包,就大量使用送礼方的产品,一旦造成一些无法弥补的损失,送礼方的下场将会很惨,所以有时候收礼方不但要对送礼方的送礼诚信作测试,还要对送礼方的能力作测试。

看真诚度,人和人之间的真诚你可以感觉得出来,你怎么知道他将来会不会捅你一刀(S5-1-95)

我刚刚讲的看个性啊,你跟人家的真诚度,有的人就是一副很势利的样子,人家怎会跟你,所以这也跟你的行事风格和你的给人家的感觉有关,你在感觉人家,人家也在感觉你(S5-1-110-111)

这通常第一个案子我们都不会跟他谈要哪一些东西什么的,什么都不会,我们不会说看到就要,通常就会是说我们找新的进来,我们会丢那

---

① 此种回扣方式,在业界的行话称为"戴帽子",就是说买方将自己的成本与利润告知承办人员,承办人员需要多少回扣,他自己往上加。

个很小的工程，比如说：我去年……，我有一个大概是一个星期的工期，啊他们为了要进来就是情义相挺，他就不赚钱就进来，……，他今年一月我就叫他进来了

研究者：就是说他技术方面还不错？

S3：对对（S3-2-214-218）

4. 共利结构之红包形态

交易双方经过介绍、饭局、测试后会产生一定的信任基础，有了信任的基础便可以开始谈红包的问题，一旦收了红包就会形成所谓的"共利结构"，而收礼者对送礼者收取红包的形式通常不止一种，会混着好几种红包形式，这些收取的方式也会显示出共利结构的稳定程度，收取方式越多的代表结构越稳定，此处说明一下，收取的方式多不是代表送礼者被剥很多次皮，而是代表这当中牵涉的利益越大，所以需要借由很多重的管道，把红包合法化，以下本研究一一介绍，这些常见的红包形式。

第一种最常见的红包——现金，这种红包感觉起来是随心意包，但是其实送礼者心中大概都有个数，可能是利润的5%、10%或是多少。

这很难算，但是这种东西10%是最正常的，就是说干脆就给10%回扣，有时候还超过呢（S5-1-127）

……多少唷，我大部分会去算在，当然就是说溢开发票那个不要讲，假如是中介的佣金是在一成左右，利润的10%（S4-1-164-165）

第二种红包——行话叫做戴帽子，所谓戴帽子就是送礼者先把自己的成本与利润抓出来，告知收礼者，收礼者自己本身想要多少钱他自己往上加，能加多少全凭收礼者的本事，此种送红包的方式，是比较安全、长久的做法，怎么说呢？我们举工程的例子来说明，许多人为了拿到标案，他会将底标写得非常低，甚至低到赔钱，等拿到以后再由施工品质里面去将利润偷回来，这就是非常不智的做法，施工品质差出事的几率大大提升，一旦出事会毁了收送礼双方。但是戴帽子就不同了，送礼方早就将合理的利润与成本控制好，这样送礼方就有足够的钱可以将品质顾好，这样出事的机会将大大降低。

啊我们有给他一定是"龟脚龟肉"啦，会把它算下去的啦，啊我们有时候会，啊多给他一角，我们多一角半还是多赚，一定会这样（S2-1-84-85）

S3：……我不会说这个东西就是500元，我就行情500元给你，然后我要一成，我给你450元，钱是让你自己给，就是让你双方都有利润

研究者：所以你是往上加，不是往下加？

S3：对，但是品质上你一定要做我要求的（S3-2-294-303）

第三种红包——本研究命名为多角洗钱，所谓多角洗钱是指送礼方利用第三者的"正当"管道将钱交给收礼方，举例来说：收礼方先利用许多第三者成立许多公司，然后要求送礼方在拿到订单之后，必须向收礼方所成立的公司购买各式样原物料或其他额外的服务，这样一来收礼方仍然可以拿到钱，而且过程都合法，这种多角洗钱式的红包形式，也有很多样貌，我们看以下几段对话。

我外面又成立了一家小公司，我叫我的好朋友比如说CC，我说跟你指定说这……什么事，你要交给CC做，那你懂吗？

研究者：就是说他也是人头啦，钱也是到你这里来。

S3：啊就是这一条几百万啊你，就是要让他请掉，用这样所以现在不送钱了，就是用这样（S3-1-84-87）

……，啊他会通过变相的方式，比如说：这一家他知道我这边有牌照在出租，他会来跟我租牌，这样你听得懂吗？（S3-2-224-226）

第四种红包——本研究命名为环扣，①所谓环扣就是交易双方制定好的一套佣金制度，把收礼者纳为己用，诱导收礼方为送礼者冲业绩，收礼方为了可以拿到类似于红利的红包，这时收礼者反而会去替送礼者冲业绩，业绩越高拿到的红包也越多，这对收送礼双方来说是各取所需。

我们也会去想互相去设一个环去扣住啊，问题是说，啊我就拿钱，像你刚刚问的拿钱不办事情怎么办，那其实我们也会想万一他这样子怎么办，所以我们互相都去设一个钩子去钩住，对不对，比如说：我这样你给我，我们业绩这样，不然不要办，不要办你也拿少啊（S2-1-139-140）

就是以业绩啊，比如说：这一档促销，假设这一档促销假设做一亿，假设一亿你就抽嘛，每……假设抽1%或抽多少（S2-2-280）

我给你抽，他也会尽量去给你冲，帮你上比较好的陈列位置，帮你做什么或要求你服务做好一点，假设是一亿五原本预定一亿五，结果他冲到两亿啊，这个我们一定会跟他设定一个游戏办法，超过可能越抽越重啊，因为我的成本越降越低啊，就是说多出来这个钱我们大家来分，假设你本来分一成，啊再去那里（多的业绩）我能多赚三成，我就分你一成半多的那一部分（S2-2-285-288）

由上述的四种红包形式可以得知，当其中利益牵涉越大，红包的形式越多；而红包形式越多，收送礼双方共利的结构也就越稳定。

（三）共利结构之情感互动模式

经过建立信任时期，红包模式也在运作的同时，事实上交易双方的互动不会如此简单，送礼方会希望能与收礼方建立更进一步的关系，一旦双方成为朋友，本研究发现，整个双方的互动模式会有很大的不同，包括：送礼方所送礼物的本身以及礼物所代表的意义、红包的金额等都会不同，而且达成这样的关系后，收礼方也有可能变成送礼方，他也会送一些"特别礼物"给原本的送礼方，这种转变十分出人意料，以下我们同样是采用历程叙述的方式来看交易双方的是情感如何逐渐加深的。

1. 送礼方对收礼方

刚开始，送送年节礼品，隔三差五送一些小礼物都是必须的，这算是一种维持关系的礼物。

因为平常像我个人在做生意，我比较常做的就是说我把它流于生活化，就变成是说无时无刻不在做这种贿赂的动作，吃饭也好或偶尔有什么三大节日什么，其实都已经送到了……我就是三大节礼物我就统统到，然后偶尔晃过去，可能这咖啡昨天去古坑买的，这个什么糕蛮好吃的你吃看看，对，这就是用这样的方式在经营（S4-1-56-62）

如果双方有共同的兴趣时，这时候也可以利用共同兴趣来增进感情，如：打小白球、撞球等，就受访者所说，这种增进感情的方式有时比送钱还有用，而且一场球打下来，相处的时间很长，双方对彼此的认识与了解都能加深许多。

就假设讲一个撞球，你打九号打斯洛克，这个球怎样打一场球，可能比你送十万块二十万块还有用，……，在对话之间你就觉得，我们会去了解你这个人的气息，了解你的个性，你的程度差不多到哪里，慢慢去了解，……，一开始一定是交相利的一个前提之下，……，大家去做第一步的一个接洽，……，慢慢久了就会熟，熟了讲话就比较投机比较随和，这样慢慢本性出来，就觉得这个人还不错，……，互相啦，发展到后面他啊这我给你，这怎样那怎样，那时候利已经摆

---

① 环扣，亦为见宝译码的一种。

在后面了，有一些发展是比较好朋友的确是这个样子（S2-1-89-97）

甚至有时候收礼方也会需要送礼方的协助，这时候高明的送礼方会将这种机会转为人情送给收礼方，送礼方会利用自己的能力，在非业务上或业务上来帮助收礼方，也可以说做了许多的人情送给收礼方，让收礼方非常感激送礼方。

我平常因为像我个人是在……都有在帮忙，所以说当他需要办活动的时候，……我可以跳出来帮你忙，那比方说，之前我们……就是有设一个……活动嘛，那他需要一个节目主持人，他就说那你有没有空，我那天……要上课，好，我衡量之下我还是我觉得我必须要帮忙，所以我跟教授请假请半天假就去帮忙，让他整个流程都顺了，他反而很感激你，就变成这是一种互惠的方式在运作（S4-1-74-78）

另外，有时候送礼方也会送一些让收礼方在自己公司提升地位的"面子性礼物"，毕竟在共利结构之下，如果收礼方在自己公司内能掌控的事情越多地位越高，等于对送礼方来讲也是好处越多，因此在水帮鱼、鱼帮水之下，送礼方很乐意替收礼方提升他在自己公司内的地位。

互相这个是相互的，他要由我们这里去 upgrade，喔他们董事长都出来了，谁都出来跟我吃饭（S2-1-61）

我们再合办一次活动，捐助什么基金，……那个慈善机构拿到钱，可是他帮他公司创造了一个形象，就假设这样说我们合办一个捐助植物人创世基金会，比如说我们有 50 万有办法办一次，他没有出钱但是我们跟他合办啊对不对，……，但是他帮他们公司赚到一个好名声（S2-1-120-124）

另外，送礼方和收礼方的情感的深度，如何得知呢？送礼方的说法给了本研究一些方向：①当收送礼双方有了情感，送礼方会送带有情感的礼物，是精心挑选的，是从交往中得知收礼方喜欢什么、需要什么，而收礼方在挑选礼物时就会为对方设想，本研究将这种礼物形态译码为，带有情感的量身定做型礼物。②成为真正的好朋友时，送礼方说，收礼方也会不好意思再拿那么多了，换句话说，情感成分越高，礼物是情意越重，而不是金钱价值越重。

S4：会啊，就是比较你讲说感情比较好的话，像要给他们的会比较精致，我觉得那是一个情感的成分在内，就是说

研究者：不一定比较贵，但是比较就是说

S4：对，就是说我们会已经比较了解这个人，我们会比较用心去挑说这个适不适合他，……针对比较好的来讲，我对那个人我就刻意会去买化妆品保养品，那就是不同了（S4-1-201-206）

如果真的变成朋友，到最后在收的时候反而少（S2-1-27）

2. 收礼方对送礼方

收礼方与送礼方变成朋友以后，收礼方也会在自己职权内，给予送礼方许多形式的施恩型礼物，例如：重要的内部信息、转介业务、加菜金、庆功宴、额外的回馈等，这一些收礼方回馈给送礼方的礼物，虽然形式、价值都不同，其实都是代表交易双方情感的互动交流，而这一些交流所衍生的价值，可能胜过只送红包所带来的利益，举例来说：本研究的个案二，利用这些情感交流，由收礼方那得知许多敌场的促销价格，对送礼方来说这是极重要的信息，可以让收礼方制敌机先，在许多的同性质产品的促销战中赢得胜利，所以在商业的竞争中，只靠送钱是绝对不够的，能否与交易者形成有情感的共利结构伙伴，生意才做得长久。

这一档××的在那里卖多少，他如果能事先跟你PASS一下我们大概知道说是怎样，那我们等于知道说在其他家我们在抓价格的时候，你不要

小看那个……，所以你说有没有用，不一定是进去才有用阿，你不进去你能从那边或得到一些情资，帮助你比如说假设我们YYY要做XXX，这死对头吗对不对，他做多少，我这一次XXX报多少，可以打到，如果算一算不行这样太低，我放给其他家做，如果这一档我算一算可以我要，我咬住了我砍下来（S2-2-332-340）

他可能你这一次去做了什么案子，他就会预知你下一次是什么时候要做什么，假如不是他承办，他会告诉你，你去找谁，或是说……他会引见另外一家给我，大部分也是这样牵生意而已，就是会转介很多生意给我……，不用给任何回扣，就直接这样做而已（S4-1-311-313）

反而就是说我们去巡视工地的话，我们会带一些茶水啦，槟榔饮料啦，我们会去慰劳，……我们甚至会提供一些奖金给他们的工人，……，你干好了我们就三万块钱几万块钱给你们加菜，……，其实我们会有一部分的话不是跟公司拿的，我们会有一部分拿出来做这一些，我们会反映在劳工的身上，直接比如说喔他们就是给他们加菜之类的，还是说庆功宴怎么样（S3-1-153-154）

由上述我们可以得知，收送礼双方的确有情感上互动，并且在双方关系不同的时候，所送的礼物无论是形式上或是意义上，都不相同，送礼方所送的礼物，是带有感情的、贴心的、设身处地的，更有趣的地方在于，收礼方也会有许多情感性回馈，而这些回馈——其价值有些也是非常高的，在意义上更显示出收送礼双方的关系，已经不是冷冰冰的交易关系而已。

（四）权力的转变

我们常常听到一句话："顾客永远是对的。"这句话道尽了买卖双方的权利位置——买方权力大于卖方；但是俗谚又云："拿人手短，吃人嘴软。"这句话则是说明了施者权力大于受者，在双方关系中，如果权力大的买方拿了权力小的卖方的礼物后，那买方的权力还剩多少呢？或是说卖方的权利又上升了多少呢？更重要的是这权力转变收送礼双方造成什么样的影响呢？本研究发现，商业送礼行为可以替送礼者提升了权力位置。

研究者：我发现你们通路还是比较大，可是有时候可能是因为送了礼或者是红包，或是他需要我们帮忙的时候，那个位置其实是不一定的，那个权力的位置会变动的

S2：对对对

研究者：尤其对方收了你的钱的时候，那个位置可能就拉到差不多了，不见得是你比他小，因为你已经拿钱了，他拜托你，你当然就变大，所以我发现塞红包这件事可以改变权力的位置

S2：那绝对可以……（S2-2-365-370）

送礼方权力的上升对送礼方来讲固然是一件好事，但是收礼方也知道他自己的权力下降，但是这其中仍是存在一些规范，送礼者不可以因为自己的权利上升而逾越这些规范，反之则共利结构会被破坏。

这除了钱还有服务上的品质，这个供货商可能会靠势，服务品质会下降，我干脆跟别家买，我宁愿把利润给你，因为这时候不只钱的问题还有服务的水准问题（S5-1-28-29）

所以一般来讲，钱归钱，我常讲这种东西只是入门票而已，你进去玩，那个回扣都只是入门票而已，入门票买了以后，你要进去玩，你还是要遵守游戏规则，不能说这个拿了以后进去胡乱搞，……，回扣都是一种游戏，这一个游戏要两边的认知是相同的，游戏才会很顺，如果说你已经收了钱的，不管我怎么做你都要护航我，这是错的，我们钱送出去的时候，是一份感恩的心，感谢你给我服务的机会，因为如果没有的话，我没有办法有服务的机会，但是我还是要把工作做好，同样的我收你这一笔钱，我只是协助你，你

不能说你整个身子都靠给我啊（S5-1-138-143）

其实就如同我刚刚所讲的，他跟你久以后有时候会叫不动，有时候要叫他动，你有跟他拿，那就……

研究者：所以你的……三四年就换掉

S3：对，我们不会说让他很那个（S3-2-327-330）

由上述收礼方与送礼方之间的权力转变我们可以发现，红包确实可以使得送礼方权力上升，但是如果送礼方不懂得按照规矩来做事、品质不够好等，以为收礼方收了礼就矮一截，那这样的举动将会把先前所建立的共利结构彻底毁掉；反之，送礼方不但礼送得勤快、该做的事情、产品的品质、施工的品质等，都面面俱到的话，送礼方与收礼方之间的权利差距会因为收送礼双方的情感互动而不断缩小，甚至可能达到权利均等的状态。

（五）利益、权力、关系三构面之送礼行为模式

综合上述各小节的主轴译码，本研究利用故事线的方式进行选择性译玛，将情感互动与权力变化的概念导入共利结构红包模式当中，在此呈现出完整的商业送礼行为架构图，如图1所示，这个送礼架构可以让我们清楚地看出，伴随着利益大小、关系有无、权力差距而产生的送礼行为的多种样貌。

本架构有三个轴，X轴代表的是关系有无，Y轴代表的是权力差距，Z轴代表的是利益大小，每两个轴或三个轴的交会处，所表示出来的即是送礼方与收礼方在商业交易互动中所形成的关系与其所相对应的送礼模式。

举例来说，送礼方与收礼方之间所牵涉到的利益很大、权力差距很大、关系也不好时，此时，送礼方所采取的送礼行为，多半是一些维持关系的一般性礼物，以及因利益所伴随的各式各样的变相红包而已；送礼方与收礼方之间所牵涉到的利益很大、权力差距很小、关系很好时，送礼方已经不用再送变相的红包，所送的大多是一些带有情感的量身定做的礼物、义务协助等，此表示送礼方与收礼方之间已经是非常好的伙伴关系；如果收礼方与送礼方之间所牵涉到的利益很大、权力差距很大、关系不错时，这种送礼模式是最为复杂的，不但要送有情感的量身定做礼物、做面子等以及各种变相的红包。

再者，本研究也发现，在送礼历程上大部分的送礼者都希望与收礼者由利益很大、关系不好、权力不等的合作模式，慢慢发展成利益很大、关系很好、权力均等的合作模式（黑色箭头所表示的进行方向），此时的共利结构是最稳定，也是送礼成本最低的模式，但是这必须要有很长的合作时间，甚至已经成为伙伴关系才有可能达成。

也就是说本研究认为，利益与权力是透过关系在运作的，多使用关系的互动可以使共利结构的稳定度提高，利益也就不断地持续，红包成本也不断地下降。由此我们也可以知道，对商业送礼行为来说，红包固然是送礼的核心，但是仍然要服从华人多用情感少用权力的行为模式（罗家德、叶勇助，2006）。

最后，本研究利用利益、权利与关系互动送礼模式的概念，发展出以下几个命题：

命题1.1：收、送礼双方所牵涉的利益越多时，送礼的方式越多种；

命题1.2：收礼的方式越多，共利结构强度越强；

命题2.1：送礼方与收礼方情感的互动，可以强化彼此的伙伴关系；

命题2.2：收、送礼双方情感关系不同，彼此所送的礼物也随之不同；

命题2.3：收礼方与送礼方情感的增强，可以

增强收礼方与送礼方的共利结构；

命题3.1：送礼方可以借由送礼行为，提升自己的权力位置；

命题3.2：收礼方收礼以后，权力位阶会下降；

命题4：送礼方为了维持长久利益与送礼成本的下降，对收礼方要多发展关系。

五、研究发现与建议

（一）研究发现

本研究利用扎根理论初探商业送礼行为程序，有以下六点发现：

（1）在非完全竞争市场、非标准化产品、无客观衡量标准的产业属性下，商业送礼行为特别容易发生。

（2）商业送礼行为发生前，收、送礼双方都会对对方进行试探、观察等动作，但是，试探、观察的次数与时间并不多。

（3）商业送礼前如果能找到熟识收、送双方的第三者，居中牵线时，收、送礼双方的信任累积非常快速，送礼行为非常直接、大胆。

（4）商业送礼的方式非常多种，每一种商业送礼的方式会随着利益的大小而有不同，尤其利益很大时，会伴随非常多种的送礼方式一起送；而且通常送礼方式越多其共利结构越强、利益越大。

（5）送礼方要增加共利结构的稳定度，不能只靠送礼，还要与收礼方增强彼此的关系。

（6）商业送礼行为能为送礼方提升权力位置；相对的收礼方的权力位置将会下降。

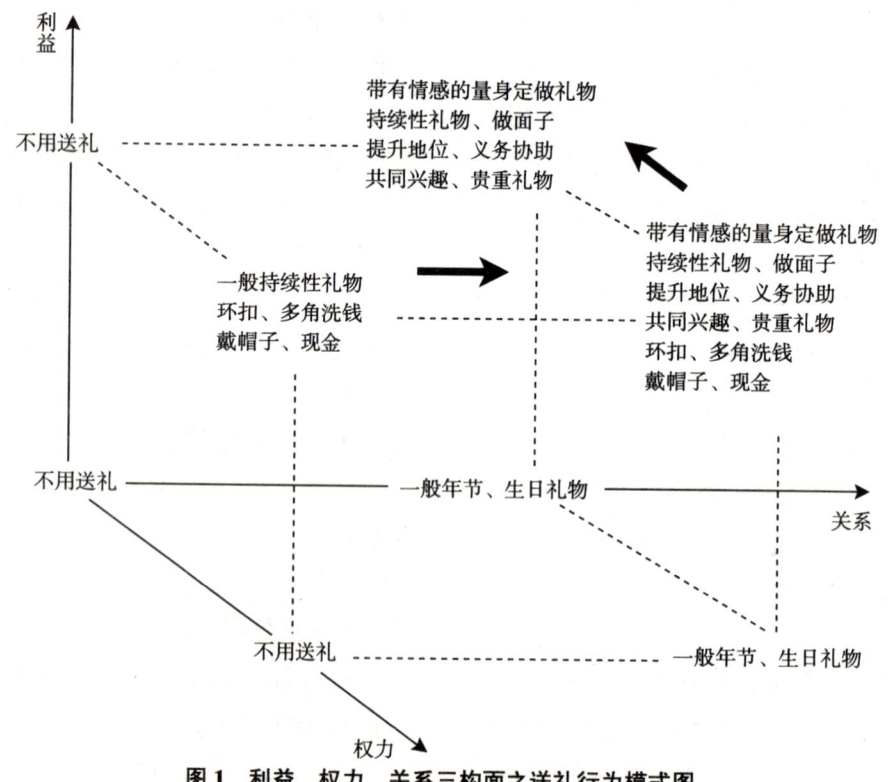

图1　利益、权力、关系三构面之送礼行为模式图

(二) 研究贡献与管理实务建议

1. 研究贡献

综观国内外送礼行为的文献,商业送礼行为的研究几乎是付之阙如,而本研究的研究成果,将商业送礼行为的神秘面纱揭开一小部分,使我们了解商业送礼行为的运作流程,以及跟随而来的收、送礼双方交往所产生的情感以及权力位置消长的情形,可补过去文献之不足,更期能以此做引发后续其他学者对于此一议题的重视与后续研究。

2. 管理实务上之建议

商业的送礼行为一直是被视为不道德的行为,但它的存在却也是事实,在本研究中发现,送红包可以使小厂商拿到生意并且权力有所提升,再者可以借由与收礼方培养情感,产生信任,更因此而节省许多的交易成本,本研究认为站在小企业生存的角度上必须善用这些方法,因为这是商业界每天发生的最真实东西。

本研究也发现,本研究样本所属的产业大多不是完全竞争市场,而且样本本身所生产的产品也非标准化产品,无法在品质上有一明确且客观的衡量标准,似乎在这样的环境背景之下,红包与送礼问题大行其道,因此要防止收贿的情形发生,或许营造出一个产品价格透明(信息对称)、产品品质具有客观评断标准的环境,将有助于降低员工收贿的可能。

(三) 研究限制与后续研究方向

1. 研究限制

虽然样本的多寡并非是评鉴质性研究好坏的重要指针,但是由于本研究之题目牵涉到许多道德与法律的层面,所以在找寻研究样本时面临极大的困难,本研究仅能找寻与笔者拥有深厚情感基础并充分信任笔者的研究样本,在这样的权衡之下产生了三个研究上的限制:

(1) 扎根理论对样本数的要求是必须达到理论饱和点为止,而本研究仅有五个研究样本,实不敢说是否确实地达到理论的饱和点。

(2) 此五个样本的产业属性存在许多同构型,例如:非竞争市场、非标准化产品、无客观的品质指针等,因此本研究结论不可过度地推论。

(3) 本研究发现每一位受访者或多或少都有跟政府部门合作的经验,当然这当中亦不乏送礼的行为,这些行为在多方的考虑之下只有舍弃,这也使得对商业送礼行为的了解下降不少。

2. 后续研究方向

本研究对商业送礼行为进行初探性的了解,其中仍有许多概念可以进行后续的研究:

(1) 本研究在讨论共利结构的稳定度时,是利用收、送礼双方情感关系与权力互动的观点切入,并将利益的大小视为伴随着共利结构稳定度的增强而增加,这样的观点在利益并不特别庞大的情形下应当成立,但是如果收礼者本身所能掌握的利益极大时,情形又是如何呢?举例来说:在本研究样本中,有一位受访者,每年多重收礼管道所收到的金额可以高达近千万,这样的收礼者,他的权力非常大而且他似乎不喜欢与送礼者有太多情感的互动,所以他的做法是三到四年就更换合作的对象,他可以为了巩固自己的利益而放弃与送礼者之间所建立的情感、互信、默契等,这样的差异行为值得深入探讨。

(2) 在本研究中大部分都是请受访者回答由陌生人转变为交易伙伴的情形,当然也有一两位受访者自动说出一些在交易前双方就是朋友的送礼情形,但是这部分行为资料太少,而且也不在本研究一开始的研究范围内,因此这部分在后续研究中亦是必须放进来考虑的重点。

(3) 常常听到许多受访者提到中国内地的收贿情形比中国台湾地区严重得多,因此笔者希望将来能到中国内地收集资料,与中国台湾地区的样本进行比较与整合,期望能建立更完整的华人商业送礼行为模式。

参考文献

中文部分

[1] 吴芝仪,廖梅花译. 质性研究入门:扎根理论研究法. 嘉义:涛石文化,2001

[2] 汪珍宜,何翠萍译. 礼物:旧社会中交换的形式与功能,译自 The Gifts 牟斯(Marcel Mauss)着. 台北:远流出版社,1988

[3] 林本炫,何明修编. 质性研究方法及其超越. 台北:巨流图书,2004

[4] 胡幼慧编. 质性研究理论、方法及本土女性研究实例. 台北:巨流图书,1996

[5] 徐宗国译. 质性研究概论. 台北:巨流图书,1997

[6] 费孝通. 乡土中国. 台北:绿洲出版社,1948

[7] 黄光国编. 中国人的权力游戏. 台北:巨流图书,1988

[8] 罗家德,叶勇助. 中国人的信任游戏. 北京:社会科学文献出版社,2006

英文部分

[1] Annamma J. (2001), "Gift giving in Hong Kong and the Continuum of Social Ties", Journal of Consumer Research, Vol.28 Issue 2, pp. 239–256

[2] Banks, S. (1979), "Gift giving: A Review and an Interactive Paradigm", Advance in Consumer Research, Vol.6 Issue1, pp.319–324

[3] Belk, R., and Coon, G. (1993), "Gift Giving as Agapic Love: An Alternative to the Exchange Paradigm Based on Dating Experiences", Journal of Consumer Research, Vol. 20, Issue 3, pp.393–417

[4] Belk, R., and Coon, G. (1991), "Can't Buy Me Love: Dating, Money, and Gifts", Advances in Consumer Research, Vol.18, Issue 1, pp.521–528

[5] Blau, P. (1964), Exchange and Power in Social Life. New York: Wiley

[6] Brunel, B., Otnes, C., and Ruth, J. (1999), "Gift Receipt and the Reformulation of Interpersonal Relationship", Journal of Consumer Research, Vol.25, Issue4, pp. 385–403

[7] Bryman, A. (1988), Quantity and Quality in Social Research, Unwin Hyman

[8] Creswell, J., W. (1998), Qualitative Inquiry & Research Design, Thous & Oaks, CA: Sage

[9] Burt, R. (1992), "Structural Holes: The Social Structure of Competition", Cambridge: Harvard University Press

[10] Gambetta, D. (1988), Can we trust trust? In Gambetta (ed.), Trust: Making and Breaking Cooperative Relations, pp.213–238, Oxford: Basil Blackwell

[11] Glaser, B. (1978), Theoretical Sensitivity, Mill Valley, CA: Sociology

[12] Glaser, B., and Strauss, A. (1967), The Discovery of Grounded Theory, Chicago: Aldine

[13] Goulder, A. (1960), "The Norm of Reciprocity: A Preliminary Statement", American Sociological Review, Vol.25, pp. 161–178

[14] Granovetter, M. (1985), Economic Action and Social Structure: The Problem of Embeddedness, "American Journal of Sociology", Vol.91, pp. 481–510

[15] Granovetter, M. (1973), "The Strength of Weak Ties", American Journal of Sociology, Vol. 78, Issue 6, pp. 1360–1380

[16] Hammersley M. (1989), The Dilemma of Qualitative Method: Herbert Blumer and the Chicago Tradition, London and New York: Routledge

[17] Hardin, R. (2002), "Trust and Trustworthiness", New York: Russell Sage Foundation

[18] Krackhart, D. (1992), The Strength of Strong Ties: The Importance of Philos in Networks and Organizations. In Nitin N., & Robert G. E. (eds.), Networks and Organizations, Cambridge: Harvard Business School Press

[19] Krackhardt, D., & Hanson, J. (1993), "Informal Networks: The Company Behind the Charts", Harvard Business Review, Vol. 71, Issue 4, pp. 104-111

[20] Krackhardt, D., and Porter, L. (1985), "When Friends Leave: A Structural Analysis of the Relationship between Turnover and Stayers' Attitudes", Administrative Science Quarterly, Vol.30, Issue 2, pp. 242-261

[21] Kim, Y., Lowrey, T., and Otnes, C. (1992), "Ho, ho, woe: Christmas Shopping for Difficult People", Advances in Consumer Research, Vol.19, Issue1, pp.482-488

[22] Komter, A., and Vollebergh, W. (1997), "Gift Giving and the Emotional Significance of Family and Friends", Journal of Marriage and the Family, Vol.59, Issue3, pp.747-758

[23] Levy, S., McGrath, M., and Sherry J. (1993), "Giving Voice to the Gift: the Use of Project Techniques to Recover Lost Meanings", Journal of Consumer Psychology, Vol.2, Issue2, pp.171-192

[24] Lewicki, R., and Bunker, B. (1996), Developing and Maintaining Trust in Work. Relationships, in Trust in Organizations: Frontiers of Theory and Research, edited by R. M. Kramer and TR Tyler. Thousand Oaks: Sage

[25] Luo, J. D. (2005), "Particularistic Trust and General Trust-A Network Analysis in Chinese Organizations", Management and Organizational Review, Vol. 3, pp. 437-458

[26] Richards, T., and Lyn R. (1994), "Using Computer in Qualitative Research", in Norman K. Dezin and Yvonna S Lincoln (eds.) Handbook of Qualitative, Thousand Oaks, CA: Sage. pp. 445-462

[27] Sherry, J. (1983), "Gift Giving in Anthropological Perspective", Journal of Consumer Research, Vol.10, Issue 2, pp.157-169

[28] Shapiro, D., Sheppard, B. and Cheraskin, L. (1992), "Business on a Handshake", Negotiation Journal, Vol.8, Issue 4, pp.365-377

[29] Struass, A., and Juliet, C. (1990), Basics of Qualitative Research: Grounded Theory Procedures and Techniques, Newsbury Park, CA: Sage

[30] Tsai, W. P., and Ghoshal, S. (1998), "Social Capital and Value Creation: The Role of Intra-Firm Networks", Academy of Management Journal, Vol.41, Issue 4, pp.464-478

[31] Uzzi, B. (1997), "Social Structure and Competition in Interfirm Networks: The Paradox of Embeddedness", Administrative Science Quarterly, Vol. 42, Issue 1, pp. 35-67

[32] Uzzi, B. (1996), "The Sources and Consequences of Embeddedness for the Economic Performance of Organizations", American Sociological Review, Vol. 61, Issue 4, pp. 674-698

[33] Williamson, O. (1996), The Mechanisms of Governance, New York: Oxford University Press

[34] Williamson, O. (1979), "Transaction Cost Economics: The Governance of Contractual Relations," Journal of Law and Economics, Vol. 22, pp.233-261

[35] Weitzman, E., and Matthew, B. (1995), Computer Programs for Qualitative Data Analysis, Thousand Oaks, CA: Sage

[36] Zucker, L. (1986), "Production of Trust: Institutional Sources of Economic Structure", Research in Organizational Behavior, Vol.8, pp.111

试论LMX与成员关系互动机制*

[摘要] 在商业社会，关系无处不在。本文主要从关系的概念、结构及测量阅读相关文献，发现对企业关系的研究主要集中在领导成员的关系与成员关系两个方面。然而，对领导成员关系与成员关系互动的研究较少或者不明确。本文主要立足文献，对领导成员关系与成员关系互动的研究提出一些新的认识和想法。

[关键词] 关系；领导成员关系；成员关系

中国社会是人情社会，人情在社会中的具体体现是关系。关系在社会中无处不在。在企业组织中，存在两种基本关系：领导与成员关系和同事关系。关系在企业管理中起到很重要的作用，为了更好地进行企业管理，就有必要对关系进行系统的了解。然而通过相关文献的阅读，对关系的理解基本包括两部分——领导成员关系与同事关系；同时通过文献阅读发现，对关系整体的评价，文献总结的比较少，主要是集中在领导成员关系，或者同事关系，对由领导成员关系与同事关系构成关系整体的文献总结比较少，或者总结得不是很清楚，这也是本文写作的出发点之一。本文对关系的总结，主要从四个方面进行：关系的概念、关系的分类、关系的结构以及关系的测量。

一、关系的概念

梁漱溟指出，与西方社会相比，中国社会不是个人本位，也不是社会本位，而是关系本位。在关系本位的社会系统中，"不把重点放在任何一方，而从在乎其关系，彼此相交换，其重点实在放在关系上了"（梁漱溟，1987：93）。中国社会是以关系为导向的社会，关系在中国无处不在。关系可以说是中国社会的一个重推动力。

相对西方的"人际关系"（Relationship）来说，中国的"关系"（Guanxi）有着其复杂性。西方的"人际关系"是建立在"自我"上面的，它的人际关系实际上是获得性关系或者后执性关系，这种人际关系是一种自我的个人与另一个拥有这样的自我个体之间形成的心理距离与行为倾向。个体之间的关系大多是由人与人之间互动产生的；中国的关系是建立在家或者家族或者亲属等上的，是以血缘为联系纽带的社会单元（费孝通，1998：

---

* 作者简介：刘文兴、彭菡：华中科技大学管理学院，武汉，邮政编码：430074。

24—30),比如,相对于旁系血亲群体,直系血亲群体便是"自我",相对于姻亲血亲关系,血亲关系便是"自我",相对于陌生人,熟人便是"自我",相对于外乡人来说,同乡便是"自我"等(李美枝,1993)。

从上述的背景来看,中国人所注重的人际关系其意不同于西方,中国人的"关系"其实质上是先赋性的,这种先赋性关系在几千年的文明发展中逐渐被泛化在社会生活中的各个方面(杨宜音,1995)。因此,在正式组织关系和公众关系中,总是藏着另一种亲缘式的关系,二者互成表里。对关系内涵的界定,不同的文化有着不同的认识,由于本文的研究对象是中国企业,还是采用适合本土文化的关系内涵。

由于不同的学者研究的重点不同,对关系还是有着不同的理解。社会学家费孝通提出了"差序格局"的概念,认为中国的人际互动是根据亲疏来判断的,如从血缘、地缘等来判断,采取亲疏不同的交往准则。虽然社会学家费孝通并没有对关系做出明确的定义,但是从差序格局特殊主义观点来看,关系应该是基于特殊标准所形成的,而非泛指人际互动关系。持这种观点的学者有:金耀基(1980)、Hui & Graen(1997)、Chen & Chen(2004)、宝贡敏(2000)等。

然而,有的学者对关系的定义就较为宽泛:如 Tsui, Fath&Xin(2000)通过研究发现,认为"关系"一词可以包括多种含义,如:①共享一种团体身份;②共同认识第三方;③互动频繁;④有关联但很少直接互动;⑤有共同背景的朋友关系等。此外,Bian(1994)认为,个体间具备三项条件之一就可以认为存在关系:①不同个体共同具有某团体地位或认识某特定的第三方;②个体间具有实质的联系与频繁的互动;③个体间虽然很少有直接的互动,但却存在一定接触。综合前人对关系的定义,认为关系是以自我为中心,以缘为认同基础,以身份来确定其角色规范与行为准则(杨国枢,2004;杨宜音,1995),形成人与人之间纽带联系。

二、关系的分类

由于中西方文化的差异,对关系的内涵以及认识方面还是存在差异,国外把关系看成是一种网络或者人与人交往的纽带,包含了三个层次:一是社会网络,二是社会结构,三是社会地位。而由于中国是以关系为导向的国家,关系在中国无处不在,在内涵方面比西方的更为复杂与宽广。

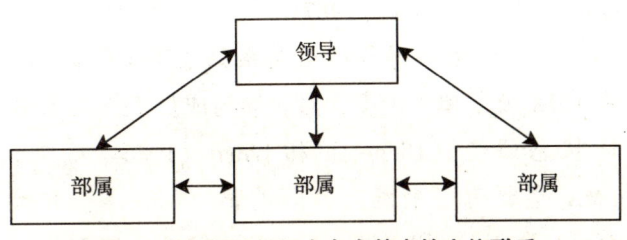

图1 表示团队组织中存在基本的交往联系

通过图1可以看出组织存在两种不同的关系:一是下级与下级构成同级关系;二是上下级构成的领导成员关系。下级与下级构成同事关系,关系之间没有权力介入,关系对于彼此来说是由对方不同的价值取向导致不同关系类型。

（一）同事关系的分类

黄光国(1988)在《人情与面子:中国人的权力游戏》里面,对关系就进行深入广泛的讨论,认为关系包含了两个部分:一是工具性,二是情感性。通过看谁居于主导地位,将关系分为工具性的关系、混合关系、情感关系。类似于这种分类的学者有杨国枢（1993）、Fan（2002）等。对上述关系分类提出不同意见的学者有如杨宜音（1995）、杨中芳、彭泗清（1994）、沈毅（2003），但是通过他们对关系的分类，对关系的认识还是有很大的共同点，都认为关系当中存在两个基本成分：情感关系与工具关系两种，只是在情感关系与工具关系是连续性关系还是相互独立关系出现分歧，甚至还提出除了这两种关系之外还有义务性关系等，但是不影响关系的两种基本关系——情感关系与工具关系。

工具型员工关系，指的是员工之间的交往具有很强的功利性，员工行动带有利益计算的色彩。这种关系的假设前提是员工是经济人，每个人追求的是个人利益最大化，或者至少不使自己利益受损的前提下，来判断一个行动之后所带来的利与弊。情感型员工关系，指的是员工关系之间交往带有感情，或者说是人与人交往当中存在了人情。在这种关系当中，人与人之间的交往比较频繁，彼此之间的交流也很多，交往过程更多的是不断偿还人情债，同时也是不断产生新的人情债的过程，使得彼此之间产生很强的亲近。

（二）上下级关系的分类

1972年，Graen和Danseau等人首次提出领导成员交换理论（Leader-Member Exchange, LMX），其基本假设认为：领导会以不同的方式对待下属，同时下属也会做出不同的反馈，因此领导和下属之间会发展出不同类型的关系。根据LMX理论，由于资源与时间的有效性，领导者只能针对组织中的小部分成员建立相对特殊的关系，形成了一个特殊的"圈子"。

"圈内人"（In-group）受到领导的特殊关注，能得到更多的信任、尊重及与工作相关的利益，而作为交换，领导也将得到下属的信任、尊重和喜欢，从而建立一种较高水平的相互作用；"圈外人"（Out-group）成员与领导关系只维持在组织的正常规则中，很少得到领导更多的注意，在这种情形下的交换关系显得缺乏一种积极的互动，往往表现为任务互动导向。Hollander（1978）等发现圈内—圈外现象在许多组织中普遍存在。

综合上面对关系的分类建立的基本框架如图2所示。

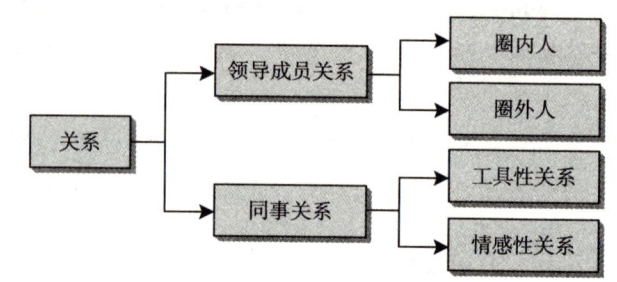

图2 表示企业内部关系分类的基本框架

三、领导成员关系与成员关系的测量

（一）LMX测量

对LMX测量，不同学者有着不同的观点，主要争议是单维度测量还是多维度测量，主要分歧还是对LMX结构意见不统一，差异还是在于认为LMX结构是单一的还是多维的。Graen（1976）、Graen和Scandura（1987）、Graen和Uhl-Bien（1995），认为领导与成员关系只限于工作之内，那LMX就是单一维度，对领导与成员工作关系整体状态评价；Dienesch和Liden（1986）认为，LMX主要有三个维度，即情感（Affect）、贡献（Contribution）和忠诚（Loyalty）。Liden和Maslyn

(1998) 在此基础上，根据关键事件访谈的方法又增加了第四个维度：专业尊敬（Professional Respect）。实际测量过程，由于对 LMX 结构存在两种主要的认识——单维度与多维度结构认识，出现了两种测量——单维度测量量表和多维度测量量表。

根据 LMX 单一结构，学者们开发出了五题目的 LMX 量表和广泛使用的七题目的 LMX 量表（LMX-7）。LMX-7 是 Graen 和 Novak 提出的测量 LMX 的最常用的量表，包括七个条目，都是测量主管和部属之间的工作关系的特征，包括工作关系的有效性、对工作中的问题和需求的理解、对潜在问题的认知、愿意去帮助他人等。Gerstner 和 Day（1997）的元分析发现，LMX 的内部一致性信度比较高，一般在 0.80~0.90。多维度的测量 Dienesch 和 Liden（1986）与 Liden 和 Maslyn（1998）认为，领导—部属交换的高低（圈外交换到圈内交换）会随着双方交换内容的不同而变化，提出了领导—部属交换应该是多维的结构，并在此基础上发展了相应的测量工具（LMX-MDM）。

（二）同事关系测量

对同事关系的分类不同，进行测量的内容与维度还是不同的，主要的分歧在工具成分与情感成分之间的关系导致上，它们是相互独立还是一维反向关系，还有一些其他的学者提出不同的看法，认为关系当中除了工具成分、情感成分还存在另外一个维度就是义务成分。通过文献发现，虽然学者对关系结构成分存在分歧，但是还是认同关系有两个基本的成分——工具与情感成分。

1. 单维度测量

单维度测量认为，把关系中的工具性与情感性成分看成相互对立统一的关系：即工具关系高的，则情感性关系低；工具性关系低的，则情感性关系高；反过来说也是一样的。如 Law, Wong & Wangetal（2000）的关系测量量表是对上下级间关系品质的衡量。张勉（2006）从关系的工具性出发，将关系理解为"个体能够获取稀缺资源和避免困境的潜力"，通过深度访谈，提出了关系测量的三项条款，并对中国 15 家企业的 742 位员工进行了测量，其量表 Cronbacha 为 0.73。

2. 二维度

虽然有研究者提出了二维度构想，却没有提出具体的测量量表，也没有进行相应的实证研究。如黄光国（1987）的三种关系类别划分，实际上是将关系区分为情感与工具两个维度，试图从"感情性的多寡"与"工具性的强弱"寻找国人关系的解释途径。Chen & Chen（2004）提出了一个关系质量的理论模型。模型包括"信"（Trust）和"情"（Feeling）两个维度前者表示个体的可信度，后者则表示关系对参与双方的情感性需求的满足程度。也有研究者对有关二维度的关系构成进行了经验研究。如在杨中芳（1999）指出中国人际关系可分解为既定成分和交往成分的基础上，杨宜音（2001）采用个案研究方法，获得了农村与城市人关系分类及其解释的实证数据。Chen, Chen & Xin（2004）也分别对组织内关系的行为和普遍性两个维度进行了测量。

3. 其他的维度

Kippis（1997）通过在中国两年的民间调查，确认了关系的三个构成维度——感情、互惠、面子，而且他认为感情是其中最为重要的。这与 Hwang（1987）的研究结论基本一致，Park & Luo（2001）也提出这三维度是关系的必要组成。Lee & DaweS（2005）依照这三个维度对关系进行了衡量。测量量表的 Cronbacha 值分别为 0.89、0.85、0.88。Ramasamy, Goh & Yeung（2006）在关系对企业间知识转移的影响研究中将"关系"划分为信任、关系承诺、沟通三个维度（Cronbaeha = 0.70，0.80，0.82）。姜定宇（2005）以杨国枢

(1993)与杨中芳(2001)的理论为基础,对关系概念予以操作化,提出了相应的三个维度(人际情感、角色义务、利益关系)测量量表(Cronbacha=0.86,0.81,0.85),并通过对上下级样本的测量与资料分析初步说明了此三维度确实存在于华人企业组织中。然而,四维度测量只是提出观点并没有实际测量量表,还停留在理论当中,如周丽芳(2002)提出了包括工具性、礼数规范、义务规范和情绪依附在内的关系四维度划分方式,并在此基础上构建了华人组织中的关系作用模式。

四、领导成员关系与同事关系（LMMX）

领导与成员之间存在权力距离,在心理上或者职位上处于不同状态,领导与部属的关系是属于领导与被领导的关系,在职位上,领导与成员之间存在上下层次区别,这种关系被称为纵向关系;同事与同事之间没有权力距离,职务上是平等关系,没有领导与被领导或者控制与被控制的关系,处于同一水平面,称这种关系之为水平关系或者是横向关系。一个组织领导者要实现其领导目标,离不开员工的合作,没有员工的合作,不能称为领导。然而,领导对组织或者团队施加影响的时候是通过某种政策,通过其与成员之间的关系传导下去,由于领导时间精力有限,不能针对每个员工采用一致性的行为。通过图4来表示领导成员关系与成员关系之间的互动影响机制。

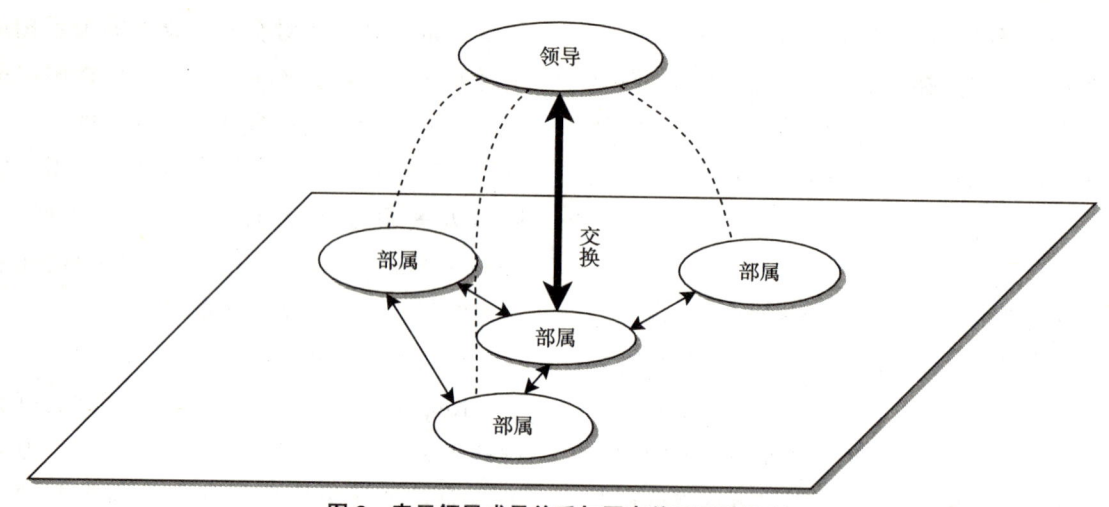

图3 表示领导成员关系与同事关系互动机制

根据LMX理论以及图3,领导通过纵向关系对部属施加影响,主要利用交换关系来完成。由于交换关系质量的不同,给领导与成员关系带来变化,形成两种不同的交换群体:一是高交换关系群体,指的是领导与成员互动很多,领导给予更多的机会和资源,形成"圈内人";二是低交换关系群体,指的是领导与成员互动不多,从领导获取的机会和资源比较少,形成"圈外人"。通过图3还可以看到,领导通过交换关系质量来影响与部属之间的关系,但影响过程并没有结束。由于"圈内人"与"圈外人"的区别,使得领导通过圈内人施加影响之后,会给成员之间关系带来新的互动,因为"圈内人"有两种身份:"圈内人"的身份,同时也是团队成员的身份。"圈内人"从领导获取的资源或者机会，使得成员对其评价发生改变。根据社会交换理论以及前面论述的文献，员工之间也存在交换，交换可以分两种：一是情感上的交换；二是经济利益的交换或者说是工具性的交换。由于"圈内人"与"圈外人"与领导之间的关系存在差异，使得"圈外人"可能通过"圈内人"获取相应的机会与资源，从而使得"圈外人"对"圈内人"形成新的评价，最终形成新的关系平衡。

根据上面的论述分析可以发现，LMX与员工关系之间存在一种互动影响：LMX的高低将于领导与成员之间的关系分成两部分，同时由于"圈外人"对"圈内人"评价不同，从而又导致了员工之间的关系的变动，进而使得企业团队组织中的关系达成新的状态。

通过上面对LMX和员工关系测量的介绍，发现LMX与员工关系一维度结构对相关关系的测量都具有很好的解释力度，可以参考上面介绍的数据。为此可以用LMX的高低为纵坐标，以工具—情感性关系为横坐标，得出四种不同的关系状态：高LMX工具性关系、低LMX情感性关系、高LMX情感性关系以及低LMX情感性关系，如图4所示。

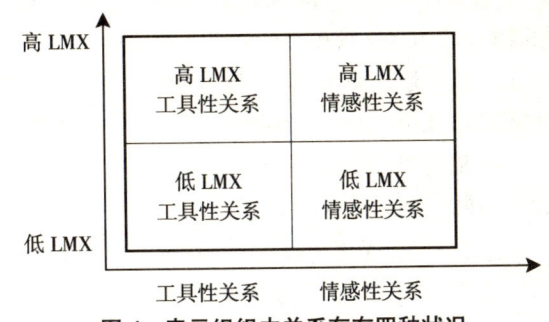

图4 表示组织中关系存在四种状况

通过上面论述，LMX与成员关系之间有可能存在互动影响机制，互动最终的结果，形成新的整体关系。通过研究发现关系对知识共享是有影响作用的，到底哪种整体关系有利于关系知识共享，可以通过图4得出四种关系类型进行探讨，验证哪种关系更适合知识共享，可以为企业很好地进行知识管理提供理论根据。

五、结束语

通过相关文献的阅读发现，领导成员关系与员工关系互动影响研究的比较少，本文主要通过相关文献，对LMX与员工关系互动进行理论探讨，分析它们之间存在的互动机制。本文最大不足之处是没有对LMX实证研究，这也需要下一步研究分析。

参考文献

[1] 梁漱溟.中国文化要义[M].上海：上海学林出版社，1987：77-95

[2] 费孝通.乡土中国[M].北京：三联书店，1985：23-33

[3] 宝贡敏.论适合我国管理文化特点的企业管理模式[J].浙江大学学报（人文社会科学版），2000，30（6）：5-14

[4] 姜定宇.华人部属与主管关系、主管忠诚及其后续结果：一项两阶段研究[D].博士学位论文，台湾大学，2005

[5] 金耀基.人际关系中的人情分析[A].杨国枢主编.中国人的心理[C].南京：江苏教育出版社，2006：60-81

[6] 沈毅.黄光国的"人情与面子"模型及相关挑战——从"差序格局"看关系的分类及其要素[A].中国社会心理学评论（第二辑）[C].北京：社会科学文献出版社，2006：255-277

[7] 杨国枢.中国人的心理与行为：本土化研究[M].北京：中国人民大学出版社，2004：86-120

[8] 杨宜音. 试析人际关系及其分类 [J]. 社会学研究, 1995 (5): 18-23

[9] 杨宜音. "自己人": 一项有关中国人关系分类的个案研究 [J]. 本土心理学研究, 2001(13): 277-322

[10] 杨宜音. 试析人际关系及其分类——兼与黄光国先生商榷 [J]. 社会学研究, 1995 (5): 18-23

[11] 杨中芳. 人际关系与人际情感的构念化 [J]. 本土心理学研究, 1999 (12): 105-180

[12] 周丽芳. 华人组织中的关系与社会网络 [J]. 本土心理学研究, 2002 (18): 175-227

[13] 彭泗清. 关系与信任, 中国社会学年鉴 (1995-1998). 北京: 社会科学文献出版社, 2000(10): 290-297

[14] 任孝鹏, 王辉. 领导—部属交换 (LMX) 的回顾与展望. 心理科学进展, 2005, 13 (6): 788-797

[15] Tsui, A.S., Farh, J.L.&Xin, K.Guanxi in the Chinese Context [A]. In Li, J.T., Tsui, A.S.&Weldon, E. (eds.), Management and organizations in the Chinese Context, London: MaeMillan, 2000: 225-244

[16] Ramasamy, B., Goh, K.W.&Yeung, C.H. Is Guanxi (Relationship) a Bridge to Knowledge Transfer

[17] Park, S.H.&Luo, Y&D.Guanxi and Organizational Dynamics: Organizational Networking in Chinese Firms [J]. Strategic Management Journal, 2001, 22: 455-477

[18] Law, K.S., Wong, C.S.&Wang, D.X., et al. Effect of Supervisor-subordinate Guanxi on Supervisory Decisions in China: An Empirical Investigation [J]. International Journal of Human Resource Management, 2000, 11 (4): 751-765

[19] Chen, C.C., Chen, Y.&Xin, K.Guanxi Practices and Trust in Management: A Procedural Justice Perspective [J]. Organization Science, 2004, 15 (2): 200-209

[20] FAN.Y. Questioning Guanxi: Definition, Classification and Implications [J]. International Business Review, 2002, 11: 543-561

[21] Liden, R.C., Wayne, S. J., & Sparrowe, R.T. An Sparrowe R., Liden R. C.Process and Structure in Leader-Member Exchange. Academy of management Review, 1997, 22 (2): 522-557

[22] Graen G B, Scandura T.Toward a Psychology of Dyadic Organizing.In: Cumming L, Staw B ed.Research in Organizational Behavior.Vol.9.Greenwich: JAI Press, 1987. 175-208

[23] Gerstner C, Day D.Meta-Analytic Review of Leader-Member Exchange Theory: Correlates and Construct Issues. Journal of Applied Psychology, 1997, 82 (6): 827-844

[24] Graen GB. Uhl-Bien M: Relationship-based Approach to Leadership: Development of Leader-Member Exchange Leadership over 25 Years: Applying A Multi-level Multi-domain Perspective [J]. Leadership Quarterly. 1995 (6): 219-247

企业社区关系管理中的三方博弈分析[*]

[摘要] 随着企业管理边界的拓展，企业的社区关系成为企业经营的社会环境。相关利益群体面临不同的利益取向与选择，社区和政府之间新型的代理合作关系使企业的社区关系发生新的变化。本文将就企业社区关系管理中企业、社区和政府的利益选择进行博弈分析，构建三方博弈模型。根据模型求解结果对政府如何完善中国企业社区关系问题提出建议。

[关键词] 企业；社区；关系管理；博弈模型

一、引言

企业是一个以营利为目的的复杂社会技术经济系统，企业的效率一方面取决于企业自身的结构和联系，另一方面还取决于企业的环境及其之间的互动行为。作为一个面向社会全面开放的社会组织，企业必定处于一定的社会环境之中，许多利益相关者在不同方面、不同程度上与企业发生着联系，影响、帮助或制约着企业的行为，形成企业经营的社会环境。社区组织和政府组织作为重要的利益相关者，成为企业极为重要的环境因素，企业如何处理其与社区、政府的关系，对于企业经营绩效和社区发展都极为重要（Nahapiet, J. & Ghoshal, S., 1998）。在企业与社区之间的相互作用过程中，相关利益群体面临不同的利益取向与选择。其中，作为非营利部门的社区组织和政府组织，在政府职能转变的背景下，通过组织分工而产生了新型的代理合作关系（陈喜强，2006）。这也导致企业在处理其与社区关系的过程产生了新的问题，如何协调好企业、社区和政府之间的关系并使之健康、有效率地发展，成为政府、企业以及学界广泛关注的问题，也是一个亟待解决的社会热点问题。

---

[*] 作者简介：高闯：1953年生，男，辽宁沈阳人，辽宁大学工商管理学院院长，教授，博士生导师，研究方向：企业理论与公司治理。史宝康：1979年生，男，辽宁沈阳人，辽宁大学工商管理学院博士生。
基金项目：辽宁省人文社科基地项目"辽宁装备制造企业国际竞争力的提升路径研究——基于全球价值链创新的视角"（2008JD32）；辽宁省软科学计划"科技型创新企业的评价问题研究"。

二、企业、社区与政府关系的理论分析

随着企业管理边界的改变,企业的盈利能力很大程度上取决于社区关系在内的各种资源的有效利用。传统的管理边界下,供应商、投资机构和员工被看做投入要素。企业管理边界的拓展表明,企业已经是一个"社会存在",是为所有相关利益者服务的,而不仅仅为股东利益而生存(Moon,1995)。如图1和图2所示,现代企业管理边界除了包括传统模式下的顾客、员工、投资机构、供应商外,还包括政府、社区、政治集团、行业协会等。吴玲、贺红梅(2005)在深圳和成都的调查结果显示,企业所在社区对于企业的重要性(79票)高于常识理解中非常重要的竞争对手(76票)和新闻媒体(75票)。由于环保团体、教育机构等组织和社区有重合之处,因此,实际数字应该高于这一结果。

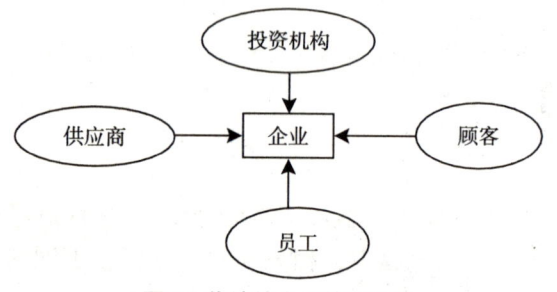

图1 传统的企业管理边界

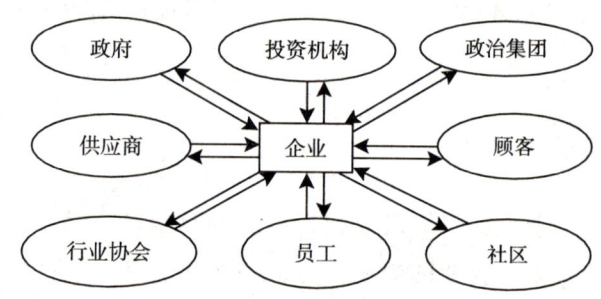

图2 现代企业管理边界

相关研究成果从多个角度对三者的关系进行研究,目前的文献大致从以下几个方面进行了研究:

(1)企业和社区关系的影响因素。由于社区与企业存在地理上的重合,企业为了获取社会资本而结合自己所处的特征空间(社区)进行有意识的管理活动。从总体上看,企业与社区的关系受到企业因素E、社区因素C和其他因素O的共同影响(王欢苗,2007)。这些因素共同构成了企业的社区关系管理三维绩效函数:Y=f(E、C、O)。①

(2)影响企业和社区关系的运作机制——政府因素。根据政府对社区自治的干预程度,西方发达国家的社区运作机制可以分为自治型、政府主导型和合作型三种模式(葛道顺,2006)。其中,自治型社区组织运行机制以美国为代表,主要特点是政府行为与社区行为相对分离。政府主导型社区组织运行机制以新加坡为代表,新加坡政府有关部门(国家住宅发展局)负责对社区工作的指导和管理,而社区日常事务管理由分工明确的三个社区委员会负责。合作型社区组织运行机制以日本和北欧国家为代表,主要特点是政府与社区相结合。

(3)企业、社区和政府关系的宏观模式。王欢苗(2007)从企业的视角分析了企业、社区与政府之间的关系,认为西方发达国家企业、社区与

---

① 其中Y表示企业的社区关系管理绩效,f( )表示函数关系,企业因素E主要包括企业的生命周期、企业的类型等,社区因素C主要包括社区的类型和成熟程度,其他因素O包括政府因素、法律因素和偶然事件。

政府的地位是平等的,①并且三者之间存在着平等意义上高强度、高频率的双向互动。由此，企业可以从社区中获取法律利益、经济利益和社区社会资本和依托社区获取政府社会资本的双重目标，进而用希腊 S&B 公司和 Milos 岛社区、政府协调促进案例验证自己的观点。

（4）政府和社区之间的"特殊"关系。王欢苗（2007）在研究新加坡这种政府导向型社区组织时认为，这种模式的适用范围极其狭小：①政府必须有足够的财力；②发达的社区保障体系；③政府的公信力很高；④国土面积狭小。而符合上述四个条件的国家很少，大部分西方发达国家中政府和社区的地位是平等的。在我国，社区组织在性质上与西方学者所探讨的非营利组织的性质不同，更为突出的是，我国的社区组织与政府组织具有"共生"的现象。换句话来说，我国社区的组织形式具有外化为政府组织的体制特征。我国原有的社区组织是一种通过垂直分工为特征的管理体系，形成基于科层权力关系的治理结构模式。在政府职能转变的背景下，通过组织分工，社区组织与社区政府形成一种新型的代理合作关系（陈喜强，2004）。从笔者检索到的文献来看，把企业、社区同政府之间的关系放在一起进行研究的文献还不是很多。②笔者试图从三方博弈的视角出发，建立企业与政府、社区与政府、企业与社区之间的子博弈模型，并综合企业、社区与政府三方的博弈模型分析三者的关系，给出政策建议，为中国企业社区的完善起到借鉴作用。

三、不完全信息下三方博弈模型的描述及假设

博弈的分析方法运用广泛，笔者想要探讨的企业、社区和政府三者的关系是从行为的视角出发，涉及人与人、机构与机构之间的关系，正是博弈论分析的强项。因此，笔者试图借助博弈论这个工具来分析企业、社区和政府的关系。

企业总是存在于一定的空间之中，企业所有外部环境问题几乎都牵涉到企业与社区的关系，社区作为社会学的一个术语，是指"若干个社会群体或社会组织聚集在某一地域里形成的一个在生活上相互关联的大集体"（费孝通，1996）。社会学视野中社区的概念更多地把社区描述为一种"客观存在"，而对于企业而言，这一客观存在成为企业社区管理的必要前提和基础。企业社区管理中的社区包括员工维度、生产经营维度、环境保护维度和政府期望维度（王欢苗，2007）。那么，符合上述四个维度区域的空间并没有一个明确的限制，可以说企业社区管理中的社区是一个相对模糊的概念，可以是某一很小的区域，如街道、居民小区；也可以是更大的区域，如一个居委会或者城镇等。无论是社会学视野中具有"共

---

① 王欢苗在探讨这一问题时把它与西方国家的政治运作机制联系在一起，即政府首先由于面对选举制度的约束而不得不认真地考虑社区的诉求，因为这些对于社区居民（选民）来说，政府对社区提供的资助是看得见、摸得着的，由此形成了对政府强大的制约。同时，作为代议机构的各级议会在政府财政资助方面具有很大的决定权，而这些机关中的议员都是由社区居民选举产生的，他/她们天然地与社区具有共同的利益。

② 尽管葛道顺（2006）根据政府对社区的干预程度，把社区的运作机制划分为自治型、政府主导型和合作型三种模式；王欢苗（2007）的博士论文提出企业、社区与政府的宏观模式。但是，前者思考的是西方发达国家，而后者则从企业的视角出发来研究企业如何进行社区关系管理。另外，需要指出的是，陈喜强（2004）从交易费用的视角研究了政府与社区组织之间的纵向控制与横向互动关系，建立新时期中国社区组织与社区政府的委托代理模型。但他并没有将与社区组织联系紧密的企业对社区的作用考虑进去，这为笔者的研究提供了空间。

同地理区域"的社区，还是企业社区管理中的社区，都存在以社区居委会为单元的基层社区组织（这也是为了遵循学术界的传统提法）。一般情况下，社区组织被看做是非政府组织（Non-governmental Organization）或非营利组织（Non-profit Organization）。①非营利组织实际上是一个集合体，是一个相对的概念，相对于政府组织而言，它是非政府组织；相对于营利组织而言，它是非营利组织。本文把社区组织看做非营利组织的一个特殊类型来研究。笔者在本文把社区的范畴定义为以社区居委会为基本单位，包括广大社区居民在内的社会群体或社会组织聚集在某一地域里形成的一个具有共同价值标准或情感，在生活上相互关联的大集体。其具有共同地理地域、共同价值标准（情感）和相互关联三个特征。

企业是以营利为目的的经济组织，社区作为企业资源的来源地和交易的实现场所，成为企业生存的微观环境。企业社会责任运动的发展，导致企业在创造利润，实现"股东价值最大化"的同时，还要承担对社区的责任，具体而言：

（1）法律利益。企业与社区之间的法律利益在很大程度上体现为企业遵守法律规定而免受的惩罚，这就决定企业与社区之间的法律关系在很大程度上是单向的。但是，法律规定企业特定的捐赠行为可以享受税收减免的优惠，如我国的《企业所得税暂行条例》、《企业所得税暂行条例实施细则》规定，在计算企业应税所得额时，纳税人用于公益、救济性的捐赠，在年度应税所得额3%以内的部分，准予扣除。这样，企业在履行社区社会责任时，可以实现获取良好声誉与税收优惠的双重好处。

（2）经济利益。企业与社区这种地理上的重合性导致其经济关系是多方面的，主要表现为人员雇用和生产要素的购买。通过当地人员的雇用关系，一方面可以使企业节省雇用成本，另一方面可以增加社区收入和就业。社区居民的就业和收入问题是社区组织的工作目标和主要行为；企业生产经营过程中大量的生产要素通常在当地购买，这种成本优势使企业与社区之间生产性要素的交流变得更加频繁，对双方来说是双赢的。

（3）社会资本。从社会资本的角度看，社区的社会资本对企业绩效有显著作用（边海燕、丘海雄，2000）。企业在进行现金捐赠、实物捐赠和许多志愿行为的过程，一方面能给企业带来好的社会形象，另一方面也可以增加员工对企业的忠诚。美国1996年的调查研究表明，30%参加公司社区活动的员工愿意继续为该公司工作并希望公司能获得成功。②那么，从上述企业与社区的关系中可以看出，企业对社区履行社会责任是单向的，而社区为企业带来的社会资本也是单向，并且，企业与社区的互动关系是伴随一定的经济活动中产生的。

以社区居委会为基本单位的社区组织与政府存在代理合作关系（陈喜强，2004），其具备一般委托代理关系特征：①信息不对称。社区组织在处理社区事务时比政府拥有更多的隐蔽信息，具有信息优势地位。②契约关系。政府期望通过社区组织实现基层社会的有效管理；社区组织则通过这种制度安排获得相应的身份，获得基层社会管理的资源。③结构利益。政府通过与社区组织交换方式实现合作关系。这样，在政府和以社区居委会为基本单位的社区之间就存在一种监督与被监督的关系。企业作为社会的细胞，是国家和社会的重要组成部分。

---

① 非营利组织是指具备法人资格，以公共服务为使命，享有免税优待，不以营利为目的，组织盈余不分配给内部成员，并具有民间独立性质的组织（李维安，2000）。
② 王欢苗. 企业社区关系管理研究 [D]. 辽宁大学博士论文，2007：52-53.

政府作为管理者，对企业这一社会成员实施宏观上的管理、控制和协调。从某一层面来看，政府是企业必要的一种外部治理机构，具体表现在：政府与企业的关系是一种双向制约关系。一方面，政府通过法律的强制力监督企业履行社区责任，以确保企业的社区责任不流于形式；另一方面，企业也需要把政府的要求考虑到社区关系管理中去，公众对政府在承担社会责任方面的角色期望决定了政府需要企业参与社区生活中，来减轻政府的社会公众压力，如减少失业、缓解通货压力、治理污染和投资公共事业等。企业可以在实现政府期望目标的同时，得到社会的认同和政府制定实施政策方面的倾斜，为企业的发展提供良好的政策环境、市场环境、法制环境和舆论环境。所以，政府与企业的关系实质上是监管与被监管的关系。从前面的理论分析来看，企业、社区和政府三个利益主体的博弈关系可见图3：

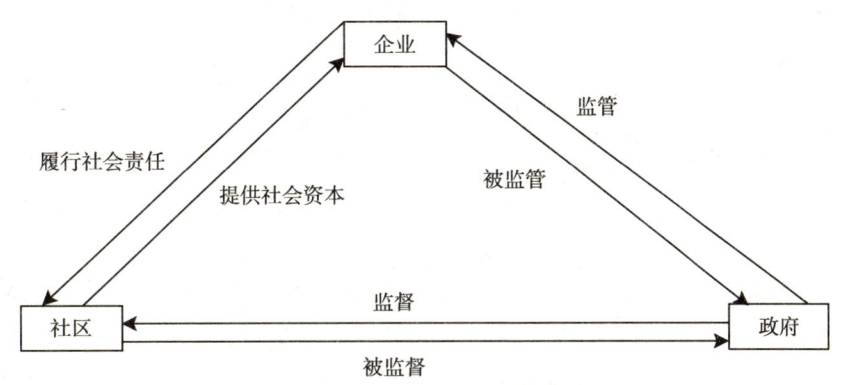

图3 博弈模型三方图

博弈模型的假设如下：

（1）该博弈模型中博弈的参与人（企业、社区和政府）都是理性的，他们会在某种约束下做出最优化的理性决策。

（2）假设政府有两种行为选择：即监督或不监督；企业有两种行为选择：履行社会责任或不履行社会责任（为简化模型，这里的"履行"包括环境保护、人力资源使用和社会福利等行为）；社区也有两种选择：违规或不违规｛为简化模型，这里的"违规"既指社区与企业共谋（企业未履行社会责任而社区提供资源），也指社区监督企业行为的责任心和能力低下而导致的违规行为｝。

（3）假设每个参与人对其他参与人的行动选择的了解不一定准确，本模型参与人的信息是不完全的。

四、博弈模型分析过程

（一）企业与政府的子博弈及其分析

从企业与政府的策略组合来看，有以下四种策略：（监督，不履行）、（监督，履行）、（不监督，不履行）、（不监督，履行），相应的支付矩阵为：

政府 企业	监督（u_1）	不监督（$1-u_1$）
不履行社会责任（λ_1）	$E_0+E_1-P_1$, P_1-C_1	E_0+E_1, S_1
履行社会责任（$1-\lambda_1$）	E_0, $-C_1$	E_0, 0

在以上博弈模型表述中：

E_0：代表企业的正常收益；

E_1：代表企业因履行社会责任所获得的额外收益；

P_1：代表政府对企业未履行社会责任所做的处罚；

C_1：代表政府监督企业所付出的代价或成本；

S_1：表示企业未履行社会责任对社区造成的负效用；

μ_1：政府的监督概率；

λ_1：企业不履行社会责任的概率。

根据该支付矩阵，我们可以计算政府的期望收益函数和企业的期望收益函数，其中：

政府的期望收益函数为：

$ES_1 = \mu_1\lambda_1(P_1 - C_1) + \mu_1(1-\lambda_1)(-C_1) + (1-\mu_1)\lambda_1(-S_1)$

企业的期望收益函数为：

$EL_1 = \mu_1\lambda_1(E_0 + E_1 - P_1) + \mu_1(1-\lambda_1)E_0 + (1-\mu_1)\lambda_1(E_0 + E_1) + (1-\mu_1)(1-\lambda_1)E_0$

政府的反应函数：

$\partial ES_1/\partial \mu_1 = \lambda_1(P_1 - C_1) + (1-\lambda)(-C_1) - \lambda_1(-S_1) = 0$

企业的反应函数：

$\partial EL_1/\partial \lambda_1 = \mu_1(E_0 + E_1 - P_1) + \mu_1 E_0 + (1-\mu_1)(E_0 + E_1) - (1-\mu_1)E_0 = 0$

$\lambda_1^* = C_1/(P_1 + S_1)$

$\mu_1^* = E_1/P_1$

综合上面的数学推理过程我们可以看出，在政府选择是否监督，企业选择是否履行社会责任的博弈中，Nash 均衡是存在的，Nash 均衡为：$\lambda_1^* = C_1/(P_1 + S_1)$；$\mu_1^* = E_1/P_1$。

也就是说，企业以 $\lambda_1^* = C_1/(P_1 + S_1)$ 的概率选择不履行社会责任，政府以 $\mu_1^* = E_1/P_1$ 的概率来进行监督。可以得出以下结论：

从 $\lambda_1^* = C_1/(P_1 + S_1)$ 式可以看出，①政府的监督成本 C_1 越高，企业不履行社会责任的概率就越高。②政府对企业不履行社会责任的惩罚力度 P_1 越大，企业不履行社会责任的概率就越小。③企业不履行社会责任而对社会造成的负效应 S_1 越大，以社会福利最大化为目标的政府自然会加大惩处力度，从而使企业不履行社会责任概率降低。

从 $\mu_1^* = E_1/P_1$ 式可以看出：①企业的非法收益 E_1 越大，政府监督概率相应地也就越大。②政府对企业惩罚力度 P_1 越大，使企业不敢轻易不履行社会责任，也使得政府的监督概率下降。

（二）社区与政府的子博弈及其分析

社区与政府的子博弈与前一个基本类似。从社区与政府的策略组合来看有以下四种策略：（监管，违规）、（监管，不违规）、（不监管，违规）、（不监管，不违规），相应的支付矩阵为：

社区 \ 政府	监管（u_2）	不监管（$1-u_2$）
违规（λ_2）	$G_0+G_1-P_2, P_2-C_2$	G_0+G_1, S_2
不违规（$1-\lambda_2$）	$G_0, -C_2$	$G_0, 0$

在以上博弈模型表述中：

G_0：代表社区的正常收益；

G_1：代表社区与企业合谋造假所获得的额外收益；

P_2：代表政府对违规的社区所做的处罚；

C_2：代表政府监管社区所付出的代价或成本；

S_2：表示社区的违规行为对社会造成的负效用；

μ_2：政府的监督概率；

λ_2：社区违规的概率。

根据该支付矩阵，我们可以计算政府的期望收益函数和社区的期望收益函数，其中：

政府的期望收益函数为：

$ES_2 = \mu_2\lambda_2(P_2 - C_2) + \mu_2(1-\lambda_2)(-C_2) + (1-\mu_2)\lambda_2(-S_2)$

社区的期望收益函数为：

$$EP_1 = \mu_2\lambda_2(G_0+G_1-P_2) + \mu_2(1-\lambda_2)G_0 + (1-\mu_2)\lambda_2(G_0+G_1) + (1-\mu_2)(1-\lambda_2)G_0$$

$$\lambda_2^* = C_2/(P_2+S_2)$$

$$\mu_2^* = G_2/P_2$$

综合上面的数学推理过程我们可以看出，在政府选择是否监管，社区选择是否违规的博弈中，Nash 均衡是存在的，Nash 均衡为：$\lambda_2^* = C_2/(P_2+S_2)$；$\mu_2^* = G_2/P_2$。

（三）企业与社区的子博弈及其分析

企业与社区的博弈比前面两个博弈要复杂。从企业与社区的策略组合来看有以下四种策略：（不履行，违规）、（不履行，不违规）、（履行，违规）、（履行，不违规），相应的支付矩阵为：

企业＼社区	违规（u_3）	不违规（$1-u_3$）
不履行（λ_3）	$E_0+E_1-P_1X_1$, $G_0+G_1-P_2X_2$	$E_0+E_1X_3$, G_0-C_3-L
履行（$1-\lambda_3$）	E_0, G_0	E_0, G_0-C_3

在以上博弈模型表述中：

E_0、E_1、P_1、G_0、G_1、P_2 同上；

X_1：代表企业不履行社会责任被政府查到的概率；

X_2：代表社区因违规操作被政府查到的概率；

X_3：代表企业不履行社会责任未被社区发现的概率；

C_3：社区审计企业的审查成本；

L：社区因拒绝企业提出的不合理要求而面临的一些损失，如减少社区福利等。

根据该支付矩阵，我们可以计算社区的期望收益函数与企业的期望收益函数，其中社区的期望收益函数为：

$$EP_2 = \mu_3\lambda_3(G_0+G_1-P_2X_2) + \mu_3(1-\lambda_3)G_0 + (1-\mu_3)\lambda_3(G_0-C_1-L) + (1-\mu_3)(1-\lambda_3)(G_0-C_3)$$

企业的期望收益函数为：

$$EL_2 = \mu_3\lambda_3(E_0+E_1-P_1X_1) + \mu_3(1-\lambda_3)E_0 + (1-\mu_3)\lambda_3(E_0+E_1X_3) + (1-\mu_3)(1-\lambda_3)E_0$$

推导过程同上，最后可以求得社区的最优违规概率 μ_3^* 以及企业的最优不履行社会责任概率 λ_3^*，它们分别为：

$$\lambda_3^* = C_3/(P_2X_2-G_1-L)$$

$$\mu_3^* = E_1X_3/(P_1X_1+E_1X_3-E_1)$$

综合上面的数学推理过程我们可以看出，在社区选择是否违规，企业选择是否不履行社会责任的博弈中，Nash 均衡是存在的，Nash 均衡为 $\lambda_3^* = C_3/(P_2X_2-G_1-L)$；$\mu_3^* = E_1X_3/(P_1X_1+E_1X_3-E_1)$。

可以得出以下结论：

从 $\lambda_3^* = C_3/(P_2X_2-G_1-L)$ 式可以看出：①社区的审查成本 C_3 越大，企业的造假概率就越大；②政府对社区的惩罚强度越高，查处的概率 X_2 越高，企业不履行社会责任概率就越小；③社区违规而得的非法收入 G_1 越多，它越倾向于和企业合谋造假，因而使企业不履行社会责任概率越大；④社区因拒绝企业提出的不合理要求而面临的可能损失 L 越大，社区就越倾向于向企业妥协，从而使企业不履行社会责任的概率越大。

从 $\mu_3^* = E_1X_3/(P_1X_1+E_1X_3-E_1)$ 式可以看出：①企业因不履行社会责任所得的非法收益 E_1 越大，非法收益中分给社区的那一部分也越大，导致社区违规概率也就越大；②企业不履行社会责任而未被社区发现的概率 X_3 越大，社区违规概率也就越大；③政府对企业的惩罚强度 P_1 越高，查处的概率 X_1 越高，社区的违规概率也就越小。

（四）三方博弈模型的综合分析

由以上政府与企业、政府与社区、企业与社区三个子博弈，所以得到如下的三者最优监管概率。

政府的最优监督概率：

$$\mu_1^* = E_1/P_1 \quad \mu_2^* = G_2/P_2$$

企业的最优不履行社会责任概率：

$$\lambda_1^* = C_1/(P_1 + S_1) \quad \lambda_3^* = C_3/(P_2X_2 - G_1 - L)$$

社区的最优违规概率：

$$\lambda_2^* = C_2/(P_2 + S_2) \quad \mu_3^* = E_1X_3/(P_1X_1 + E_1X_3 - E_1)$$

对于政府而言，企业的非法收益 E_1 和社区的非法收益 G_1 越大，则政府的最优监管概率就越大；而政府对企业的惩罚 P_1 和政府对社区的惩罚 P_2 越大，则政府的最优监管概率就越小。

对企业而言，政府的审查成本 C_1 越大，社区的审查成本 C_3 越大，社区的非法收益 G_1 越大，社区因拒绝企业提出的不合理要求而面临的损失 L 越大，则企业的最优不履行社会责任概率也越大；政府对企业不履行社会责任的惩罚 P_1 越大，企业不履行社会责任对社会造成的负效用 S_1 越大，社区因违规被政府查到的概率 X_2 越大，政府对社区的违规行为的处罚 P_2 越大，则企业不履行社会责任的概率越小。

对社区而言，政府的审查成本 C_2 越大，企业的非法收益 E_1 越大，企业不履行社会责任而未被发现的概率 X_3 越大，则社区的最优违规概率也越大；政府对社区违规的处罚 P_2 越大，社区违规行为对社会造成的负效用 S_2 越大，企业不履行社会责任被政府查到的概率 X_1 越大，政府对企业不履行社会责任所做的处罚 P_1 越大，社区的最优违规概率就越小。

五、结论及展望

企业和社区之间利用各自资源的特性，通过广泛的互动交流，产生复杂的法律关系、经济关系和社会关系，同时这些关系又受到政府因素条件的制约。通过对企业、社区与政府三方博弈模型的分析，可以得出以下几点结论：

（1）政府加大对企业的惩罚 P_1 和社区的惩罚 P_2 既可以减少政府的最优监管概率，也可以减少企业的最优不履行社会责任概率和社区的最优违规概率。由此可以看出，政府加大惩罚力度是治理企业不履行社会责任问题的最佳办法。

（2）政府的审查成本 C_1 和 C_2 的增大会造成企业的最优不履行社会责任概率和社区最优违规概率的上升，而政府的查到概率 X_1 和 X_2 的增大可以减少企业的最优不履行社会责任概率和社区的最优违规概率。这两者看似矛盾，但其中监管效率问题是理解该问题的关键。审查成本的增大并不意味着查到概率的增大，从某种意义上还反映出监管的低效，只有完善监管手段，提高监管效率，才能既减少审查成本又提高查到效率。

（3）对社区而言，未发现企业不履行社会责任的概率 X_3 越大，它的最优违规概率也就越大，事实上，当 X_3 为 100% 时，也即社区由于审查水平低下或者审查责任心缺乏等原因而导致几乎一点都未发现企业不履行社会责任行为时，等同于社区与企业合谋造假。而社区因拒绝企业提出的不合理要求而面临的损失 L 增大时，企业的最优不履行社会责任概率会增大，这也印证了前面论证的由于社区"业务"水平的缺乏而导致的企业不履行社会责任问题的发生。

在研究过程中，笔者通过对企业社区关系管理中的三方（企业、社区和政府）关系的研究，试图以行为的视角运用博弈论理论建立三者之间关系的总体模型，并给出几点有用的建议，为我国社区组织的发展起到借鉴作用。但是，笔者的研究还是存在一定局限的。本文建立的企业、社区和政府之间的三方博弈模型，没有考虑到企业各自的行业特性、地区特性和企业生命周期等特征，把企业看成是同质的，在对社区履行社会责任的"质"和"量"上没有大的差别，而且把企业家的个性特征抛在研究之外，以便使模型更加简洁，利于分析。

我们注意到，社区组织与政府之间建立的新型代理合作关系在各地的实践上进行了许多创新，这使得政府和以社区居委会为基本单元的社区组织的关系变得更加微妙，相应地衍生出"政府主导与居委会支持"和"政府部门与社区共生"等多种关系模式。这种社区管理制度创新也使社区组织的身份变得更加模糊。另外，随着社会的发展，NGO组织的出现，对社区组织起着重要影响，笔者并没有将这些因素考虑到模型中，这也将成为今后学界研究的焦点之一。

参考文献

[1] Nahapiet, J.&Ghoshal, S.Social Capital, Intellectual Capital, and the Organizational Advantage [J]. Academy of Management Review, 1998

[2] Burt, Ronald S.The Contingent Value of Social Capital [J]. Administrative Science Quarterly, 1997

[3] Freeman E.Srtategic Management: A Stakeholder Approach [M]. Boston: Harvard Business School Press, 1984

[4] Waddock S, Boyle ME.The Dynamics of Change in Corporate Communityrelation [J]. California Management Review, 1995

[5] Waddock S, Graves S.The Corporate Social Performance-financial Performance Link [J]. Strategic Management Journal, 1997

[6] Shalini Mahtani. Corporate Community Investment Getting Started: A Handbook for Companies in Hong Kong [J]. December 2003

[7] Michael E Porter, Mark R Krainer.The Competitive Advantage of Corporate Philanthropy [J]. Harvard Business Review, 2002

[8] Kanter, Rosabeth Moss. From Spare Change to Real Change: The Social Sector as Beta Site for Business Innovation [J]. Harvard Business Review, May-June 1999

[9] Granovertter, Mark.The Strength of Weak Tie [J]. American Journal of Sociology, 1978

[10] Amy J Hillman, Gerald D Keim. Stakeholder Value, Stakeholder Management, and Social Issue: What's the Bottom Line [J], Strategic Management Journal, 2001

[11] 张维迎. 博弈论与信息经济学 [M]. 上海：上海人民出版社，1996

[12] 陈喜强.政府与社区组织：从纵向控制到横向互动——基于交易费用视角的考察 [J].中国行政管理，2004 (11)：71-75

[13] 王中昭，陈喜强，曾宪友.社区政府与社区组织的委托代理关系模型[J].统计与决策，2006 [2月（下）]：7

[14] 吴玲，贺红梅.基于企业生命周期的利益相关者分类及其实证研究 [J].四川大学学报（哲学社会科学版），2005 (6)：34-38

[15] 葛道顺. 西方国家社区建设的成熟经验及借鉴 [J/OL]. 国办信息，2006 (3)

[16] 王欢苗，闫涵. 西方国家企业社区关系管理模式研究 [J]. 沈阳师范大学学报，2007 (3)

[17] 边燕杰，丘海雄. 企业的社会资本及其功效 [J]. 中国社会科学，2000 (2)

[18] 郑广怀. 消费者对公司社会责任的反应———项国家与社会关系的考察 [J]. 社会学研究，2004 (4)

基于社会网络的联盟博弈参与者影响力研究*

[摘要] 在联盟博弈中，Shapley 值反映了博弈参与者的话语权，是博弈者实力的重要指标，传统方法计算 Shapley 值一般仅考虑博弈参与者的绝对实力，本文引入社会网络方法，结合参与者在网络中的相对中心度，对传统的 Shapley 值计算方法进行修正，文章最后用案例说明该方法的应用。

[关键词] 社会网络方法；联盟博弈；Shapley 值

一、Shapley 值及应用中的问题

Shapley（L. S. Shapley）是博弈论的奠基人之一。他于 1953 年讨论非策略多人合作博弈问题。Shapley 值（Shapley Value）表示局中人对联盟所做的边际贡献，Shapley 值方法的出发点是根据每个局中人对联盟的边际贡献分配联盟的总收益，保证分配的公平性。

若 T 是 (N, v) 的一个联盟，N = {1, 2, …, n}，如果对于任意的联盟 S，均有 v(S∩T) = v(S)，则 T 为这个博弈的承载。假设 π 是 N 的一个排列，定义对策 (N, π, υ) 为这样一个新对策(N, U)，对于任意联盟 S = {i_1, i_2, …, i_s}，有 U[π(i_1), π(i_2), …, π(i_s)] = v(S)。

公理 1（最优性或有效性）所有局中人的赢利之和等于 $\Phi_i(T)$，$\Phi_i(T)$ 是所有局中人总联盟的财富。即：

如果 T 是对策 v 的一个承载，则 $\sum_{i=1} \Phi_i(v) = \Phi_i(T)$

公理 2（对称性）若博弈中的两个局中人相互替代，那么它们的值相等。即：

对于 N 的任一排列 π，有 $\Phi_{\pi i}(\pi v) = \Phi_i(v)$

公理 3（可分、可加性）两个对策之和的值等于两个对策值之和。即：

如果 u，v∈G，则 $\Phi_i(u+v) = \Phi_i(u) + \Phi_i(v)$

理论上可以证明，满足以上三个公理，则 Shapley 值存在唯一解为：

$$\Phi_i(v) = \sum_{i \in S \subseteq N} \frac{(|S|-1)!(n-|S|)!}{n!}[v(S) - v(S\setminus\{i\})] \quad (1)$$

其中，|S| 表示联盟中所含局中人的个数；

(S\{i}) 集合表示 S 中去掉局中人 i。

Shapley 值作为合作博弈中利益分配的参照指标，反映了博弈参与者在联盟中的话语权。它是定义在经典合作博弈理论上的一种解的形式，经

---

* 作者简介：扶元广：1979 年生，男，安徽宣城人，河海大学商学院讲师，主要从事群体决策与政策分析研究。E-mail: fuyghhuc@126.com。
基金项目：河海大学人文社科基金项目（XZX/07B003-02）。

典的合作博弈基于两个假设：①局中人完全参与到一个特定的联盟之中，即每个局中人要么参加某个联盟，要么不参加某个联盟，不存在局中人以一定的参与率或参与程度参加某个联盟的情况；②局中人在博弈的过程中完全独立，相互之间没有信息、物质、能量的交流，因此局中人的行动不受其他人的干扰。但是，现实中的对策问题原型往往不满足以上两个假设，现实中更多的情况是局中人分别以不同的参与率或参与程度参加多个联盟，并且在行动之前，个体之间也相互作用，他们的行动也会受到彼此关系的影响。

现实生活中，博弈参与者不可能完全独立，相互间不可避免地会产生信息、物质、能量的交流，这就构成了一个网络，考虑他们在社会网络中的相互作用，能更加准确地描述参与者的影响力。本文试图引入社会网络分析方法，对 Shapley 值进行修正。

二、社会网络与修正的 Shapley 值

（一）社会网络及社会网络分析法

一般认为，英国人类学家布朗首次使用了"社会网"概念。社会网络是由多个节点（社会行动者）和各节点之间的连线（行动者之间的关系）组成的集合。节点可能是一个人、一个组织、一个团体，甚至可能是一个国家，所以社会网络理论可以分析不同的单位，任何行动者都可能作为节点。

社会网络分析（Social Network Analysis，SNA）是适应社会结构和社会关系需要而发展起来的一种分析方法，主要分析行动者之间的关系状况，寻找关系的特征以及发现这些关系对组织的影响。早期的社会网络分析法可以追溯到 1930 年美国心理学家莫雷诺创立的社会测量法，但社会测量法仅仅属于社会网络分析的一种基础方法。社会网络分析法在前者的基础上又发展了图示法、矩阵法等方法，使社会网络分析从限于群体内部结构和人际关系等方面的微观网络研究逐步应用到由包括经济生活在内的全部社会领域构成的宏观网络，从而使社会网络分析成为理论研究的一种有力工具。早期的社会网络研究有新产品的传播、传染病的扩散、社会支持、情感支持、心理咨询、婚姻配对以及劳动力市场中找职过程等，后来则增加了很多经济现象，如消费行为、网络式组织、经济制度、组织行为的研究等。20 世纪 80 年代以后，网络研究由社会学而进入商学领域，遂蔚为一时之盛。

（二）基于 SNA 的 Shapley 值

社会网络分析法利用绝对中心度及相对中心度来测量个体在网络中的地位及影响，其中绝对中心度为个体与其他个体连接绝对数，个体 i 与其他个体的连接越多，表明对其他个体的影响越大，因而中心度 A_i 就大，表达式如下：

$$A_i = \frac{点\ i\ 的出度 + 点\ i\ 的入度}{2} \quad (2)$$

当分析个体在网络中的地位及行为倾向时，单纯的研究其绝对中心度往往没有太大的意义，因而本文分析联盟博弈的 Shapley 值时，运用的是相对中心度 R_i，它是对绝对中心度进行归一化处理的结果，其表达式如（3）所示：

$$R_i = \frac{A_i}{\sum_i A_i} \quad (3)$$

联盟博弈中，影响个体地位的应当是 Shapley 值及其在网络中的中心度，因此可以用相对中心度对 Shapley 值进行修正：

$$\Gamma'_i = \Phi_i(v) \cdot R_i = \{\sum_{i \in S \subseteq N} \frac{(|S|-1)!(n-|S|)!}{n!}[v(S)-v(S\setminus\{i\})]\} \cdot \frac{A_i}{\sum_i A_i} \quad (4)$$

归一化处理得到 (5) 式：

$$\Gamma_i = \frac{\Gamma'_i}{\sum_i \Gamma'_i} \quad (5)$$

Γ_i 即为修正的结果，它考虑了 i 在网络的地位，更真实地体现了其影响力。利用该方法进行操作的步骤如下：

步骤1：运用公式（1）计算个体 i 的 Shapley 值；

步骤2：依据公式（2）、(3) 计算 i 的绝对中心度及相对中心度；

步骤3：由公式（4）、(5) 计算修正的 Shapley 值。

三、应用举例

在一个三代人构成的家庭中，有外公、外婆、爷爷、奶奶、爸爸、妈妈和孙女七人。通常家中遇有大小议题时，大家在一起协商表决，一般情况下有四人以上同意某方案，即可获得通过，但孙女地位有些特殊，任意方案只要她及家中任一成员同意，方案便被通过。将家中各成员按外公、外婆、爷爷、奶奶、爸爸、妈妈和孙女的顺序分别记为 1，2，3，4，5，6，7 并记 N = {1, 2, 3, 4, 5, 6, 7}，则有

$v(S) = 1$, $\forall S \subseteq N$, $|S| \geq 4$,

$v(1, 7) = v(2, 7) = v(3, 7) = v(4, 7) = v(5, 7) = v(6, 7) = 1$,

$v(1, 2, 7) = v(1, 3, 7) = v(1, 4, 7) = v(1, 5, 7) = v(1, 6, 7) = 1$,

$v(2, 3, 7) = v(2, 4, 7) = v(2, 5, 7) = v(2, 6, 7) = 1$,

$v(3, 4, 7) = v(3, 5, 7) = v(3, 6, 7) = v(4, 5, 7) = v(4, 6, 7) = v(5, 6, 7) = 1$,

其余 $v(S) = 0$，$\forall S \subseteq N$。

利用 Shapley 指数，即可对家中各成员的影响力进行定量分析。对于 i=1，需要对包含 1 的如下子集进行计算：{1, 2, 3, 4}，{1, 2, 3, 5}，{1, 2, 3, 6}，{1, 2, 4, 5}，{1, 2, 4, 6}，{1, 2, 5, 6}，{1, 3, 4, 5}，{1, 3, 4, 6}，{1, 3, 5, 6}，{1, 4, 5, 6}，{1, 7}。如下：

$$\Phi_1(v) = 10 \times \frac{(4-1)!(7-4)!}{7!} + \frac{(2-1)!(7-2)!}{7!} = \frac{2}{21}$$

同样可计算得到 $\Phi_2(v) = \Phi_3(v) = \Phi_4(v) = \Phi_5(v) = \Phi_6(v) = \frac{2}{21}$，$\Phi_7(v) = \frac{9}{21}$。

于是，得到家庭成员的影响力 Shapley 指数为 $(\frac{2}{21}, \frac{2}{21}, \frac{2}{21}, \frac{2}{21}, \frac{2}{21}, \frac{2}{21}, \frac{9}{21})$。但是，上述计算过程没有考虑成员之间的网络关系及在网络中的相互影响，通过对成员之间亲疏关系考察，绘制如下的网络关系图。

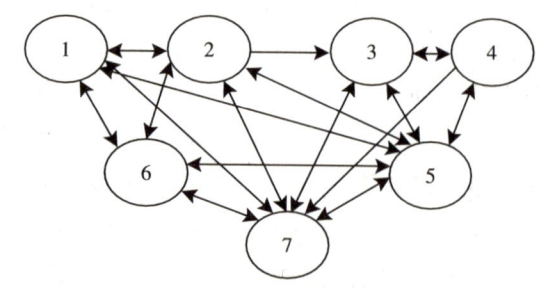

图1　家庭成员网络关系

由公式（2）、（3）计算成员的绝对中心度：

$A_1 = \frac{7}{2}$，$A_2 = \frac{9}{2}$，$A_3 = \frac{6}{2}$，$A_4 = \frac{5}{2}$，$A_5 = \frac{12}{2}$，$A_6 = \frac{8}{2}$，$A_7 = \frac{9}{2}$，

相对中心度：$R_1 = 0.125$，$R_2 = 0.161$，$R_3 = 0.107$，$R_4 = 0.089$，$R_5 = 0.214$，$R_6 = 0.143$，$R_7 = 0.161$

依据公式（4）、（5），计算得到成员的修正Shapley值为

$\Gamma_1 = 0.080$，$\Gamma_2 = 0.103$，$\Gamma_3 = 0.068$，$\Gamma_4 = 0.057$，$\Gamma_5 = 0.137$，$\Gamma_6 = 0.091$，$\Gamma_7 = 0.462$。

比较上述结果，可以看到中心度对成员权力有影响，修正前外公、外婆、爷爷、奶奶、爸爸、妈妈的Shapley指数相等，而修正后各不相同，较为紧张的公婆和媳妇之间的关系（图1中表现为3和6、4和6之间没有信息的沟通交流）使得爷爷、奶奶的影响力大大削弱，有被边缘化倾向，爸爸在家庭关系处理中能够兼顾各方（表现为和各方都有双向的交流），这使得他的影响力明显变大，超过爷爷、奶奶影响力之和。孙女是家庭的核心，各方对她的宠爱使得她的影响力较修正前更大。

四、小结

研究个体在联盟博弈中的影响力，应当在社会网络的框架下进行。本文用相对中心度的指标对Shapley值进行修正，是一种行之有效的尝试，该方法思路清晰、应用简单，从应用案例看，修正后的计算结果更符合现实生活逻辑。从前景看，该方法还可以在企业联盟博弈、产学研结合等相关领域加以应用。

由于首次尝试将博弈理论与社会网络分析法相结合，作者在考虑个体在网络中的地位时仅研究了其中心度，因此方法本身还不够完美。更深入的探讨有待在今后的研究工作中完成。

参考文献

[1] 施锡铨.博弈论［M］.上海：上海财经大学出版社，1999

[2] 郝多，廖福成.Shapley熵的公理刻画［J］.北京工商大学学报（自然科学版），2007，25（2）

[3] 陈雯，张强.模糊合作对策的Shapley值［J］.管理科学学报，2006，9（5）

[4] Wasserman S, Faust K. Social Network Analysis: Methods and Applications［M］. Cambridge, NY: Cambridge University Press, 1994

[5] 约翰·斯科特著，刘军译.社会网络分析法（第二版）［M］.重庆：重庆大学出版社，2007

[6] 刘军.社会网络分析导论［M］.北京：社会科学文献出版社，2004

[7] 顾惠君.基于社会网络结构分析的产业集群升级研究［J］.产业经济评论，2007，6（1）

[8] 赵玉雷.产业集群的社会网络嵌入性研究［J］.工业技术经济，2008，27（7）

基于动态博弈理论的山西地域特色企业集群问题研究*

[摘要] 根据山西地域特色的企业集群发展和现状，论文通过复制动态和进化稳定策略理论对山西地域特色企业集群的形成做了分析，并对集群中出现的假冒现象进行了动态博弈研究，针对以上研究分析，笔者对山西地域特色企业集群的发展提出了几点建议。

[关键词] 地域特色企业集群；复制动态；进化稳定策略；动态博弈

一、引言

如今，山西省不少地方已经形成具有地域特色的企业集群，如祁县的玻璃制造业，清徐的葡萄酒业、醋业，山阴的乳制品加工，杏花村的酒业集群，阳曲的养殖集群等，地域优势集群的产品附加值高，市场前景好，物耗污染少，给当地的经济发展做出了巨大的贡献，已成为山西经济未来发展的一大亮点和方向。而这些山西省地方特色企业集群是如何形成的，当出现常见的品牌假冒等问题时该如何处理，本文用动态博弈论中的复制动态、进化稳定策略以及完全且完美信息下的动态博弈等理论来对其进行分析，并针对这些分析提出了相应的建议。

二、山西地域特色企业集群发展现状和优势

（一）发展现状

祁县玻璃行业是第一大优势产业。包括大小规模的企业160多户，有3.5万名从业人员，年产值10亿元，每年为国家上缴税金7000多万元，产品畅销以欧美市场为主的全球五大洲的80多个国家和地区，并带动运输、包装、模具、原材料等配套企业100多户。玻璃器出口额占到全国玻璃器出口额的22.1%，成为全国最大的人工吹制玻

---

* 作者简介：张所地：男，博士，山西财经大学教授，博士生导师，主要从事房地产、风险管理、企业集群等研究；刘小乔：女，山西财经大学硕士研究生，主要从事企业集群研究。通讯地址：山西财经大学 管理科学与工程学院；邮编：030006；E-mail：bridge1117@163.com。

基金资助：基于山西中小企业集群发展模式及对策研究 山西省科技厅软科学课题，2007041053-02。

璃器皿生产出口基地。[①]另外，山阴县聚集着包括古城乳业在内的十几家大中乳制品加工企业，并带动了养殖业的发展，全县1/4的农户已经养起奶牛，大规模的奶牛场10头以上的园区多达731座，鲜奶产量达到17万吨，而且奶牛业的大发展带动了猪、羊、鸡等整个畜牧业的发展。近年，平遥县在工商局注册的有45户牛肉生产企业，年产熟牛肉5000吨，销售收入1.8亿元，上缴税金逐年增多。并形成了诸如"冠云"、"云青"、"年红"、"威壮"等一批品牌企业和产品。[1]山西汾酒自2003~2005年三年销售收入的复合增长率为27.65%，净利润的复合增长率102.90%，山西汾酒主要产品为汾酒系列产品，以及部分配制酒。其汾酒系列产品目前主要包括高档的国藏汾酒、青花瓷汾酒，中档产品十年老白汾，低档产品玻汾系列产品，配制酒以竹叶青为主，此外还有少量的玫瑰汾酒和白玉汾酒。[②]清徐的老陈醋加工企业已发展到98家，年产老陈醋、老陈醋系列产品达10万吨左右，占全国食醋市场的5%。[2]从历史和目前主要区域分布来看，山西制醋企业在地理空间上集聚，相互之间也有一定的联系，以中小企业为支撑的醋类企业集群的基本框架已经具备。

（二）山西地域特色企业集群的优点

（1）根植性强。由于这些山西这些地域特色的企业集群是依托当地特殊的资源条件，特殊的传统文化或者技术而建立起来的，这种"原生态"的企业集群具有稳定性，其发生发展经历了一个自然选择与演化的历史过程，具有很强的生命力和发展潜力。[3]

（2）有利的资源条件和技术。如平遥特有的牛肉历史文化和特色的牛肉加工工艺。清徐老陈醋的特色传统工艺等。

（3）政府的大力支持。政府的支持性优惠政策为当地经济发展起到了导向作用，政府扶持给地方特色企业一些专项贷款，缓解这类中小企业的资金困难问题。另外，政府可以加强对其基础设施的建设，满足这种地域特色的企业集群发展的需要。政府还可以加强社会和经济秩序的监管，为集群快速健康发展提供了保证。

三、动态博弈理论在山西地域特色企业集群中的运用

（一）理论阐述

1. 复制动态

在有限理性假设条件下，复制动态是描述只有对优势策略有模仿能力的，地理性层次有限博弈方动态策略调整的一种机制，其核心是在躯体中较成功的策略采用的个数会逐渐增加，可以用动态微分方程或方程组。大群体采用各种策略的比例根据复制动态的调整变化，是进化博弈分析的另一种主要分析框架，这种复制动态机制是模拟生物进化博弈的复制动态机制提出的。这种分析框架适合描述现实经济中对象或伙伴不固定的，大量个体之间长期经济关系。这种进化博弈机制也存在收敛过程和收敛型的问题。

2. 进化稳定策略（ESS）

在有限理性假设条件下，进化稳定策略（ESS）是描述进化博弈中群体选择策略比例意义上的动态稳定性的概念，进化稳定策略就是（最

---

① 祁县成为我国玻璃器皿出口基地，搜狐网 http：//news.sohu.com/20041116/n223004208.shtml 2008-06-12。
② 山西汾酒 一流白酒品牌 改善空间巨大，金融之星网 http://www.cnfstar.com/stock/2007/20070327/20070327336260_3.shtml 2008-04-27。

优反应动态或复制动态的）进化博弈中，同时具有在博弈方的动态稳定策略调整中会达到，对少数偏离稳健的扰动性两个性质的稳定状态，进化稳定策略是分析有限理性博弈的有效均衡概念，也是进化博弈论的核心概念。这个概念来源于生物进化博弈中性状特征的频数、比例稳定性的同名概念。复制动态的进化稳定策略对应数学中动态系统的具有稳定性的稳定状态，可以用复制动态微分方程（组）相位图，不动点和稳定点定理进行分析，进化稳定策略一定是完全理性的纳什均衡，但不是所有纳什均衡都是进化稳定策略。

3. 完全且完美信息动态博弈

完全且完美信息动态博弈简称动态博弈，也称多阶段博弈、序列博弈或扩展形博弈。完全且完美信息动态博弈的特征是博弈方依次选择行为，后选择行为者是在看到先选择行为者的选择后再选择，博弈方相互了解得益情况。[4]

（二）行业投资博弈

为了简化起见，以山西祁县玻璃器皿类企业集群为例。

假设只有两个博弈方，每个博弈方有两个选择，山西祁县个体（人或户）选择投资玻璃器皿及相关行业的决策为策略1，选择投资其他某个行业企业为策略2。其得益矩阵如图1所示：根据当地的实际情况，如果两个博弈方选择投资玻璃器皿及相关行业，那么形成了一定规模经济，产品的生产和销路都很好，从而大家的获益也较高为（70，70）。如果一个博弈方选择投资玻璃器皿及相关行业，而另外一个博弈方选择投资其他某行业，那么根据当地的传统工艺特色，投资玻璃器皿及相关行业的得益相对较高，但由于大家的投资分散，对投资玻璃器皿及相关行业来说，产品没有一体化，得益也相对较低，因此，设得益为60，而投资其他某个行业的得益相对更低，为20。

当两博弈方都选择投资某个行业的时候，虽然可能不符合当地的区域优势，但形成了一定的规模的产销系统，那么他们的得益不如投资玻璃器皿及相关行业多，但是其得益也相对较高，设为（50，50）。得益矩阵如图1所示：

	博弈方2 策略1	博弈方2 策略2
博弈方1 策略1	70, 70	60, 20
博弈方1 策略2	20, 60	50, 50

图1 行业投资博弈得益矩阵

由复制动态方程：

$$\frac{dx}{dt} = x(u_1 - \bar{u}) \quad (1)$$

其中，x表示"策略1"类型博弈方的比例，u_1即采用"策略1"的期望得益，u_2为采用"策略2"时的期望得益，$\bar{u}$为所有博弈方的平均得益，$\frac{dx}{dt}$即为"策略1"类型博弈方比例随时间的变化率。该动态方程的意义是，"策略1"类型博弈方的比例的变化率与该类型博弈方的比例成正比，与该类型博弈方的期望得益大于所有博弈方平均得益的幅度也成正比。

采用策略两种策略，博弈方1的期望得益为：
$u_1 = 70x + 60(1-x)$

采用策略两种策略，博弈方2的期望得益为：
$u_2 = 20x + 50(1-x)$

群体平均期望得益为：$\bar{u} = x \cdot u_1 + (1-x) \cdot u_2$

代入复制动态方程得：$\frac{dx}{dt} = x(u_1 - \bar{u}) = x[u_1 - x \cdot u_1 - (1-x) \cdot u_2] = x(1-x)(40x + 10)$

由于x不能为负值，所以，得到$x^* = 0$或$x^* = 1$两个稳定状态，也就是说，作为稳定策略的x^*，除了本身必须是均衡状态以外，还必须有这样的性质，即如果那些博弈方由于偶然的错误偏离了它们，复制动态仍然会恢复到 x^*。其相位图如图2所示：

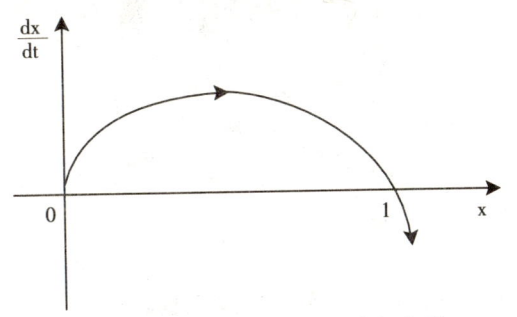

图2　行业投资博弈复制动态相位图

根据图2的复制动态相位图看出，除了开始时所有博弈方都采取"策略2"外，没有一个博弈方从其他所有采用"策略2"这种情况，也就是在 $x^*=0$ 以外，该博弈从其他所有初始情况出发的复制过程，最终都会趋于"策略1"，即 $x^*=1$。也就是说，当祁县的决策个体在进行策略选择时，除了刚开始大家都选择其他的某个行业，否则，他们通常会选择策略1，即选择投资玻璃器皿及相关行业，因为这种情况下，投资于玻璃器皿及相关行业的收益会比投资于其他行业企业更高，从而，当地区域优势和规模效应的影响，就形成了玻璃器皿及相关行业的中小企业的集群。

（三）假冒品牌和打假问题的动态博弈

在山西地区特色的企业集群中，受利益的驱使，一些不法经营者假冒当地的品牌，给当地的品牌造成巨大的损失。如1998年山西假酒事件，对山西汾酒品牌是一个致命打击。在这种已经形成地区特色企业集群的品牌中，假冒品牌为何会出现，屡禁不止，如何对这种行为进行防治，对山西省地区特色企业集群未来发展有着重要的意义。

假设山西某地区特色企业集群的一个品牌被集群内的某不法经营者仿冒，如果被仿冒的企业采取强有力的措施进行制止，仿冒企业就会停止仿冒，如果被仿冒企业不采取措施或者采取措施的力度小，那么仿冒企业会继续仿冒。对仿冒企业来说，仿冒不被制止则能获得很大的利益，但如果制止且力度特别大时，那么会给仿冒企业带来较大的损失，他也会认真考虑是否值得仿冒。当然，对被仿冒企业来说，被仿冒会给自己造成经济损失，所以采取措施制止的仿冒是符合自身利益的，但制止仿冒的同时也会让被仿冒企业付出代价。因此，在企业遭到仿冒时，是否应该制止是值得研究的问题。

在仿冒和制止仿冒问题上，存在着一个行为和利益相互依存的博弈问题。由于一般情况下，只有在企业遭到人仿冒的时候才会考虑是否加以制止的问题，因此，这是一个动态的博弈问题。其中，A为集群中某企业有仿冒倾向的经营者，他有两个行为选择：仿冒和不仿冒。B为集群中一个成功品牌的企业经营者，他也有两种行为选择：管制和不管制。A和B的选择都是以自己的利益最大化为出发点。

其博弈的扩展图如图3所示：

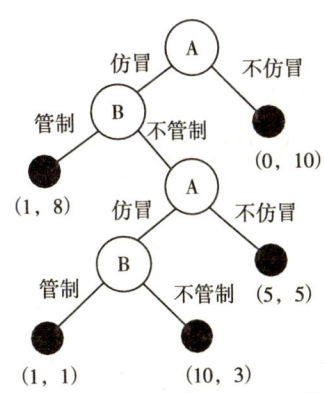

图3　管制力度较小时假冒与管制的博弈扩展图

由图3可以看出，当A选择不仿冒的时候，他的得益为0，当A选择仿冒时，根据B做出的选择，如果B选择管制，但是B怕付出太大代价，对管制的力度不是很大，此时两者的得益为（1，8）。如果B不管制，A将面临下一次的仿冒和不仿冒的行为选择，如果不再仿冒，那么两者的得益为（5，5）。而如果继续仿冒的话，B也会做出两种选择：管制和不管制，在管制情况下两者得益为（1，1），在不管制情况下两者得益为（10，3）。

根据图3中的选择和得益来看，博弈方A一定会选择仿冒，因为不仿冒时的得益为0，仿冒时即便被管制了，也能得到至少1的得益，如果幸运还可能得到10的得益。当A选择仿冒时，博弈方B一定会选择管制，因为在第一次仿冒被管制情况后B的得益是8，如果第一次仿冒不管制的话，B将会得到更低的得益，如5、1、3。

通过这个博弈扩展图还可以看出，如果博弈方B只考虑眼前的利益，虽然对仿冒经营者A进行了管制，但是管制的力度较小，还会给他带来一定的利润空间，那么受利润的驱使他一定会选择仿冒，而且可能会一直继续下去，这样将会给博弈方B带来更大的损失。这就是博弈方B没有衡量好眼前和长远利益，管制强度不够产生的后果。

换一种情况，如果博弈方B，也就是被仿冒的经营者，能把长远利益放在第一位，一旦发现仿冒，就加大打击和管制力度，那么，博弈方A就是仿冒企业的营业者的选择可能就有所不同了。加强管制和打击力度的仿冒和管制的扩展图如图4所示。

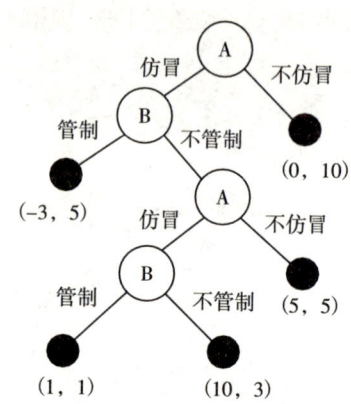

图4 管制力度较大时假冒与管制的博弈扩展图

图4和图3所不同的是，在图3中第一次仿冒被管制后两博弈方的得益为（1，8），而在图4第一次仿冒被管制后两博弈方的得益为（-3，5）。图3中的管制力度太小博弈方A很可能继续仿冒，而图4中，一旦被进行强力度的管制，仿冒企业经营者（博弈方A）的得益会降为-3，这样对博弈方A来说，还不如不仿冒的得益高，那么在这种强力度的管制情况下，博弈方A选择不仿冒对他自身更有利。

由这两个图和相应的分析可以得出：仿冒之所以屡禁不止，是因为对这种仿冒的企业及经营者的打击和监管力度不够，让他们仍有利可图，如果加大打击监管的力度，那么他们就不会铤而走险去继续仿冒了。

四、结论和建议

山西地域特色的企业集群如祁县玻璃器皿类企业集群，它的形成是在地区传统优势的基础上长期的动态复制过程，最初某些企业的成功使很多企业效仿，逐步形成了该地区的集群。而山西地域特色的企业集群内出现的假冒伪劣现象的一个重要原因是被仿冒企业没有考虑到企业的长远利益，产权意识相对薄弱，政府打击力度不够所造成的。

针对论文的分析，对山西地域特色的企业集群发展提出以下几点建议：

（1）企业集群内应加强整体创新和品牌竞争优势。因为山西地域特色的企业集群内的企业分散而独立，缺乏集群统一规划，联合生产营销网络还未形成，群内企业更愿成为"免费搭车者"，不愿自主创新，[5]假冒伪劣"应运而生"，企业集群内应提高整体创新能力，提高企业的品牌保护意识。

（2）企业集群应增强协作和企业集群内部的信任机制建设，加强集群凝聚力。相互信任既是企业集群成员间互利互惠的需要，更是企业集群健康成长的重要保证。[6]现在山西地域特色的企业集群内，由其复制动态的形成原因，导致虽然很多企业聚集到一起，但其相互联系和协作并不很密切，因此，加强企业集群内的合作和交流，发挥知识溢出的外部效应，是企业集群竞争力和凝聚力增强的必走之路。

（3）集群内企业的产品结构应多样化，使企业良性发展。现在山西地域特色的企业集群内，企业同质产品过度竞争，时常会造成企业压价竞销、仿冒等不良竞争局面，影响企业集群的整体发展。

参考文献

[1] 探寻平遥牛肉产业集团化推进机制. 山西新闻网, http：//www.daynews.com.cn/sxjjrb/96539.html，2008-05-15

[2] 金波，关海玲. 地方经济［J］. 2005-11-21

[3] 王春宇. 分工、专业化与企业集群研究［D］，2006（80）

[4] 谢识予. 经济博弈论（第二版）［M］. 上海：复旦大学出版社，2001：123-125，248，253

[5] 张所地，苗敬毅. 中小企业集群成长战略研究［M］. 北京：中国科学技术出版社，2005：16

[6] 谯薇. 论中小企业集群［D］. 四川大学博士学位论文，2003，63

后 记

第四届社会网络与关系管理研讨会由中国社会学会社会网专业委员会（筹）主办，华南理工大学工商管理学院承办，于2008年11月22~24日在广州召开。本次研讨会共收到86篇论文，共有来自北京大学、西安交通大学、中山大学等高等院校的100余名代表参加了会议。与会代表既有国内顶级的社会学家和管理学家，也有活跃于学术前沿的青年学者。

整个研讨会内容充实、时间紧凑，会议由学术培训、学术研讨、嘉宾演讲三大部分组成。会议从社会网络研究理论与方法、产业网络的理论方法与应用、企业社会网络的理论方法与应用、企业社会网络与产业网络的交叉研究与应用、一般管理研究与社会学研究几个方面就社会网络、复杂网络其及在组织管理和产业研究中的应用进行了研讨。王俊程博士（台湾清华大学）、李翔教授（复旦大学）和朱涛博士（复旦大学）分别就网络上的网络数据收集与分析、复杂网络上的传播动力学以及ERGM和StocNet在动态网络研究中的应用以及相关的研究进行了学术培训。

清华大学社会学系罗家德教授、台湾政治大学社会学系熊瑞梅教授、南京大学社会学系翟学伟教授、华东理工大学商学院郭毅教授、上海大学文学院张文宏教授、中国科技发展战略研究院赵延东研究员、哈尔滨工程大学社会学系刘军教授、北京大学光华管理学院李博柏博士、中山大学社会学系丘海雄教授、扬州大学物理科学与技术学院何大韧教授、中国科学院数学院系统科学研究所唐锡晋研究员分别就社会网络与社会资本理论研究的现状与问题、社会网与产业区位、复杂网络与产业网络等若干问题进行了大会主题发言。

本书的出版工作分成两个阶段：第一阶段是由社会网络与关系管理研讨会的学术委员会成员对各个专题论文质量进行筛选；在此基础上再根据论文选题进行选取与整理。研讨会上研讨的一部分论文因版权问题未能出版在本书中，而其他一些则因与本书选题偏离较大未能录选。

本书的出版，感谢华南理工大学工商管理学院领导的大力支持，特别感谢蒋金良书记、张卫国副院长、韩伟副院长和胡瑞霞主任；感谢经济管理出版社对社会网络与关系管理研讨会一如既往的支持，特别是申桂萍编辑认真负责的工作态度也给我们留下了深刻的印象。另外，还需感谢华南理工大学工商管理学院决策科学系的老师和研究生志愿者在本届研讨会中出色的组织工作。

国内社会学和管理学领域中的社会网络、复杂网络研究方兴未艾。我们相信，随着越来越多富有热情的研究者的加入，相关领域的研究成果一定能继续在国际学术前沿占有一席之地。

主　编
2009年10月